2023年

第1辑

总第69辑

Nomocracy Forum

法治论坛

广州市法学会　编

法律出版社
LAW PRESS · CHINA
北京

图书在版编目(CIP)数据

法治论坛. 2023 年. 第 1 辑 ：总第 69 辑 / 广州市法学会编. -- 北京 ：法律出版社，2023

ISBN 978 – 7 – 5197 – 8244 – 3

Ⅰ. ①法… Ⅱ. ①广… Ⅲ. ①法学 – 丛刊 Ⅳ. ①D90 – 55

中国国家版本馆 CIP 数据核字(2023)第 157796 号

法治论坛(2023 年第 1 辑 · 总第 69 辑)
FAZHI LUNTAN (2023 NIAN DI–1 JI · ZONG DI–69 JI)

广州市法学会 编

策划编辑 蒋 橙
责任编辑 蒋 橙
装帧设计 鲍龙卉

出版发行 法律出版社
编辑统筹 法律应用出版分社
责任校对 朱海波
责任印制 刘晓伟
经　　销 新华书店

开本 710 毫米 × 1000 毫米 1/16
印张 26.25 **字数** 428 千
版本 2023 年 8 月第 1 版
印次 2023 年 8 月第 1 次印刷
印刷 北京中科印刷有限公司

地址：北京市丰台区莲花池西里 7 号(100073)
网址：www.lawpress.com.cn
投稿邮箱：info@lawpress.com.cn
举报盗版邮箱：jbwq@lawpress.com.cn
销售电话：010 – 83938349
客服电话：010 – 83938350
咨询电话：010 – 63939796

书号：ISBN 978 – 7 – 5197 – 8244 – 3
定价：98.00 元

法治论坛

Nomocracy Forum

目录

CONTENTS

数字法治

民法典适用

实务研究

案例分析

法谈法议

数字法治

在技术与法律之间：网络爬虫刑法规制的边界

姚万勤　宋俊豪*

【内容提要】 我国当前对网络爬虫刑法规制的研究存在两个方面的误区：一方面，未正确理解网络爬虫的相关技术问题，认为突破反爬措施的网络爬虫行为具有“侵入性”；另一方面，未注意严格限定研究对象，有意无意地扩张了网络爬虫行为的外延，将与爬虫技术无关的其他行为一并笼统地称作网络爬虫行为。网络爬虫技术本质在于自动化，因此，由网络爬虫所引发的刑法规制问题在于——网络爬虫行为与人工数据获取行为在技术层面上所具有的差异映射到法律层面上时，会产生何种不同的法律后果。具体而言，过度使用网络爬虫可能构成破坏计算机信息系统罪。突破反爬措施的网络爬虫行为的规范意义则需结合相关犯罪的构成要件作进一步考察。即便如此，在没有严重影响他人计算机信息系统正常运行的情况下，只要人工获取数据的行为本身不违法，相应的网络爬虫行为也不具有违法性，理应不构成犯罪。

【关键词】 网络爬虫　反爬措施　未经授权　个人信息　计算机信息

一、问题的提出

网络爬虫是一种高效的、用以代替人工操作的数据获取工具，网络爬虫行为则指利用网络爬虫获取数据的行为。根据数据获取方设计的程序，网络爬虫可自动化地浏览网络中的信息，在海量的互联网信息中进行爬取。[1] 譬如，当用

---

* 姚万勤——西南政法大学人工智能法律研究院研究员、副院长，中国社会科学院法学研究所博士后，法学博士，主要研究领域：科技法；宋俊豪——西南政法大学人工智能法律研究院研究人员，主要研究领域：科技法。本文系2021年司法部法治建设与法学理论研究项目“网络平台提供者出罪机制研究”（21SFB4040）阶段性成果。

1　参见潘晓英等：《主题爬虫技术研究综述》，载《计算机应用研究》2020年第4期。

户希望从中国裁判文书网上下载裁判文书时，通常需要手动点击“下载”和“下一页”以搜寻并下载，而网络爬虫可使上述步骤自动化：根据事先设计的程序自动识别、下载所有符合条件的裁判文书并将数据存储至本地或数据库内。

在大数据时代，数据处于重要地位，具有重大经济价值。相应地，网络爬虫的技术价值也得到极大的彰显。然而在这样的时代背景下，网络爬虫同时也引发了诸多法律问题。譬如，上海晟品网络科技有限公司、侯某等非法获取计算机信息系统数据案（以下简称“晟品案”）就曾引起刑法学界的广泛关注。本案中，被告人使用“tt_spider”文件爬取被害单位服务器中存储的视频数据，并在爬取过程中利用伪造的device_id、UA及IP突破反爬措施，造成被害单位经济损失2万元。行为人最终被法院判处非法获取计算机信息系统数据罪。[2]

“晟品案”判决表明：未经他人同意，突破其反爬措施并获取数据的行为涉嫌犯罪。然而令人疑惑的是，反爬措施及其突破是学习与使用网络爬虫的技术人士通常会面临的问题，也是该技术领域内的常见现象，在法律领域，却可能被判定触犯刑法而面临牢狱之灾。可见，对于网络爬虫行为，在技术人士与法律学者之间存在认知上的鸿沟。因此，双方之间的误解亟待得到澄清，避免使法律对技术造成“误伤”从而阻碍数字经济的发展。

为此，本文意图在对网络爬虫刑法规制的扩张化趋向进行分析的基础上，提炼出由网络爬虫所引发的刑法规制问题，划定网络爬虫行为的刑法规制边界并确定具体的规制罪名，以期对我国网络爬虫刑法规制研究有所裨益。

二、技术与理论的耦合：刑法规制扩张化的趋向与不足

一旦新技术出现，随之而来的往往是法律规制的空白地带。当该技术不断发展，某些失范行为将因缺乏相应的规制而产生。随着失范行为的扩张与社会危害性的加大，呼吁刑法规制的呼声将会此起彼伏。我国当前对网络爬虫行为的刑法规制同样呈现扩张化趋向，主要体现在以下两个方面：一方面，认为突破反爬措施的网络爬虫行为具有“侵入性”，属于侵入他人计算机信息系统后爬取数据的行为；另一方面，有意无意地扩大网络爬虫行为的外延，将与爬虫技术无关的行为一并视为网络爬虫行为。

2　参见北京市海淀区人民法院刑事判决书，(2017)京0108刑初2384号。

（一）将突破反爬措施视为"侵入"行为

如前所述，网络爬虫是实现数据获取与流通的主要工具，"反反爬"也是该技术领域中的常见现象，所谓"反反爬"即对反爬措施的突破、排除。[3] 有网络爬虫的存在，导致"反爬"（反爬措施）的出现，进而又有了针对"反爬"的"反反爬"。归根结底，就是网络爬虫与反爬措施的互相对抗关系。然而，部分司法人员与学者却认为突破反爬措施的网络爬虫行为具有"侵入性"，涉嫌违法犯罪。

譬如，"晟品案"的审判长认为，利用伪造的 UA 和 IP 进行访问是未经授权的非法访问，属于非法侵入他人计算机信息系统的行为。[4] 此外，实践中也多次出现类似观点的判决。例如，在李某、王某等非法获取计算机信息系统数据案中，被告人使用 IP 代理、"X-sign"签名算法等手段突破、绕过淘宝公司的反爬措施的行为被认定为"侵入"计算机信息系统。[5] 又如，在林某等非法获取计算机信息系统数据案中，法院认为，被告人使用破解验证码、绕开挑战登录等方式破解反爬措施并获取数据的行为具有违法性。[6] 此外，还有司法工作人员认为，可以突破反爬措施的网络爬虫属于专门用于侵入计算机信息系统的程序、工具。[7]

在学界中也同样存在类似观点。例如，针对"晟品案"，有学者认为，行为人突破反爬措施的行为侵入了被害单位的计算机信息系统。[8] 又如，有学者认为，故意突破验证码、IP 限制等反爬措施的行为具有严重的危害，行为人应当承担刑事责任。[9] 还有学者认为，具有绕过访问频率限制与逃避身份校验之功能的网络爬虫属于专门用于侵入计算机信息系统的程序、工具。[10]

以上论断实际上表明我国法律界对反爬措施的性质与功能以及网络爬虫的技术本质存在一定程度的误解。如果可以突破反爬措施的网络爬虫具有侵入他人计算机信息系统的功能，系"专门用于侵入计算机信息系统的程序、工

3　参见苏宇：《网络爬虫的行政法规制》，载《政法论坛》2021 年第 6 期。

4　参见游涛、计莉卉：《使用网络爬虫获取数据行为的刑事责任认定——以"晟品公司"非法获取计算机信息系统数据罪为视角》，载《法律适用》2019 年第 10 期。

5　参见上海市徐汇区人民法院刑事判决书，（2021）沪 0104 刑初 148 号。

6　参见北京市朝阳区人民法院刑事判决书，（2020）京 0105 刑初 2594 号。

7　参见张一献：《从技术到犯罪：恶意网络爬虫行为入罪的类型认定与裁判思路探索》，载《时代法学》2020 年第 4 期。

8　参见刘艳红：《网络爬虫行为的刑事规制研究——以侵犯公民个人信息犯罪为视角》，载《政治与法律》2019 年第 11 期。

9　参见阮林赟：《网络爬虫刑事违法的立场、标准和限制》，载《河北法学》2021 年第 7 期。

10　参见林维：《数据爬取行为的刑事司法认定》，载《人民检察》2020 年第 4 期。

具”,相关教程的编写者或出版者恐怕涉嫌传授犯罪方法罪,但事实显然并非如此。网络爬虫并不是“黑客技术”,突破反爬措施并不等于侵入他人的计算机信息系统。[11] 由于该问题还涉及对反爬措施以及相关犯罪的构成要件的理解,在此先不予以展开,留待下文进行具体讨论。

(二)将与爬虫无关的行为作为规制对象

如前所述,网络爬虫行为是指利用网络爬虫获取数据的行为。但是,在探讨网络爬虫行为的入罪边界时,部分学者却有意无意地将不属于爬虫技术范围的行为也视为网络爬虫行为,并将最终的犯罪事实归结为“网络爬虫犯罪”。这主要体现在侵犯著作权与侵犯公民个人信息等案件中。

第一,在侵犯著作权犯罪中。有学者在论述网络爬虫行为入罪的实质标准时表示,实务中利用网络爬虫从网上爬取“独创性”作品的行为多被认定为侵犯著作权罪。[12] 但是该说法存在的问题是,在侵犯著作权的案件中,行为人所实施的并非只有网络爬虫行为,还有后续的传播作品行为,因此法院认定构成侵犯著作权罪的根据并不一定在于网络爬虫行为。[13] 就以该学者所引用的案件为例:被告人段某某利用“搜索爬虫”技术,未经著作权人许可对某些知名视频网站的作品设置加框链接,最终被法院判处侵犯著作权罪。然而,从判决书的说理部分来看,被告人在本案中的犯罪行为在于发行(通过信息网络向公众传播)他人作品的行为,而非利用网络爬虫爬取他人作品的行为。[14] 可见,前述学者的说法并不准确,其并未严格区分网络爬虫行为与其他行为,事实上将深度链接行为作为网络爬虫行为来对待。[15]

第二,在侵犯公民个人信息犯罪中。在该类案件中,行为人所实施的往往并不只有网络爬虫行为,还有后续的提供、出售行为。[16] 因此,法院认定构成侵

---

11 参见姜瀛:《论刑法介入网络数据爬取行为的类型与限度》,载《浙江社会科学》2021年第10期。

12 参见杨志琼:《数据时代网络爬虫的刑法规制》,载《比较法研究》2020年第4期。

13 参见北京市海淀区人民法院刑事判决书,(2013)海刑初字第2725号;上海市徐汇区人民法院刑事判决书,(2017)沪0104刑初325号;陕西省勉县人民法院刑事判决书,(2020)陕0725刑初19号。

14 参见上海市徐汇区人民法院刑事判决书,(2017)沪0104刑初325号。

15 类似的问题,参见张一献:《从技术到犯罪:恶意网络爬虫行为入罪的类型认定与裁判思路探索》,载《时代法学》2020年第4期。

16 参见浙江省金华市金东区人民法院刑事判决书,(2021)浙0703刑初17号;湖南省岳阳县人民法院刑事判决书,(2020)湘0621刑初241号;北京市大兴区人民法院刑事判决书,(2019)京0115刑初570号;河南省济源市人民法院刑事判决书,(2018)豫9001刑初503号等。

犯公民个人信息罪的根据同样不一定在于行为人的网络爬虫行为。例如，在马某、张某侵犯公民个人信息案中，被告人利用网络爬虫搜集用户的手机号、手机物理地址和公开访问记录并出售牟利。对此，法院认定构成本罪的依据是被告人向他人提供、出售公民个人信息的行为，而非其网络爬虫行为。而且，法院判决所依照的仅是本罪第 1 款关于“向他人出售或者提供公民个人信息”的规定。[17] 然而，有学者却将本案视为网络爬虫行为构成侵犯公民个人信息罪的实例，未注意甄别网络爬虫行为与后续行为。[18]

以上现象实际上表明我国部分学者并未严格限定研究对象，有意无意地扩张了网络爬虫行为的外延，将与爬虫技术无关的其他行为一并笼统地称作网络爬虫行为。在一次以“网络爬虫的刑事法规制”为主题的学术会议上，德国的塞巴斯蒂安·戈拉教授指出，在德国，除非严重干扰其他数据的处理或者涉及非可公开访问的数据，网络爬虫行为一般不会产生刑事责任。对此，我国有学者表示，“中德刑法关于网页抓取的刑事责任问题仍存在诸多差异。在司法实践中，中国已经有相当数量的惩治网页爬虫行为的刑事判决书。”[19]然而这一说法不免有张冠李戴之嫌。在我国实践中，被告人获罪的根本原因、被处罚的对象是否均在于网络爬虫行为本身，不得不说是存在疑问的。此外，更重要的是，在概念外延被不当扩大的情况下去分析其入罪边界不利于澄清人们对网络爬虫行为存在的误解，反而可能导致网络爬虫被进一步污名化。

三、刑法规制的前提：网络爬虫技术的特性与危害性征表

上述两方面的扩张化，源于部分学者与实务工作者对网络爬虫的技术本质、反爬措施的性质与功能以及相关犯罪的构成要件的误解。一方面，如果对技术层面的问题存在理解偏差，则可能在规范层面上作出不准确的评价；另一方面，如果未能对相关犯罪的构成要件作出合理解释，即使正确理解了作为小前提的网络爬虫及其相关问题，也同样可能在规范层面上得出不合理的结论。因此，若想准确把握网络爬虫行为的涉罪情况，必须对网络爬虫的技术特性以

17　参见湖北省长阳土家族自治县人民法院刑事判决书，(2018)鄂0528 刑初 52 号。

18　参见苏青：《网络爬虫的演变及其合法性限定》，载《比较法研究》2021 年第 3 期。

19　参见李瑞杰、王猛：《会议综述|网络爬虫的刑事法规制》，载微信公众号“刑事法评论”2023 年 1 月 17 日，https://mp.weixin.qq.com/s/lWw0AcpBdJ178ABwBh4Jvw。

及危害性征表予以阐释，如此将能进一步筛选入罪以及出罪的行为类型。

（一）网络爬虫技术的特性

作为一种高效的数据获取工具，网络爬虫获取数据的效率远高于人工操作。当数据量不大时，仅以人工操作的方式来获取是可行的，但是当数据量较大时，仍以人工操作的方式来获取恐怕将耗费大量的时间与精力，此时便需借助网络爬虫技术。在数据已然成为新型重要生产要素的当代，网络爬虫已被广泛应用于各领域当中。例如，社会公众在日常生活中会用到的搜索引擎，便以网络爬虫技术为重要基础。又如，对于从事数据分析的企业而言，网络爬虫是其搜集数据的主要手段。此外，网络爬虫的技术价值甚至得到了相关部门的肯定。《文化部关于全国文化市场技术监管与服务平台建设的实施意见》第 8 条中规定，采取网络爬虫等技术手段对违法违规的网络游戏、网络音乐、网络动漫等经营行为进行实时动态监测和主动防范。可见，网络爬虫在搜索引擎、大数据挖掘、违法犯罪监测等领域都发挥着积极作用。

虽然网络爬虫具有如此强大的数据获取功能，但事实上，利用网络爬虫获取数据与人工获取数据在本质上并无区别，皆是通过向服务器发送 HTTP 请求并接收服务器响应的过程而实现。[20] 因此，只要是在浏览器里可以访问到的数据，都可以通过网络爬虫将其抓取下来。[21] 只不过，与人工操作不同的是，网络爬虫会面临反爬措施的阻碍。所谓反爬措施，是一种专门限制网络爬虫爬取数据的防护措施。常见的反爬措施包括 IP 访问频率限制、验证码限制以及爬虫协议等。[22] IP 访问频率限制是通过识别异常的访问速率进而屏蔽访问发起方 IP 地址的反爬措施，这一措施正是利用了网络爬虫的高效性特征。[23] 验证码限制则是更为常见的反爬措施，输入数字、拖动滑块以及选择正确图片等各种检测方式被广泛运用。爬虫协议简单来说就是数据控制者为数据爬取方所列出的白名单或黑名单，告知其哪些内容可以爬取，哪些内容不可以爬取。网络爬虫在爬取网站数据前会事先检查并且默认遵守爬虫协议。当然，与验证码限制

20　参见潘晓英等：《主题爬虫技术研究综述》，载《计算机应用研究》2020 年第 4 期。

21　参见崔庆才：《Python3 网络爬虫开发实战》，人民邮电出版社 2018 年版，第 93 ~ 94 页。

22　参见李培：《基于 Python 的网络爬虫与反爬虫技术研究》，载《计算机与数字工程》2019 年第 6 期。有的学者区分爬虫协议与“反爬措施”，即采取了狭义的“反爬措施”概念，本文将爬虫协议视为广义的“反爬措施”。

23　参见胡立：《Python 反爬虫设计》，载《计算机与网络》2020 年第 11 期。

等技术性特征显著的防护措施相比，爬虫协议无法对数据爬取方产生实质意义的限制，数据爬取方可以不遵守爬虫协议并获取相应的数据。[24]

实际上，无论何种形式的反爬措施，均是为了检测访问服务器的究竟是人类用户还是可能产生"垃圾流量"的网络爬虫。反爬措施并不是对访问权限的限制，而是对访问方式的限制，其仅具有防止他人利用网络爬虫获取数据这一特定功能。[25] 因此，不论数据控制者设置何种类型的反爬措施，也丝毫不影响用户已有的访问权限。只要用户愿意，其完全可以"亲力亲为"，通过人工操作去获取其有权访问的数据。

（二）网络爬虫的危害性征表

要划定网络爬虫行为的刑法规制边界，首先需要明确网络爬虫行为可能具有何种危害性。实际上，网络爬虫的高效性与其面临的反爬措施问题，就已经暗示着网络爬虫行为可能具有的危害性。

其一，技术是一把"双刃剑"，正是网络爬虫所具有的高效性，令其具有一种同等情况下的人工操作所不存在的危害性——如果在短时间内过度使用网络爬虫对某一系统进行访问，可能导致系统拥堵，影响系统的正常运行。原因在于，网络爬虫在单位时间内对服务器的访问数量远超正常的人类用户，而过快、过多的访问将使服务器不堪重负（当然，使用者可以自行控制其网络爬虫的访问速度与访问时间以避免对他人的服务器造成过重负担）。中国裁判文书网曾被许多用户反映存在"加载速度缓慢""网页无法显示""下载失败"等问题，实际上这可能在很大程度上是由于大量的网络爬虫涌入，网站负荷过大而导致的。不过，实践中极少出现因利用网络爬虫影响服务器运行而构罪的情况。从笔者所检索到的数据来看，仅有 1 起因过度使用网络爬虫而构罪的案件：杨某与张某为查询信息便利开发使用爬虫软件，对居住证服务平台进行大量访问，造成服务器阻塞，导致为 5 万以上有效注册用户提供服务的居住证系统不能正常运行，后果特别严重，最终被判处破坏计算机信息系统罪。[26] 实际上，学界目前也基本无争议地认为此类行为应当以该罪论处[27]，因此，"影响运行"的网络爬虫行为就目前来说并非刑法规制的重心。

---

24 参见陈毅坚、曾宪哲：《网络爬虫刑法规制研究》，载《广东社会科学》2022 年第 5 期。

25 参见孙禹：《强行爬取公开数据构成犯罪吗》，载《国家检察官学院学报》2021 年第 6 期。

26 参见广东省深圳市南山区人民法院刑事判决书，（2019）粤 0305 刑初 193 号。

27 参见孙禹：《论网络爬虫的刑事合规》，载《法学杂志》2022 年第 1 期。

其二,虽然网络爬虫和反爬措施是一种相互针对又相互促进的关系,"反反爬"也已是一种常态,但是这也无法改变"反反爬"违背数据控制者主观意愿,"未经授权"便爬取其数据的客观事实。由国内 12 家企业发起并签署的《互联网搜索引擎服务自律公约》第 7 条便约定需要遵守爬虫协议。可见,反爬措施中的爬虫协议甚至被视为一种行业惯例与商业规则。然而,如前所述,反爬措施只是一种专门针对网络爬虫、限制访问方式的防护措施,其存在并不会影响用户已有的访问权限。所以,有争议的问题在于:在用户具有访问权限的情况下,突破反爬措施的网络爬虫行为是否因访问方式"未经授权"而涉嫌违法犯罪?针对该问题,在元光公司非法获取计算机信息系统数据案(以下简称"元光案")中,法院持肯定态度。本案中,被告公司利用变换 IP 地址的方式突破反爬措施并获取原告公司服务器中的实时公交车数据。其中,涉案数据为公开数据,原告公司未对数据的访问权限进行限制或加密,任何人均可自由访问。然而,法院认为不能以数据可自由访问来证明获取方式的合法性,突破反爬措施的行为违背了原告公司的意志,获取方式不具有合法性,属非法获取。最终,法院认为被告公司的行为构成刑法上的非法获取计算机信息系统数据罪与民法上的不正当竞争。[28] 然而,这种"未经授权"的网络爬虫行为的法律性质实际上仍然不甚清晰,需要结合相关犯罪的构成要件做进一步探讨。

四、平衡技术发展与刑法规制:现有罪名体系下的具体边界

通过上述分析可知,网络爬虫行为在事实层面的危害性主要体现为"影响运行"与"未经授权",在规范层面的争议则主要集中在对"未经授权"的涵摄上。对此,笔者曾通过威科先行司法案例库对 2013 年至 2021 年的相关刑事案例进行检索,以"爬虫"作为关键词、以"全文"作为搜索范围,并以"刑事"作为案件类型,最终得到 98 条结果。筛除与利用网络爬虫技术实施犯罪无关的案件以及重复结果后,共得到有效结果 54 条。其中,非法获取计算机信息系统数据罪、侵犯公民个人信息罪、侵犯著作权罪案件数量分别为 8 起、19 起、5 起,是涉网络爬虫犯罪主要触犯的罪名。当然,如前所述,这些案件的被告人被定罪的根本原因是否均在于网络爬虫行为是存在疑问的。因此,下文将结合以上三

---

28 参见广东省深圳市中级人民法院民事判决书,(2017)粤 03 民初 822 号。

个罪名对“未经授权”的网络爬虫行为的法律涵摄问题做具体分析。

（一）涉嫌非法获取计算机信息系统数据情形的定性分析

按照《刑法》第 285 条第 2 款的规定，非法获取计算机信息系统数据罪的罪状表述为：“违反国家规定，侵入前款规定以外的计算机信息系统或者采用其他技术手段，获取该计算机信息系统中存储、处理或者传输的数据。”对此，需要解决的问题在于如何理解本罪的“侵入”。

从《最高人民法院、最高人民检察院关于办理危害计算机信息系统安全刑事案件应用法律若干问题的解释》对“专门用于侵入计算机信息系统的程序、工具”的解释来看，本罪的“侵入”应当具有“突破计算机信息系统安全保护措施”与“未经授权或者超越授权”的性质。其中，突破安全保护措施是表现形式，未经授权是本质特征。但是，如何理解“未经授权”依旧存在疑问。对此，最高人民检察院发布的指导性案例表明，本罪的“侵入”是指违背他人意愿、非法进入其计算机信息系统的行为。具体来说，包括超出被害人授权范围进入、未取得被害人授权擅自进入以及采用技术手段破坏系统防护进入三种表现形式。[29] 可见，指导性案例将“违背被害人意愿”作为“未经授权”的判断标准。按照该观点，由于反爬措施客观上代表着数据控制者的一种授权意愿，突破反爬措施当然违背了被害人的意愿，属于“未经授权”的“侵入”行为。然而，这种观点未必具有足够的合理性。

一方面，以“违背被害人意愿”为判断标准不符合本罪法益的要求。法律条文是在保护特定法益的目的下制定的，因此法益具有解释论的机能，对构成要件的实质解释应当以法益为指导理念。[30] 具体而言，针对非法获取计算机信息系统数据罪的保护法益，当前主要存在两种不同的观点：一种观点认为本罪法益是计算机信息系统的安全[31]，另一种观点认为本罪法益是数据的保密性[32]。所谓计算机信息系统的安全，按照《计算机信息系统安全保护条例》第 3 条的规定，是指计算机及其相关设备的安全、运行环境的安全以及信息的安全。所谓数据的

---

29 卫梦龙、龚旭、薛东东非法获取计算机信息系统数据案，最高人民检察院指导案例第 36 号（2017 年）。

30 参见张明楷：《法益初论》，商务印书馆 2021 年版，第 262 ~ 264 页。

31 参见高铭暄、马克昌主编：《刑法学》，北京大学出版社 2022 年版，第 540 页。

32 参见郭旨龙：《非法获取计算机信息系统数据罪的规范结构与罪名功能——基于案例与比较法的反思》，载《政治与法律》2021 年第 1 期。

保密性，是指数据不被无权访问的主体所知悉的状态。[33] 但是，不论采取何种观点，恐怕都不能认为突破反爬措施侵犯了本罪法益。除此之外，从主观目的解释的角度来看，立法者增设本罪也是为了在《刑法》第285条的基础上补充规制非法侵入尖端科学技术领域、国防建设以及国家事务之外的计算机信息系统并窃取他人账号、密码等非公开数据的行为。[34]

如果认为本罪法益是数据的保密性，本罪的构成要件行为应具有侵犯数据保密状态的性质。然而，由于反爬措施与关乎访问权限的数据保密性并无关联，也无法对其产生保护作用，相应地，突破反爬措施在本质上也与数据保密性无关，二者处于不同的层面。在访问权限对公众开放的场合，实际上从一开始便不存在"未经授权"的问题。如果认为本罪法益是计算机信息系统的安全，本罪的构成要件行为应具有侵犯计算机及其相关设备安全、运行环境安全以及信息安全的性质。然而，单纯绕过反爬措施这种处于虚拟空间的防护措施并不会影响计算机及其相关设备的安全与运行环境的安全。由于数据是信息的记录载体，信息是数据的实质内容，因此信息本身是一种无形物，信息安全的核心在于保护信息不被无权访问的主体所知悉的状态（也可谓信息的保密性）。[35] 于是，突破反爬措施也与关乎访问权限的信息安全无关，并不会威胁信息的安全。

另一方面，以"违背被害人意愿"为判断标准可能会不合理地扩大处罚范围。刑法是"第二次法"，只有在其他法律不能有效发挥作用时才需要动用刑法。[36] 然而，与刑法上将突破反爬措施认定为违法不同，前置法并非一律肯定反爬措施的法律效力。例如，在百度公司与奇虎公司的一起不正当竞争纠纷中，百度公司的相关网站通过robots协议设置访问限制，不允许奇虎公司旗下的360搜索引擎对其网站进行爬取。对此，在权衡各方利益之后，法院认为百度公司的做法缺乏合理、正当理由，违反了公平竞争原则，妨害了正常的互联网竞争秩序，使相关消费者与奇虎公司的合法利益遭受损害，应当构成《反不正当竞争法》第2条规定所指的不正当竞争行为。[37] 又如，根据《数据安全法》第8条和

33 参见刘宪权：《数据犯罪刑法规制完善研究》，载《中国刑事法杂志》2022年第5期。

34 参见高铭暄：《中华人民共和国刑法的孕育诞生和发展完善》，北京大学出版社2012年版，第513页。

35 参见王倩云：《人工智能背景下数据安全犯罪的刑法规制思路》，载《法学论坛》2019年第2期。

36 参见陈忠林：《刑法散得集》，法律出版社2003年版，第117页。

37 参见北京市高级人民法院民事判决书，(2017)京民终487号。

第 51 条的规定，被爬取方在开展数据存储活动时不得排除、限制竞争，损害他人利益。因此，其设置的反爬措施并非当然具有法律上的效力，突破反爬措施也并非当然具有违法性。其实，已有学者指出，爬虫协议并非良好的行业惯例，不能根据爬虫协议来进行利益处分，否则将使利益格局处于失衡状态。[38] 可见，对于突破反爬措施的性质认定，前置法引入了更多实质化的考量因素，而非单纯以被爬取方的意愿为判断标准。在这样的情况下，若刑法上仍然坚持"违背被害人意愿"的标准，恐怕既不符合刑法的不得已原则，也存在违反法秩序统一原理的风险。

综上所述，在涉嫌非法获取计算机信息系统数据的情形当中，问题的关键在于访问权限而非访问方式。只要行为人对数据具有访问权限，那么其突破反爬措施的网络爬虫行为并不会因访问方式"未经授权"而构成本罪。认为突破反爬措施的网络爬虫行为具有"侵入性"的观点，可能未将仅可限制访问方式的反爬措施与其他具有限制访问权限功能的安全防护措施严加区分。

（二）涉嫌侵犯公民个人信息情形的定性分析

我国《刑法》第 253 条之一第 3 款规定："窃取或者以其他方法非法获取公民个人信息的，依照第一款的规定处罚。"对此，爬取非公开个人信息的行为无疑构成本罪，需要重点解决的问题在于：突破反爬措施进而爬取公开个人信息的行为是否构成本罪。

有观点认为，反爬措施一方面为网站上的信息划分了不同开放程度的空间，另一方面又对访问者设置了不可逾越的权限范围，突破反爬措施收集个人信息应认定为刑法上的"非法收集"。[39] 也有观点认为，是否得到权利人的同意是判断爬取个人信息行为非法性的重要标准。当权利人设置反爬措施，便为网络爬虫划定了可爬取信息的范围，突破反爬措施属于"以其他方法非法获取公民个人信息"中的"非法"，可构成侵犯公民个人信息罪。[40] 然而，如前所述，反爬措施仅仅具有限制访问方式的功能，其无法对访问者设置权限范围。在爬虫的官方协议中也明确提到"不要试图使用爬虫协议来隐藏信息"（Don't try to use /robots. txt to hide information）。因此，至少不能认为突破反爬措施在访问

38　参见范长军：《行业惯例与不正当竞争》，载《法学家》2015 年第 5 期。

39　参见宋行健：《滥用网络爬虫技术收集个人信息的刑法规制》，载《湖南科技大学学报（社会科学版）》2021 年第 4 期。

40　参见黄陈辰：《论公开信息的刑法保护》，载《大连理工大学学报（社会科学版）》2022 年第 3 期。

权限的问题上具有非法性。需要进一步追问的是,权利人对访问方式的不同意是否会影响获取公开个人信息行为的规范性质?对此,可以结合相关的前置法进行分析。

首先,《民法典》第1036条对处理个人信息的免责事由做了规定,其中第2项提到,除非处理该信息会侵害他人的重大利益或者他人明确拒绝,否则可以合理地处理他人自行公开的信息。其次,《个人信息保护法》同样提供了许多规范层面的判断依据。按照该法第13条第1款第6项的规定,对于已经合法公开或者他人自行公开的个人信息,可以在合理范围内进行处理。该法第27条还规定,如果对他人权益有重大影响,处理已公开个人信息的行为人应当取得他人的同意。从上述规定当中可以解读出这样的信息——只要个人同意且不会侵害其重大利益,合理获取其公开个人信息的行为即是合法的。那么,突破反爬措施爬取公开个人信息的行为又是否侵害了权利人的重大利益?对于权利人而言,个人信息安全的核心在于保护个人信息上附着的利益。[41] 然而,利用网络爬虫获取数据与人工获取数据在本质上并无区别,二者在获取到数据这一结局意义的事实方面不存在差异,即使突破反爬措施也不会对个人信息产生影响。因此,恐怕不宜认为突破反爬措施爬取公开个人信息的行为侵害了权利人的重大利益。有学者也认为,如果没有改变其用途,也没有偏离其公开的目的,那么处理公开个人信息的行为并未侵犯法益处分自由,不具有违法性。对于仅实施网络爬虫行为的,由于很难判断是否具备上述例外情形,不宜认定为构成侵犯公民个人信息罪。[42]

综上所述,在涉嫌侵犯公民个人信息的情形当中,突破反爬措施进而爬取公开个人信息的行为在前置法层面上即不具有违法性。那么,基于法秩序统一的原理,既然前置法具有合法性,这种行为必然不应具有刑事违法性。事实上,从笔者所检索的案例来看,19个判处侵犯公民个人信息罪的案件中,要么被爬取的个人信息本身是非公开的[43],要么行为人事后还实施了提供、出售个人信息

41　参见程啸:《论个人信息权益与隐私权的关系》,载《当代法学》2022年第4期。

42　参见周光权:《侵犯公民个人信息罪的行为对象》,载《清华法学》2021年第3期。

43　参见北京市大兴区人民法院刑事判决书,(2019)京0115刑初570号;上海市徐汇区人民法院刑事判决书,(2020)沪0104刑初731号;广东省深圳市南山区人民法院刑事判决书,(2020)粤0305刑初1037号等。

的行为[44]，尚未发现单纯因突破反爬措施爬取公开个人信息而被定罪的情况。

（三）涉嫌侵犯著作权情形的定性分析

我国《刑法》第 217 条第 1 项和第 6 项为爬取作品数据的网络爬虫提供了规范判断的依据。其中，第 1 项规定："未经著作权人许可，复制发行、通过信息网络向公众传播其文字作品、音乐、美术、视听作品、计算机软件及法律、行政法规规定的其他作品的。"第 6 项规定："未经著作权人或者与著作权有关的权利人许可，故意避开或者破坏权利人为其作品、录音录像制品等采取的保护著作权或者与著作权有关的权利的技术措施的。"

根据《最高人民法院、最高人民检察院关于办理侵犯知识产权刑事案件具体应用法律若干问题的解释（二）》第 2 条的规定，对于《刑法》第 217 条第 1 项中的"复制发行"应当理解为包括既复制又发行的行为或者单纯的复制行为与发行行为（当然，理论上对此仍然存在不同观点）。根据《著作权法》第 10 条的规定，以数字化方式将作品制作一份或者多份的，同样属于复制行为。综上所述，由于网络爬虫行为涉及对网页内容的抓取与存储，即以数字化方式将特定网页上的信息固定下来，客观上属于侵犯著作权罪中的"复制发行"，因此就理论上而言，只要行为人未经著作权人许可，以营利为目的爬取其作品数据的，即属于《著作权法》第 10 条第 1 项的规定进而可能构成侵犯著作权罪（当然，此时获罪的根本原因并不在于利用了网络爬虫）。需要注意的是，即使著作权人通过爬虫协议表明允许他人使用网络爬虫对其作品进行爬取，也不意味着著作权人允许他人以营利为目的通过信息网络向公众传播或者复制发行其作品，因为爬虫协议仅涉及可爬取数据的范围，并不包含有关营利目的的内容。因此，遵守爬虫协议并爬取作品的行为完全可能符合该第 1 项的规定，违反爬虫协议并爬取作品的行为也并非必然符合该第 1 项的规定，判断的根据始终在于行为人是否出于营利目的对作品进行爬取。

尤其值得关注的是，《著作权法》第 53 条第 6 项新增的故意避开或破坏技术措施的行为类型。所谓"技术措施"，《著作权法》第 49 条第 3 款以及《信息网络传播权保护条例》第 26 条第 2 款作了相同的定义，即可以防止他人未经许

44　参见北京市朝阳区人民法院刑事判决书，（2019）京 0105 刑初 1883 号；福建省泉州市中级人民法院刑事裁定书，（2020）闽 05 刑终 155 号；浙江省金华市金东区人民法院刑事判决书，（2021）浙 0703 刑初 17 号等。

可地欣赏、浏览作品或者通过信息网络向公众提供作品的一种保护性措施。其中,“防止他人未经许可地欣赏、浏览作品”被称为“接触控制措施”,是一种身份验证机制,只有通过输入账号、密码或者支付相关费用才不会被该措施所阻挡。“防止他人未经许可地通过信息网络向公众提供作品”则属于“版权保护措施”,是一种专门用于防止作品被传播的技术措施。[45] 可见,与身份验证无关,仅有限制访问方式这一功能的反爬措施首先不属于“接触控制措施”。另外,由于反爬措施无法直接针对事后传播作品的行为,其也不属于“版权保护措施”。因此,突破反爬措施的网络爬虫行为不符合《刑法》第217条第6项规定的犯罪构成要件。

综上所述,在涉嫌侵犯著作权的情形当中,只要行为人主观上并非以营利为目的,其突破反爬措施的网络爬虫行为则不会因违反《著作权法》第10条第1项的规定而构成本罪。不论行为人主观上是否以营利为目的,由于反爬措施不属于本罪的“技术措施”,因此其突破反爬措施的网络爬虫行为也不会因违反《著作权法》第10条第6项的规定而构成本罪。事实上,从笔者所检索的案例来看,判处侵犯著作权罪的案件中均存在事后发行、传播被爬取作品进行营利的行为[46],尚未发现单纯因突破反爬措施爬取作品被定罪的情况。

五、结　语

作为一种纯粹的工具、技术,网络爬虫并非天然地与违法犯罪具有必然联系。然而,在网络时代下,互联网对社会生活的渗透涉及方方面面。诸多传统犯罪通过互联网这一媒介呈现出爆发式的增长,也逐渐成为网络黑、灰产业链中的下游犯罪。与此同时,为上述犯罪提供帮助的上游犯罪手段也在持续升级,网络爬虫便是其中之一。[47] 不可否认的是,网络爬虫因其高效性为我们带来便利的同时,也令个人信息、商业秘密等重要信息、数据面临更大的风险,一旦发生信息、数据的泄露,都将是数以万计的。不过,严格来说这并非网络爬虫自身所具有的危害性,因为网络爬虫本质上是一种自动化程序,只要人工获取数

45　参见王迁:《立法修改视角下的技术措施保护范围》,载《中外法学》2022年第3期。

46　具体可参见北京市海淀区人民法院刑事判决书,(2013)海刑初字第2725号;上海市浦东新区人民法院刑事判决书,(2015)浦刑(知)初字第12号。

47　参见刘宪权:《网络黑灰产上游犯罪的刑法规制》,载《国家检察官学院学报》2021年第1期。

据的行为本身不违法，相应的网络爬虫行为也并不会具有违法性（除非严重影响到他人计算机信息系统的正常运行）。换言之，并非网络爬虫这一方式、工具本身触碰到了法律的"红线"，而是网络爬虫使用者自身行为的性质违反了法律的规定。因此，处于保障法这一特殊地位的刑法，在应对日新月异的科学技术时应当谨慎地作为，尽可能减少刑罚适用对社会造成的负面影响。

算法自动化决策的法律风险及其体系化治理

马光泽*

【内容提要】 伴随人工智能的迅速发展以及数字化时代数据信息的大量涌现,算法自动化决策作为解放人力的有力工具被引入社会经济生活之中。然而,越来越多的实践经验表明,算法自动化决策是一把“双刃剑”,其在提高效率、节省成本、提升公共服务水平的同时,也引发了决策偏见、侵害隐私权和个人信息权益等法律风险。算法自动化决策引发的法律风险具有不同阶段指向的流动性特征,这就决定了对算法自动化决策法律风险的治理应是体系化的,既要能够覆盖风险流动的各个阶段,又要能够根据不同阶段的特点做出有针对性的回应。具体而言,针对事前阶段的风险,应通过强化算法审计来实现监督;针对事中阶段的风险,应通过突出数据主体的权利来予以牵制;针对事后阶段由风险造成的损害,应通过归责来对原因主体给予惩罚以及对受损者予以弥补。

【关键词】 人工智能　算法自动化决策　法律风险　体系化治理

一、引　　言

中国信息通信研究院2022年4月发布的《人工智能白皮书》研究指出,自2016年以来,先后有40余个国家和地区将推动人工智能发展提升到国家战略高度。为推动社会经济发展、保持和提升国际竞争力,我国近年来对人工智能也越来越重视。2020年10月29日,党的第十九届中央委员会第五次全体会议

---

* 马光泽——河南大学法学院副教授、硕士生导师,主要研究领域:法理学、人工智能法学。本文系2022年度河南省社科联调研课题“算法自动化决策中多元风险的法律治理研究”(项目号:SKL-2022-230)的阶段性成果。

通过的《中共中央关于制定国民经济和社会发展第十四个五年规划和二〇三五年远景目标的建议》指出，要将人工智能视为国家重大科技项目和战略性产业发展的重点；2022 年 10 月 16 日，党的二十大报告再次强调，推动战略性新兴产业融合集群发展，要发挥人工智能作为新型增长引擎的作用。

人工智能旨在减少或代替人力执行相应的操作，该功能得以实现的关键在于分类，即针对不同的情形做出不同的行为，而后者之所以可能则依赖于算法。对于决策操作来说，以往的决策对人具有高度的依赖性，但在智能化和数字化时代到来的背景下，人们不仅可以掌握海量的数据，而且还可以借助算法对数据进行分析。这样一来，一些人类决策将让位于自动化的算法决策。[1] 算法自动化决策是一把“双刃剑”，其在提高效率、节省成本、提升公共服务水平等方面带来了可观的效益，但同时也存在引发决策偏见、侵害隐私权和个人信息权益等风险。算法自动化决策引入社会经济生活的初衷是造福人类社会而非带来伤害，因此在鼓励和推广算法自动化决策应用的同时，如何治理其可能引发的风险就成为一个必须要关注的问题。

二、算法自动化决策概念逻辑的认知建构

对算法自动化决策法律风险实现治理的前提是，对算法自动化决策的概念逻辑应有所了解。算法自动化决策由算法与自动化决策两部分构成，尽管二者的内涵不同，却具有紧密的逻辑关系。

（一）算法的构成：指令与数据

在当代语境下，除了生物科学领域对“算法”的使用有特定内涵外，对“算法”的理解几乎都是就计算机科学的意义而言的。具体来说，算法是“指用于达成特定目标的一系列清晰、准确、有限的指令。”[2] 作为算法内核的指令表征是一种输入/输出的函数关系，即借由指令，一定的输入项会被转化为某种输出项。[3] 如涉及平均数的指令为相加取和再除以 2，那么将 125 和 135 输入平均数指令，即会得到数字 130。

1　马长山主编：《数字法治概论》，法律出版社 2022 年版，第 3 页。

2　马长山主编：《数字法治概论》，法律出版社 2022 年版，第 80 页。

3　［美］托马斯·科尔曼、查尔斯·雷瑟尔森等：《算法导论》（第 3 版），殷建平等译，机械工业出版社 2013 年版，第 6 页。

就生成模式而言,算法主要存在固定编程算法以及机器学习算法两种类型。谷歌工程师巴拉特·萨若(Pararth Shah)以芒果的挑选为例对此两种类型的算法作了通俗易懂的讲解:[4]其一,固定编程算法。在人工智能技术兴起以前,要想挑选较甜的芒果只能依靠人工,而在人工智能技术兴起的背景下,则可以编写一组计算机程序指令来减轻人工挑选的负担。计算机程序指令的编写大致遵循此种逻辑:第一,预先设置函数因变量,如颜色=深黄、大小=大、店家=顾客经常光顾;第二,当前述几种函数因变量均出现时,作为函数自变量的芒果甜度被识别为较甜,反之则否。其二,机器学习算法。与固定编程算法不同,机器学习算法的指令并不是一开始就固定下来的,它是在学习的过程中不断进行修正的。[5] 在固定编程算法的应用情境下,有可能会出现新样本不符合预设的函数因变量但结果却符合预期目标的情况,如有的芒果颜色深黄、个头不大却比较甜,此种情况下,如果继续执行固定编程,就会导致前述类型的芒果漏选。机器学习算法的运用可以解决固定编程的僵化问题,具言之,在针对提前购买的一批芒果进行训练的基础上,机器会初步建立一组指令,而之后,当发现新提供的差异样本也符合预期目标时,机器会对原先的指令进行修正,如此不断促使指令走向完善。

作为指令,算法表征的是一种输入/输出的函数关系,而进一步来看,算法输入与输出的内容是什么?在概念上,一般认为是数据,也即不管输入与输出的内容在外在表现上有何不同,都被统称为数据。《数据安全法》第3条第1款对数据的内涵作了界定,"本法所称数据,是指任何以电子或者其他方式对信息的记录。"该界定与《欧盟通用数据保护条例》(GDPR)相像,GDPR第4条第1款规定,"个人数据"是指已被识别到或可被识别到的自然人("数据主体")的任何信息。由此可知,数据是信息的载体,而信息则是数据的内容,二者互为表里。

(二)自动化决策及其与算法的逻辑关系

首先,什么是"自动化决策"?《个人信息保护法》第73条第2款指出:"自动化决策,是指通过计算机程序自动分析、评估个人的行为习惯、兴趣爱好或者经济、健康、信用状况等,并进行决策的活动。"从概念构成来看,"自动化决策"

---

4 王静、王轩:《算法:人工智能在"想"什么》,国家行政管理出版社2021年版,第10~11页。

5 王济昌主编:《现代科学技术名词选编》,河南科学技术出版社2006年版,第31页。

包含了“自动化”和“决策”两个要素:第一,“自动化”。其表征的是一种不依赖于人的智能行为,例如,无人驾驶汽车的驱动是由汽车的智能操作系统完成的。第二,“决策”。其包含两个方面的限定条件:(1)决策的对象是人而不是其他事物,可以是个人,也可以是由个人组成的群体;(2)决策的结果会对人的利益造成影响,为了突出合法性因素,GDPR 将这种影响称作“法律影响”(legal effects)及“类似的重大影响”(similarly significantly effects)。

其次,自动化决策与算法之间的逻辑关系为何?自动化决策与算法的逻辑关系存在两种理解方法:第一,狭义理解。仅局限于决策做出本身而将自动化决策理解为算法的应用类型,也即自动化决策的做出实质上是由一套表征输入/输出函数关系的指令程序完成的。依此分析,“算法自动化决策”中的“算法”实际上是“自动化”的摹状词。第二,广义理解。算法不仅涉及决策的做出,还涉及为决策做出提供基础的数据处理,具言之,一种情况涉及的是数据收集,即在依赖算法完成数据收集的基础上做出自动化决策;另一种情况涉及的是数据分析,主要表现为,在依赖算法收集到原始数据之后,还需要借助算法对原始数据进行推断,而后再将推断的结果作为自动化决策的基础,此种操作在术语上又被称为“画像”(profiling)。无论是第一种理解,还是第二种理解,都表明算法与自动化决策并不等同,而是算法包含自动化决策。进一步来看,由于自动化决策的做出对数据处理具有高度的依赖性,因此在语用上,坚持广义理解更具合理性。

三、算法自动化决策法律风险的归类分析

算法自动化决策是一把“双刃剑”,其在提高效率、节省成本、提升公共服务水平的同时也引发了诸多的法律风险。结合上文对算法自动化决策概念逻辑的认知建构来看,算法自动化决策引发的法律风险可以分为两类:一类是直接性的法律风险,该类法律风险直接来自算法自动化决策的结果,主要表现为决策偏见;另一类是间接性的法律风险,该类法律风险来自算法自动化决策前期处理数据的过程,主要表现为对隐私权和个人信息权益的侵害。

(一)直接性的法律风险:决策偏见

人们之所以对算法自动化决策充满热情,一个很重要的原因在于,希望通过算法自动化决策减少或排除人为偏见(bias),以此来促进平等价值的实现。

尽管大量的实践印证了算法自动化决策减少偏见的潜力，[6]但其中也暴露出许多悖论，即算法自动化决策非但没有减少偏见，反而引发或加重了偏见。在人工智能应用的语境下，“偏见”指的是，算法系统的运作导致了“系统性地、不公平地歧视某些个人或个人群体却利于他人”的结果。[7] 该定义包含两个要素，即偏见必须是经由算法系统产生的，而非直接来自作为主体的个人或群体，且其会引发不公平的后果。

算法自动化决策的偏见风险与数据质量关系紧密，正因如此，在计算机科学领域流行着一个谚语“Bias In, Bais Out”，即输入的是带有偏见的数据，输出的是带有偏见的结果。[8] 尽管不同学者对算法自动化决策偏见的认识存在些许不同，但从原因层面梳理来看，算法自动化决策偏见的发生可以被归结为以下四种原因类型：

第一，训练算法的数据是根据偏见收集的。算法自动化决策之所以会产生偏见，一种常见的原因是训练数据在收集时就被植入了偏见。现实中存在的一种恶性情况是，不仅初始的训练数据存在偏见，而且算法自动化决策带来的结果又进一步加重了偏见。国外有学者以警察抓捕罪犯为例做了详细分析，即警局先前存在偏见认为少数族裔社区犯罪比较猖獗，需要派出更多警员。而当有更多警员参与时，将比其他地区发现更多犯罪，即使其他地区的实际犯罪数量与少数族裔社区相同或较之更多。如果将逮捕数据输入到旨在确定最佳警力分配的算法中，该算法会作出向少数族裔社区派遣更多警员的决策，因为算法分析认为少数族裔社区的犯罪率高于其他地区，如此导致在不断的循环过程中更加固化预先存在的偏见。[9]

第二，输入算法的数据不完整。尽管当下已经迈入了大数据时代，但社会上许多群体却生活在大数据的边缘，由于其个人信息的数据化程度较低，从而导致算法自动化决策对这些群体缺乏关注，最终引发偏见问题。如根据一些学者的研究，在美国医疗保健算法自动化决策领域，经济弱势群体特别容易受到

---

6 Ifeoma Ajunwa, “The Paradox of Automation as Anti-Bias Intervention”, *Cardozo Law Review*, 2020(3).

7 Batya Friedman & Helen Nissenbaum, “Bias in computer systems”, *ACM Transactions on Information Systems*, 1996(3).

8 张莉主编:《数据治理与数据安全》,人民邮电出版社 2019 年版,第 97 页。

9 Ifeoma Ajunwa, “The Paradox of Automation as Anti-Bias Intervention”, *Cardozo Law Review*, 2020(3).

数据缺失的影响,因为经济弱势群体没有保险、缺乏交通工具及儿童保育条件,或面临其他障碍,导致他们很少接受医疗保健。[10] 数据缺失带来的后果是,人工智能无法识别此类患者是否患有算法旨在识别的疾病或健康风险,进而无法为此类患者提供同等优质的医疗服务。

第三,训练算法的数据集包容性不足。前一种偏见的发生是因为某个种类的数据缺失,而此处涉及的偏见并非因缺乏某个种类的数据引发的,而是因为某个种类的数据在整个数据集中所占的比例偏低。如国际互联网电商巨头亚马逊曾因使用女性占比存在劣势的历史招聘数据训练算法而引发了偏见质疑。[11] 除此之外,在医学领域,因训练算法的数据集包容性不足而引发偏见的问题也引起了热议,如全基因组关联研究一直被认为是发现与常见疾病有关的遗传因素的有力工具,但调查发现,截至 2016 年,全基因组关联研究目录中包含的 2511 项研究、涉及的近 3500 万个样本中,占比 81% 的样本与欧洲血统有关,而亚洲、非洲、拉丁美洲等地区的样本仅占到 19% 左右,由此导致全基因组关联研究在遗传疾病发现与预防上对欧洲血统以外的人种缺乏优势。[12]

第四,算法预测过于看重某些数据。算法自动化决策有时不仅被用来解决眼前问题,还被用来解决未来可能发生的问题。由于过于看重某些数据,在根据这些数据做出预测时,可能会因不当高估事件发生的概率而产生偏见。此种偏见在预测性警务实践中尤为常见,根据国外媒体报道,2013 年年末,住在美国芝加哥南部的 22 岁的黑人罗伯特 · 麦克丹尼尔(Robert McDaniel)突然迎来芝加哥警局警察的造访,而且他被警告"不要再犯罪,否则后果自负"。这让麦克丹尼尔大为吃惊,因为他既没有犯罪,也没有暴力犯罪记录,而且最近也没有接触过执法部门。原来麦克丹尼尔是被芝加哥警局列入"热名单"(heat list)的大约 400 人之一,根据对地理位置和逮捕数据的分析,这些人都被预测有可能参与暴力犯罪。[13]

(二)间接性的法律风险:侵害隐私权和个人信息权益

算法自动化决策依赖数据处理,而在此过程中,不当行为的存在会引发侵

---

10 Sharona Hoffman, Andy Podgurski, "Artificial Intelligence and Discrimination in Health Care", *Yale Journal of Health Policy, Law, and Ethics*, 2020(3).

11 张凌寒:《算法自动化决策中的女性劳动者权益保障》,载《妇女研究论丛》2022 年第 1 期。

12 Alice B. Popejoy & Stephanie M. Fullerton, "Genomics is Failing on Diversity", *Nature*, 2016(10).

13 Kristian Lum, William Isaac, "To predict and Serve?", *Significance Magazine*, 2016(1).

害隐私权和个人信息权益的风险。

1.数据收集环节侵害隐私权和个人信息权益之风险

算法自动化决策最基础的步骤是数据收集,也即只有收集了相关数据,才能根据这些数据做出相应的决策。在互联网、物联网与移动电子设备交互普及的时代背景下,由于算法自动化决策过程中对数据的收集几乎都是通过软件应用(以下简称App)来实现的,因此软件应用实际上为算法自动化决策过程中侵害隐私权和个人信息权益风险的发生提供了温床。

从实践来看,在通过App收集数据的过程中侵害隐私权和个人信息权益的现象相当普遍。为了遏制此种现象,2019年1月25日,中央网信办、工业和信息化部、公安部、市场监管总局四部门联合发布了《关于开展App违法违规收集使用个人信息专项治理的公告》,决定于当年,在全国范围内组织开展App违法违规收集使用个人信息专项整治活动。2019年11月28日,中央网信办、工业和信息化部、公安部、市场监管总局四部门又联合发布了《App违法违规收集使用个人信息行为认定方法》,该认定方法指出,App违法违规收集个人信息行为主要表现为四种类型:未公开收集使用规则;未明示收集个人信息的目的、方式和范围;未经用户同意收集使用个人信息;违反必要原则,收集与其提供的服务无关的个人信息。据国家网信办2019年所作的实证统计,关于App违法违规收集个人信息的举报量排在前列的典型问题包括超范围收集与功能无关个人信息、强制或频繁索要无关权限、存在不合理免责条款、无法注销账号、默认捆绑功能并"一揽子"同意。[14] 2021年6月11日,国家网信办对129款App违法违规收集使用个人信息情况进行通报,这些App涉及运动健身、新闻资讯、网络直播、学习教育等共八个类型,其中大部分都和数据收集有关,如华为运用健康App存在未经用户同意收集使用个人信息的情形;腾讯新闻App存在违反必要原则收集与其提供的服务无关之个人信息的情形。[15] 发生违法违规收集个人信息问题的主要原因在于,个人信息具有巨大的商业利用价值,商家掌握的个人信息数量越多、程度越充分,就越容易发现潜在的客户和进行针对性较强的商

14 国家互联网信息办公室:《App违法违规收集使用个人信息专项治理成效显著!》,载中华人民共和国互联网信息办公室官网2022年11月22日,http://www.cac.gov.cn/2020-05/29/c_1592301301769952.htm。

15 国家互联网信息办公室:《关于Keep等129款App违法违规收集使用个人信息情况的通报》,载网信中国2022年11月22日,https://mp.weixin.qq.com/s/hBuoskA6eqZcS4GhpK2NOQ。

品兜售。

2. 数据使用环节侵害隐私权和个人信息权益之风险

一些情况下，算法自动化决策可以直接基于收集到的原始数据做出，中间并不涉及对数据做进一步分析性处理的问题，而另外一些情况下则不能直接做出。在大数据时代，伴随着数据量的增多和数据种类的多样化，对隐私权和个人信息权益侵害的方式已经不仅限于数据收集，而是延伸到了对数据的分析性处理上。从内容上来看，主要包括数据推断和个性化推荐两个方面。数据推断，是指在原始数据的基础上，进一步推断出新的信息。个性化推荐，是指在数据推断的基础上，向特定主体推荐其可能感兴趣的信息和需求。有时在数据推断阶段就会发生侵害隐私权和个人信息权益的问题，有时对隐私权和个人信息权益的侵害则主要发生在个性化推荐阶段。

首先，数据推断阶段的权益侵害风险。数据携带信息的属性决定其不仅具有自我指涉性，同时具有相当程度的外在表征性，如在战争年代，一串神秘的数字不仅代表一定的数值，同时还可能表征一定的情报信息。同样，在算法自动化决策的背景下，一些原始数据往往也超出其自身而呈现出表征其他信息的特性。一些情况下，单就原始数据而言，其本身并不涉及侵害隐私权和个人信息权益的问题，但基于其推断出新的信息则可能涉及侵权。国外一些学者以 Facebook 为例做了深入研究：Facebook 是全球知名的社交平台，用户注册后可以在该平台分享生活、发表评论等，而由于这是一个公开的平台，用户在该平台社交时，其所公布的信息不属于隐私的范畴；同时，由于其同意 Facebook 对其平台使用数据进行收集，因此也不涉及侵害个人信息权益的问题。但在基于收集到的数据作出进一步的信息推断时，Facebook 却被质疑存在严重的权益侵害风险，具言之，Facebook 根据用户日常使用的社交语言推断出用户的政治取向、性取向、健康状况、宗教信仰或种族血统等，[16]而这些推断出的信息却是具有高度隐私敏感性的，其泄露或滥用“极易危及人身、财产安全或导致人格尊严受到损害、歧视性待遇”。[17]

其次，个性化推荐阶段的权益侵害风险。在一些情况下，权益侵害风险并

16 José González Cabañas, Ángel Cuevas, Rubén Cuevas, “Facebook Use of Sensitive Data for Advertising in Europe”, 27*th USENIX Security Symposium*, 2018(2).

17 胡文涛：《我国个人敏感信息界定之构想》，载《中国法学》2018 年第 5 期。

非发生在数据推断上,而是发生在对基于数据推断得到的信息进行利用上。当下实践中,暴露出的最典型的问题是个性化推荐对个人信息权益的侵害,该问题在“点对点”式的广告推送上表现尤甚。现实中,一些商家为最大限度地挖掘用户的消费潜力,基于用户的购物或网络浏览信息,对用户进行画像,推断用户潜在的消费兴趣,并据此向用户推送广告。例如,2022年7月,上海市金山区人民法院审理了一起典型的个性化广告推荐侵权案件:小雨作为某知名社交平台的资深用户,对于平台不定期推送的个性化广告推荐深感困扰,而在无法彻底关闭个性化广告推荐的情况下,将该社交平台开发运营方诉至法院。[18] 在平台之间数据共享或商业合作的情况下,个性化推荐可以说是无孔不入,即在一个平台留下数据信息,这些数据信息不仅会被该平台利用,还会被传输到其他平台,当用户登录其他平台时,个性化推荐仍然会呈现出来,正是个性化推荐的强控制性导致受其影响的主体仿佛置身于“信息茧房”之中。

四、算法自动化决策法律风险的体系化治理

算法自动化决策引发的法律风险具有流动性,具言之,在算法自动化决策系统设计阶段风险就可能存在,而一旦由于种种原因没有在该阶段对风险予以控制,那么风险就可能流入面向末端数据主体的应用阶段,乃至最终演变为实际的损害。鉴于此,对算法自动化决策风险的治理应是体系化的,既要能够覆盖风险流动的各个阶段,又要能够根据不同阶段的特点做出有针对性的回应。

(一)事前阶段:强化算法审计

对算法自动化决策法律风险的治理,最为理想的方案是从算法自动化决策系统设计之初就将风险消除,而该目标的实现有赖于监督行为的提前介入。从实现路径来看,尤为重要的是需要强化算法审计。在概念上,算法审计是指由技术性和非技术性措施组成的审查算法系统的一系列方法。[19] 我国《个人信息保护法》将算法审计收纳在内,该法第54条规定,“个人信息处理者应当定期对其处理个人信息遵守法律、行政法规的情况进行合规审计。”第64条规定,“履

---

18 杨书培:《手机“偷听”聊天内容困扰你吗?个性化广告推送怎么破?》,载人民法院报官微2022年12月1日,https://mp.weixin.qq.com/s/_bobFuBiTVPKMS_IzgA2tw。

19 张欣、宋鱼鑫:《算法审计的制度逻辑和本土建构》,载《郑州大学学报(哲学社会科学版)》2022年第6期。

行个人信息保护职责的部门在履行职责中,发现个人信息处理活动存在较大风险或者发生个人信息安全事件的,可以按照规定的权限和程序对该个人信息处理者的法定代表人或者主要负责人进行约谈,或者要求个人信息处理者委托专业机构对其个人信息处理活动进行合规审计……”但《个人信息保护法》对算法审计的操作方法以及对象尚未作出明确规定,亟待进行完善。

从操作方法来看,算法审计存在五种基本类型:[20](1)代码审计(code audit)。通过检查算法所涉及的代码来确定算法自动化决策是否存在各种风险。(2)非介入性用户审计(noninvasive user audit)。该类型审计的优点是不干扰平台本身,具言之,它只涉及以传统的社会科学调查格式向用户提问,由此避免了审计员可能对平台表现出恶意并可能被视为违反服务条款的行为。(3)抓取审计(scraping audit)。审计员向平台发出重复查询指令并观察查询的结果,但一般来说应获得相应的授权,否则可能会被认为属于违法犯罪行为。(4)编造审计(sock puppet audit)。审计员通过向算法自动化决策系统输入编造的数据来查看该系统是否存在风险。(5)协同审计(collaborative audit)。审计员雇用大量的志愿者作为体验用户来对算法自动化决策系统的结果进行检查。

从具体对象来看,算法审计的对象主要包括数据质量和算法模型。第一,数据质量。对数据质量的评估需要考量多个维度,一般来说,包括以下五个方面:[21](1)准确性(accuracy),是指计算或估计与数据所要测量的准确或真实值的接近程度。(2)及时性(timeliness),其与准确性紧密相关,具体是指为了保证决策的准确性,应对算法所依赖的数据及时进行更新。(3)可比性(comparability),是指应对数据进行区分,明确不同数据之间的差异。对数据可比性的提升依赖于元数据,“当数据被组织到数据基础设施中时,元数据会变得非常有用,如数据仓库、信息系统、仪表盘和档案馆。在这些地方,来自不同数据集的数据会合并到一个独特的数据环境中。”[22](4)相关性(relevance),其通常被定义为数据与数据用户的目标的对应关系,为了评估数据相关性,应考虑数据服务的主体和目标是什么。(5)可访问性(accessibility),是指数据能够方

---

20 Christian Sandvig, Kevin Hamilton, Karrie Karahalios, Cedric Langbort, “Auditing Algorithms: Research Methods for Detecting Discrimination on Internet Platforms”, *Data and Discrimination: Converting Critical Concerns into Productive Inquiry*, 2014(5).

21 Biagio Aragona, *Algorithm Audit: Why, What, and How?*, Routledge, 2022, pp. 20 – 24.

22 Biagio Aragona, *Algorithm Audit: Why, What, and How?*, Routledge, 2022, p. 22.

便用户获取的程度。第二,算法模型。算法表征的是一种由指令构成的函数关系,这又被称作算法模型。算法自动化决策得到什么样的结果不仅取决于数据的质量,还取决于算法模型的科学性、正确性,因此算法模型也应是算法审计的重要内容。当然,如果涉及机器学习,对算法模型的审计可能会是较为困难的,因为在机器学习的背景下,算法模型并不是一开始就形成的,同时也不是一成不变的,而是处在不断修正的过程中。基于此,对于机器学习算法而言,算法审计需要更为专业的知识和更多的时间成本投入。

(二)事中阶段:突出权利制约

一旦事前的算法审计无法完全杜绝风险的发生,而导致风险流入面向末端数据主体的应用阶段,就需要在这一阶段作出进一步的应对。最主要的举措是要发挥权利制约的功能,即通过明确数据主体享有的个体权利,来制约风险的演变。重视此举的考虑在于,在应用阶段,数据主体是直接的参与者和受影响者,基于经验可得性和利益维护的敏感性,其最能够及时发现风险的存在,通过行使个体权利,可以及时化解算法自动化决策带来的风险。

1. 免受自动化决策权

可以对算法自动化决策风险实现直接而根本性控制的个体权利是免受自动化决策约束权,即个人有权拒绝仅基于算法自动化决策的方式作出决定。《个人信息保护法》第24条第3款规定:"通过自动化决策方式作出对个人权益有重大影响的决定,个人有权要求个人信息处理者予以说明,并有权拒绝个人信息处理者仅通过自动化决策的方式作出决定。"通过该规定可知,免受自动化决策权行使的前提性条件是"对个人权益有重大影响",但对于什么属于"对个人权益有重大影响",《个人信息保护法》并未作出进一步的规定。GDPR将个人权益影响细分为两种,即法律影响与类似重大影响,通过该分类可以为理解《个人信息保护法》提供参考资源。

第一,法律影响。当自动化决策对数据主体的法定权利或合同权利存在影响时,其将被纳入法律影响的范畴。对法定权利存在影响的自动化决策主要见于税收、社会福利、身份管理等领域,例如,"根据收入计算纳税申报表,享有或拒绝法律授予的特定社会福利(如儿童福利或住房福利),拒绝入境或拒绝公民身份,都是与数据相关的具有法律影响的个人决策。”[23]对合同权利存在影响的自动化决策主要见于保险、教育、就业、金融、在线销售和广告等领域,例如,在保险行业,数据分析常常被用于评估被保险人或被保险事项的风险,借此保险公司可以对作为合同内容的保费以及保险受益额实现个性化确定。

第二,类似重大影响。即使自动化决策不会对数据主体的法定权利或合同权利产生影响,但只要它产生的其他影响具有类似的重要性,仍然在免受自动化决策权行使的前提性条件范围内。这些影响可能是物质的,也可能是非物质的,即会对数据主体的尊严、完整性或声誉造成影响。而什么属于类似重大影响? GDPR 在序言第 71 条通过示例作了说明,例如,“在没有任何人为干预的情况下自动拒绝在线信用申请或电子招聘信息。”以其中的电子招聘为例,尽管基于自动化决策的电子招聘属于签约阶段而并不涉及当事人的合同权利问题,但其对当事人的就业机会却有直接影响,此属于关系当事人生活保障的重要事项,因此也要避免受到自动化决策权的限制。

2. 其他权利

除了免受自动化决策权的限制以外,还存在其他一些权利,尽管这些权利不直接与算法自动化决策相关或无法对算法自动化决策的风险实现根本性控制,但它们在治理算法自动化决策风险时却也发挥着重要的作用。根据影响程度不同,可以将这些权利分为弱式权利和强式权利。前者是指,数据主体可以要求算法自动化决策应用方作出相应的行为,且这种行为并不会改变算法自动化决策应用方处理其个人数据的实际状况;后者则相反,数据主体会对算法自动化决策应用方处理其个人数据的实际状况造成变动性的影响。

(1)弱式权利

在涉及算法自动化决策的弱式权利谱系内,主要存在三种权利,即知情权、访问权和解释权。这三种权利都旨在增进数据主体对算法自动化决策的了解和把控,而均不会改变算法自动化决策应用方处理其个人数据的实际状况。在权利来源上,这三种权利具有共通性,即都根植于对算法自动化决策透明性的追求,目的在于保障数据主体对算法自动化决策的合法性或合理性进行评估,

---

23 Aleksandra Drożdż, Protection of Natural Persons with Regard to Automated Individual Decision-Making in the GDPR, *Kluwer Law International B. V.*, 2020, p. 71.

就其反面而言,也暗含着数据主体对算法自动化决策失控风险的担忧。[24] 在权能上,这三种权利存在些许差异,这也决定着三者在算法自动化决策法律风险的治理上扮演着不同的角色。

其一,知情权。一般而言,知情权属于先行权利,即在算法自动化决策做出前,数据主体有权了解其个人数据可能面临的处理情况。《个人信息保护法》第 44 条规定,“个人对其个人信息的处理享有知情权……”该权利对应的是告知义务,即算法自动化决策应用方应提前告知数据主体其个人数据将如何被处理,以此保证数据主体“对之后出现的风险及后果有所预判,并据此作出是否参与相关活动的决定”。[25]

其二,访问权。数据主体有权向算法自动化决策应用方确认其个人数据是否正被处理,并在此种情形下查阅其个人数据以及复制数据副本等。[26]《个人信息保护法》第 45 条规定,“个人有权向个人信息处理者查阅、复制其个人信息……”当数据主体认为算法自动化决策的结果存在不当时,在一些情况下,其需要通过查阅和复制相关的信息来作为反对的依据。

其三,解释权。当数据主体认为算法自动化决策对自身的权益具有重大影响或对数据处理的规则有疑问时,其有权要求算法自动化决策应用方提供相应的解释说明。[27] 解释权是否真正得到了确立,这一点在欧洲学界备受争议,因为 GDPR 只在序言部分提及了解释权,而在正文中却只字未提。从我国《个人信息保护法》来看,该法明确规定了解释权,即其第 24 条第 3 款规定,“通过自动化决策方式作出对个人权益有重大影响的决定,个人有权要求个人信息处理者予以说明……”第 48 条规定,“个人有权要求个人信息处理者对其个人信息处理规则进行解释说明。”聚焦到自动化决策上,解释权的对象主要包括两种:[28] ①系统功能(system functionality),包括“逻辑、重要性、预期后果和自动决策系统的一般功能需求规范、决策树、预定义模型、标准和分类结构”;②特定决策

---

24 汪庆华:《算法透明的多重维度和算法问责》,载《比较法研究》2020 年第 6 期。

25 万方:《算法告知义务在知情权体系中的适用》,载《政法论丛》2021 年第 6 期。

26 京东法律研究院:《欧盟数据宪章:〈一般数据保护条例〉(GDPR)评述及实务指引》,法律出版社 2018 年版,第 238 ~ 239 页。

27 林洹民:《自动决策算法的风险识别与区分规制》,载《比较法研究》2022 年第 2 期。

28 Sandra Wachter, Brent Mittelstadt & Luciano Floridi, “Why a right to explanation of automated decision-making does not exist in the General Data Protection Regulation”, *International Data Privacy Law*, 2017(2).

(specific decisions),包括"特定自动决策的基本原理、原因和个别情况,如特征的加权、机器定义的特定案例决策规则、有关参考或配置文件组的信息。"

(2)强式权利

涉及算法自动化决策的强式权利主要包括限制权、拒绝权、更正与补充权、删除权四种,这四种权利均建立在对数据自主性维护之需要的基础上,而可以改变算法自动化决策应用方处理其个人数据的实际状况。

其一,限制权。当数据主体认为算法自动化决策应用方对其个人数据的处理存在不当时,为避免继续处理带来消极的后果,数据主体可以要求算法自动化决策应用方暂停处理其个人数据或者提出相应的限定条件。[29]《个人信息保护法》第44条中规定,个人"有权限制或者拒绝他人对其个人信息进行处理"。限制的常规措施包括对个人数据进行屏蔽、断开处理链接、封存以及通过特殊标记提醒不再使用等,[30]除此之外,也可将数据临时移动到其他处理系统或者从网站上临时删除已发布的数据等。

其二,拒绝权。当数据主体认为算法自动化决策应用方对其数据的处理存在不当时,有权予以拒绝。《个人信息保护法》第44条中规定,数据主体有权"拒绝他人对其个人信息进行处理"。与免受自动化决策权区分,拒绝权的行使一般出现在自动化决策形成之前。拒绝权旨在对当事人的数据权益提供保障,而它在实践中能否真正发挥作用则取决于行使的有效性。进言之,拒绝权行使的有效性有两个基本的判断标准,即拒绝方式是否便捷、拒绝的做出是否真正管用。算法自动化决策应用方应以明显、方便的方式为数据主体提供拒绝方式;同时,应保障数据主体拒绝的做出能起到切实的效果,而不是流于形式。[31]

其三,更正与补充权。当数据主体发现算法自动化决策应用方所处理的有关其个人的数据不准确或有遗漏时,有权要求其进行更正或补充。《个人信息保护法》第46条规定:"个人发现其个人信息不准确或者不完整的,有权请求个人信息处理者更正、补充。个人请求更正、补充其个人信息的,个人信息处理者应当对其个人信息予以核实,并及时更正、补充。"由于更正与补充权并不反对数据处理,因此其与限制权、拒绝权以及下文的删除权相比显得相对柔和一些。

---

29 高富平:《个人信息保护:从个人控制到社会控制》,载《法学研究》2018年第3期。

30 崔聪聪:《数据限制处理权的法理基础与制度建构》,载《比较法研究》2022年第5期。

31 杨书培:《手机"偷听"聊天内容困扰你吗?个性化广告推送怎么破?》,载人民法院报官微2022年12月1日,https://mp.weixin.qq.com/s/_bobFuBiTVPKMS_IzgA2tw。

其四,删除权。当数据主体认为算法自动化决策应用方对其个人数据的处理存在不当时,有权要求数据控制者删除其个人数据。《个人信息保护法》第 47 条第 1 款规定,“有下列情形之一的,个人信息处理者应当主动删除个人信息;个人信息处理者未删除的,个人有权请求删除:(一)处理目的已实现、无法实现或者为实现处理目的不再必要;(二)个人信息处理者停止提供产品或者服务,或者保存期限已届满;(三)个人撤回同意;(四)个人信息处理者违反法律、行政法规或者违反约定处理个人信息;(五)法律、行政法规规定的其他情形。”删除权对算法自动化决策风险的治理也具有重要的意义,如在预测性警务中,警察部门基于数据分析将一些人列为危险人群,而当一些人发现这种做法不当时,可以要求警察部门将这些信息删除而从根本上解决问题。

(三)事后阶段:重视损害归责

损害归责是算法自动化决策风险治理的最后一道防线,它旨在对造成风险演变为现实的原因主体给予惩罚以及对受损者予以弥补。算法自动化决策损害归责的核心参与者是算法自动化决策系统的设计者和应用方,追究算法自动化决策的设计者和应用方的责任符合责任制所应具有的约束权力的基本功能。而具体来看,算法自动化决策损害归责涉及以下三个层面:

第一,公法层面的归责。主要涉及“行政责任”的问题,从定义来看,行政责任是指行政机关及其行政公务人员违法、违纪或不当行政而应当承担的不利后果。[32] 行政责任先前的理论基础是契约论,即公民与政府之间签订的政治契约,政府应受契约的约束,之后新公共管理运动的兴起,又提出了委托代理理论,即真正的权力拥有者基于信息优势的考虑将权力授予其他主体来行使,但需要对接受权力授予的主体进行制约。[33] 在技术驱动公共管理变革的时代,依赖于数据收集、占有的优势,行政领域对算法自动化决策的应用相当广泛,涉及税收、社会福利、费用、许可证、执照等诸多事项。当行政相对人因行政主体应用算法自动化决策而受到损失时,可以依据《行政诉讼法》《国家赔偿法》等有关法律要求对其给付相应的赔偿。

第二,私法层面的归责。从《民法典》的规定来看,当主体因算法自动化决

---

32 陈党:《行政责任追究制度与法治政府建设》,载《山东大学学报(哲学社会科学版)》2017 年第 3 期。

33 宋涛:《行政问责概念及内涵辨析》,载《深圳大学学报(人文社会科学版)》2005 年第 2 期。

策受损时，其要求相关主体承担的责任主要有违约责任和侵权责任两种，而且这两种责任之间时常存在竞合的问题，需要择一来确定。《民法典》第186条规定："因当事人一方的违约行为，损害对方人身权益、财产权益的，受损害方有权选择请求其承担违约责任或者侵权责任。"如果当事人选择的是违约责任路径，由于受制于合同相对性的影响，其只能要求与其签订合同的一方承担违约责任，在算法自动化决策引发责任的背景下，一般来说签订合同的一方是算法自动化决策系统的应用方而非设计者。如果当事人选择的是侵权责任路径，除了可以要求算法自动化决策系统应用方承担侵权责任外，在认定算法自动化决策系统的设计符合侵权责任构成要件的情况下，还可以要求设计者承担相应的侵权责任。而且，如果算法自动化决策应用方与设计者之间存在侵权共谋，二者承担的侵权责任将具有连带性。[34]

第三，社会法层面的归责。主要涉及"劳动权益保障责任"的问题，该问题隶属社会法领域，社会法是在国家干预社会生活过程中发展起来的一个法律门类，[35]它旨在"通过政府对市场的有限干预和对社会财富的二次分配，保护社会弱势群体的利益，维护社会实质公平。"[36]社会法涵盖劳动保障法、社会保障法、社会公益与慈善法等多个方面，[37]但对于算法自动化决策风险的治理来说，主要涉及劳动保障法。当前，一些公司、企业在应用算法自动化决策系统进行招聘或员工管理时出现了歧视问题，导致特定主体的劳动权益遭到侵害。对该问题的解决需要援引《劳动法》作为依据，具体来看，《劳动法》第12条规定："劳动者就业，不因民族、种族、性别、宗教信仰不同而受歧视。"第13条第1句规定："妇女享有与男子平等的就业权利。"第89条规定："用人单位制定的劳动规章制度违反法律、法规规定的，由劳动行政部门给予警告，责令改正；对劳动者造成损害的，应当承担赔偿责任。"

五、结语：在技术、伦理与法治之间寻求治理之道

人类社会发展的过程是一个不断追求人力解放的过程，正是为了实现此目

---

34 参见《民法典》第1168条。

35 张文显主编：《法理学》（第二版），人民出版社2020年版，第321页。

36 信春鹰：《中国特色社会主义法律体系及其重大意义》，载《法学研究》2014年第6期。

37 张文显主编：《法理学》（第二版），人民出版社2020年版，第321页。

标,才会发明、创造出各种各样减少或代替人力的科技产品,算法自动化决策正是其中之一。在人工智能技术得到普遍应用和社会信息化程度愈加提高的时代背景下,算法自动化决策正逐渐融入乃至嵌入人们的生活之中,当此之际,需要深刻认识到的是,算法自动化决策并非纯粹是一种技术应用,它还是一种权力媒介,在给人们的生活带来提升和改变的同时,微妙地影响着人们之间的权利义务关系。对算法自动化决策法律风险的治理正是为了防止其对人们之间的权利义务关系带来扭曲性的影响,其中必须要得到捍卫的伦理命题是,无论算法自动化决策如何发展,都必须以尊重人的主体性为原则,而不能反过来异化成宰制和扼杀人的主体性的工具。

为对算法自动化决策的风险实现有效治理,应注意两方面的问题:一方面,理解技术是治理技术的前提。算法自动化决策与以往的人为决策大为不同,它是建立在数据处理的基础上自动地做出决策,因此对算法自动化决策风险的认识就应当包括数据处理以及自动化决策两块内容。另一方面,坚持法治是治理技术的原则。算法自动化决策带来的风险在一定程度上会引起社会的焦虑,但即便如此,对算法自动决策风险的治理也不应是盲目和毫无准据的,相反,需要从法治层面上作出回应,针对空白领域应及时构建相应的制度,对存在制度基础却较为模糊的地方应及时通过解释予以明确化。

区块链证据质证虚置化之检视

苏泽琳　李　麒*

【内容提要】 区块链证据的质证虚置化是指质证方利用庭审技巧,面面俱到地提出对证据“三性”的质疑,忽略证据与待证事实之间的联系,而专注质疑区块链存证本身有效性、合法性的现象。这是一种由于对区块链证据了解不足而极易落入的陷阱,要改善这种质证虚置化的现象,就要运用“交往理性”来构建质证方与裁判者之间的“理想言谈情境”,在参照形式真实性、实质真实性、合法性以及关联性这四项标准时,抓大放小,有的放矢,优先针对关联性标准质证,并以实质真实性标准为支撑,把形式真实性、合法性标准作为次重点,以此形成区块链证据的聚焦式质证模型。

【关键词】 区块链证据　质证虚置化　交往行动理论　聚焦式质证

一、质证方与裁判者之间的“伪交往”

区块链技术的司法应用催生了“区块链证据”这一新型的证据生成、存储、核验模式,有关区块链存证的法规日趋完善、司法应用日趋成熟,但被冠以“科技信任”的区块链证据总归会令人产生困惑:区块链带来的信任,究竟是一种什么样的信任?区块链的司法应用又在多大程度上延续了这种信任?换一个角度,所谓区块链的去中心化共识在区块链证据领域同样存在吗?如果存在,是指没有人可以操控区块链吗,那国家层面该如何管控?如果不存在,这里的信任会不会是一场虚假的狂欢?

---

* 苏泽琳——山西大学与北京大学联合培养博士生,主要研究领域:诉讼法学、数字法学;李麒——山西大学法学院教授、博士生导师,主要研究领域:诉讼法学、刑事法学。本文获得2018年度国家法治与法学理论研究一般课题“区块链技术下涉数据犯罪研究”(18SFB2018)资助。

带此疑问,首先应当厘清区块链的去中心化特性是否完全被移植到了区块链证据领域。从严格意义上来讲,区块链证据并非独立的证据形式,而是一种证据存储、承载及固定的技术实现方式,是现有法定证据形式的区块链化。这些区块链化的证据根据生成方式的不同,又可分为链上生成的原生型证据以及链下生成的继生型证据两种。链上生成的原生型证据,主要是原本为了存储交易记录而设立的区块链,如比特币、以太币等数字货币的分布式账本,又如杭州、北京、广州三地互联网法院相继上线运行的司法联盟链平台,将法院节点作为管理共识节点,访问与编写的权限对所有加入组织联盟的节点开放,它们的特点是将数据防篡改的节点提前到数据形成时,最大限度地保障了数据的真实性。而链下生成的继生型证据,则是将现存证据及其相应的哈希值存入区块链平台,既包括“视听资料、电子数据”等电子形式的证据,也包括“物证、书证、被害人陈述、证人证言、鉴定意见”等其他法定证据类型的电子化形式,例如,除了司法联盟链平台,目前司法实践中还存在一部分属性为“私链”的第三方存证平台,相较于公链和联盟链,私链的去中心化程度较低,拥有访问编写权限的用户数量较少,这些证据在应用时一般通过上链前后哈希值的对比来验证证据是否被篡改。

目前司法实践的现状是,无论是以上述何种形式形成的区块链证据,都被附加了区块链技术所衍生的“证明力”,只要通过核对哈希值的同一性,便可达到证明证据真实性、完整性的目的。[1] 而事实上,无论是从技术原理还是结合具体案情来分析,得出这样的结论都过于草率。就司法联盟链而言,一般认为上链后的数据只要经加入联盟的节点达成共识,就能达到防篡改的目的,但由于联盟链的用户数量有限,其去中心化程度低于如承载比特币交易的公链。也就是说,联盟链系统越是拥有完善的司法控制能力,越是能够对共识规则或其他技术属性进行考量和调整,这类系统本质上的去中心化程度就越低,链上的数据就越难以达到防篡改的目的。而对于第三方存证平台来讲更是如此,最极端的情况是若将书证的电子化形式及其哈希值存入这种区块链,又未经公证、鉴定或官方机构背书,那么无论是上链前还是上链后的真实性都得不到保障,此时的“科技信任”无异于一纸空文。

---

1 邓永民、徐昕:《区块链证据“客观印证”的合理性思考》,载《河南师范大学学报(哲学社会科学版)》2022 年第 3 期。

基于上述多样化的应用场景，不难发现区块链证据虽然自带“自我鉴真”属性，但其最终能否作为定案依据，是一个十分复杂的逻辑分析过程。司法实践中之所以存在对区块链证据的“莫名膜拜”，这背后固然包含区块链技术本身的独特优势，更多的则源于质证方与裁判者之间的“伪交往”[2]。裁判者“居庙堂之高”，而质证方“处江湖之远”，二者之间有着相对特殊的张力关系，诉讼中的张力超过了正当的限度，冲突便会产生；而张力明显因受到裁判者打压而缩减，也会产生二者之间的关系异化。那么如何实现质证方和裁判者之间的良性互动呢？哈贝马斯的交往行动理论认为，为了抑制工具理性的过分膨胀，在交往活动中，参与主体应当通过语言这一媒介来进行充分互动。他提出的“理想言谈情境”[3]要求，参与讨论的机会应是开放和平等的，内容是自由的；商谈不会受到权力或者外界因素的干扰，沟通在无强迫性压力的环境下进行，每个人都有表达自己真实想法的自由；每一位参与者必须保持一种开放和理性的态度，必须对其他人的观点给予足够的尊重与反思，在充分回应他人观点基础上才能展开自己新的论述。

借此理论回归到质证场景中，由于区块链证据天然存在的技术壁垒和自我鉴真属性，在区块链证据的质证场景中，质证方与裁判者之间的“伪交往”现象尤甚。新技术的出现往往是为了解决某种问题，只有先了解区块链在证据领域改变与颠覆了什么，才能更好地认清它可以带来什么；只有分清它具体解决了哪一个节点的信任问题，才能提出具有针对性的因应之策。上述提到的区块链证据的链上生成与链下生成、司法联盟链平台与第三方存证平台，看似共通却各有痛点，必须在厘清各自特点的基础上分类研究其技术原理及信任机制，如此诞生的质证规则才能正本清源，才能从根本上回应“区块链带来的信任，究竟是一种什么样的信任？”这个疑问，从而实现质证环节的理性言谈情境。

二、从个案窥探到类案剖析：区块链证据的典型质证场景

真正的交往应该是自由、平等和开放的，双方是以增进理解和达成共识为目的的。以下将根据具体的案例来进行分析，在区块链证据的质证场景中，是

2　王晓生：《哈贝马斯的现代性社会理论》，社会科学出版社2006年版，第160页。

3　［德］哈贝马斯：《交往行动理论》（第1卷），曹卫东译，上海人民出版社2004年版，第83页。

否实现了这种“真诚的交往”。

（一）区块链证据质证虚置化现象的个案窥探

前文提到，区块链证据的形成方式可分为第三方平台存证及司法联盟区块链存证。这两种方式不是非此即彼的关系，而且往往在司法实践中，还可通过跨链技术实现私人区块链与司法区块链的衔接，将从私人区块链中提取的与预定参数相匹配的数据存储进司法区块链中，实现区块链证据的最大效能。北京京东叁佰陆拾度电子商务有限公司（以下简称京东公司）与中文在线数字出版集团股份有限公司（以下简称中文公司）侵害作品信息网络传播权纠纷一案[4]是最高人民法院公报案例，也是通过跨链方式形成区块链证据的典型案例。

中文公司经知名小说作家童亮授权，取得了其创作的《每个午夜都住着一个诡故事》等共计4部文字作品的信息网络传播权专有使用权，并可以以自己的名义对侵犯上述权利的行为提起诉讼。2017年11月，中文公司发现京东公司未经许可，在其经营的京东阅读手机App中提供了包含前述作品的在线付费阅读。中文公司通过第三方存证平台“IP360”对侵权事实进行固定。法院最终认可了区块链证据的真实性，并将其作为认定事实的证据。根据判决书，中文公司在庭审中提交了两份区块链证据。

表1　中文公司在庭审中提交的区块链证据

序号	证据名称	取证时间	证书编号	证书签发机构	证明目的
1	京东阅读App的取证数据保全证书	2017年11月21日13:19:42～2017年11月21日14:12:18	ZX-BWX－0320171121351474	IP360、北京网络行业协会电子数据司法鉴定中心	被告的侵权行为
2	京东阅读2App的取证数据保全证书	2018年1月10日13:54:57～2018年1月10日14:18:36	ZX-BWX－0320180110353284	IP360、北京网络行业协会电子数据司法鉴定中心	涉案App系被告经营

在案件审理过程中，为提取中文公司提交的上述IP360取证数据保全的内

4　参见北京知识产权法院民事判决书，(2018)京73民终2163号；北京市东城区人民法院民事判决书，(2018)京0101民初4624号。

容,北京市东城区人民法院进行了线上勘验,首先对电脑进行了清洁性检查,而后进入 www. ip360. net. cn“IP360 全方位数据权益保护开放式平台”,点击“证据提取”栏目,在“证据提取码”中输入 8941f131515738035165,进入“IP360 证据提取专用系统”,每组证据打开后都显示有视频文件和保全证书。证据 1 的视频文件显示先对电脑进行清洁检查,时间显示 2017 年 11 月 21 日 13:26,下载京东阅读 App,用蓝叠模拟器打开,显示“京东 JD. com 版权所有 Copyright2012 - 2017”,点击“出版”栏目,在搜索框中输入“每个午夜都住着一个诡故事”,页面显示图书信息,作者为童亮,出版方为新星出版社,书籍评分 10。证据 2 的视频文件显示,下载应用宝 App,用蓝叠模拟器打开,点击打开其中的“京东阅读”应用程序,显示开发者为北京京东叁佰陆拾度电子商务有限公司。

针对上述区块链证据,庭审中被告发表的质证意见及法院的认证理由如下:

表 2　审理过程中原、被告及法官围绕区块链证据发表的意见

质证意见	原告回应	法院认为
“IP360 证据提取专用系统”页面显示的存证机构为个人,缺乏公信力	存证机构并非提供取证服务的认证机构,而是申请存储的主体,本案申请存储的主体系原告代理人,其进行了个人实名认证,故显示存证机构为个人	IP360 数据权益保护平台通过了公安部安全与警用电子产品质量检测中心和国家安全防范报警系统产品质量监督检验中心(北京)的检验认证,具备作为第三方电子存证平台的资质
文件创建时间与保全时间显示不一致,不能保证取证过程的真实性	IP360 证据提取专用系统中显示的保全时间是对原告取证过程进行录制的时间,创建时间是原告进行证据提取、创建数据提取包的时间,因原告在取证完成后并没有立即进行证据提取,因此二者时间不一致	保全及创建时间分别代表了取证开始时间及创建数据提取包的时间,该内容与数据保全证书及录屏内容能够相互印证

通过对典型案例裁判内容的梳理和分析,可以窥见区块链证据的形成、应用与审查现状,持有区块链证据的对方当事人发表的质证意见,则是在对抗式的庭审模式中提出的最为有力的反驳与质疑,洞察其内容可以进一步确认区块

链证据的信任节点究竟指向何方。但在此案中,若将被告的两个质证意见单独提炼出来,会发现质证是如此单薄:第一,关于存证平台的资质问题,是法院最关注、最不容有失的一个必将格外严谨论证的关键性问题,它是整个证据链条的基础。换言之,法院作为一个公正的第三方,基于自由裁量权,无论判原告胜诉还是败诉,只要在最大限度上言之成理便可,但如果对存证平台的资质认定错误,亦即对证据的合法性认定错误,便是一个明显的失职行为,更关系到之后的无数案件是否应当遵循先例。如此来看,对于平台资质的质疑,只能起到一个简单的提醒作用,质证方无论援引多么完备的法条和判例,一般都难以对抗法院系统整体的裁判观点,加之 IP360 已经在短时间内成为区块链存证的"明星产品",法院最终认可其具备存证资质毫无意外。第二,关于视频文件创建时间与保全时间显示不一致的问题,更难以称其为一条独立的质证观点,只能说是基于对区块链证据产品不理解产生的疑惑,反而给了原告以进一步解释、说明己方证据确实、充分的机会。

再来看法院的说理部分,值得一提的是,说理部分除了回应被告的质证意见,还对区块链证据的认证作出了逻辑性的论述,也符合笔者前述对于法院认定证据合法性通常做法的推测。法院首先确认了区块链取证环节的清洁性,查明 IP360 云服务器会将回收并重新初始化的服务器资源自动分配给用户使用,径直让用户进入 IP360 平台远程桌面进行操作,进而保障取证环境的真实。其次,还论证了该证据将自动生成经北京网络行业协会司法鉴定中心确认的可比对的哈希值,从而保障了证据的完整性。此案中,法院大篇幅的论述部分尤为精彩,却从侧面反映了质证意见的缺失,法院提到的清洁性检验及哈希值比对问题,实为应尤其注意的关键,并且法院的论述在某种程度上替举证方弥补了证据的不足。事实上,在区块链存证前、存证视频开始录制后均需要进行清洁性检验,法院仅根据举证方的解释,认为该存证平台能够"赋予"用户设备的"远程强制清洁"功能,进而掩饰了存证前设备清洁性存疑的问题,尚可自圆其说,而技术上果真如此吗?质证方其实是可以继续追问并质疑的。

综合来看,在这个案件中,被告对区块链证据的质证集中在证据合法性的问题上,反映出普通的涉案主体对区块链证据了解不足而极容易落入的陷阱,即对证据涉及的技术问题大谈特谈,对于证据真正反映的具体内容和待证事实,则寥寥数语。最高人民法院公报案例尚且如此,更遑论一些基层法院审理的、未聘请律师出庭的"简单"案件了。鉴于此,笔者试图以更多的案件为样本,窥见在实践中针区块链证据质证环节的整体样貌。

(二)区块链证据质证虚置化现象的类案剖析

2021年6月《人民法院在线诉讼规则》发布之前,区块链证据司法认证的主要是依据《关于互联网法院审理案件若干问题的规定》第11条[5]。故笔者在威科先行数据库中,以"《关于互联网法院审理案件若干问题的规定》第11条"作为裁判理由及依据,并以"区块链"为关键词进行"在结果中搜索",截至2022年9月15日,共检索到裁判文书377份。从整体上看,该377份判决数量的年度分布比例逐年上升,并且一审全部或部分支持的比例高达91.03%,说明应用区块链证据的案件逐年增加,并且在这些案件中,认定区块链证据有效并最终作为定案依据的概率极高。

笔者以上述377份判决书为样本,剔除其中具有极度相似情节的重复案件(主要是金融借款、民间借贷以及著作权侵权、网络传播权侵权等批量诉讼案件)及与本文分析不相符的非真正涉及区块链证据的案件,剩余71个案例,其中未有明确、完整质证意见或被告未出庭的案件共有48起,占比67.6%,有明确质证意见的样本案例23起,笔者截取了这23起案件中对区块链证据的质证意见,将质证方对于区块链证据的质证意见划分为对形式真实性的质证、对实质真实性的质证、对合法性的质证以及对关联性的质证四类进行分析。

首先,对区块链证据形式真实性的质证,是指证据载体的可靠性,主要体现为证据是否为原件,复制件与原件是否相符。为什么要将区块链证据的形式真实性单独提出呢?是因为对于区块链证据而言,关于对其证明力中证据性质、出具主体以及能否印证的质疑,往往都与证据的合法性、关联性相交叉,而唯有证据的原件规则,无法划分为对证据"三性"评判标准中的任意一种,作为复印件的证据只有与其他证据相印证方能具有证明力,尽管是与其最为相似的"实质真实性",二者也有很大差别,因为区块链证据系复印件,无法必然说明证据的不真实,区块链证据是原件,也与其待证的案件事实是否真实不甚相关。但之所以证据的原件规则如此重要,是因为在实践中有一条针对复印件不成文的质证技巧:复印件不予质证。这条质证技巧往往可以一夫当关之势直接阻碍庭

---

5 《最高人民法院关于互联网法院审理案件若干问题的规定》第11条第2款规定:"当事人提交的电子数据,通过电子签名、可信时间戳、哈希值校验、区块链等证据收集、固定和防篡改的技术手段或者通过电子取证存证平台认证,能够证明其真实性的,互联网法院应当确认。"

审进程。不认可形式真实性的情形如:未提供证据原件,复印件与原件不相符,未提供存储电子证据的原始载体,存在伪造、变造情况。在样本案例中,有 4 个案件涉及对区块链证据形式真实性的质证,[6] 例如,认为"原始载体非来源于摄影师的相机或原始内存卡,不能证明涉案图片的来源""可信时间戳认证证书不具有证据效力""证据形式为打印件""《数据保全证书》系一张网页截图"。

其次,对区块链证据实质真实性的质证,是指该证据不能反映案件真实情况。不认可某证据的实质真实性,建立在质证方认为该证据是虚假或确实无法确认真实的基础上,而非本应知其真实却利用诉讼技巧否认证据的真实性。对于区块链证据实质真实性的质证,是对待证事实持有明确的、相反的意见,如证据材料记载的内容片面、不完整,与客观事实存在偏差。无法确认或无法核实证据真实性的情形,一般发生于当事人对证据材料的形成不知情,如证据材料是由案外人出具的。而关于时间戳能否伪造、设备是否清洁等技术问题,不是对真实性承认与否的理由。在样本案例中,有 9 个案件涉及对区块链证据形式真实性的质证,[7] 如认为"无法核实侵权保全证据的真实性""时间戳证据为虚假时间戳""时间戳证书是伪造的""公证的材料存在造假""将已经录好的网页及视频直接上传至该平台进行认证,真实性不能得到保障"等。

再次,对区块链证据合法性的质证,包括涵盖证据的主体合法、取得方式合法和程序合法三个层面。主体合法指出具证据的主体和取得证据的主体须合法,如区块链存证平台及区块链系统本身合法,取得方式合法指不违背法律规定及严重违背公序良俗,程序合法指取证的流程符合法律相关规定。在样本案

6　参见北京知识产权法院民事判决书,(2019)京 73 民终 3146 号;北京互联网法院民事判决书,(2019)京 0491 民初 17647 号;辽宁省大连市旅顺口区人民法院民事判决书,(2020)辽 0212 民初 4101 号;北京互联网法院民事判决书,(2021)京 0491 民初 13648 号。

7　参见北京互联网法院民事判决书,(2019)京 0491 民初 37247 号;北京互联网法院民事判决书,(2019)京 0491 民初 34367 号;广州知识产权法院民事判决书,(2020)粤 73 民终 5401 号;河南省高级人民法院民事判决书,(2020)豫知民终 723 号;广州互联网法院民事判决书,(2020)粤 0192 民初 35056 号;广州互联网法院民事判决书,(2020)粤 0192 民初 1338 号;北京互联网法院民事判决书,(2021)京 0491 民初 41200 号;北京互联网法院民事判决书,(2021)京 0491 民初 51724 号;河南省高级人民法院民事判决书,(2021)豫知民终 480 号。

例中，有 17 个案件涉及对区块链证据形式真实性的质证，[8] 如认为“时间戳认证材料的来源、收集程序、具有证明效力的法律依据均未说明或出示”“从事电子认证服务的机构，必须取得国务院信息产业主管部门颁发的《电子认证许可证书》”“未通过公证方式取证”“不能证明电子数据形成过程中操作环境是否清洁、取证方式是否规范、取证结果上传服务器之前是否经过篡改”等。

最后，对区块链证据关联性的质证，应着重针对证据材料与待证事实之间有无关联性展开，首先需对待证事实进行判断，在请求—抗辩体系下明确举证一方需要证明的要件事实为何。在样本案例中，有 6 个案件涉及对区块链证据形式真实性的质证，[9] 如认为“时间戳只能确定某个时间节点之后的内容不被篡改”“只是将静态的网页文件上传到网站检验形成时间戳”“不足以自证该时间就是保全行为发生的真实时间”“联合信任时间戳取证证据，拍摄过程存在断续，缺乏完整性”等。

通过上述案例统计，可以发现在这些样本中，对区块链证据合法性的质疑最多，其次是实质真实性，再次是关联性，最后是形式真实性。在简单进行上述区分之后，需要思考的一个问题是，目前在国家运用法规和案例对区块链证据的应用保驾护航的大背景下，这种质证现象是正常的吗？换句话说，区块链证据在本质上作为一种信任机制，质证方需要付出多大的努力、尽到多大职责才能将这种信任坐实？

（三）区块链证据质证虚置化现象的成因分析

为了解答上述疑惑，首先需要对区块链证据的技术原理进行解构。区块链

8　参见北京知识产权法院民事判决书，(2018)京 73 民终 1999 号；北京互联网法院民事判决书，(2019)京 0491 民初 797 号；北京知识产权法院民事判决书，(2021)京 73 民终 4230 号；北京互联网法院民事判决书，(2022)京 0491 民初 5465 号；北京互联网法院民事判决书，(2021)京 0491 民初 13648 号；杭州互联网法院民事判决书，(2019)浙 0192 民初 3498 号；广州知识产权法院民事判决书，(2020)粤 73 民终 5401 号；河南省高级人民法院民事判决书，(2020)豫知民终 662 号；广东省深圳市中级人民法院民事判决书，(2021)粤 03 民终 26736 号；广州互联网法院民事判决书，(2020)粤 0192 民初 35056 号；河南省高级人民法院民事判决书，(2021)豫知民终 480 号；广州互联网法院民事判决书，(2020)粤 0192 民初 1338 号；北京互联网法院民事判决书，(2021)京 0491 民初 41200 号；北京互联网法院民事判决书，(2021)京 0491 民初 41199 号；北京互联网法院民事判决书，(2019)京 0491 民初 17647 号；河南省高级人民法院民事判决书，(2021)豫知民终 1 号；北京互联网法院民事判决书，(2021)京 0491 民初 51724 号。

9　参见辽宁省大连市旅顺口区人民法院民事判决书，(2019)辽 0212 民初 3078 号；辽宁省大连市旅顺口区人民法院民事判决书，(2020)辽 0212 民初 4101 号；北京互联网法院民事判决书，(2021)京 0491 民初 13648 号；广州互联网法院民事判决书，(2020)粤 0192 民初 1338 号；北京互联网法院民事判决书，(2021)京 0491 民初 41200 号；河南省高级人民法院民事判决书，(2021)豫知民终 480 号。

证据为了保障链上数据防篡改,主要是依据哈希校验、时间锁定以及节点印证三大技术。哈希校验,即在数据入链时计算其哈希值,在法庭审理过程中再对区块链平台的节点查询哈希值予以验真;时间锁定,即赋予入链数据一个时间戳,作为数据上链后不可改变的起算点;节点印证,即由于链上数据分布式存储,个别节点记录的数据被篡改不影响整个区块链上数据的真实性,反而会被共识机制纠正。综合上述三大技术,也就是说,区块链存证保障了特定时间上,入链时的数据和法庭审理中的是同一组数据。

基于区块链的上述特性,可以发现有一些关于区块链证据的质证是有固定结论的,并且这些结论不随案情的发生而转移,那么对于这些观点的质证,就是冗余且无力的。第一,关于区块链证据的形式真实性,若电子证据存储于公链、联盟链,通过哈希值校验一致则认为链上生成的证据具有形式真实性;若电子证据存储于私链,只有在中心载体符合法律规定的情况下,才能认定该证据为原件。第二,关于区块链证据的合法性,首先,区块链存证不等同于电子认证,存证平台是否获得电子认证许可证书,属于行政管理法规调整的范畴,不能据此否定存证平台的资质以及存证平台存证的合法性。其次,“公安部安全与警用电子产品质量检测中心”和“国家安全防范报警系统产品质量监督检验中心(北京)”的检验认证本身也并非属于针对区块链存证平台而专设的资质要求。最后,《人民法院在线诉讼规则》已明确认可了区块链存证的效力,目前也尚未有因存证平台不符合法院接入标准而不予采信区块链证据的案例。第三,对取证过程中的清洁性、安全性提出质疑,往往需要提交相反的证据。

以此观之,可以初步得出一个结论:什么是质证虚置化?就是这种利用成熟的质证技巧,将证据“三性”可能涉及的疑问和盘托出,不结合具体案情,忽略证据与待证事实之间的联系,而专注于质疑技术本身的有效性、合法性的现象。没有完美的证据,也没有完美的事实,证据大体都只是承载了案件部分事实的片段。因而,指出对方证据存在的瑕疵和矛盾之处从而降低其证明力,尤为重要。但目前,在区块链证据的质证场景中,大多是裁判者通过展现自己的权威对当事人进行观念灌输,或是原、被告,控辩双方自说自话,各自表达自己的立场和观点,抑或争取自己的利益,并未实现真正意义上的“交往”,而是一种工具行为。

那么为什么不能实现这种“真诚的交往”?这种现象的成因也不难推断,从样本案例的分析来看,存在一些较为明显的核心问题,形成了区块链证据质证虚置化困境。首先,区块链证据将普通的电子证据转换为一张《数据保全证书》或《时间戳认证证书》,书证化的电子证据弱化了质证方对待证事实本身产生质疑的灵敏性。从本质上看,区块链证据的质证应当针对其上承载的电子证据本身,即在存证平台上通过代码查询进入下载页面得到的视频文件,但由于存证过程的"黑箱效应",举证方往往会对文件进行整理、分析或截取对己方有利的部分作为证据使用,使质证方既不能对电子证据本身实现有效质证,又不能对取证流程进行有效质证,最终势必只能退而求其次地仅仅针对保全证书的形式做文章,导致无法发现区块链证据的 GIGO(garbage in,garbage out)。此外,再加上法官对于大区块链证据的采信往往带有较为明显的"因为是科学,所以很科学"的思维倾向,使得质证方的意见也难以动摇法官"技术至上"的固有心证,质证效果最终难以发挥。

三、化技术幽灵为规则之美:区块链证据质证实质化的思路构建

证据的认定是一个"事实认定科学化的问题"[10]。不同的诉讼参与者在诉讼中扮演着不同的角色,也讲述着不同的故事。根据哈贝马斯的交往行动理论,质证方应当针对庭审中的证据构建本方的故事和解释,通过巧妙但真诚的质证策略,化解区块链技术高壁垒的"技术幽灵"[11],以便裁判者最终形成其内心认可的案件事实,而这样的诉讼活动离不开语言符号。从某种意义上讲,质证方就像一个画家,"画家创作一件艺术品,要花极大的心思把油彩调到最佳的色度。要想赢得有利的判决结果,就必须像艺术家选择油彩那样精心选择字词和语言。"[12]质证方只有通过精心地构建语言和质证结构,才能影响裁判者的内心确信。

(一)根据原件规则判断证据的形式真实性

为什么需要首先对证据的形式真实性进行质证?前文提到,在实践中有一条被称为"复印件不予质证"的不成文的质证技巧,可以说,如果举证方无法提供原件或有充分证据证明与原件一致的复印件,那么就属于"举证不能",接下

10 [美]达马斯卡:《漂移的证据法》,李学军译,中国政法大学出版社 2003 年版,第 200 页。

11 [美]凯文·沃巴赫:《链之以法 区块链值得信任吗?》,林少伟译,上海人民出版社 2019 年版,第 26 页。

12 廖美珍:《法庭语言技巧》(第三版),法律出版社 2009 年版,第 192 页。

来的质证流程自然就无须进行了。因此,在质证过程中,证据的形式真实性一般作为首要考虑的内容。所谓证据的原件规则,也就是对证据形式真实性的质疑,其实是对承载该证据的底层技术的质疑。对于区块链证据而言,是否需要提供原件,或者其自身是否属于原件呢?

起初,有学者认为对于任何证据都应当坚持"原始载体说"[13];随着电子证据的发展,又有论者认为,由于电子文件可以在任一时间、任一地点由任何人获取,难以区分何者为原件,所以原则上应认为电子文件具有多个复式原件;[14]同时期,关于电子证据的原件学说,又扩展为功能等同说、混合标准说、结合打印说、分层说等,但究竟在实践中应当采用哪个学说仍然莫衷一是;近年来,随着区块链证据的发展,"拟制原件说"成为国内外学界的主流观点,美国《联邦证据法》第1001条(d)款规定:"对于电子形式存储的信息而言,'原件'是指准确反映该信息的任何打印输出,或者其他可以目读的输出。"[15]我国《最高人民法院关于民事诉讼证据的若干规定》第15条第2款第2句也提到,"电子数据的制作者制作的与原件一致的副本,或者直接来源于电子数据的打印件或其他可以显示、识别的输出介质,视为电子数据的原件。"由此,对于区块链证据形式真实性的认定,在理论界和法规层面均产生了"脱实向虚"的转变,于"拟制原件说"下也不再强制要求审查证据载体。

从逻辑上来讲,区块链证据是否属于原件,取决于其是否与链上生成的数据具备同一属性。[16] 区块链证据之所以被质疑可能不属于原件,主要是由于人类活动的参与。从最严格的意义上讲,区块链证据不可能完全由机器产生,最先进的人工智能技术也无法完全排除人为因素的影响,比如区块链本身的运行代码和算法都是由程序员来制定的,但如果依此来认定区块链是否属于原件,则任何视听资料、电子数据的生成,即便提供了原始载体,也不具备原件价值。

也可以从另外一个角度思考,如果区块链证据不属于原件,那么是谁生成了它的复印件?显然不是一开始创造区块链的程序员,而是需要把其上数据提

---

13 [美]埃德蒙德·M.摩根:《证据法之基本问题》,李学灯译,世界书局1982年版,第385页。

14 石冠彬、陈全真:《论区块链存证电子数据的优势及司法审查路径》,载《西南民族大学学报(人文社会科学版)》2021年第1期。

15 参见王进喜:《美国〈联邦证据规则〉(2011年重塑版)条解》,中国法制出版社2011年版,第333页。

16 陈爱飞:《区块链证据可采性研究——兼论我国区块链证据规则的构建》,载《比较法研究》2022年第2期。

取为证据的取证人员或存证平台。从这个视角来看，程序员创造了区块链但并未创造区块链证据，而创造区块链证据的人无法改变区块链上的数据，因而区块链上生成的数据大概率上与庭审中的区块链证据一致。为什么说是大概率呢？这里还有一种例外情形，就是在链下产生的视听资料、电子数据甚至物证、书证的电子化形式等，直接上传到区块链，那么此时就有第三种人类行为的参与，即在证据生成及上链前的空隙间，无法保障证据不被人为篡改。因此，就区块链证据是否原件而言，最终的结论是，人类参与产生计算机生成记录的活动并不影响记录本身的原件属性。区块链自动生成的证据是原件；如果区块链上的记录是通过自动化流程以电子方式生成的，也是原件；而链下生成的继生型证据是否为原件，需要结合其他证据综合印证。

综合上述分析来看，只有链下生成的区块链记录才需要对其进行原件检验，而对于自动生成的区块链证据则无须适用原件规则，只需进一步核实其实质真实性及其他证据资格。质言之，对于区块链证据而言，对于其形式真实性的质疑，几乎不会对案件走向产生影响，在质证观点中可以忽略。

(二)根据基本事实倒推证据的实质真实性

区块链证据的实质真实性，实际上是指区块链证据所指向的待证案件事实是否真实、完整。在事实的审查认定过程中，法官往往会结合原、被告双方的意见以及与其他证据的印证情况，判断区块链证据的真实与否。[17] 但是如果仅仅聚焦质证环节，判断标准就会变得简单得多。不认可一个证据的真实性，应该建立在质证方认为该证据是虚假或确实无法确认真实的基础上，而非本应知其真实却利用诉讼技巧否认证据的真实性；真实性的质证是对事实的质证，不需要技巧也可以完成，质证方应当先确认是否认可其真实性的态度，再倒推是哪个环节出现了问题，如是链下生成的证据还是链上生成的不完整证据或是链上生成的多版本证据等。

具体到质证环节，如果质证方真的不认可区块链证据的待证事实，该证据应该属于以下三种情形之一：第一，系链下生成后转化存证的区块链证据；第二，证据虽是区块链上生成的，但举证方仅提交了对己方有利的一部分证据，区块链证据不具有完整性；第三，证据虽是区块链上生成的，但举证方就某一事实

17　段陆平、罗恬漩：《在线诉讼区块链证据规则的理论逻辑与制度体系》，载《民主与法制时报》2021年7月22日，第6版。

随着发展变化形成的一系列电子证据的多个“版本”分别上传至区块链存证，当争议发生时，选择有利于己方“版本”的电子证据作为证据提交法庭，具有“多版本预留”的原始恶意。

如此看来，在强调对链上原生的证据和链下生成的证据加以区分的基础上，对区块链数据的真实性审查至少应当综合考虑以下四个方面因素：第一，确认电子数据是否完整、真实地上传至区块链存证平台。第二，在满足第一项的条件下，需明确区块链证据在被提取、复制、储存等过程中是否保持完整性。司法实践中对于提交区块链证据一方，往往会有同步提交区块链存证“技术说明”的要求。第三，涉案区块链证据是否可经特定技术手段验证、比对，得到如“比对一致”的结论。例如，当事人申请公证处、司法鉴定中心对存证至区块链存证平台的证据，进行哈希值比对，得出文件是否与自取证之时起就存证在公证处、司法鉴定中心的哈希值文件一致的结论。第四，诉讼中的其他各方是否提出有效证据反驳或推翻该区块链证据拟证明的事实。

（三）明确证据合法性推定规则的除外情形

法院在实践中对于合法性认定的一贯做法是，对于区块链证据应当实行推定规则，只要其基础事实即区块链技术有效应用得到证明，就应当认定区块链证据具有合法性。而对区块链技术的有效应用这一基础事实的证明与审查，大致上是从运营主体是否具有中立性，区块链平台是否满足国家或行业资质要求，技术能力是否符合国家对信息技术安全要求的相关规定，是否具有足够的安全能力、防篡改能力等方面进行。但同时也应认识到这一推定也具有可反驳性，质证方可以通过推翻基础事实的证明，或证明该司法区块链所存取之数据存在被篡改的事实或风险，消除真实性推定的“泡沫”。其合法实践范围本质上是一个治理问题，而非计算机科学问题。鉴于法院对区块链证据合法性的推定规制，在大量的案件中，质证方往往会抓住法律尚未规定完善的漏洞，从多个方面驳斥区块链证据的合法性。

首先，关于区块链平台的合法性，根据证据载体为司法联盟链或是普通区块链，会采取不同质证方式。由于司法机关所组建的司法联盟链有相对严格完善的技术规范、管理规范，且相关技术标准、节点接入要求与管理规范向全社会予以公开，区块链技术有效应用这一基础事实应当不证自明。那么如何区分涉案的区块链证据是私链、公链还是联盟链呢？除了根据举证方提供的相应资质综合评判外，最理想的方法是，对候选区块链实施技术分析，然后再作出选择判断。对于公有链,质证方可以通过观察备选区块链的 token,了解它们是否在世界范围内被广泛交易,如果被广泛交易,则该区块链比较可信。token 的交易价格越高,这个区块链通常越可信。token 又称为令牌、凭证、通证、代币、虚拟币。例如,比特币是比特币区块链的 token、以太币是以太坊区块链的 token。如果某一个区块链的 token 在世界范围内被广泛交易,这意味着在互联网中存在数量庞大的不受统一控制的自由节点。这些自由节点,基于区块链的技术原理,能够客观地、自发地保障这个区块链的"不可篡改性"。目前来说,比特币区块链、以太坊区块链都还是比较可信的。对于私有链或联盟链,必须被法律明确认可,或者被有权机关明确认可,才能用于存证区块链证据。这种区块链证据的效力,不是来源于区块链自身的技术特性,而是来源于法律赋予的效力。从技术本质看,它可能已经不算是严格意义上的区块链,它实质上是一种被特别认可的电子证据。

其次,在明确区块链平台的可靠性之后,还需考虑其后续被篡改的可能性,亦即该区块链系统自身的可靠性。理论上,只要区块链投入使用并在正常的运行过程中,后续的外在力量无法对其施加影响。但也有观点认为区块链技术的"不可篡改性"尚存漏洞,若某一个实体掌握全链条上 51% 的算力或超过 51% 的节点达成联盟试图篡改数据时,就可以创造一条高度大于原来链的新链,使新链成为最长的链,从而被所有节点接受成为主链,实现对旧链中信息的篡改,此即所谓的"双花攻击"。但实际上,这种假设成立的难度极大,目前较为符合上述假设的情形可能就是司法联盟区块链,但这种联盟链由法院作为控制节点,并且节点总数量有限,攻击者通过攻占 51% 的节点进而实现数据篡改的成本相对较低,很大程度上避免了社会机构篡改证据的可能。

最后,在确保区块链平台的合法性和区块链系统自身的可靠性之后,还应关注区块链技术有效应用属于基础事实。在实践中可以通过确认存证平台的清洁性以及是否被正确下载、比对等方面综合考察。援引前文案例,诉讼时,举证方通常至少要提交三个基本证据:"证据文件、证据文件的哈希值、以前存证在区块链上的哈希值"。总结起来,对于清洁性的质证大致有以下几点需要考量:第一,存证操作之前对计算机及网络环境是否进行了标准化清洁性检查;第二,平台是否取得"区块链信息服务登记备案",并以此来判断电子数据是否生成于清洁环境;第三,平台系统的部署环境是否安全可信;第四,平台是否拥有权威机构出具的网站安全一级认证证书、信息系统安全等级保护第三级的备案证明等网络安全认证。在对区块链上文件进行下载、比对时，质证方应采用与举证方不同的哈希计算软件，亲自对证据文件进行计算，核实对方提交的哈希值是否正确。同理，在读取区块链上证据的哈希值时，也应使用与对方不同的"读取区块链存证的软件"，亲自从区块链中下载存证，以验证对方提交的"存证在区块上的哈希值"，是否与亲自下载的一致。

此外，需要提到的是，对于鉴别区块链证据的合法性问题，司法鉴定的介入也可以视为一种有效途径。在杭州华泰一媒文化传媒有限公司与深圳市道同科技发展有限公司侵害作品信息网络传播权纠纷案中，[18]原告为证明被告侵权行为事实，通过浙江千麦司法鉴定中心，对区块链存证平台的取证工具"puppeteer"程序和"curl"程序的技术功能进行司法鉴定，以确认上述程序具备网页截图和源代码调取的可行性。法院认为，在没有相反证据推翻的情形下，保全网通过使用公开版谷歌开源抓取程序对目标网页进行域名解析以生成、储存数据电文的方式，具有可靠性。因此，在提交区块链证据时，可以同时提交司法鉴定意见书，或申请法院依职权委托司法鉴定，以增强证据的证明效力。另外，通过申请有专门知识的人出庭发表意见，在一定程度上将有助于增强区块链证据的证明效力。

（四）着重质疑证据与待证事实间的关联性

关联性并不是区块链证据能否得到采信的孤立标准，它往往同真实性、合法性之间存在一定程度的交叉。要对区块链证据的关联性进行有效质证，就要抓住区块链证据在整个证据链条中的角色。需要特别注意的是，区块链证据的保真范围具有时间段上的限制，即其保真仅指向数据入链后。因为入链前数据与区块链技术无涉，入链前数据的真假问题同一般证据并无二致。而数据一旦入链，其真实性即受哈希校验、时间锁定、节点印证等支点的保障。总而言之，入链后数据真实性有保障，是关于区块链证据真实性的第一定律。

该定律对于区块链生成、存储与核验之证据等样态均适用，但影响程度并不相同，因其在数据入链时刻点同证据形成时刻点的关系上存在差异。具体来说，区块链生成之证据的数据入链时间是案发过程中、网络数据生成时，区块链技术足以确保其整个生命周期的真实性。区块链核验之证据的数据入链时间是在证据提取过程中、网络数据校验后，区块链技术仅能确保其部分生命周期

---

18 参见杭州互联网法院民事判决书，(2018)浙0192民初81号。

的真实性。区块链存储之证据的情况则介于二者之间,其数据入链时间可以在证据保全过程中、网络数据校验后,也可以在案发过程中、网络数据生成时。入链时刻点是可以尽量前移的,即数据入链的时刻点可以等同于证据生成的时刻点,或者无限接近证据生成的时刻点。例如,在加密数字货币、智能合约等场景下,网络数据实际上是自生成之际即自动同步入链。又如,在第三方开展数据存证的场景下,该区块链平台在网络数据生成之际即完成入链任务。在这两种情况下,数据入链的时刻点逼近证据生成的时刻点。基于此,"入链后数据真实性有保障"定律就衍生出一条亚定律——数据同步入链亦保真[19]。

假设发生了著作权诉讼,当事人声称自己是某书的真正作者,起诉了质证方的当事人,认为其侵犯了自己的著作权。当事人提交了 3 份证据。第一份证据是书稿文件,该文档属性显示创建时间是 2014 年 4 月 9 日;第二份证据是诉讼时计算出的书稿文件的哈希值;第三份证据是以前存证在区块链的哈希值。假设,质证方核对了书稿文件,也计算了该文档的哈希值,也从区块链取出存证的哈希值进行比对,是否可以证明对方当事人自 2014 年 4 月 9 日就开始创作书稿了？事实上答案是否定的。该证据只能证明书稿文件在区块链存证之日已经存在,且存证之后没有修改过,也就是说只能证明,书稿文件形成的时期不晚于区块链存证之日,但不能够证明其在 2014 年 4 月 9 日就已经形成了。

案例中的区块链证据,并不能证明原始证据自身与案件事实的关联性,即书稿文件这个原始证据是否能作为定案依据,因为文档的创建时间是很容易伪造的。即使书稿文件的创建时间是伪造的,只要将书稿文件的哈希值存证到区块链上,存证后不再修改,那么它的哈希值自然会和区块链存证的哈希值相同。因此,质证时,要注意区块链证据的证明范围边界,厘清区块链证据和其他关联证据之间的逻辑关系,这一点有时候可能会被忽略。

四、区块链证据的聚焦式质证模型

数字治理是当代中国国家治理领域的主场域,是国家治理的一场深刻革命,数字治理的目标是构建包容性数字社会秩序。将具体个案中区块链证据的真实性、合法性、关联性逐一进行审查检视,在法庭上提出全面的专业质疑意见

19　刘品新:《论区块链证据》,载《法学研究》2021 年第 6 期。

固然是一种通常的质证方案,而且这种专业范的质证往往能够提出很多证据疑点,在法庭上表现得很“热闹”,能够提升庭审气氛。但这样的质证方案看似面面俱到,实际上会导致否定证据效力的方向不明确,对区块链证据提出的质疑点过于分散,不能兼顾专业性与通俗性。同时又给法庭“刻意”选择一些质证点作出否定性评价,带来了极大的空间。下述质证“三步法”,形成了区块链证据之聚集式质证[20]的理性模型,从结构图中可“管窥”其基本架构和内生规律。各个步骤之间是自然接续的关系,但不排除必要时可以“由后及前”展开质证。

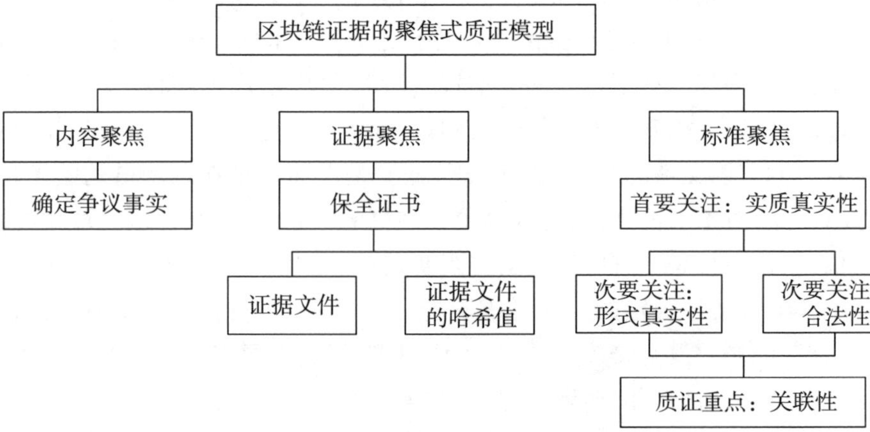

图1　区块链证据的聚焦式质证模型

第一步是“内容聚焦”,即确定质证所针对的争议事实。待证事实可分为争议事实与附属事实,争议事实就是案件争议的主要事实,附属事实是与案件争议的主要事实没有直接关联的事实。“内容聚焦”的秘诀在于要排除那些琐碎的、与案件关系不甚密切的事实,重点关注那些需要经过控辩双方充分质证、且对裁判结果具有决定性意义的事实。

第二步是“证据聚焦”,确定了争议事实之后,还应当寻找案件的主要证据,并围绕主要证据展开攻防。在涉及运用区块链证据定案的场景中,通常不是孤立的证据在发挥证明作用,如提交“保全证书”或“时间戳证书”,实际上可视为提交了包括“证书”“经线上勘验得到的证据文件”“经线上勘验得到的证据文件的哈希值”,甚至还包括“为了与链上哈希值相比较,庭审中再次得到的证据

20　刘品新:《电子证据法》,中国人民大学出版社2021年版,第463页。

文件哈希值”以及相关的“鉴定意见”“公证文书”“勘验笔录”等，以上材料构成的一个以“保全证书”为主的证据组合，才是绝对的质证重点。

第三步是“标准聚焦”，即确定质证针对的证据需满足哪些标准。前文提到，证据的采用标准包括形式真实性、实质真实性、合法性以及关联性四项。对于这四项标准，质证不能同等着力。鉴于司法人员普遍欠缺区块链证据的技术知识，质证时应当优先针对关联性标准，并以实质真实性标准为支撑，形式真实性、合法性标准暂时不是质证要关注的重点。前述实践案例表明，针对区块链证据关联性的质疑最容易发现问题，也最具有说服力；针对区块链证据实质真实性的质疑次之，也具有一定的说服力，有时还会升级影响到对关联性的认定。至于为什么现阶段对区块链证据形式真实性、合法性的质疑可以相对放缓，是因为实践中所谓瑕疵证据的说法大行其道，若单纯地抓住区块链证据的形式真实性、合法性问题不放，这样的主张被法庭接受的概率将大幅降低。

区块链技术的拥趸认为，该技术的优势之一就是能够以密码学为支撑运行软件代码，替代传统的法律执行。就保护自由和权利而言，政府可能会滥用职权，法院可能会怠惰武断，而区块链技术则是一种更公平、高效和妥当的手段。然而，区块链技术应用于司法存证，不但冲破了时间对数据保留的掣肘，分布存储的特性还打破了空间对数据存储的限制。[21] 在某种程度上，它既是继互联网之后计算模式的颠覆性创新，也是证据自证模式肇始的原动力，还是利用技术漏洞跨越证据法证明逻辑之徒的避风港。要巧妙地揭开这个避风港，改变区块链证据质证虚置化的现象，就要重构质证结构，维护质证理论本身的规范性硬核，既抵制科学主义的还原，也抵制审美主义的同化。区块链证据的质证本身并不是一项独立的诉讼活动，重新审视区块链证据质证做法技巧，改为抓重点的聚焦式质证，从泛泛质疑走向实质质疑，方能实现质证方与裁判者之间“真诚的交往”。

21 伊然：《区块链存证电子证据鉴真现状与规则完善》，载《法律适用》2022 年第 2 期。

电子数据区块链上链前真实性的审查机制
——基于推论链条和审查范式的分析

刘 妍*

【内容提要】《人民法院在线诉讼规则》第18条提出了“电子数据上链存储前真实性”的文本概念。基于推论链条理论，电子数据上链前真实性作为推断性事实是法官认定要素事实的前提，电子数据上链前阶段处于哈希编码的真空地带，造成了真实性审查的困境，而依原有电子数据规范处理又会消解区块链核验的便捷性。归纳实践中法官审查上链前真实性的三种经验范式及规范范式，发现审查机制总体趋向尊重当事人程序选择的价值，但同时也有危害合理、公正、审慎原则的潜在问题。应强调数据真实和证据性事实真实的区分，增加上链前真实性审查规则的流程性，明确相应推定规则以提高适用概率。

【关键词】 电子数据 区块链 上链前真实性 推断性事实 审查范式

一、问题的提出

“电子数据上链储存前的真实性”的文本概念为《人民法院在线诉讼规则》（以下简称《在线诉讼规则》）所初创，此后电子数据上链储存前真实性（以下简称电子数据上链前真实性）的概念开始进入学术分析视野并被使用[1]。虽然也

---

* 刘妍——中山大学法学院博士研究生，主要研究领域：证据法，诉讼法。本文系国家社会科学基金重大项目《把社会主义核心价值观融入刑事诉讼法治建设研究》（项目批准号：17VHJ004）及广州市哲学社会科学发展“十四五”规划2022年度共建课题《数字社会的公民守法行为实证研究：基于广州数字轻罪实践样本》（2022GZGJ202）的阶段性成果。

1 参见刘艳红：《人工智能技术在智慧法院建设中实践运用与前景展望》，载《比较法研究》2022年第1期；邢玉霞、宋世勇：《区块链技术在商业秘密保护中的运用及法律规制》，载《政法论丛》2022年第1期。

有学者将电子数据上链前真实性称为“入链前”[2]“存证前”[3]的真实性，但数量较少并不常见。电子数据经过哈希函数计算形成区块链编码，进入原本服务于虚拟货币交易的体系，通过共识机制、分布式账本、时间戳等基础理念和技术，使民事诉讼当事人能够将区块链技术用于证据保全和真实性核验，令区块链技术移植到中心化的司法场域。以电子数据区块链上链的瞬时行为为分界，可划分出电子数据上链前和上链后两个阶段。由于区块链系统并非为司法证明程序量身定制，除了虚拟货币交易中交易数据与哈希值能够同步产生外，对独立的电子数据上链都会存在数据生成、提取、储存与哈希值生成间的真空地带，即电子数据上链前阶段的真空地带。

诚然，这种电子数据上链前阶段的真实性认定，可以参照现存的电子数据提取及鉴真规则，例如，考量计算机系统硬件、软件的完整性、运行情况、监测手段等因素(《最高人民法院关于民事诉讼证据的若干规定》第 93 条)，借鉴电子数据真实性推定规则(《最高人民法院关于民事诉讼证据的若干规定》第 94 条)，参照数据电文的综合审查规则(《电子签名法》第 8 条)，比照公证机关电子数据取证流程规则(《办理保全互联网电子数据公证的指导意见》)等。但是，同样不可忽视这些规则所隐含的成本和司法操作难度，正是区块链技术介入电子数据真实性认定的需求来源和优势，通过原有规范审查电子数据上链前的真实性，会使区块链存证和验证处于便捷性消解的尴尬境地。值得注意的是，《在线诉讼规则》第 18 条似乎提出了专门的上链前审查规则，但其内容与前述规则相比一致性较多而突破较少，甚至还将部分取证过程作为上链后真实性的审查要素，加重了上链前后真实性审查的混淆。

目前，学界较为关注区块链存证对电子数据真实性审查的影响，即电子数据上链后真实性的审查[4]。相反，电子数据上链前真实性概念的提出时间较晚，且形式上易被认为附属于上链后，[5]导致学界对区块链上链前真实性的讨论并不充分。本文拟围绕电子数据上链前真实性的审查机制这一命题，运用证据法

2　参见刘品新：《论区块链存证的制度价值》，载《档案学通讯》2020 年第 1 期。

3　参见谢登科：《电子数据区块链存证的法律本质与适用边界》，载《兰州学刊》2021 年第 12 期。

4　参见谢登科：《电子数据的技术性鉴真》，载《法学研究》2022 年第 2 期；刘品新：《论区块链证据》，载《法学研究》2021 年第 6 期；伊然：《区块链存证电子证据鉴真现状与规则完善》，载《法律适用》2022 年第 2 期。

5　学者多将电子证据上链前真实性审查附随于区块链证据的讨论，参见陈爱飞：《区块链证据可采性研究——兼论我国区块链证据规则的构建》，载《比较法研究》2022 年第 2 期。

学中推论链条的理论,分析作为推断性事实的电子数据上链前真实性在司法事实认定中的作用及审查困境,归纳和分析司法实践与规范中上链前真实性的审查范式及运行情况,最后提出优化建议以期为区块链技术的司法应用贡献力量。

二、电子数据区块链上链前真实性的性质及审查困境分析

(一)推断性事实:电子数据上链前的真实性

从电子数据的证据性事实到案件的要素性事实的推论过程,可以构成一条具备逻辑联系的推论链条。其中,电子数据区块链上链前的真实性属于推断性事实,该真实性推论的成立取决于推论链条的中间性主张强度。

第一,电子数据上链前的真实性属于推断性事实。推断性事实(inferred fact)属于证据推论链条的组成部分,[6] 其既可以是要素性事实本身,也可以是要素性事实的证明前提[7]。"证据是真实的"往往属于对证据性事实的第一个推论,确认证据性事实确实存在。例如,在詹森案中,控方以狱警的证言证明詹森对其使用了暴力,狱警证言的证据性事实为"狱警在与詹森的搏斗中受重伤",基于该证据性事实的第一个推论便是确认证言的真实性,进而才能得出"狱警确实在与詹森的搏斗中受重伤",最终推断要素性事实"詹森的搏斗造成了狱警的重伤"。[8] 电子数据真实性的推论与该例子具有同质性,但需要通过"电子数据上链前具有真实性"和"电子数据上链后具有真实性"的推论共同得出证据性事实确实的结论。

以知识产权侵权案件为例,原告为证明被告实施了著作权侵权的事实主张而提交经区块链技术存证的电子截图(证据),表明被告将涉案图片用作其网络文章的配图(证据性事实)。该证据性事实结合电子数据上链前和上链后未经篡改或伪造(推断性事实 1),推论出被告确实将涉案图片用作其网络文章配图(推断性事实 2),最终证成被告实施了著作权侵权行为(要素性事实)。(见图 1)

---

6 参见张保生:《事实认定及其在法律推理中的作用》,载《浙江社会科学》2019 年第 6 期。

7 See Albert J. Moore, *Inferential Streams: The Articulation and Illustration of the Trial Advocate's Evidentiary Intuitions*, 34 UCLA L. Rev. 611 (1987). pp. 618 - 619.

8 参见[美]罗纳德·J. 艾伦、理查德·B. 库恩斯、埃莉诺·斯威夫特:《证据法:文本、问题和案例》(第三版),张保生等译,高等教育出版社 2006 年版,第 151 页。

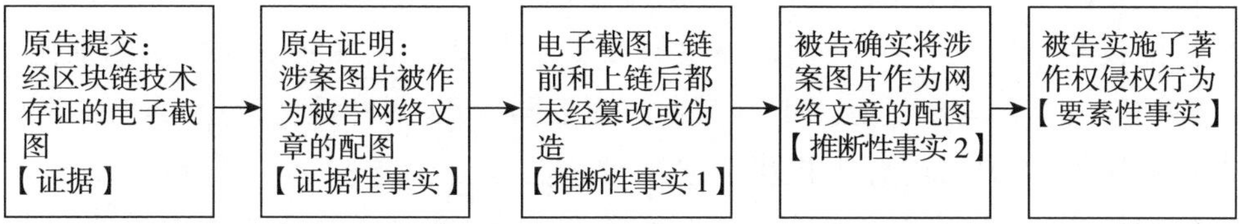

图 1　提交区块链证据证明著作权侵权行为的推论链条

第二，以证据性事实推论电子数据上链前的真实性，取决于中间性主张的强度。证据推理的每一步推论背后都隐藏着归纳概括，这种归纳概括即为中间性主张(intermediate proposition)。[9] 作为真实性推论成立的关键因素，中间性主张具有以下特征：其一，推动推论链条递进。作为要素性事实证明前提，其连接证据性事实与要素性事实，并能够结合中间性主张推动推论链条的递进，最终证成实体法规定的要件。其二，其强度具有动态性。证据性事实与推断性事实的相关性取决于中间性主张的强度，这种强度判断受事实认定者的知识和经验背景影响，因此呈现出动态特征。[10] 其三，其强度可由评价法则加固。当中间性主张属于普遍的经验法则时，其会对法官心证形成内在限制进而使推断性事实成为司法认知；相反，中间性主张强度不足或仅具有一般可能性时，则需要当事人提出证据对推断性事实加以证明，除非该中间性主张属于法律规定的评价法则[11]。

一方面，电子数据上链后真实性推论的中间性主张有评价法则加固，动态性相对较弱。具体而言，电子数据通过区块链技术核验一致，法院即可直接推定电子数据上链后的真实性，[12]该经评价法则背书的中间性主张可以被表达为——如果电子数据经区块链技术核验一致，则电子数据上链后具备真实性。该证据评价法则一定程度上减轻了举证者对该推断性事实的证明负担，但基于

9　中间性主张一般被作为推理中的大前提，有时也被学者称为“概括”。参见[美]罗纳德·J. 艾伦、理查德·B. 库恩斯、埃莉诺·斯威夫特：《证据法：文本、问题和案例》(第三版)，张保生等译，高等教育出版社 2006 年版，第 152 页；又见[美]罗纳德·J. 艾伦：《艾伦教授论证据法》(上)，张保生等译，中国人民大学出版社 2014 年版，第 123 页。

10　参见[美]罗纳德·J. 艾伦、理查德·B. 库恩斯、埃莉诺·斯威夫特：《证据法：文本、问题和案例》(第三版)，张保生等译，高等教育出版社 2006 年版，第 125 页。

11　参见林钰雄：《严格证明与刑事证据》，法律出版社 2008 年版，第 95 页。

12　参见《在线诉讼规则》第 16 条，另外，区块链存证平台作为中立第三方平台，法院也可根据《最高人民法院关于民事诉讼证据的若干规定》(2019 年)第 94 条第 1 款第 2 项推定电子数据上链后的真实性。

评价规则的中间性主张的真实性推论并非必然推论,规则也赋予了相对方提出反证的权利。另一方面,上链前真实性推论中中间性主张缺乏评价法则加固,动态程度较高。与电子数据上链后真实性不同,司法解释虽然为上链前的真实性审查提供了指向,但并未提出明确的评价法则,留给法官一定的审查程序选择的裁量余地,中间性主张的判断标准参差不齐,增强了法官具体推论的动态性,导致审查难度、审查程序以及审查效果等情况比电子数据上链后真实性更为复杂。

(二)电子数据上链前真实性的审查困境

法官审查电子数据上链前真实性具有一定难度,主要体现在以下三个方面:

一是区块链平台难以背书电子数据上链前的真实性。区块链存证平台虽然能够为电子数据上链后的真实性提供技术保障,但在去中心化、高效和低成本的市场要求下,区块链平台对电子数据提供者的主体信用缺乏审查动力。[13] 证据提供者通过其他技术和设备获取和收集电子数据,[14]再将电子数据上传至区块链存证平台,经过哈希函数计算得到电子数据的存证编码。该过程中电子数据与区块链存证编码非同步产生,区块链平台无法背书电子数据上链前的真实性。[15]

二是上链前真实性无法保障的电子数据进入司法场域后,会使法官面临事实认定错误分配的难题。电子存证属于瞬时性行为,电子数据保全要求持续性甚至贯穿电子数据的生命周期。[16] 当区块链上链行为晚于电子数据生成时,法官无法通过区块链证据确定上链前电子数据是否伪造或篡改。[17] 虽然区块链证据的证据事实与上链前真实性的推断事实间存在信息裂隙,但法官不具有拒绝事实认定的权力,如此法官便面临着对不确定事实分配错误风险的难题。[18]

---

13 参见杨丹辉:《危机下的区块链技术应用“大展身手”》,载《人民论坛》2020年第1期。

14 司法实践中也有区块链存证平台同时提供取证软件,但其既不排斥客户将已储存于其自身设备中的电子数据进行存证上传,也不实质监督客户运用取证软件进行电子数据提取的操作过程。

15 参见谢登科:《电子数据区块链存证的法律本质与适用边界》,载《兰州学刊》2021年第12期。

16 参见聂勇浩、张炘:《基于区块链的电子证据保全模式研究——以广州互联网法院为例》,载《档案学研究》2021年第5期。

17 参见刘品新:《论区块链存证的制度价值》,载《档案学通讯》2020年第1期。

18 参见[美]亚历克斯·斯坦:《证据法的根基》,樊传明等译,中国人民大学出版社2018年版,第146~158页。

三是电子数据真实性的一般审查规则会削减区块链技术的引入优势。为提高事实认定的准确性,法官应然上可以要求区块链证据的举证者提出电子数据上链前取证过程的公证文书或第三方见证文书,甚至可以要求相关工作人员出庭作证,或者提出取证的日志记录、痕迹数据等。但是,这些方式从根本上背离了区块链技术介入电子数据存证及诉讼场域的初衷,即简化和降低电子数据真实性的审查难度与举证成本[19]。

(三)电子数据上链前真实性审查困境的理论反思

面对电子数据非同步上链带来的司法审查困境,学者及实务人员研讨了相应的解决方案,解决方案主要着眼于电子数据形成阶段和司法审查阶段。

第一,就电子数据形成阶段而言,在技术层面倡导电子数据取证的前端控制、全程管理等理念。前端控制、全程管理是档案工作者为面对档案新载体的挑战而提出的理念,这类理念以信息生命周期理论为基础,[20]通过引入时间维度治理电子文件从规划到销毁的全过程,将对电子文件的控制前移至信息生成甚至规划阶段,在电子文件的生成、捕获、集成、固化、登记以及审计跟踪等形成过程中对其进行控制与管理。[21] 其中较为典型的是运用电子文件管理系统(EDMS)、电子档案管理系统(ERMS)、网页存档模式(Internet Archive)等技术对电子文件生成阶段的元数据进行归档管理。[22] 这类信息数据可以作为证据证明电子数据自生成以来未被篡改、伪造及修改,甚至可以预见未来能够通过及时区块链上链,将电子数据的形成阶段直接纳入上链后核验的范围。此类技术生成的记录和数据虽能发挥法律凭证的功能,但其主要目的并不指向司法证明,即便保管人员将干预阶段前提至电子档案生成时期,同样需要以文档的价值评估为基础,难免会筛除一些可以作为司法证据的电子文件。

第二,就司法审查阶段而言,学者提出"推定论"、"提取规则论"以及"真实

19 参见韩旭至:《司法区块链的价值目标及其实现路径》,载《上海大学学报(社会科学版)》2022年第2期。

20 参见[法]C.诺加雷:《信息技术对档案和档案工作的影响》,第十三届国际档案大会报告集,1996年9月于北京,第144、149页。

21 参见杨茜茜:《概念、内容与定位:我国档案数据治理研究的理论坐标》,载《档案学研究》2021年第6期;赵屹:《基于前端控制思想的电子文件形成过程研究》,载《档案学研究》2012年第3期。

22 参见钱毅、崔浩男:《基于证用价值导向的通用档案信息系统体系架构研究》,载《档案学研究》2021年第4期;吴倩、王运彬:《网站时光机:美国网页存档模式探索——以Internet Archive为例》,载《图书馆》2021年第7期。

性整体论”等方法判断电子数据上链前真实性,在诉讼双方间分配事实认定错误的风险。

首先,持“推定论”的学者认为,可以凭借间接方式认定电子数据上链前的真实性。具体通过电子数据的可靠来源、生成系统的可靠性、上链的即时性、业务惯例以及电子签名等事实推定电子数据上链前的真实性。[23] 虽然“推定论”的部分审查方式在《最高人民法院关于民事诉讼证据的若干规定》中得到实现,但列举范围仍旧过窄;[24]“推定论”能够减轻举证者的负担并降低司法审查难度,但其仍然依赖电子数据生成、取证、存证平台的前端技术的辅助。

以推定方式解决上链前真实性审查困境的基础是提出电子数据上链前的确切来源、生成系统、生成及上链时间数据、电子签名等证据材料,这些证据材料是否与电子数据上链前真实性的推断性事实相关,取决于连接两者的中间性主张的强度。为了提高推定的确定性,有时需要法律、司法解释等背书加固中间性主张的强度,然而,前述推定方式本质上并不依赖法律推定规则,比如通过电子数据生成系统的可靠性推定上链前真实性,最终基于电子数据生成记录的完整性标准,推论电子数据上链前的真实性[25]。(见图2)

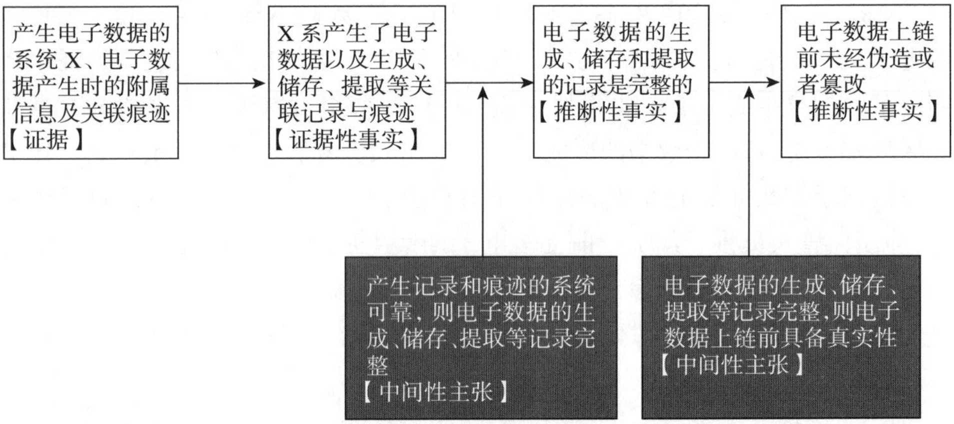

图2 以系统可靠性推论电子数据上链前真实性的推论链条

---

23 参见刘品新:《论区块链存证的制度价值》,载《档案学通讯》2020年第1期。

24 司法解释条文中具备电子数据于正常业务活动中形成的推定规则,参见《最高人民法院关于民事诉讼证据的若干规定》(2019年)第94条。

25 See Uniform Electronic Evidence Act, 1998, sec. 4. Also see Canada Evidence Act, R. S. C., 1985, c. C-5, S. 31, https://laws-lois. justice. gc. ca/eng/acts/c-5/fulltext. html.

其次,持“提取规则论”的学者对构建推定规则持反对态度。其认为电子数据上链前的真实性问题可以直接还原为电子数据提取的规范性问题,应通过现有电子数据的提取规则审查电子数据上链前真实性。[26] 这种论点点明了电子数据上链前真实性的实质,以及电子数据上链前真实性与取证行为合法性的紧密关系,但也使区块链存证的电子数据真实性审查程序重新复杂化,并未解决电子数据上链前真实性的审查困境。

最后,持“真实性整体论”的学者认为,应将电子数据上链前真实性视为影响上链后真实性的要素,以区块链核验结果认定上链前真实性。具言之,将区块链技术核验扩张至电子数据上链前阶段,认为实践中法官运用印证和举证责任分配等方法审查电子数据的真实性就是该论点的体现。[27] 该论断的弊端在电子数据与区块链证据未实现生成同步的阶段表现得尤为明显,由区块链技术核验推论电子数据真实性的中间性主张强度并未及于上链前阶段,法官以事实推定武断认定上链前真实性会导致相对方异议权的实施困难。

三、电子数据区块链上链前真实性的审查范式

(一)司法实践中上链前真实性审查的经验范式

审查电子数据上链前真实性具有一定司法困境,且在电子数据和区块链证据生成间有哈希编码空白地带的情况下这种困难无法回避。《在线诉讼规则》为法院审查电子数据上链前真实性提供了操作指南,但由于该规则出台时间较晚,且在线诉讼程序适用具备非强制性和条件约束,[28]因此司法实践中电子数据上链前真实性的审查机制并不具有实然的统一性。笔者发现法官审查电子数据上链前真实性的机制主要有三种经验范式,且此类案例均未引注《在线诉讼规则》第 18 条等相关条文,下面结合杭州、北京及广州三地互联网法院的三个案例进行详细阐释。

---

26 参见朱福勇、曾子亮:《论区块链电子证据司法审查的核心要义》,载《科技与法律(中英文)》2022 年第 2 期。

27 参见邓矜婷、周祥军:《电子存证证据真实性的审查认定》,载《法律适用》2021 年第 2 期。

28 《〈人民法院在线诉讼规则〉的理解与适用》,载中华人民共和国最高人民法院网 2023 年 1 月 30 日,https://www.court.gov.cn/zixun-xiangqing-309561.html。

案例一:华泰公司诉道同公司侵害信息网络传播权案[29]

杭州互联网法院结合《电子签名法》第8条,从存证平台的资质、电子数据的取证、区块链电子数据保存完整性等方面审查经区块链平台存证的电子数据的真实性。进行存证的数秦公司具有中立性和作为第三方电子存证平台的资质;其通过具备可信度的谷歌开源程序提取和固定侵权的电子数据,该证据与取证过程中形成的网页截图、元数据以及日志相互印证,反映电子数据的来源、生成及传递路径;电子数据生成时间与上链时间之间具备合理性和时间逻辑,从区块链平台下载的电子数据与华泰公司提交的电子数据的哈希值一致。因此,法院认可电子数据的可靠性和完整性。

案例二:张雨绮诉高新公司网络侵权责任案[30]

原告指控高新公司未经允许擅自使用其肖像图片进行商业宣传,并提交电子数据以及区块链存证文件证明侵权事实。高新公司异议称原告存证的图片为源自其他网站的网络截图。北京互联网法院经区块链存证验证,认为原告提供的电子数据与存证文件的哈希值一致,确定该电子数据具备真实性,且认为高新公司仅主张异议但未提出相反证据,法院不予认可。

案例三:太平洋公司诉东方网公司侵害录音录像制作者权案[31]

太平洋公司认为东方网公司未经许可擅自在其经营平台上使用其制作的案涉歌曲,并提供了两段经真相网络公司IP360区块链存证的视频,以证明侵权事实。东方网公司对区块链存证前电子数据的真实性提出异议。广州互联网法院鉴于该异议以及全面审查的必要,要求真相网络公司提交存证平台资质认证材料以及保证电子数据生成、收集、储存等硬件、软件环境的技术原理材料。东方网公司对所调取的证据不持疑议,法院确认《IP360取证数据保全证书》的真实性。

前述三个案例都是涉及电子数据上链前真实性审查的民事侵权责任纠纷案件,其中电子数据和区块链证据皆异步生成,提出者都凭借此类证据证明相对方的侵权行为。但就具体审查程序而言,前述案例中法官对电子数据上链前真实性审查的启动方式、举证责任、真实性异议要求和真实性审查原理等方面

---

29 该案例为最高人民法院2021年5月3日发布的互联网十大典型案例之一,参见杭州互联网法院民事判决书,(2018)浙0192民初81号。

30 参见北京互联网法院民事判决书,(2019)京0491民初30317号。

31 参见广州互联网法院民事判决书,(2021)粤0192民初8998号、8999号。

存在差异,最终呈现出三种不同的上链前真实性审查经验范式。

第一,区块链证据提出者提交证明电子数据上链前真实性的相关证据,法院依职权主动审查并进行综合判断。案例一为我国首例区块链平台存证的案件,杭州互联网法院以《电子签名法》中对数据电文真实性的审查方法为范本,审查本案中电子数据上链前真实性。一方面,该方法要求法官对数据电文的生成、储存或传递方法,保持内容完整性方法以及鉴别发件人方法等内容的可靠性进行必要审查。基于推论链条的分析视角,法官通过举证方的提供开源程序取证方法、电子数据生成的元数据及日志、生成与存证时间间隔的逻辑合理性等相关证据(证据),得出电子数据取证的过程性事实(证据性事实),综合判断《电子签名法》第 8 条枚举的考量因素,确认电子数据在取证过程、取证完毕与存证之前的真实性(推断性事实),最终得出电子数据上链前真实性的结论(推断性事实)。另一方面,法院依职权主动开启电子数据上链前真实性的审查程序,将电子数据上链前后的真实性共同视为认定电子数据本身真实性的要素。该审查范式中电子数据上链前后的真实性属于法官的应然审查范围,在裁判文书说理时也要求法官结合相应要素进行判理说明。

第二,法院以区块链存证核验结果推定电子数据上链前的真实性,异议者须提出相反证据才能开启上链前真实性的审查程序。以推论链条理论切入案例二,原告提出了高新公司擅用其肖像图片的电子数据以及对该证据存证的区块链文件(证据),得出电子截图经区块链技术核验一致的结论(证据性事实),跳跃性地得出电子截图上链前具备真实性的结论(推断性事实),被告未能提出相反证据反驳前述事实性主张(证据性事实),最后法院核验确认电子数据和存证文件中的哈希值一致并认可该电子数据的真实性(推定)。

该过程中的裁判经验主要包含以下两个方面:一方面,区块链证据的真实性核验效力能够涵盖上链前阶段。在电子数据上链前真实性确认方面,北京互联网法院并没有调取相关证据作为证据性事实推理电子数据上链前的真实性,而是使用推定的方法以区块链文件的核验一致推论电子数据的真实性,这一推论中隐含了电子数据上链前真实性的中间性主张。另一方面,法院以推定免除了原告对电子数据上链前真实性的举证义务。高新公司提出的"原告存证图片为源自其他网站的截图"实质上是对原告电子数据取证的质疑,原告提出的相关证据中并没有与侵权截图取证相关的录屏、操作日志或痕迹信息等证据材料。法院在认证电子数据上链前真实性的推断性事实时运用了推定的方法,暂时免除了原告举出相关证据的义务,产生了举证责任转移的程序效果。北京互联网法院要求高新公司能够提出足以推翻前述推定的相反证据,并以此作为启动审查程序的条件。

第三,法院依异议开启电子数据上链前真实性的审查程序,向第三方平台收集电子数据生成的技术材料推理电子数据上链前的真实性。案例三中太平洋公司提出侵权视频以及区块链存证文件证明东方网公司的侵权行为,东方网公司提出异议认为视频的取证过程未经严密证实,无法排除人为或技术干预的可能。广州互联网法院鉴于该异议开启电子数据上链前真实性的审查程序,并向第三方取证存证公司调取了电子数据生成的相关证据和信息(证据),得到电子数据提取的过程性事实(证据性事实),最终确认电子数据上链前的真实性(推断性事实)。该案中法院依职权核验区块链文件和电子文件哈希值,且电子数据上链前真实性的审查程序依当事人异议开启,该程序逻辑中隐含着法院对以区块链文件推定上链前真实性的质疑,并未要求异议者提出相反证据。

(二)《在线诉讼规则》上链前真实性审查的规范范式

《在线诉讼规则》适用于法院依托诉讼平台在线进行全部或者部分庭审环节的相关案件,其将区块链存证的电子数据真实性审查分为上链前和上链后两个阶段。虽然审查电子数据上链前后真实性的目的都是确认电子数据本身的证明力,但《在线诉讼规则》的程序规则却存在差别,主要体现在以下四个方面(见表1)。

表1 《在线诉讼规则》中电子数据上链前后真实性的审查程序区别

程序要素/程序类型	启动方式	证据性事实提出时点	异议的法定要求	认定原理	程序规则
上链后真实性审查程序	职权启动	审查程序启动前	相反证据或合理理由	推定原理	《在线诉讼规则》第16条、第17条
上链前真实性审查程序	诉权或裁量启动	审查程序启动后	证据证明或者说明理由	推理和印证原理	《在线诉讼规则》第18条

第一,电子数据上链前真实性审查依靠当事人诉权或法官裁量权启动,上链后的真实性审查依法官职权启动。举证者提供区块链存证的哈希值编号,法官质证时即可通过区块链平台的哈希值在线查验对比,判断区块链上链后至庭审区间内电子数据是否发生修改,该技术核验由法官依职权进行,无须诉讼双

方申请(《在线诉讼规则》第16条)。然而,法官不具备依职审查电子数据上链前真实性的主动性。一方面,当事人需提出电子数据上链前真实性已经不具备的证据异议,这种程序性诉讼权利的行使会对法官的诉讼行为产生影响进而引发上链前真实性的审查程序(《在线诉讼规则》第18条第1款)。另一方面,虽然规范条文没有明确法官依裁量主动审查上链前真实性的情形,但《在线诉讼规则》起草说明中释明法院根据案件具体情况启动电子数据上链前真实性审查的裁量权。[32]

第二,法官审查电子数据上链后真实性时举证者已提交区块链证据,而举证者在上链前真实性审查程序启动后才负担提出证据的义务。举证者为了论证其诉讼主张而于开庭前将区块链证据提交给法庭,对区块链证据的技术核验属于法庭调查的质证环节。无论电子数据和区块链证据是否同时产生,电子数据上链后的真实性审查都是法庭调查的必要程序。相反,上链前真实性审查的必要性只存在于电子数据和区块链证据异步产生的情形中,由于该审查程序并非基于法院职权开启,所以不是所有提出区块链证据的案件都必然审查电子数据上链前真实性,因此证明上链前真实性的证据提出滞后于审查程序的开启也在情理之中(《在线诉讼规则》第18条第2款)。

第三,当事人对上链后真实性提出异议须附带合理理由,法官应实质审查异议及理由,而上链前真实性异议只需提供证据证明或者说明理由。与未经区块链存证的电子数据不同,对电子数据上链后真实性的异议不能直接开启法官对该事实的审查程序。除针对上链后真实性的异议主张外,异议者还须附带提出合理理由,法官实质审查其异议及理由的合理性后,根据多重因素作出真实性综合判断(《在线诉讼规则》第17条),这种审查标准与上链后真实性推定的例外规则相呼应。而上链前真实性异议的规则中没有合理理由的要求,究其原因是区块链证据的举证者此时还未提出证明上链前真实性的相关证据,通过证据性事实推定真实性的推断过程还未发生,因此也无须异议者提出相反证据推翻推定结论,法官同样只应对异议者提出的证据或理由进行形式审查。

第四,法官对电子数据上链后真实性的审查运用推定方法,对上链前真实性的审查运用推理与印证的方法。法官运用核验技术对经区块链存证的电子

32 《〈人民法院在线诉讼规则〉的理解与适用》,载中华人民共和国最高人民法院网2023年1月30日,https://www.court.gov.cn/zixun-xiangqing-309561.html。

数据进行审查，举证者提出的电子数据哈希值和区块链储存的哈希值一致，即认定电子数据上链后具备真实性，这是一种运用“源于中立第三方平台的推定”，[33]因篡改或伪造哈希值极为困难且成本较高，因此推定经过区块链哈希值核验一致的电子数据具备真实性。相反，相较于上链后真实性的技术核验，审查上链前真实性时法官需结合电子数据的来源、生成、储存等方面的证据材料综合判断。在无法从来源、生成和储存等方面直接证明电子数据上链前真实性的情况下，举证者还可提出其他具有独立来源并与电子数据相印证的证据，使法官从电子数据的内容层面判断上链前真实性（《在线诉讼规则》第18条第2款）。

（三）范式转型：从“新威权主义”到“尊重当事人程序选择”

案例一和案例二的经验范式在笔者看来过于强调法官的职权功能，体现出“新威权主义正义观”。一方面，案例一经验范式中法官审查电子数据上链前真实性的态度虽然严谨，但忽视了给当事人提供程序机会。法官将上链前真实性作为区块链存证电子数据审查的必要部分，加重了举证方的取证与存证负担。民事诉讼强调纠纷解决和当事人的意思自治，如果诉讼双方对电子数据上链前真实性达成共识，法官却认为必须全面审查电子数据的真实性且坚持开启审查程序，则会增加当事人的诉讼负担，容易使电子数据真实性审查程序陷入“新威权主义正义观”的泥沼。[34] 另一方面，案例二经验范式展现了法官审查的高效能，但其要求异议者提出相反证据推翻中间性主张的做法稍显独断，没有较好地尊重异议者的诉讼权利。法官在没有评价规范限制其判断中间性主张的情况下，强硬要求异议者以相反证据证明“电子数据上链前已不具备真实性”，坚持与异议者对立的中间性主张，[35]同样会落入威权主义的窠臼。

以时间维度的视角切入，可以发现案例一和案例二的经验范式形成于区块链嵌入司法场域的早期阶段，随后的案例三经验范式及规范范式逐渐呈现出尊

33　参见刘品新：《论电子证据的真实性标准》，载《社会科学辑刊》2021年第1期。

34　参见段厚省：《论诉审商谈主义的民事诉讼构造观——兼及对民事诉讼法修订与完善的建议》，载《中国人民大学学报》2012年第4期。

35　没有一个特定证据性事实与推断性事实相关的先验规则，参见［美］罗纳德·J.艾伦、理查德·B.库恩斯、埃莉诺·斯威夫特：《证据法：文本、问题和案例》（第三版），张保生等译，高等教育出版社2006年版，第125页。

重当事人程序选择的价值。[36] 案例三的经验范式总体体现出尊重当事人选择权的倾向,但其相较于规范范式仍有不足。一方面,案例三中广州互联网法院的经验范式与《在线诉讼规则》的规范范式较相似,尊重当事人的异议权并体现出法院全面审查的严谨,但该范式所能兼容的情形较为单一,亟须形成一套完整和稳定的审查流程。另一方面,案例三经验范式中电子数据上链前真实性的认证方法退回到了电子数据真实性的认证方法,并没有真正实现以区块链核验简化电子数据审查程序的目的。相较而言,《在线诉讼规则》的规范范式不仅为法官审查电子数据上链前真实性提供了程序参考,而且在汲取了三种经验范式的优越性的同时保存了区块链技术的便捷性,主要体现在以下三个方面。

第一,《在线诉讼规则》的上链前真实性审查程序可基于诉权和裁量权开启,更尊重诉讼双方的证据合意。首先,诉讼双方对法官以区块链证据推定上链前真实性无异议时,上链前真实性的审查程序无须启动。其次,当事人对该中间性主张提出异议并提出证据或理由时,法官才可开启审查程序,从正面对电子数据上链前的真实性进行综合判断。最后,《在线诉讼规则》的起草说明阐释了法官能依裁量权开启审查程序,但当事人主义特征较强的民事诉讼程序也会对这种裁量权形成恰当牵制。

第二,《在线诉讼规则》的规范范式统筹公正和高效的程序目标。一方面,规范范式对异议理由的差别要求体现了程序的公正价值。由于区块链证据的举证者较异议者更具上链前真实性的举证优势,规范范式仅要求异议者提出证据证明或说明理由,以此作为法官初步审查异议的形式要求。另一方面,规范范式的认证方式一定程度上能够舒缓诉讼拖延。对异议权宽松要求可能导致权利滥用的风险,但规范范式的认证方式能够抵消此种不利后果,从电子数据的元数据、痕迹信息等生成与储存材料中推理电子数据上链前真实性较为困难和烦琐,但规则同样允许法官以印证的方式认证真实性[37],而后者作为真实性认证方法较为便利。

第三,《在线诉讼规则》的规范范式更能鼓励当事人使用区块链存证技术。《在线诉讼规则》的规范范式在尊重异议者诉讼权利的基础上,枚举法院认可的

36 案例一、案例二、案例三生成的时间分别为 2018 年、2019 年以及 2021 年,《在线诉讼规则》发布于 2021 年 6 月。

37 虽然民事诉讼领域较少有学者研究印证证明及其对象,但刑事诉讼领域已对印证能够作为审查证据真实性的方法达成共识,参见龙宗智:《刑事印证证明新探》,载《法学研究》2017 年第 2 期。

证明方法,如果区块链存证者不能正面提出证明电子数据生成的证据,其还有提出印证证据的程序机会,并不武断否定区块链证据证明力的射程范围。相较于规范范式,其他经验范式会对区块链证据的应用造成一定不良影响:首先,案例一的经验范式偏重对事实认定依据的全面审查,上链前真实性审查程序的必然开启会加重区块链存证者的举证负担和成本。其次,案例二的经验范式则走向了另一个极端,强硬运用推定能够极大减轻区块链存证者的举证负担,但也会使异议方受到不平等的对待,使上链前真实性的举证陷入"柠檬市场"[38]的怪圈。最后,案例三的经验范式虽更为妥当,但其上链前真实性的证明方法并未形成具有预测性的规则。

(四)电子数据上链前真实性审查范式的潜在问题

基于《在线诉讼规则》的规范范式和三种经验范式的时间维度,能够洞悉电子数据的上链前真实性审查趋向尊重当事人权利。由于规范范式并非具有强制性的法定程序,法官有分析判断运用何种方式审查电子数据上链前真实性的程序裁量权。四种审查电子数据上链前真实性的范式都具备各自的优势,但其中隐含的问题也有危害合理、公正、审慎等原则的潜在风险。

第一,以区块链核验结果推定电子数据上链前真实性,将异议者置于单方面的不平等地位。相较于演绎推理或归纳推理,案例二的推理方法更类似于似真推理,由于区块链证据的举证者未主张中间性命题绝对或高度盖然正确,在没有进行命题断言的前提下,举证者无义务在相对方怀疑时加固证明。[39] 相反,"如果区块链技术核验一致,则电子数据具备真实性"的中间性命题虽然只是一个包含推定的临时假设,但举证者基于似真推理能够将分歧的举证责任转嫁给对方[40]。这种推理方法在民事诉讼的特定场景中应当是被禁止的,尤其是当裁判错误风险被单方面施加给一方当事人的时候。例如,在侵权案件中,作为证明原告诉讼主张的电子截图从生成到区块链存证都处于原告的控制下,在没有法院职权协助的情形下,异议者极难收集或获取证明电子截图生成、提取、储存

---

38 "柠檬市场"的概念最初由经济学家乔治·阿克洛夫提出,指因信息不对称引发的二手车市场"劣币驱逐良币"的现象。See Akerlof George A., The Market for "Lemons": Quality Uncertainty and the Market Mechanism, *The Quarterly Journal of Economics*, Vol. 84, No. 3, 1970, pp. 488-500.

39 See Walton, Douglas, *Legal argumentation and evidence*, Penn State Press, 2010. pp.110-111.

40 参见[美]亚历克斯·斯坦:《证据法的根基》,樊传明等译,中国人民大学出版社2018年版,第113页。

等阶段不真实的证据。

第二，上链前真实性审查程序的诉权启动标准模糊，将异议权的法定要求和审查程序的启动标准完全交予法官裁量。为避免异议权滥用，《在线诉讼规则》对上链前和上链后真实性异议进行了限制，其要求当事人提出上链后真实性异议时附带“合理理由”，质疑上链前真实性时“提供证据证明或说明理由”。法院核验区块链信息得出电子数据上链后真实的结论，此时举证者已经初步完成举证责任，举证责任暂时转移至异议者，要求异议者说明“合理理由”具有正当性。但是，规则对上链前真实性的异议限制却易引发混乱。仅就文义而言“提供证据证明或说明理由”的要求是形式意义的，不涉及类似“合理理由”的实质审查，但最高人民法院也期望该形式规则发挥异议筛选的功能。具言之，最高人民法院明确区块链技术不能保证上链前电子数据的客观真实，但其也认为“区块链存证本身是证据保全的一种方式，提交证据一方已经完成举证和说明义务”[41]，上链前真实性审查程序不能仅靠提出异议开启。相应地，上链前真实性审查同样不应仅靠恣意提出的理由开启，如此便令“提供证据证明或说明理由”脱离了形式审查的范畴。文义解释的形式化、制定者的实用主义期待和区块链技术的局限共同造成了一种释义困境，这实质上也将异议权的法定要求和审查程序的启动标准转交给了个案法官。而在规则表述具备一定的相似性的情况下，法官可能因不同的裁判经验对《在线诉讼规则》第 17 条和第 18 条审查标准进行限缩或扩张。

第三，数据真实性和内容的真实性属于电子数据真实性的不同维度，择一的证明方法可能导致审查步骤的跳跃。电子数据因其特殊载体而呈现出真实性多层次的特征，包括载体、数据和内容真实性三个维度。[42] 电子数据上链后的真实性可以通过区块链编码的技术核验快速审查和认证，相应的上链前的真实性证明可以凭借电子数据来源、生成或储存的信息材料推理或其他独立来源的证据印证等方法。但是，这两种方法并不隶属于电子数据真实性的同一维度，前者审查的对象为电子数据的数据真实性，后者审查的对象为电子数据的内容

---

41 《〈人民法院在线诉讼规则〉的理解与适用》，载中华人民共和国最高人民法院网 2023 年 1 月 30 日，https://www.court.gov.cn/zixun-xiangqing-309561.html。

42 参见褚福民：《电子证据真实性的三个层面——以刑事诉讼为例的分析》，载《法学研究》2018 年第 4 期。

真实性。两者在理论上具有强制的审查先后顺序,[43]举证者随机选择证明方法可能会导致审查程序的跳跃,进而产生对电子数据真实性审查整体的有效性质疑。

第四,上链前和上链后真实性的判断因素不具备独占性,在一定程度上消解了电子数据上链前真实性审查程序。电子数据上链后真实性的判断需要基于因果关系和时间维度选取判断要素,这就会使部分上链前的要素被划归为上链后真实性的判断范畴,如提取电子数据时"利用技术手段不正当干预取证过程""信息系统不符合清洁性、安全性、可靠性的标准"等(《在线诉讼规则》第17条第2、3项)。目前第三方区块链存证主体兼具取证功能时,当事人基于诉讼经济和便利的驱使会节省成本,多会选择同一主体取证和区块链存证。如此,第三方平台信息系统的清洁检查、网络安全等事项既可属于判断上链前数据来源和生成的要素,也可属于判断上链后真实性的要素。当法院将这类不具有独占性的要素用于审查电子数据上链后的真实性时,就没有必要专门通过上链前的真实性审查程序对其重复判断。由于上链前后真实性的证明原理和证据性事实提出时点的差异,区块链证据的推定效果便会增加异议者开启上链前真实性审查程序的证明负担,使上链前真实性审查程序难以被开启,甚至消解上链前真实性审查程序。

四、电子数据区块链上链前真实性审查机制的优化路径

解决电子数据上链前真实性的审查困境主要有两种手段,其一是完全实现区块链技术对电子数据的完全同步上链,将上链的瞬时时点前移至电子数据的形成阶段,达到以验证框架规制和规训现实生活的目的[44];其二是从司法证明程序入手寻求优化上链前真实性审查的途径。鉴于前者属于技术领域的操作范畴,本文主要以后者为重心阐释电子数据上链前真实性审查机制的优化路径。

---

43 《〈人民法院在线诉讼规则〉的理解与适用》,载中华人民共和国最高人民法院网2023年1月30日,https://www.court.gov.cn/zixun-xiangqing-309561.html。

44 See Lessig L., *Code: And Other Laws of Cyberspace*, *Version* 2.0 (2nd Revised ed.). Basic Books, 2016, p. 42.

(一)区分电子数据的数据真实和证据性事实真实

电子数据的数据真实性和证据性事实的真实性属于两个不同维度,[45]中间性主张推断的有效性区别于实质真实,而电子数据上链前和上链后未被修改也不能绝对保证证据性事实真实发生,这是葛梯尔哲学问题的具体表现[46]。因此,笔者认为,应区分电子数据的数据真实和证据性事实真实,使法官建立有效司法论证和实质真实的差别意识。

在区块链存证运用于民事诉讼的前期,最高人民法院发布的典型案例还要求在案证据相互印证,法官综合判断案件事实。[47] 然而,实践中多数法官仅凭区块链存证的电子数据认定被告的侵权行为,区块链技术核验的便捷性使法官放松了综合判断和形成印证的要求。在放松实质审查的情况下,上链前电子数据的状态事实又被作为上链后真实性的影响因素,通过区块链的哈希值核验得到推定,司法形式论证也发生松动,致使以电子数据的数据真实性推断证据性事实真实性的推论链条更加不稳定。当下区块链的司法运用仍处于探索阶段,其试验性要求赋予法官审查电子数据上链前真实性的程序裁量权。在具有共识性的裁判规则形成之前,笔者认为,使法官认识到电子数据真实性和证据性事实的真实性之间的区别,意识到推论链条的非绝对性和实然松动,有利于法官秉持较为谨慎的态度并促使其尊重当事人的证据合意和异议权行使。

(二)增加电子数据上链前真实性审查的流程性规范

法官审查电子数据上链前真实性的前置性情况较为复杂,其需根据举证者对上链前真实性的举证情况以及相对人的异议情形进行不同处理,否则可能"一揽子"要求异议者提出相反证据,不当提高异议权行使的法定要求。笔者认为,应细化电子数据上链前真实性的审查程序规则,形成较为明确的流程性指引。

首先,以相对人提出有关电子数据上链前真实性的异议作为开端,法官基于举证情况分别以形式和实质标准审查异议。异议一旦提出则表明诉讼双方没有对电子数据上链前的真实性达成证据合意,法官需围绕该焦点展开法庭调

45 参见周洪波:《证明对象的基本法理与中国问题》,载《江海学刊》2022 年第 1 期。

46 See Gettier, Edmund L., Is Justified True Belief Knowledge? *Analysis*, Vol. 23, No. 6, 1963, pp. 121–123.

47 参见《互联网十大典型案例》,载中华人民共和国最高人民法院网 2023 年 1 月 30 日,https://www.court.gov.cn/zixun-xiangqing-306541.html。

查程序。其次,如果异议提出前举证者已经提交证明电子数据上链前真实性的相关证据,那么举证责任即发生转移。法官应要求异议者提出相反证据或合理说明,并根据举证情况决定是否继续围绕上链前真实性展开举证和质证。相反,如果异议者提出异议前,举证者并未提出证明电子数据上链前真实性的相关证据,那么举证者此时依然负担该项事实的举证责任,法官仅需对异议进行形式审查。最后,一旦异议符合法定要求即应开启上链前真实性的审查程序,法官在进行依职权调取证据或举证者提出证据后,认定电子数据上链前真实性(见图3)。

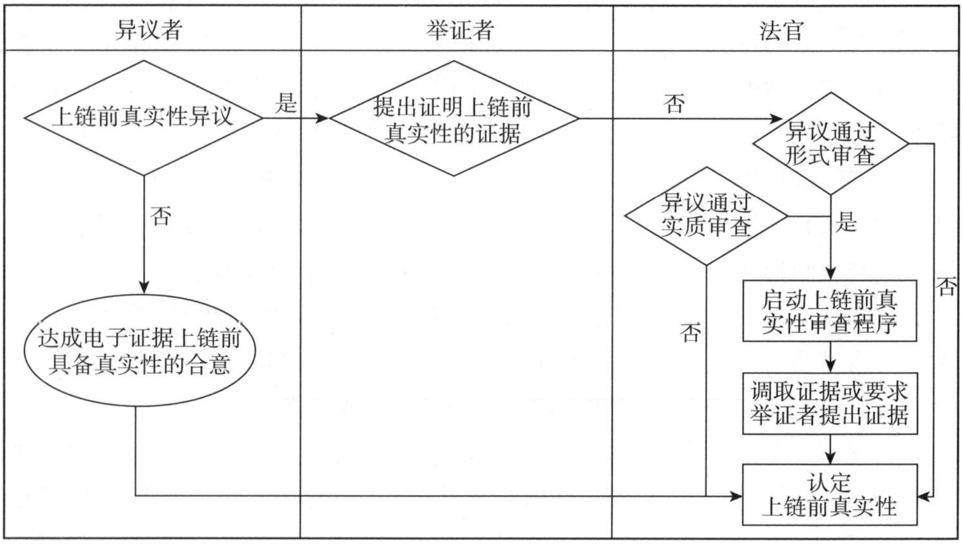

图3 电子数据上链前真实性的审查流程

（三）明确电子数据上链前真实性审查的推定规则

电子数据虚拟、脆弱、易被篡改的缺陷是区块链技术嵌入司法证明程序的需求来源,[48]区块链技术的抗冲突性使经过哈希函数计算的信息获得唯一的数值输出,且能够通过哈希生成器快速验证,[49]而法官无须具备数学运算的专业能力。电子数据上链前真实性虽是电子数据本身真实性的组成部分,但将其审查

48 参见李占国:《"全域数字法院"的构建与实现》,载《中外法学》2022年第1期。

49 参见[美]威廉·马格努森:《区块链与大众之治》,高奇琦等译,上海人民出版社2021年版,第72页。

完全恢复为电子数据提取检验,不仅会窄化上链前真实性的事实范畴,还会抵消区块链技术赋予电子数据真实性验证的便捷性,而《在线诉讼规则》对上链前真实性证明的宽松要求,正反映了制定者对举证者使用区块链技术的积极态度。

笔者认为,除现存的电子数据真实性审查规则外,电子数据上链前真实性的审查和证明应明确相应的推定规则,以中和上链前真实性审查的精准性和烦琐性。比如,司法实践中有当事人通过第三方平台出具的取证证书证明电子数据上链前的真实性,证书以论证平台的技术可靠性、操作规范性为主,由此可构想制定可靠的第三方平台清单,法官可以基于清单条目中平台出具的取证证书等材料,推定该类平台提取的电子数据完整性,进而认定电子数据上链前的真实性。

五、结　　语

随着网络技术的发展可以预见,所有通过网络技术实施的行为都能被区块链同步上链并有迹可循,电子数据上链前真实性的审查困境会被根本解决。但该蓝图的实现不仅需要克服技术上的难题,而且需要达成观念的共识,其过程必然是漫长的。上链前真实性的审查困境在技术上终将被解决,不能成为司法上暂时止步不前的借口,即便为了使区块链技术核验电子数据真实性的方式更加合理顺畅,也应重视探讨电子数据上链前真实性的审查机制。此外,在实现电子行为痕迹全部区块链编码化之前,无论电子数据上链前的状态事实如何影响上链后的真实性,都应在诉讼双方未达成证据合意的情形下尊重诉讼相对方的异议权。

数字时代移动通信设备搜查的程序适用及其规制

李　戈*

【内容提要】　在数字时代，移动通信设备搜查的程序适用及其规制成为重要命题。移动通信设备作为存储大量电子数据的证据载体，集合了以数据权利为代表的若干权利，用户对其具有更高的合理隐私期待，应将其作为区别于传统有形物的独立对象进行搜查。基于比较法的视角考量，现有的移动通信设备搜查思路均存在缺陷和不足。当前我国理论界与实务界对移动通信设备搜查缺乏足够的关注，在实践中凸显出诸多问题，无法有效兼顾查明案件真相与保障个人权利。为保障个人若干合法权利，我国应坚持"双重令状"原则，结合《数据安全法》等法律，从搜查批准、搜查范围、搜查方式、证据排除规则等方面对移动通信设备搜查程序进行有效规制。

【关键词】　隐私权　数据权利　数字容器　搜查令状　合理隐私期待

一、问题的提出

数字时代的到来，电子数据的交互能够产生大量有价值的证据。移动通信设备拥有无可比拟的电子数据存储量，因而成为重要的证据载体。基于电子数据的形态易变性、内容海量性、难以直接感知性特征，[1]用户对移动通信设备具

* 李戈——山东大学法学院博士研究生、《人权研究》（集刊）编辑，主要研究方向：刑事诉讼法学、证据法学。本文系 2020 年度山东省人民检察院专题调研和理论研究重点课题"刑事案件中犯罪所得没收问题研究"（项目号：SD2020B10）、2022 年度山东大学法学院科研创新项目"数字时代移动电子设备搜查的程序规制研究"的阶段性成果。

1　陈永生：《电子数据搜查、扣押的法律规制》，载《现代法学》2014 年第 5 期。

有更高的合理隐私期待(a reasonable expectation of privacy),因而对其搜查应显著区别于对传统有形物的搜查。无论是我国还是域外国家,移动通信设备搜查程序缺乏适当的法律控制和司法监督框架,搜查设备内部电子数据是否需要单独的搜查令状,如何合理限制搜查范围,缺乏有效回应。以美国莱利诉加利福尼亚案为代表的案件明确了警察搜查移动通信设备存储的电子数据必须单独获得许可,域外国家逐渐将移动通信设备作为一种区别于传统有形物的独立搜查对象,尝试从保护隐私权和控制搜查权两方面完善搜查程序:对已共享给第三方的非私密信息允许有限的搜查;事先明确规定警察应该如何执行搜查令状和筛选电子数据;采用直接限制搜查范围的规则,或鼓励立法机构监管移动通信设备搜查规则。

相较而言,我国理论界与实务界对移动通信设备搜查缺乏足够的关注。当前学界对电子数据取证研究较为丰富,但是对电子数据搜查程序,特别是移动通信设备搜查的研究略显不足;《关于办理刑事案件收集提取和审查判断电子数据若干问题的规定》(以下简称《电子数据规定》)以及《公安机关办理刑事案件电子数据取证规则》(以下简称《电子数据规则》)等集中于规定收集和审查电子证据的技术性规则,移动通信设备搜查的正当性规则相对缺失;[2]《数据安全法》《个人信息保护法》等从维护国家及个人数据安全的角度出发,对数据处理进行规范,并未对电子数据搜查程序作出具体回应。长期以来,侦查机关将移动通信设备当作传统有形物进行搜查,即搜查设备载体当然包括搜查内部存储电子数据。在未经许可情况下对内部电子数据进行搜查,构成对信息权和隐私权的侵犯。我国能否借鉴英美等域外国家现有的移动通信设备搜查方案,解决存在于我国的现实问题?我国应当如何在移动通信设备搜查程序中平衡搜查权与隐私权的关系?本文从比较法的视角切入,分析移动通信设备作为搜查对象的独立性,探讨现有的移动通信设备搜查思路的优势与不足,对以上问题作出回应,分析当前我国实践现状与不足,并为我国移动通信设备搜查程序适用的重构提出合理建议。

---

2 陈永生:《论电子通讯数据搜查、扣押的制度建构》,载《环球法律评论》2019 年第 1 期。

二、作为独立搜查对象的移动通信设备

信息时代下的移动通信设备,不仅是一种实体物品,更是存储量巨大的电子数据载体。每个人对移动通信设备拥有的合理隐私期待相当于甚至超过家庭住宅,而后者本身也曾被视为个人隐私权保护的核心。[3] 近年来,英美等域外国家在实践中对移动通信设备作出不同于传统有形物的性质认定,实质上认可了移动通信设备作为搜查对象的独立性。

(一)移动通信设备的性质认定

第一种观点将移动通信设备认定为一种个人要素,或是个人身体的一部分,允许警察在合理时间内对移动通信设备进行搜查。移动通信设备外形较小,使其可以像钱包、名片夹及地址簿一样随身携带,而在过往判例中,钱包或名片夹被定义为人的要素。警察不必只搜查嫌疑人身上的武器或逃跑工具,他们也可以在没有任何其他理由的情况下,搜查嫌疑人身上的钱包或地址簿,以便保存有罪证据,供审判时使用。由于移动通信设备存储了大量个人隐私信息,个人对移动通信设备的合理隐私期待远高于普通有形实物,近似于个人对身体的合理隐私期待,加上其外形便于随身携带,因而可以将其移动通信设备作为个人身体的要素。此外,尽管移动通信设备存储了大量的电子数据,但是相较于警察搜查房间或其他实物,其搜查成本更低且搜查步骤并不复杂。[4] 将移动通信设备认定为人的要素,能够充分保证嫌疑人对移动通信设备拥有合理隐私期待,警察可以像搜查嫌疑人的人身一样搜查其随身携带的移动通信设备。钱包、地址簿等物品通常被认为是人的要素或人身的一部分,其存储空间非常有限而可以随身携带,而BP机符合上述特点,因而将其认定为人的要素。2007年1月26日,美国第五巡回法院裁定时认为手机是在被告人身上搜查到的,被告人对身上携带的手机具有合理隐私期待,应视为他自身的一个组成部分,而不是被逮捕者控制的财产。法官认为手机可以像随身携带的钱包一样被

---

3 George M. Dery Ⅲ & Kevin Meehan, "A new digital divide? Considering the implications of Riley v. California's warrant mandate for cell phone searches", *University of Pennsylvania Journal of Law and Social Change*, Vol. 18, 2015, p. 312.

4 Byron Kish, "Cellphone Searches: Works like a Computer, Protected Like a Pager?", *Catholic University Law Review*, Vol. 60, 2011, p. 468.

警察搜查。移动通信设备是在嫌疑人身上搜查到的,应视为他自身的一个组成要素,而不是嫌疑人可控制范围内的其他有形实物。

另一种观点将移动通信设备认定为一种特殊的"数字容器",其所装载的是具有数字空间性的电子数据,警察将移动通信设备作为特殊的容器搜查。如果说可以随身携带的日记本是一种记录文字信息的"容器",那么移动通信设备是一种特殊的"容器",其不仅可以像日记本一样记录文字信息,还能大量记录其他类型的电子数据信息。移动通信设备巨大的存储容量类似于公文包、车辆或住宅房间的存储容量,而公文包、车辆、房间等都被认为是可能在逮捕时同时被搜查的容器。因此可将移动通信设备认定为属于"一个可控制范围内的物品"——存储电子数据的"数字容器",基于查明证据的需要可以对该"容器"进行搜查。手机更像是在嫌疑人可立即控制范围内的容器,而非嫌疑人身体的一部分或个人的要素。在多数案件中,法官将翻盖手机认定为单一容器,但也有法官认为若将智能手机认定为单一容器,并不能够体现出手机存储信息量大的特点,因而将智能手机认定为"集合数字容器"更加符合其特性。尽管在不同案件中对于单一还是集合容器存在不同裁判意见,但是二者都将移动通信设备认定为个人可控制范围内的"数字容器"。

笔者认为将移动通信设备认定为"数字容器"更能凸显其区别于其他有形实物:其一,将移动通信设备作为存储电子数据的"数字容器"更符合移动通信设备的特点。移动通信设备可以将电子数据存放在"容器"内部隐藏的空间里。以智能手机为例,移动通信设备可以通过设备自身存储、外部存储、云端存储以及 SIM 卡或 UIM 卡读写和保存大量电子数据。[5] 移动通信设备可以安装不同的移动互联网应用程序(App),用户使用各种应用程序都会留下数据信息,这些数据按照不同的存储位置存放在彼此独立的文件夹或路径中。移动通信设备的存储容量相当于若干个收纳箱、货车或是房间的存储容量,而收纳箱、货车、房间等都被认为是可以进行搜查的容器。此外,移动通信设备无论是从外形大小还是设备功能上都越来越趋同于笔记本电脑,特别是智能手机和 iPad 等触屏式平板电脑。用户可以通过使用屏幕上的软键盘输入,或通过语音识别或手写输入实现与笔记本电脑同样的功能。其二,从域外司法实践来看,更多的法院倾向于将移动通信设备认定为"数字容器"。美国司法裁判更多认为移动

5 李双其、林伟:《侦查中电子数据取证》,知识产权出版社 2018 年版,第 167 页。

通信设备是一种处于个人可控制范围内的“数字容器”;澳大利亚昆士兰州的司法裁判表明,移动通信设备不属于“人”或“公共场所”等范畴,而被认为是在搜查某个人时可以发现的“物品”。[6] 2014年加拿大最高法院在女王诉费伦案中认定:对于高度个人化和含有独一无二隐私数据的电子计算机都可以进行搜查,并提供有效的隐私保护,那对于功能近似的移动通信设备,同样也有理由进行搜查。其三,基于国内立法与学术观点考量,移动通信设备作为“数字容器”更具合理性。将手机等移动通信设备认定为“隐私空间容器”,其本身财产的性质和信息权、隐私权可以被兼顾。[7] 根据2009年《关于维护互联网安全的决定》,非法截获、篡改、删除他人电子邮件或者其他数据资料,侵犯公民通信自由和通信秘密,构成犯罪。电子邮箱被视为存储电子邮件的“容器”,非法截获、篡改、删除“容器”内的信息相当于未经许可打开这个“封闭容器”,因而构成侵犯通信自由等犯罪。移动通信设备能够登录电子邮箱并查看该“容器”的内部邮件,因而其属于能够存放电子邮箱的特殊“数字容器”。

(二)作为搜查对象的独立性

域外国家通过认定移动通信设备性质以明确其作为搜查对象具有独立性。将移动通信设备认定为“个人要素”和“数字容器”,实质上是从不同的角度对移动通信设备进行定性。无论是将移动通信设备认定为“个人要素”还是“封闭容器”,都足够表明其与其他有形实物具有极大的差异。前者侧重于强调个人与移动通信设备的紧密关系以及更高的合理隐私期待,而后者更强调移动通信设备内部的空间性特征。

将移动通信设备认定为个人要素,虽未过多关注移动通信设备作为电子数据载体所具有的空间性特征,但着眼于个人对设备具有更高的合理隐私期待:移动通信设备与个人的紧密关系决定了其不同于其他有形物品,随身携带并频繁使用移动通信设备使其成为每个人生活中必不可少的一部分。在数字时代之前,人们通常不会随身携带敏感的个人信息,而如今人人都会随身携带移动通信设备,甚至在淋浴时使用手机等移动通信设备。移动通信设备上存储了高度个性化的个人信息,包括私人想法、电子邮件、照片和语音信息,这些内容实

---

6 Matthew Raj & Russ Marshall, “Examining The Legitimacy Police Powers to Search Portable Electronic Devices in Queensland”, *University of Queensland Law Journal*, Vol. 38, 2019, p. 104.

7 郭旨龙:《移动设备电子搜查的制度挑战与程序规制——以英美法为比较对象》,载《法学杂志》2020年第3期。

质上即为个人要素的分解。个人对移动通信设备的合理隐私期待是其他有形实物无法比拟的。

将移动通信设备认定为“数字容器”,主要基于作为电子数据载体的空间性特征考量。从外部存在形态看,移动通信设备是一种具有一般容器的外部存在形态的有形实物。从内在功能上看,移动通信设备集合了通信、存储数据、信息传输等多种功能,实际上是对电子数据的“收纳”与“传送”。移动通信设备是物理意义上的“容器”,虚拟意义上的家,信息意义上的巨大仓库。移动通信设备能够比文件柜容纳更多的信息,可以保存所访问的每个文件或数据片段,包括“大多数用户不知道和无法控制的信息”。[8]

此外,域外国家司法判例和公共政策关于搜查的双重要求已经表明移动通信设备作为搜查对象具有独立性。美国宪法第四修正案规定搜查需要满足两个要求:一是可能性要求,即相信搜查该物品可能找到相关证据。二是特殊性要求,即要求警察不仅仅知道搜查对象的性质,还特别要求在搜查令状中具体描述“作为搜查对象的有形物”。“特殊性要求”针对的是搜查令状,而非提交法官要求签发搜查令的文件,警察应当按照宪法第四修正案在搜查令状中载明搜查对象的具体信息。美国哥伦比亚特区联邦巡回法院法官在美国诉格里芬案中指出,“可能性要求”“特殊性要求”紧密相关,二者缺一不可。“特殊性要求”在很大程度上决定了移动通信设备作为搜查对象的独立性。具体而言,搜查不仅要满足可能性要求,认为移动通信设备可能含有证据,也应满足特殊性要求,即认识到移动通信设备与其他物品不同,其作为搜查对象具有独立性,并且应当按照美国宪法第四修正案的要求在搜查令状中详细说明移动通信设备的信息。移动通信设备是“其他合法物品”,而不是“武器或麻醉品等违禁物品”,需要注意确保搜查以尽量减少对隐私的不正当侵犯的方式进行。因为家庭住宅是美国宪法第四修正案旨在保护的核心,而移动通信设备所含有的隐私可能远超家庭住宅。

综上所述,无论是基于法院对移动通信设备性质的认定,还是基于搜查二重要求中“特殊性要求”,都实际将移动通信设备作为不同于其他物品的独立搜查对象,即承认移动通信设备作为搜查对象的独立性。

---

8 Orin S. Kerr, “Searches and Seizures in a Digital World”, *Harvard Law Review*, Vol. 119, 2005, p. 542.

三、移动通信设备搜查的两种思路

在认可将移动通信设备作为独立搜查对象后，需要考虑如何搜查移动通信设备。无论是英美等域外国家还是我国都鲜有明确统一的程序规则指引移动通信设备搜查，主要参照现有法律框架下的程序规则类比适用于移动通信设备搜查。在此背景下，从比较法的视角观察，当前主要存在两种移动通信设备搜查思路。

（一）搜查指向移动通信设备载体

这一思路的核心在于，依据“单项理论”（the single item theory）将移动通信设备载体与其存储的电子数据定义为单一存储实体，即在搜查令状中明确搜查目标为设备载体。移动通信设备如同一本书：电子数据与移动通信设备载体有着内在的联系，就像书籍的页面固定在书脊上一样；而不像是一个文件袋，可以随时从中拿出单个文件。当想要取得书籍某页内容时，自然需要先将取得此书籍作为目标。侦查人员搜查指向移动通信设备载体，在扣押设备后搜查载体内部所有的电子数据，后续再从所有电子数据中筛选所需的证据。此种实践思路成为最主流的选择。以英国为例，依据英国治安法官协会统计数据，侦查人员直接指向移动通信设备载体进行搜查的案件比例高达81％。[9]

将搜查指向移动通信设备载体，需要在搜查令状上相对宽泛地载明移动通信设备信息，在切实可行范围内搜查移动通信设备。英国的《1984年警察和刑事证据法》（Police and Criminal Evidence Act 1984，PACE）与《2001年刑事司法和警察法》（Criminal Justice and Police Act 2001，CJPA）主要设置了“单项理论”下的移动通信设备搜查。PACE第15条规定，警察申请搜查令状前必须向法官说明合理理由，并且要求划定搜查范围。如果移动通信设备上可能有受保护的电子数据，则必须在搜查令状上以明示或默示的形式排除相关电子数据，如显示种族或政治见解的个人数据、遗传数据或生物鉴别数据、有关个人性生活或性取向的数据。如果不能合理地在现场筛选受保护材料，则应根据CJPA扣押移动通信设备，因为该设备含有侦查人员无权查阅的电子数据。

在21世纪初，美国移动通信设备搜查主要采取此种思路，警察扣押移动通

---

9 Law Commission, *Search Warrants* (Law Com No. 396,2018), para. 2, 331.

信设备载体后即可对内部电子数据进行搜查。尽管美国等域外国家搜查指向移动通信设备载体,但是对逮捕附带搜查能否应用于移动通信设备一直存在争议,不同法官对于逮捕附带搜查范围的认定不能达成一致意见。从空间维度看,逮捕附带搜查要求瞬时控制(Immediate Control)。奇梅尔诉加利福尼亚案将附带搜查的空间范围限定于被捕者可直接控制的区域。法官认为警察基于保证自身执法安全以及保全有关证据的现实需要可以逮捕附带搜查。附带搜查应在"可能拥有武器或可销毁证据的区域"进行。从时间维度看,合理搜查时段的界定在司法裁判中出现了分歧:以普勒斯顿诉美国案为代表的意见坚持即时调查(Contemporaneous Search),逮捕附带搜查的时间应在逮捕的同时或紧随其后,即明线规则(bright-line rule)。而以美国诉爱德华兹案为代表的意见则主张非即时搜查(Non-Contemporaneous Search),这使得明线规则的含义出现分歧,该案将逮捕附带搜查的时段延伸到了逮捕后的羁押阶段,逮捕后的第二天警察才对 Edwards 的衣服进行搜查和检验。自莱利诉加利福尼亚案后,多数法官认为警察在逮捕嫌疑人后可以先扣押嫌疑人移动通信设备,但是后续必须单独申请搜查令状才可以对内部电子数据进行搜查。

我国司法实践中对移动通信设备的搜查基本可以归为此类。侦查机关搜查移动通信设备并不区分设备载体和电子数据,侦查机关将移动通信设备作为普通物品签发搜查令状进行搜查,或者在紧急情况下无令状附带搜查移动通信设备。侦查人员在扣押嫌疑人的移动通信设备后无须额外的批准手续即可对内部的电子数据进行搜查。例如,在张某诈骗案中,警察在抓获嫌疑人后先行扣押、封存其移动通信设备,搜查令状载明移动通信设备的名称、型号、外观、搜查期限等内容:扣押张某黑色 iPhone 手机一部,其后对手机中的微信聊天记录、支付宝转账记录等电子数据进行搜查和取证。[10]

将移动通信设备载体和电子数据作为"单项理论"下的搜查目标的优点是显而易见的:首先,在一定程度上可以提高搜查效率,避免不必要的干扰。在有搜查令状时载明移动通信设备而非具体的电子数据类别不仅看起来更简洁,而且也有利于防止过分延迟,提高搜查效率。即使在无搜查令状的情形下,基于情况的紧迫性,侦查人员可以先将移动通信设备扣押,待回到侦查机关后再进行具体搜查,缩短了现场筛选证据的时间。其次,搜查指向移动通信设备载体

10　四川省成都市中级人民法院刑事判决书,(2020)川 01 刑终 747 号。

能够合理体现搜查场所与搜查设备载体的差异。在搜查移动通信设备以获取电子数据时,寻找载体所在场所和位置始终是必要的先决条件。该实践思路能够强调并防止混淆"通过搜查场所从而找到并搜查设备"与"通过搜查载体从而搜查电子数据"之间的区别。最后,移动通信设备载体在证明电子数据的来源方面具有内在的证据价值。

搜查指向移动通信设备载体这一思路的缺陷同样明显:该思路下大量个人隐私数据信息暴露在侦查人员的视野中,加剧公权力与信息权、隐私权的矛盾;扣押移动通信设备可能有违比例原则。许多地方法官签发广泛的搜查令状,授权对设备存储的全部内容不加任何限制地进行搜查,并未将搜查令限制在寻找有限证据的范围内。[11] 无令状搜查的范围取决于警察的自由裁量,表现出范围过于宽泛的问题。2009年美国在《联邦刑事诉讼规则》第14条中增加了一个关于"搜查电子储存信息的授权书"条款,该条款将已经盛行的搜查电子信息方法编纂成法典,其中要求没收整个硬盘驱动器或创建完整镜像后由专家进行内容鉴别。警察将搜查令状中列出的移动设备的全部内容进行镜像复制,并搜查副本的全部信息。这将导致一种严重的后果:对搜查令状的授权实际上都将成为一种通用的授权,警察可以通过一份搜查令状随意查看移动通信设备内部所有的电子数据。英国面临同样的问题,警察的自由裁量权过大,搜查令状不能有效限制警察搜查移动通信设备的范围。由于没有明确的搜查和保存规则,即使事后证明被搜查的移动通信设备内不含有罪证据,警方也可以无期限地保存数据。[12]

(二)搜查指向设备内部的电子数据

该思路将搜查指向移动通信设备存储的电子数据,在搜查前先行筛选并确认目标电子数据的具体类型与种类。在实践中,搜查令状通常会具体载明电子数据的类别。例如,在搜查令状中载明搜查与嫌疑人涉嫌犯罪有关的所有文件和信件,无论是通过电子邮件、即时通信软件还是其他方式传送的。实践中该搜查思路的采用率相较于指向移动通信设备载体的思路明显较少,并且采取该搜查思路通常取决于不同侦查机关对搜查性质的认定和各侦查机关的偏好。

---

11 Adam M. Gershowitz, "The Post-Riley Search Warrant: Search Protocols and Particularity in Cell Phone Searches", *Vanderbilt Law Review*, Vol. 63, 2016, p. 601.

12 Privacy International, *Digital Stop and Search: How the UK Police can Secretly Download Everything from Your Mobile Phone* (March 2018), p. 2.

基于比较法的视野，美国 Riley v. California 案过后很多法院开始将搜查直接指向电子数据，在搜查令状上载明具体电子数据类型。而搜查思路的转变不仅仅意味着搜查指向由移动通信设备载体转向内部存储的电子数据，还代表美国等国家对“一眼看清原则”（the plain view doctrine）应否适用于移动通信设备搜查的态度转变，即逐渐限制或禁止“一眼看清原则”在移动通信设备搜查中的应用。“一眼看清原则”并非令状搜查的一个独立例外，而仅是警察在逮捕嫌疑人后对接触某物的先前理由的扩展，仅在有限的情形下适用。应用该原则的三个条件是：第一，警察必须在法律允许的地点看到证据；第二，警察能够合法地搜查证据；第三，警察看到后立刻意识到该证据指向犯罪。若该原则应用于移动通信设备搜查，设备上所有的内容包括已登录的云端存储空间都可以成为搜查内容，会严重侵犯信息权和隐私权。

在 2016 年美国诉威英案中，警察为获取嫌疑人涉嫌公共场所猥亵罪的证据对其手机进行搜查，结果发现了更多证明嫌疑人涉嫌更严重的儿童色情犯罪和非法拍摄未成年人犯罪的证据。该案法官否定了以“一眼看清原则”为由搜查手机获取的证据的效力。近年来，美国各地法院禁止“一眼看清原则”应用于移动通信设备搜查的理由主要有以下三点：一是移动通信设备对警察等侦查人员造成安全威胁的可能性极低；二是侦查人员控制嫌疑人的移动通信设备后立即进行信号屏蔽，不存在嫌疑人通过移动通信设备寻求同伙支援的可能；三是随着科技的发展，数据修复技术不断成熟，侦查人员无须顾虑嫌疑人通过远程操作删除存储数据。美国第三、四、六、七、十巡回上诉法院已经在考虑制定一个默认规则，即搜查移动通信设备时若发现超出搜查令范围的有罪证据，必须额外申请一份以电子数据为对象的搜查令状。[13] 事实上，申请第二份搜查令与尽可能缩短搜查时间并不冲突：前者是正当程序的需要，通过搜查令状限制搜查范围，保护个人；后者是通过缩短搜查无关信息的时间，以提高搜查效率，尽可能减少对信息权、隐私权的侵犯。

澳大利亚普通法规定搜查令状必须载明搜查电子数据的“虚拟边界”，如在搜查令状中写明“搜查仅限于存储在手机上的过去六个月内收到和发送的短

---

13 Meghan Holloway, “Penalty Default Rules for Digital Searches: Why Courts Should Spur Legislative Actionvia Second-Order Regulation”, *The University of Chicago Law Review*, Vol. 87, 2020, p. 1420.

信”。[14] 澳大利亚昆士兰州的《2000年警察权力和责任法》(The Police Powers and Responsibilities Act 2000,PPRA)在普通法的基础上建立了避免搜查权过度侵犯个人信息权、隐私权的保护机制,搜查令状区分注明加密的移动通信设备和未加密的移动通信设备。第154条将搜查移动设备的范围限定于已下载和存储的资料。当警察有合理理由怀疑移动通信设备存储了能够定罪的证据时,可以依据2018年新修改的第178A条在现场对移动通信设备进行搜查或技术鉴定。

搜查指向设备内部的电子数据优势在于充分尊重信息权、隐私权,承认电子数据具有独立保护的必要性。相较于第一种思路对存储的全部电子数据进行搜查,该思路将目标锁定于具体的电子数据,能够合理限缩搜查范围,对于与案件无关的电子数据提前进行有效筛选与排除,对信息权、隐私权损害更小。侦查人员在现场即将目标电子数据进行复制和保存,并依据具体情形决定是否及时将移动通信设备返还或扣押,以免造成不必要妨害。警察在搜查时需要判断嫌疑人对移动通信设备是否具有合理隐私期待,若有合理期待,则必须持令状搜查。“合理的隐私权期待”这一规则的确立实质上是为了避免隐私权在公权力面前受到不必要的侵害。若涉嫌犯罪轻微,则不应当搜查;反之,若涉嫌犯罪严重,侵害法益远超个人隐私利益,则应考虑申请搜查令进行搜查。此外,将电子数据作为搜查对象事实上给予其一种独立法益地位,凸显了电子数据具有独立保护价值。尽管移动通信设备确有证明电子数据来源的证据价值,但是电子数据才是用以证明待证事实的目标证据。

搜查直接指向设备内部的电子数据的最大的问题就是搜查效率较低,造成搜查令状电子数据种类明细冗长的同时还会使搜查操作烦琐复杂。无论是将短时间内从移动通信设备中获取所需的电子数据,还是将目标电子数据与其他数据进行完美分离都是不切实际的:如同盐溶于水中,想要在短时间内通过简单过滤分离二者是徒劳的。尽管当前电子数据提取技术已日臻成熟,但在很多情况下,无论是移动通信设备载体还是内部电子数据被加密、被销毁,都需要花费一定的时间进行解密和恢复,而无法在短时间内完成上述工作。

---

14 Danielle Andrewartha et al., *Investigating Crime*: *The Laws of Australia*, Thompson Reuters, 2013, pp. 112 - 113.

四、我国移动通信设备搜查程序的反思与重构

依据前文分析,现有两种搜查思路均呈现单一搜查令状的特点,存在一定的缺陷。我国采取第一种思路即搜查指向移动通信设备载体,在搜查实践中存在诸多困境与不足。立足于必要性与相称性的考量,我国可以尝试在移动通信设备搜查程序中采用"双重令状"原则,在公权力与隐私权间寻求平衡点。

(一)我国移动通信设备搜查的实践与不足

当前我国缺少移动通信设备搜查批准程序,主要体现在缺少启动搜查批准条件以及无须批准即可附带搜查移动通信设备。《人民检察院刑事诉讼规则》第 203 条和《公安机关办理刑事案件程序规定》第 222 条仅规定了侦查机关负责人批准搜查人身、物品、住所,而未载明审批条件。《最高人民法院关于适用〈中华人民共和国刑事诉讼法〉的解释》第 93 条关于电子证据关联性和真实性的规定则主要列举了电子数据的重点审查事项,未对正当性审查作出有效回应。《刑事诉讼法》第 138 条规定了原则上搜查人身、物品和住所必须有搜查令状,而"遇有紧急情况,不另用搜查证也可以进行搜查"实质上承认附带搜查人身、物品(传统有形实物)和住所的合法性。2021 年 6 月通过的《数据安全法》第 35 条仅提及国家安全机关以及公安机关基于需要"经过严格批准手续"调取个人数据,并没有对"严格批准手续"作出进一步解释说明。《电子数据规则》与《电子数据规定》均默认了无令状附带搜查移动通信设备的合法性。一方面,"搜查"在我国是指侦查机关对嫌疑人的身体、物品、住所和其他有关的地方进行搜索、检查的一种侦查活动。[15] 依据《电子数据规定》第 16 条和《电子数据规则》第 43 条,对电子数据进行"检查"实质上是"搜查"的一种类型。另一方面,"检查"的对象为"已扣押的原始存储介质或者提取的电子数据"。因此强调电子数据检查规范性的条款实际上形成了对附带搜查电子数据载体的授权,侦查人员在合法逮捕、拘留嫌疑人后无须搜查令状即可对扣押的移动通信设备的电子数据进行检查。[16] 这无疑会对信息权、隐私权等个人权利造成损害。

---

15 孙长永:《刑事诉讼法学》(第二版),法律出版社 2014 年版,第 253 页。

16 蒋勇:《大数据背景下我国电子数据的附带搜查问题研究——以美国法上的判例为参照》,载《兰州学刊》2019 年第 5 期。

当前我国移动通信设备搜查的范围过于宽泛。在实践中侦查人员自行决定移动通信设备搜查的范围和内容，不需要经过侦查机关负责人的批准和授权。《刑事诉讼法》第136条仅规定了搜查有形实物或人身、住所的范围——可能隐藏罪犯或者犯罪证据的人的身体、物品、住所和其他有关地方。而该条规定的搜查范围较为宽泛，侦查人员可以自由裁量具体搜查内容，即使是有搜查令状也不能有效约束实际搜查范围，更何况当前可以无令状附带搜查移动通信设备。搜查范围宽泛的主要原因在于，随着云端存储技术的广泛应用，侦查人员在搜查时并不能确定所需要的证据是存储在设备内部还是存储于云端空间之中，往往需要查看设备中的所有的照片、视频、网页历史记录或是聊天记录等内容。通常侦查人员会选择探索式的全方位搜查，这不仅增加了侦查人员的工作量，也需要消耗大量的时间和精力，更重要的是探索式的全方位搜查会使个人私密的信息毫无保留地展现在侦查人员面前，严重侵犯信息权和隐私权。对于那些与案件无关的信息内容的搜查就构成了对信息权及隐私权的侵犯。因此在信息时代公权力与个人权利间的冲突最频繁的表现已经转变为公权力对个人隐私权的侵犯。[17] 相较于搜查其他有形物，搜查移动通信设备造成的损害可能更为严重。

侦查机关搜查取证方式较为混乱。侦查机关在《电子数据规定》《电子数据规则》出台前后所使用的搜查方式无太大变化，基本继续沿用先前的搜查方式。这与此前学者的研究结论相同：现有法律规定与侦查机关在实践中的具体搜查行为有一定的差距。[18] 侦查机关搜查手机等移动通信设备的方式包括勘验检查、截图、拍照、直接提取、打印、司法鉴定、第三方协助调取、侦查实验等。尽管《电子数据规定》规定了收集、提取电子数据应按照“扣押封存原始存储介质——提取电子数据、网络远程勘验——打印、拍照、录像”的顺序进行，但是在实践中侦查机关并没有严格区分提取电子证据方式的先后次序，搜查方式的运用较为混乱。搜查方式的不同导致后续侦查机关提交的证据形式的不同，在不同案件中侦查机关采取不同的搜查方式对同种电子数据进行取证。以社交软件聊天记录为例：在黄某非法制造、销售非法制造的注册商标标识案中，侦查机

17　陈永生：《刑事诉讼中搜查手机的法律规制——以美国赖利案为例的研究》，载《现代法学》2018年第6期。

18　胡铭：《电子数据在刑事证据体系中的定位与审查判断规则——基于网络假货犯罪案件裁判文书的分析》，载《法学研究》2019年第2期。

关将微信聊天信息进行截图,以截图打印件的形式提交证据;[19]在董某贩卖毒品案中,侦查机关将微信聊天记录刻录光盘,以实物形式提交证据;[20]而在杨某贩卖毒品案中,侦查机关通过电子检验提取 QQ 聊天信息,以提取笔录的形式提交证据。[21]

我国移动通信设备搜查并不适用现有证据排除规则。通过分析《刑事诉讼法》第 56 条、《关于办理刑事案件排除非法证据若干问题的规定》第 1 条及第 14 条、《关于办理刑事案件严格排除非法证据若干问题的规定》第 2 条至第 7 条、《人民法院办理刑事案件排除非法证据规程(试行)》第 1 条至第 3 条,上述条文只规定了物证、书证、证人证言、被害人陈述、被告人供述的排除规则,并未提及电子数据。搜查移动设备获取的电子数据作为与上述五种证据并列的证据种类,其包含的个人隐私信息量远多于其他种类的证据,却不在证据排除规则适用范围内,与"举轻以明重"原则相悖,这是不合理的。有观点认为立法者基于"证据排除规则对犯罪控制的敏感性"而未将电子证据纳入证据排除规则的适用范围。[22] 在实践中辩护方质疑侦查机关搜查取证行为的合法性、要求排除相关证据很难获得支持。在王某 1 和王某 2 破坏生产经营、聚众扰乱社会秩序一案中,被告人及辩护人质疑县网安大队搜查手机时并未提供任何证明电子数据检查人资质的相关文件,并且质疑对手机中微信聊天记录搜查过程不明、电子数据来源不明,"不排除删减和修改的可能"。辩护人以"电子数据完整性以及被列为证据的电子数据无法得到实体及程序保障"为由要求排除相关证据,而二审法院并未对该问题作出有效回应并最终维持了原判。[23]

(二)移动通信设备搜查程序的重构路径

我国移动通信设备搜查应贯彻"双重令状"原则。当前我国搜查实践指向移动通信设备载体,以单一搜查令状为原则,并且许可无令状附带搜查。将"双重令状"原则贯穿于移动通信设备搜查中能够集合现有的两种搜查思路各自优势,在最低限度侵犯个人隐私的同时兼顾搜查效率。"双重令状"原则要求搜查移动通信设备载体和内部的电子数据均需要令状。搜查令状要载明搜查原因、

---

19 江苏省徐州市中级人民法院刑事判决书,(2020)苏 03 刑初 27 号。

20 湖北省武汉市中级人民法院刑事判决书,(2020)鄂 01 刑初 41 号。

21 广西壮族自治区北海市中级人民法院刑事判决书,(2018)桂 05 刑初 10 号。

22 程雷:《非法证据排除规则规范分析》,载《政法论坛》2014 年第 6 期。

23 贵州省黔东南苗族侗族自治州中级人民法院刑事判决书,(2020)黔 26 刑终 155 号。

被搜查人的情况、搜查范围、搜查手段、签发时间,还应有负责人的签字。坚持“双重令状”原则也即意味着禁止附带搜查移动通信设备。从保护信息权和隐私权的角度出发,笔者认为可以借鉴域外国家经验,在搜查移动通信设备中禁止应用“一眼看清原则”,若在搜查中发现了搜查令状未载明的有罪证据,应遵循“双重令状”原则申请第二份搜查令状。在贯彻“双重令状”原则的前提下,我国移动通信设备搜查程序的重构可以从以下几个方面进行展开:

第一,依据比例原则设置搜查条件,建立搜查审批程序。搜查条件应当体现比例原则:一是区分涉嫌罪名严重程度设置不同的条件。针对严重犯罪才可搜查移动通信设备,对于轻微犯罪或刑事违法行为则不应进行搜查。按照涉及个人隐私程度的不同,将设备存储的电子数据信息区分为内容信息和非内容信息。内容信息包括音频、视频、图片及其他文件,非内容信息包括通信双方用户名、通信时间等。涉嫌轻罪(可能判处徒刑以上刑罚)仅可搜查非内容信息,而对内容信息的搜查仅限涉嫌严重犯罪情形(可能判处三年以上徒刑)。[24] 二是侦查人员能够证明移动通信设备中确实存储了犯罪证据。三是搜查移动通信设备应作为后顺位侦查手段。由于移动通信设备内部存储了大量的隐私信息,对其搜查所造成的信息权和隐私权侵害远超对其他物品的搜查,基于比例原则的相称性子原则,应当优先选择对隐私侵犯程度较低的其他侦查手段获取证据。此外应由专门机构负责对侦查机关搜查的开展进行专门审批,审查是否符合上述搜查条件,并批准签发搜查令状。在美国,法院的独立居中裁判可以合理权衡公权力与个人隐私权,因而有观点建议在中国由法院批准搜查移动通信设备最为合适。[25] 从职能定位上看,法院处于居中裁判的地位,不承担控诉和辩护职能,由其审查批准移动通信设备搜查能够防止公权力滥用以维护信息权和隐私权,但是就目前实践而言,由法院审批不太现实:案件还处于侦查阶段,检察院还未向法院提起公诉,法院介入时间过早;法院审查会增加侦查阶段办案时间,影响办案效率。因此笔者认为对于移动通信设备的搜查,现阶段仍应由县级以上公安机关负责人或者检察长审批,应当重点审查搜查的必要性和搜查

---

24 郭旨龙:《移动设备电子搜查的制度挑战与程序规制——以英美法为比较对象》,载《法学杂志》2020年第3期。

25 刘广三、李艳霞:《美国对手机搜查的法律规制及其对我国的启示——基于莱利和伍瑞案件的分析》,载《法律科学》2017年第1期;周新:《刑事电子搜查程序规范之研究》,载《政治与法律》2016年第7期。

范围的合理性。

第二,合理限制搜查范围,可以从限制搜查内容与限制搜查时间两个维度展开。就合理限制搜查内容而言,区分有罪证据信息和无关信息。信息权、隐私权等个人权利的边界是国家追诉犯罪权力行使的界限,搜查范围应当限定在有罪证据信息的范围内。[26] 运用适应移动设备特殊性的搜查方法。对移动通信设备不宜采取传统搜查方法,应当在充分考虑尊重和保护信息权、隐私权前提下运用合理的方法搜查移动设备:改变传统的探索式搜查方法,遵循类似金字塔搜索的过程。侦查人员使用搜索工具来寻找明显符合搜查令要求的数据信息,若未发现证据,则进一步适度扩大搜查范围,直至最终获取有罪证据;采用关键词查询和筛选存储分区等方法,在大量的电子数据中快速筛选出符合条件的证据,以合理限制搜查范围;采用多样的专业鉴定检索程序,通过检索关键字的方式检索设备中需要的信息,查看是否存在与检索条件相匹配的证据;使用数字图像预览程序进行搜查,对于无关的信息仅预览缩略图而不详细查看,充分保护信息权和隐私权。合理缩短搜查时间,特别是搜查与令状所列内容无关电子数据的时间。法律规则的设计不仅需要维护稳定秩序的逻辑,还应始终以个人权利保护作为重要考虑因素。长时间地查看移动通信设备存储的电子数据实际上已经对信息权、隐私权造成了侵犯,更何况将大量时间消耗在查看与案件无关的信息上,进一步加剧了司法资源的紧缺。因此,基于保护信息权、隐私权和节约司法资源的考虑,有必要合理限制搜查设备的时间。

第三,规范侦查机关移动通信设备搜查取证方式。当前搜查取证方式运用混乱,搜查取证方式在很大程度上决定了电子数据取证的可采性,因而应当严格按照《电子数据规定》《电子数据规则》确立的先后顺序进行移动通信设备搜查和电子数据提取。原则上应先遵循《电子数据规定》第 8 条及《电子数据规则》第 10 条对移动通信设备原始介质进行扣押。由于移动通信设备体积小便于携带,侦查机关大多是在扣押嫌疑人的移动通信设备后进行搜查的,多数情况下并不存在不便封存的情形;当无法扣押、封存移动通信设备时,依据《电子数据规定》第 9 条及《电子数据规则》第 16 条提取移动通信设备的电子数据或进行网络远程勘验;在无法使用上述方式进行提取时,再采取打印、拍照、录像

26　赵秉志、孟军:《我国刑事诉讼中的隐私权保护——以刑事被追诉人为视角》,载《法治研究》2017 年第 2 期。

等多种方式进行取证。

第四,应将移动通信设备搜查纳入证据排除规则的适用范围。由于立法机关并未将电子数据作为单独证据种类纳入《刑事诉讼法》第56条证据排除规则之中,加上通常侦查机关将电子数据以打印、拍照、鉴定等形式进行证据固定,此前我国学界多将搜查移动通信设备后取得的证据作为"物证"或"书证",从而将其纳入证据排除规则的适用范围。[27] 现阶段更多的学者开始主张将电子数据直接纳入证据排除规则的适用范围内。[28] 尽管移动通信设备搜查方式与传统有形实物搜查方式不同,但是具体侦查措施在程序上无本质区别,搜查对信息权、隐私权侵害的违法形态也无本质区别,[29]因而应当扩大证据排除规则适用范围。就瑕疵证据而言,侦查机关搜查移动通信设备违反真实性保障程序,此时获取的电子数据的证明力减弱,属于具有瑕疵的证据,如无法作出合理解释和补正应予以排除。就非法证据而言,侦查机关违反刑事诉讼实质性程序、未经批准即对移动通信设备进行搜查,或有其他严重侵害个人基本权利的行为,获取的电子数据属于非法证据且不具有证据能力,应予以排除。

五、结　语

信息时代科技的飞速发展在很大程度上影响信息权和隐私权。一方面,个人的隐私信息交织于公共信息中,二者的界限逐渐模糊。另一方面,侦查手段趋于专业化和科技化,对个人权利干预程度不断提高,加剧了公权力与信息权、隐私权的冲突。移动通信设备的广泛应用必然会考验现有的法律和社会规范,而基于移动通信设备作为电子数据载体的"数字容器"特征以及个人对其具有的更高的合理隐私期待,侦查机关将移动通信设备作为独立搜查对象。在移动通信设备搜查中坚持"双重令状"原则不仅是对现有两种搜查思路的整合升级,更是对平衡查明案件与保障隐私权的关系的有效回应。《数据安全法》《个人信

27　刘广三、李艳霞:《美国对手机搜查的法律规制及其对我国的启示——基于莱利和伍瑞案件的分析》,载《法律科学》2017年第1期;易延友:《非法证据排除规则的中国范式——基于1459个刑事案例的分析》,载《中国社会科学》2016年第1期;汪海燕:《非法证据排除规则的解释学检视》,载《中国刑事法杂志》2018年第1期。

28　周新:《刑事电子搜查程序规范之研究》,载《政治与法律》2016年第7期;陈永生:《论电子通讯数据搜查、扣押的制度建构》,载《环球法律评论》2019年第1期。

29　谢登科:《论电子数据收集中的权利保障》,载《兰州学刊》2020年第12期。

息保护法》的通过,昭示着我国电子数据安全保护迈向体系化和专业化的法治道路。在坚持“双重令状”原则的前提下,通过细化搜查审批条件、合理限制搜查范围、有序规范搜查方式、扩展证据排除规则适用范围,并结合数据信息安全保护相关立法,实现对我国移动通信设备搜查程序适用的合理建构。

民法典适用

《民法典》视域下生态环境损害诉讼模式的反思与重构

张旭东　郑　烽*

【内容提要】 我国现行生态环境损害救济,采行环境民事公益诉讼与生态环境损害赔偿诉讼双轨制模式。但两种模式诉讼制度目的、诉讼利益及救济对象的同一性,导致其在静态规则和动态适用上的重叠与冲突现象频发。生态环境损害纳入《民法典》,基于生态环境利益损害请求权基础同一和同一纠纷一次性解决纠纷理念,生态环境损害救济构造模式应从"同一客体—不同主体—不同权利"的"不同主体权利并存"向"同一客体—不同主体—同一权利"的"不同主体权利共有"方向转变。顺应《民法典》单一化生态环境损害救济规范逻辑,遵循功能主义进路,整合两类诉讼程序结构和诉讼规则,形成制度自洽的一元化生态环境损害公益诉讼模式,以破除当前双轨制模式引发的程序制度困境,使生态环境损害救济得以规范与稳定展开。

【关键词】 生态环境损害　请求权基础　诉讼模式　程序整合

当前我国生态环境损害诉讼救济,采行环境民事公益诉讼和生态环境损害赔偿诉讼双轨制模式。然"两诉"救济均指向生态环境损害,程序定位、运行、效用高度相似,导致实践中"两诉"规则和适用无法形成有效区分,彼此交叉或抵牾现象频仍,有悖于"一项法律制度只有具备立法目的和保护对象的特殊性方

---

* 张旭东——福州大学法学院教授,博士生导师,法学博士,主要研究领域:环境公益诉讼;郑烽——福州大学法学院2020级博士研究生,主要研究领域:环境公益诉讼。本文系福建省社会科学规划基金项目一般项目"环境公私益交织纠纷案件审理程序研究"(FJ2020B019)、国家社会科学基金一般项目"民法典视域下生态环境损害及其诉讼制度研究"(21BFX137)的阶段性成果。

能独立存在,且可区别于其他类似制度而作法律上的特殊安排”之基本法理。[1] 面对生态环境损害诉讼双轨制救济模式理论与实践困境,对于“两诉”关系,现行多数研究并未深入检讨与反思这一模式本身是否恰当,而是将厘清“两诉”关系作为应对上述问题的逻辑起点,探寻二者有序衔接适用之道,侧重于强调两个诉讼的异质性。[2] 相关成果能否切实解决“两诉”重复和冲突问题,促进我国生态环境损害诉讼制度良性发展,殊值商榷。所幸,《民法典》第 1234 ~ 1235 条关于生态环境损害修复和赔偿责任规定的出台,为破解“两诉”关系定位与生态环境损害诉讼制度今后发展方向的迷思,提供了方向性指引。其通过整合生态环境损害的违法性、客体范围、责任主体、请求权主体、责任形式和范围等要件规则,设置了一元化的生态环境损害救济制度,为“两诉”提供了统一的实体法依据。在其规制下,“两诉”同质性得以明确凸显。既然能够设置一道程序解决的,便无须设置两道诉讼程序。基于此,本文拟就生态环境损害诉讼双轨制模式展开全面反思,在此基础上,遵循“程序法与实体法相对应”立法论原理,以《民法典》生态环境损害规定为导向,遵循功能主义进路,尝试形成一套制度自洽的一元化生态环境损害公益诉讼模式,以期根本性消弭理论和实践困境,实现生态环境损害规定与其诉讼制度的协调对接。

一、制度背景:双轨制模式的生成和构造

通过梳理“两诉”立法背景、制度目的、程序规则等,得探知双轨制模式基本构造和运行机理,以全面把握其样貌,为进一步展开检讨奠定认知基础。

(一)“两诉”立法背景和制度目的

1. 环境民事公益诉讼的形成与目的

环境民事公益诉讼是 2012 年修改《民事诉讼法》的一项重要成果。其由环保组织和检察机关作为诉权主体,针对“已经损害社会公共利益或者具有损害社会公共利益重大风险的污染环境、破坏生态行为”发起诉讼。在实体法上,依托《环境保护法》第 58 条特别规定,作为提起诉讼的实体请求权基础;在程序法

1　汤维建:《论团体诉讼的制度理性》,载《法学家》2008 年第 5 期。

2　傅贤国:《〈民法典〉背景下生态环境损害赔偿诉讼的定位研究——兼论与环境民事公益诉讼的关系》,载《广西社会科学》2021 年第 10 期;任洪涛、唐珊瑚:《论生态环境修复责任与生态损害赔偿责任的衔接与适用——以〈民法典〉第 1234 条、1235 条为研究视角》,载《中国政法大学学报》2022 年第 2 期。

上,依托《民事诉讼法》及《最高人民法院关于审理环境民事公益诉讼案件适用法律若干问题的解释》(以下简称《环境民事公益诉讼解释》)进行程序运作。

环境民事公益诉讼主要承载三重立法目的:一是保护生态环境公共利益。生态环境公共利益是因生态环境具有的系统服务功能而能满足人类需求所承载的公共性利益。[3] 通过环境民事公益诉讼预防和消除生态环境损害、公平合理地分配损害治理成本,旨在维持生态环境服务功能的良好状态,保护和增进人类共同的环境利益。二是促使公民和社会团体合法有序地采取捍卫生态环境公共利益的集体行动。生态环境公共利益具有均享性、普惠性,与每个公民的切身利益息息相关。一旦受损,法律应当为公民和社会团体提供捍卫生态环境公共利益集体行动的手段和渠道。[4] 通过生态环境民事公益诉讼,为代表不特定多数人的环保组织提供表达维护生态环境公共利益诉求的方式、规则和秩序,旨在保障人权价值、民主价值和法律秩序。三是监督环境执法。环保组织和检察机关可通过环境民事公益诉讼,使特定环境污染、生态破坏事件受到行政机关和公众的关注与监督,以此督促政府忠实勤勉地履行自身环境保护义务。

2. 生态环境损害赔偿诉讼形成与目的

2013 年,《中共中央关于全面深化改革若干重大问题的决定》提出建立由生态环境损害赔偿制度等构成的生态文明制度体系。据此,2015 年出台的《生态环境损害赔偿制度改革试点方案》(已失效),提出由国务院授权试点地方省级政府作为赔偿权利人,采用磋商和生态环境损害赔偿诉讼方式,向个人或单位主张生态环境损害修复和赔偿责任。2017 年《生态环境损害赔偿制度改革方案》(以下简称《改革方案》)、2019 年《最高人民法院关于审理生态环境损害赔偿案件的若干规定(试行)》(以下简称《若干规定》)、2022 年《生态环境损害赔偿管理规定》,在总结各地试点成果经验的基础上陆续出台,进一步完善了生态环境损害赔偿诉讼制度。

解读《改革方案》,生态环境损害赔偿诉讼负载三重政策目标:一是严格保护生态环境。"用最严格的制度、最严密的法治保护生态环境"是生态环境治理的基本要求。生态环境损害赔偿诉讼赋予行政机关原告主体资格,通过调动国

3 张旭东:《环境民事公益诉讼特别程序研究》,法律出版社 2018 年版,第 122 页。

4 张艳蕊:《公益诉讼的本质及其理论基础》,载《行政法学研究》2006 年第 3 期。

家力量参与生态环境损害诉讼救济,使生态环境保护在已有制度的基础上进一步强化。二是明确行政机关责任主体,落实环境监管职责。“所有者缺位、责任主体不明是导致各级政府环境保护目标责任制流于形式的重要原因之一”[5]。政府虽代表国家履行自然资源所有者和生态环境保护者的职责,但因分工不明,多部门分管和共同处理同一生态环境损害,导致权力争夺或推诿扯皮问题突出。为纠正乱象,《改革方案》将生态环境损害赔偿权利明确赋予省级、市地级政府及指定的环境监督管理部门和机构。三是补强行政机关追究生态环境损害责任的能力和手段。行政机关可通过生态环境损害赔偿诉讼对相关行政执法加以补充。

(二)双轨制模式的构造和运行机理

1. 基本构造

目的是法律内在要素和规则的制造者。通过前述梳理可见,“两诉”诉权主体虽有不同,但均旨在救济因生态环境损害造成的生态环境本身质量和人的生态环境利益减损,决定了“两诉”核心构造的同一性:在救济对象上,“生态环境公共利益”和“生态环境”虽有修辞上的差别,前者以人类为中心,要求保护、救济生态环境系统服务功能以维持和增进人类的生存发展利益,后者以自然为中心,强调保护、救济生态环境系统功能以维持其良好状态,但客体都是生态环境系统及其服务功能;在制度功能上,环境民事公益诉讼借由公众参与,生态环境损害赔偿诉讼借由政府职责落实,都具有“通过救济生态环境损害以推进生态文明建设”的基本功能;在法律属性上,判断诉讼的性质主要取决于诉讼的目的。[6] 行政机关提起生态环境损害赔偿诉讼和环保组织(检察机关)提起环境民事公益诉讼,均旨在通过民事司法途径实现损害担责,维护生态环境系统功能的公益性与全民共享性,决定“两诉”均属于公益诉讼性质。

2. 运行规则

为使救济对象、制度功能、诉讼利益相当的“两诉”,能被行政机关和环保组织(检察机关)区别化适用,相关政策与司法解释为生态环境损害赔偿诉讼设置了不同于环境民事公益诉讼的运行规则:在前置程序上,行政机关必须先行与

---

5 曹明德:《〈民法典〉生态环境损害赔偿条款法理辨析》,载《法律科学》2022年第1期。

6 李浩:《生态损害赔偿诉讼的本质及相关问题研究——以环境民事公益诉讼为视角的分析》,载《行政法学研究》2019年第4期。

责任人进行生态环境损害修复和赔偿磋商,当磋商未达成一致或者无法进行磋商时,方能作为原告提起生态环境损害赔偿诉讼;在适用范围上,生态环境损害赔偿诉讼主要针对造成严重的国家和省级主体功能区、禁止开发区生态环境损害等情形;在程序顺位上,行政机关和环保组织(检察机关)就同一生态环境损害事件分别提起"两诉",按照"两诉平行立案、优先审理生态环境损害赔偿诉讼、环境民事公益诉讼列后补充"的程序顺位规则处理。[7] 在这些技术性程序规则指导下,"两诉"得在一定程度上按照双轨制模式展开。

综上所述,形成"两诉"并行双轨制模式的根本原因是,在生态文明建设系列政策的出台和深化驱动下,立法者与政策制定者通过先后设置"两诉",为环保组织、行政机关等主体,各行其道地参与生态环境保护,提供法律服务产品。生态环境损害赔偿诉讼是行政机关的专门索赔渠道,环境民事公益诉讼则是公众参与生态环境保护的专门途径。然而,其非由法律做好顶层设计并加以规定,而是政策制定者基于建立生态环境损害赔偿制度的需要,在已有的环境民事公益诉讼外,再行设置一道生态环境损害赔偿诉讼,所被动生成的产物。按照双轨制模式运作客观构造高度重合的"两诉",必然导致其关系紧张化和复杂化。而在司法实践的优位选择中,规定优先适用生态环境损害赔偿诉讼,更暴露出"两诉"难以呈现"双轨并行,相互补充"理想状态,反而招致"双轨交叉,对立冲突"的问题。

二、制度解构:双轨制模式面临的困境

从法理上检视双轨制模式的规则与运作,其面临着"两诉"无法形成有效区分,彼此重叠交叉或对立冲突,难以有序实行的困境。

(一)不同主体权利并存与冲突:"两诉"重叠与冲突的法理原因

"两诉"重复与冲突根植于法理基础层面的特殊结构。生态环境损害赔偿诉讼实施权,依照《改革方案》规定是自然资源国家所有权。环境民事公益诉讼实施权,根据《环境保护法》第58条与《民事诉讼法》第58条规定将生态环境损害救济权赋予环保组织和检察机关,是一种法定诉讼担当。从实体法上看,因生态环境损害产生的实体法律关系,存在类似"不同主体权利并存"现象,即行

7 参见《若干规定》第1条、第2条、第16条、第17条、第18条规定。

政机关和环保组织(检察机关)对同一生态环境客体享有不同的权利。基于“同一客体—不同主体—不同权利”模型分析,形成了行政机关和环保组织(检察机关)的生态环境损害诉讼救济分立格局。

虽然不同主体权利并存现象在法律中十分常见,但若立法无法或难以明确各项并存权利的边界,则在行使中可能引发“不同主体权利并存冲突”问题。[8]根据现行法律规定,国务院代表国家行使自然资源国家所有权。自然资源是经济价值和生态价值的双重载体,理论上生态环境损害可以归结为对自然资源生态价值的破坏。《改革方案》正是利用生态环境经济和生态价值均附着于自然资源的状态,将生态环境损害解释为对国家自然资源所有权的侵权结果之一,使法定行政机关可以通过生态环境损害赔偿诉讼主张这一权利救济生态环境损害。但运用自然资源国家所有权保护涵盖生态环境损害救济进路,却使行政机关的自然资源国家所有权行使范围同环保组织(检察机关)法定诉讼担当的内容发生重叠,导致两项并存权利行使时互相干扰。

具体而言,无论是针对相同还是不同的生态环境损害事件,行政机关和环保组织(检察机关)各有合理正当的权利要求侵权人满足自己对生态环境修复或赔偿的具体主张,并对抗对方的要求,进而产生各自权利的行使发生对立而无法同时满足,一项权利的实现必须以对方权利的克减,甚至放弃为条件的情形。当行政机关或环保组织(检察机关)各自以提起生态环境损害赔偿诉讼或环境民事公益诉讼形式主张自身权利时,便会造成“两诉”适用的冲突。这种冲突的实质,既可以行政机关的环境监管利益与环保组织的公众参与环境保护利益之间相互对立来理解,也可以公权与私权冲突来理解。正因实体法律关系上的不同主体权利并存与冲突,诱发双轨制模式运作的重重困境。

(二)可行性困境:“两诉”难以彼此独立

“两诉”基本构造重叠交叉,投射在程序规则上,便显示出“你中有我,我中有你”,难以区别理解和操作的问题。

在审理对象上,“生态环境公共利益损害”与“生态环境损害”不仅因客体相同而无法区分,有时甚至需要借助对方概念以释明自身内涵与边界。如山东

8　不同主体权利并存冲突,是指两个以上不同主体的权利在运行中,各权利所含利益发生对立而无法满足,一项利益的实现须以对方利益克减甚至放弃为条件的情形。张弛:《权利并存的类型化处理模式》,载《华东政法大学学报》2013 年第 1 期。

省人民检察院出台的《检察机关民事公益诉讼案件办案指南(试行)》(高检民〔2018〕9号)就将“环境公共利益”解释为:“实践中最常见的是破坏生态,损害社会公共利益,包括人为因素造成的水土流失、土地荒漠化、土地盐碱化、生物多样性减少等类型”,这与《改革方案》界定的“生态环境损害”概念近乎等同。[9]

在适用范围上,生态环境损害赔偿诉讼要求“赔偿义务人违反法律法规”,且损害后果达“严重的生态环境损害”门槛标准方可适用。但无违法性要求和适用范围限制的环境民事公益诉讼,却可以包含生态环境损害赔偿诉讼的所有适用情形。譬如,浙江省人民检察院公布的《关于公益诉讼重特大案件标准的规定(试行)》规定:“在省级以上自然保护区、地质公园、湿地公园、海洋保护区、世界文化和自然遗产地造成环境污染、生态破坏,导致经济损失超过5万元的案件属于重大环境民事公益诉讼案件”,反映出“两诉”适用范围重叠问题。

责任形式上,“两诉”规则同一。《环境民事公益诉讼解释》第18条与《若干规定》第11条均仅就“停止侵害、排除妨碍、消除危险、修复生态环境、赔偿损失、赔礼道歉”责任形式进行规定,未能结合自身诉讼特性专门进行责任形式设置,导致最终诉讼责任效果同质。

此外,“两诉”管辖、证据、责任要件、处分规则也亦大同小异,无法体现出二者的实质性差异。

(三)合理性困境:“两诉”互相竞夺法律生存空间

行政机关和环保组织(检察机关)之间权利并存冲突,直接转化为“两诉”适用的并存冲突。对此,立法实践和理论研究采用了“法律预设程序顺位”或“适用范围精细分离”方案应对。但这类技术性程序规则不仅没能彻底化解“两诉”冲突,反而滋生出新的不平等、不公正问题。

第一,“法律预设程序顺位方案”表现为“生态环境损害诉讼程序顺位优先”[10]规则。其虽有利于落实行政机关索赔职责,但强制性地将环境民事公益诉讼列后于法无据,[11]面临可能侵害环保组织诉权的质疑。如在2015年山东章丘“10·21”重大非法转移、倾倒危险废物案件中,济南市中级人民法院面对中国生物多样性保护与绿色发展基金会、山东省生态环境厅基于同一事实先后提

9 参见《改革方案》“三、适用范围”部分规定。

10 参见《若干规定》第17条。

11 其有悖于《民事诉讼法》第55条第1款“当事人一方或者双方为二人以上,其诉讼标的是共同的,或者诉讼标的是同一种类、人民法院认为可以合并审理并经当事人同意的,为共同诉讼”之规定。

起的诉讼,便采用中止审理已经立案的环境民事公益诉讼,先行审理和判决生态环境损害赔偿诉讼的处理方式。直至2018年,济南市中级人民法院方才恢复审理环境民事公益诉讼。[12] 这一做法不仅极大延长案件审理周期,加重当事人诉讼负累,肢解生态环境损害纠纷整体性,也不平等和不公正地对待投入大量诉讼资源的环保组织,或将遏制其诉讼积极性,引发环境民事公益诉讼"虚置危机"[13]。

第二,适用范围精细分离方案,即进一步细化生态环境损害赔偿诉讼适用范围规则,以清楚厘定"两诉"的适用边界。如《江苏省高级人民法院关于生态环境损害赔偿诉讼案件的审理指南》第四部分规定,"在《江苏省生态红线区域保护规划》中划定的生态红线区域发生环境污染、生态破坏;八种严重影响长江经济带生态环境;造成生态环境损害数额达200万元以上且社会影响较大的案件"适用生态环境损害赔偿诉讼;又如,有学者提出"《改革方案》之所以专门规定生态环境损害赔偿诉讼的受案范围规则,正是存在此类案件由行政机关救济更为有效、彻底的考量"。应当规定"适用生态环境损害赔偿诉讼最有利于整体救济效果或特定利益保护效果实现的情形""影响国家环境政策明确需重点保护事项的情形""严重影响生态环境情形"的案件适用生态环境损害赔偿诉讼,余者由环境民事公益诉讼兜底,以形成"两诉"的明确分工。[14]

然而精细划分"两诉"适用范围的前提是,设置有充分确定性和可操作性的区分标准。无论是《若干规定》规定"严重影响生态环境后果",还是学者主张"影响国家环境政策明确需重点保护事项的情形"等仍系不确定性规则,既无法依此清晰界分"两诉"适用边界,又会诱发对游离于适用范围规则外"灰色地带"案件的推诿或争夺问题;另外,若将适用范围规则作"适用界限"理解,即"不在此范围内的生态环境损害案件不予立案"[15],更会排斥本该获得救济的生态环境损害事件进入诉讼,最终使"两诉"陷入"适用范围越精确——救济范围越限缩——越远离严格保护生态环境目标"的怪圈。

---

12 参见济南市中级人民法院民事判决书,(2016)鲁01民初780号和(2017)鲁01民初1467号。

13 徐忠麟、宋金华:《民法典视域下生态环境损害赔偿制度的内在冲突与完善》,载《法律适用》2020年第23期。

14 李树训:《生态环境损害赔偿诉讼与环境民事公益诉讼竞合的第三重解法》,载《中国地质大学学报(社会科学版)》2021年第5期。

15 李树训、冷罗生:《反思和厘定:生态环境损害赔偿制度的"本真"——以其适用范围为切口》,载《东北大学学报(社会科学版)》2020年第6期。

概言之,波斯纳指出,法律程序像市场过程一样是竞争性的。[16] 采用何种诉讼程序救济生态环境损害更直接便捷,则其必将在“市场化竞争”中成为实践的优先选择。而忽视诉讼“类市场过程”特征,刚性管理“两诉”适用顺序或范围的做法,势必难以长期维系,并加剧“两诉”紧张关系。双轨制模式下,“两诉”互相竞夺法律生存空间问题,难觅行之有效的应对举措。

(四)正当性困境:“两诉”分立缺乏法理支撑

随着双轨制模式难以有序适用问题凸显,“两诉”分立是否具有充分的法理基础也招致理论质疑。

首先,行政机关作为诉讼主体的特殊性存疑。《改革方案》以自然资源国家所有权解释行政机关的索赔权基础,其理论根源是“新国家所有权说”。[17] 该说并不否定国家可以像国民个体一样享有所有权,但又承认国家作为所有权主体具有它的特殊性。代表性观点认为,国家所有权具有私权和公权的二重性,受私法和公法共同调整,是一种特殊的混合法律关系。[18] 因此,当行政机关行使自然资源国家所有权时,其主体性质具有公权主体和私权主体复合的特殊性。有学者借此提出“以行政强制、行政处罚等为表征的末端治理成为政府行使行政监管权的主要方式,而生态环境损害赔偿诉讼是政府行政权在司法领域的体现,更是强调了政府在我国环境治理中的主导地位”,[19]以证成“两诉”分立的正当性。但这一观点既模糊了行政权和司法权各自行使的方式和边界,更直接侵蚀诉讼程序的中立本质,视其为行政权的附庸。必须明确,生态环境损害赔偿诉讼的本质仍然是民事公益诉讼。无论是行政机关还是环保组织、检察机关,俱是与侵权人平等的民事诉讼主体,应当受司法权的管理、审查、裁判。因而“行政机关是特殊性质的诉讼主体而另行为其设置一道诉讼程序”观点是否妥当,仍须进一步反思和推敲。

其次,请求权基础不同受到质疑。虽然环保组织(检察机关)的请求权基础系法定诉讼担当已基本达成共识,但对生态环境损害赔偿诉讼中行政机关的请求权基础界定则聚讼不休。“自然资源国家所有权有权说”的缺陷较为显著:一

16 [美]理查德·A. 波斯纳:《法律的经济分析》,蒋兆康译,中国大百科全书出版社 1997 年版,第 678 页。

17 刘练军:《自然资源国家所有的制度性保障功能》,载《中国法学》2016 年第 6 期。

18 王涌:《自然资源国家所有权三层结构说》,载《法学研究》2013 年第 4 期。

19 王树义、李华琪:《论我国生态环境损害赔偿诉讼》,载《学习与实践》2018 年第 11 期。

方面,其将自然资源视为国家私产,容易异化生态环境损害的公益本质;[20]另一方面,其无法周延解释行政机关能否对大气、噪声、阳光等无法纳入自然资源范畴的环境要素损害提起诉讼的问题。于是,理论研究中又提出"国家(政府)义务延伸说"。该说基于义务视角,通过公共信托理论、[21]宪法上国家环境保护义务、[22]行政执法延伸等多重进路,主张行政机关的请求权基础系其固有的维护公共生态环境职责。但这一论说主要从公法思维展开,"政府机关运用诉讼履行其生态环境保护职责"的结论也备受"行政权入侵司法权"之质疑。[23] 因此,行政机关与环保组织(检察机关)的请求权基础是否存在区别?各自为何?在法理上仍无法获得清楚解答。

综上所述,生态环境损害诉讼救济涉及多元主体的权利或利益协调保护问题,机械地按照双轨制模式进行分别救济,难以避免"两诉"规定重复、互相竞夺生存空间、诉讼主体顺位冲突、救济范围限缩、司法效率降低等一系列困境。对此,《民法典》生态环境损害规则的出台,恰为破除双轨制模式引发的种种困境,促进生态环境损害诉讼制度良性发展,提供了方向性指引。

三、"两诉"法理基础与相互关系重新认识:基于《民法典》规定分析

《民法典》生态环境损害规定施行,使"两诉"法理依据由过渡性政策转化为基本法,具备了统一的实体法基础。其并未延续《改革方案》为行政机关单独设置生态环境损害赔偿规则和程序的方案,而是把"国家规定的机关"和"法律规定的组织"共同列为生态环境修复赔偿请求权人,整合设置了单一化的生态环境损害救济制度。是故,亟须按照生态环境损害规范逻辑,重新解释"两诉"法理基础与相互关系。

20　康京涛:《生态环境损害政府民事索赔的困境及出路——基于政策文本与案例实践的考察》,载《法治论坛》2019年第2期。

21　王小钢:《生态环境损害赔偿诉讼的公共信托理论阐释——自然资源国家所有和公共信托环境权益的二维构造》,载《法学论坛》2018年第6期。

22　彭中遥:《生态环境损害赔偿诉讼的性质认定与制度完善》,载《内蒙古社会科学(汉文版)》2019年第1期。

23　张宝:《生态环境损害政府索赔权与监管权的适用关系辨析》,载《法学论坛》2017年第3期。

(一)《民法典》下"两诉"法理基础的教义性解释

解读《民法典》生态环境损害规定，生态环境损害诉讼的实体法基础包括以下方面：

第一，救济客体方面，立法条文采用"生态环境损害"表述。"生态环境损害"是指区别于环境侵权造成的人身财产等私益损害的，指向生态环境公共利益的生态环境系统（服务功能）损害。虽然自然资源是生态价值与经济价值的双重载体，但鉴于《民法典》第五章已经形成国有、集体共有、私有以及混合所有等多种自然资源财产权，自然资源的经济价值损害应当依照所有权制度进行规制，区别于自然资源的生态价值损害救济。

第二，诉讼主体方面，立法条文明确为"国家规定的机关或法律规定的组织"。在主体范围上，"国家规定的机关"或者"法律规定的组织"，不仅包括法律、行政法规规定的机关或者组织，也包括国家行政主管机关（如生态环境部）和地方立法机关和地方政府（主要指省级立法机关和政府）。[24] 故"两诉"各自的诉讼主体，均被共同吸纳为生态环境修复赔偿请求权人；在主体性质上，根据立法条文采用"或者"连词并列表述两类主体可推论出，就生态环境损害诉讼救济而言，"国家规定的机关"与"法律规定的组织"没有性质和位阶之别。同时结合《民法典》第 97 条"有独立经费的机关和承担行政职能的法定机构从成立之日起，具有机关法人资格，可以从事为履行职能所需要的民事活动"进行体系解释，当"国家规定的机关"采取民事诉讼手段履行自身生态环境损害索赔职能或义务时，其系与环保组织、侵权人等主体性质相同、地位平等的民事（诉讼）主体。

第三，请求权基础方面，立法条文将"国家规定的机关"与"法律规定的组织"并列规定为生态环境损害请求权人，表明两类主体的实体请求权基础相同。目前，关于两类主体请求权基础界定的理论观点各异。遵循《民法典》规范逻辑，并扬弃各类观点，应采"环境法益和法定诉讼担当二元说"重新界定这一请求权基础。具体而言：

法律保护和救济生态环境及其损害的前提条件，是把生态环境这一客观存在转化为法律客体。"环境权"和"生态环境损害"理论，通过对"保持良好的生态环境系统（服务功能）是一种不特定多数人享有的、为法律保护的生态环境公

---

24 张新宝：《侵权责任编：在承继中完善和创新》，载《中国法学》2020 年第 4 期。

共利益”的法律属性界定,奠定了法律保护与救济生态环境的法理基础。进一步的问题是,《民法典》能否保护和救济生态环境公共利益及其损害?根据《民法典》第3条“民事主体的人身权利、财产权利以及其他合法权益受法律保护,任何组织或者个人不得侵犯”可知,《民法典》把“人身、财产权利”和“其他合法权益”共同列为调整对象,对民事权利和利益予以同等保护。因此,生态环境公共利益虽不受民事权利保护,但因《民法典》第9条“绿色原则”和生态环境损害规定已就其进行规制并提供救济,则不特定多数人享有的生态环境公共利益,可被转化为一种民事法益(生态环境法益),构成生态环境修复赔偿请求权的实体法益基础;同时,鉴于由特定私主体行使生态环境修复赔偿请求权势必难以维护环境法益的普惠性、均享性,立法又采用法定诉讼担当方式,赋予“国家规定的机关”和“法律规定的组织”以诉讼方式主张生态环境修复赔偿请求权的权利,故法定诉讼担当从程序法侧面构成了该两类主体的请求权基础。

概言之,因生态环境公共利益的归属主体和代表主体相分离,故采用“环境法益和法定诉讼担当二元说”解释两类主体的请求权基础最为恰当:一者,契合《民法典》整体框架与生态环境损害责任条款的规范逻辑;二者,完备“实体权利(法益)—实体请求权—诉讼实施权或诉讼请求权”逻辑链条;三者,纠正传统观点中“诉讼是履行行政职责的手段”“自然资源物权涵盖生态环境公共利益”等公法与私法、公益与私益、管理权与监督权的混淆和错位。

综上所述,分析《民法典》生态环境损害规定的主客体范围、请求权基础要件,其为生态环境系统质量和生态环境公共利益损害的救济规则。与《民事诉讼法》第58条中关于法律规定的机关和有关组织,可就污染环境等损害社会公共利益的行为,向人民法院提起诉讼的规定,形成民事实体法和程序法的对接与统一。

(二)《民法典》下“两诉”关系的重新定位

依照《民法典》生态环境损害规范逻辑,因生态环境损害产生的实体法律关系,已从“同一客体—不同主体—不同权利”的“不同主体权利并存”模型,转变为“同一客体—不同主体—同一权利”的“不同主体权利共有”模型。为清楚解释这一变化对生态环境损害诉讼程序的影响,可从诉讼标的角度进行考察。

诉讼标的是实体权利或实体法律关系与诉讼之间的连接点。按照我国现行民事诉讼制度采取的“权利发生事实说”,诉讼标的即法律关系或实体权利

(请求权)。判断诉讼标的之单复异同,应当以实体法律关系之单复异同作为判断标准。在《民法典》颁行前,因行政机关和环保组织(检察机关)各有独立的请求权,故即使针对同一生态环境损害事实和侵权人分别提起"两诉",也可因诉讼标的不同,而具备法理上的正当性。只不过从诉讼结果上看,如果让"两诉"分别完成裁判,可能造成对侵权人的重复追责或裁判歧异等问题,因而存在究竟应当先行适用哪项诉讼程序的困境。但在《民法典》生态环境损害规定施行后,针对同一生态环境损害,行政机关和环保组织(检察机关)实体请求权具有同一性。无论谁先提起诉讼,其他诉权主体只能按照《民事诉讼法》第 55 条之规定以必要共同诉讼方式参与。这一做法直接打破了《改革方案》为生态环境损害赔偿诉讼所设置的主体和请求权基础壁垒,实现了立法理念从"多元主体各行其是"到"生态环境多元共治"的积极转变。因此,在生态环境损害规范逻辑下,实际只需要设置一项诉讼程序即可满足行政机关或环保组织(检察机关)主张生态环境损害责任需求。将生态环境损害诉讼救济定位为没有实质性差异的两类诉讼程序显然不具有妥当性。

揆诸现实,既然双轨制模式不具有实体法和程序法基础上的正当性,且难为生态环境损害救济提供安定、有序、规范的诉讼程序保障,就应立足于《民法典》生态环境损害规定的规范逻辑,遵循功能主义进路,通过模式重构使其回归正轨。

四、生态环境损害诉讼制度重构

(一)生态环境损害公益诉讼制度模式:一元化

诉讼程序是为法律所预定的实体正义而服务的手段,也因此必须贴近和反映实体法规范逻辑。《民法典》第 1234 ~ 1235 条为生态环境损害诉讼救济设定了单一化实体法基础,决定建构与之适配的诉讼程序,应当采用一元化生态环境损害公益诉讼模式。具体进路上,生态环境损害公益诉讼的程序建构,可通过整合协调"两诉"的程序结构外观和诉讼规则内在加以实现。鉴于"两诉"虽有机制类似、功能重复之处,但仍有互补之余裕,并且环境民事公益诉讼历经近 10 年发展,对其立法和司法实践、理论研究皆有更为丰富之经验累积,故以环境民事公益诉讼规则为基本框架,汲取生态环境损害赔偿诉讼的先进机制,以设计适配的诉讼程序规则。

（二）生态环境损害诉讼一元化实现路径

1. 磋商前置程序设置

《改革方案》规定了磋商程序作为生态环境损害赔偿诉讼的前置程序，其是传统刚性执法转向现代社会柔性执法的产物。作为一种替代性纠纷解决机制，磋商制度改变了传统生态环境损害救济的单一诉讼方式，不仅能通过诉讼过滤机制来节约司法资源，更能充分调动行政机关拥有人力、物力资源，及时跟踪落实生态环境损害追偿和修复工作。在制度重构过程中，可将落实或监督生态环境损害赔偿磋商，作为各类主体提起生态环境损害公益诉讼的前提条件：规定行政机关必须在“因与造成生态环境损害的自然人、法人或者其他组织经磋商未达成一致或者无法进行磋商的”情况下提起诉讼；规定环保组织（检察机关）在发现生态环境损害事件后，可提请行政机关一同进行调查定责、展开磋商。若出现行政机关拒绝受理、磋商未达成一致、无法磋商情况，参与调查和磋商的各类主体才能共同提起诉讼。此外，为避免资源浪费，应当规定已为行政机关展开磋商的生态环境损害案件，行政机关必须将磋商程序的启动和结果向社会公告，磋商期间法院不得立案受理其他主体就同一案件提起的诉讼。

2. 原告主体及其诉权保障

在原告主体上，生态环境损害公益诉讼原告范围包括国家规定的机关和法律规定的组织；在原告诉权保障上，因国家规定的机关和法律规定的组织享有同一生态环境修复和赔偿请求权，则在其中一类主体提起诉讼时，其他主体也应构成本案正当当事人。此时为保障其他主体诉权，应当按照《民事诉讼法》第135条“必须共同进行诉讼的当事人没有参加诉讼的，人民法院应当通知其参加诉讼”规定处理。但由于特定生态环境损害案件的原告范围无法具体到某个或某几个行政机关、环保组织、检察机关，故须规定人民法院应当以公告形式，通知其他具有原告资格的主体可以申请参加诉讼。

3. 管辖规则

生态环境损害公益诉讼适用集中管辖规则。传统的生态环境损害赔偿诉讼采用“先纵向再横向的集中管辖模式”，即根据《若干规定》第3条“第一审生态环境损害赔偿诉讼案件由……中级以上人民法院管辖”将若干地方的生态环境损害案件先行集中到中级人民法院层级审判，各地再依据“经最高人民法院批准，高级人民法院可以在辖区内确定部分中级人民法院集中管辖第一审生态环境损害赔偿诉讼案件”及“生态环境损害赔偿诉讼案件由人民法院环境资源审判庭或者指定的专门法庭审理”规则，予以“横向地”集中管辖。对生态环境损害案件进行集中管辖是环境司法专门化的实践起点和重要保障，有利于避免“诉讼主客场问题”和司法能力不足等问题，确保生态环境损害案件的专业化、公正化审判，此规则应当沿用至生态环境损害公益诉讼中。考虑到生态环境损害影响范围大、危害重，原则上应明确无论是否涉及私益人身财产侵权的生态环境损害案件，均由中级人民法院集中管辖。同时，对于一些事实证据清楚、危害后果不严重的案件，又可允许中级人民法院指定设有生态环境专门审判机构的基层法院管辖，以统一又灵活地应对各类生态环境损害案件的管辖需要。

4. 适用范围规定

针对适用范围规则，考虑到(1)现有生态环境损害赔偿诉讼的适用范围，是对环境民事公益诉讼的再划分；(2)《改革方案》明确三种情形仍系不确定性规范，难以指导实践操作；(3)生态环境损害的生活事实极为复杂，特定情况下政府仍需提起预防性诉讼以补充行政执法的不足。故采用“已经损害生态环境公共利益或者具有损害生态环境公共利益重大风险的污染环境、破坏生态的行为”概括性表述，统一生态环境损害公益诉讼适用范围。同时，明确：(1)因污染环境、破坏生态造成人身损害，个人、集体和国家的财产损失要求赔偿的；(2)因海洋生态环境损害要求赔偿的，这两种情况不适用生态环境损害公益诉讼。

5. 责任形式规则

生态环境损害公益诉讼的责任形式应沿用“停止侵害、排除妨碍、消除危险、修复生态环境、赔偿损失、赔礼道歉”的规定。但在责任追究方面，现行规定存在强调生态环境修复责任追究，而忽视对“责任人缺乏修复能力”和“超过合理修复期限情形”等的及时处理问题。[25]《民法典》第1234条特别强调，原告应请求责任人在“合理期限”内承担修复责任。为匹配《民法典》生态环境损害规定的责任顺序规定和及时落实责任理念，在生态环境损害公益诉讼中，应当要求原告与法官按照以下次序主张和适用生态环境责任：(1)原告为防止生态环境损害发生和扩大，可请求被告立即或在合理期限内停止侵害、排除妨碍、消除危险。原告采取合理预防、处置措施而发生的费用可以请求被告承担；(2)原告请求修复生态环境的，人民法院可以依法判决被告在合理期限内，将生态环境

25 聂卫锋：《民事化生态环境损害赔偿制度的效用发挥机制——〈民法典〉第1234、1235条的体系化适用》，载《法治论坛》2021年第3期。

修复到损害发生之前的状态和功能。无法完全修复的，可以准许采用替代性修复方式；(3)人民法院可以在判决被告修复生态环境的同时，依据原告请求或判决被告承担《民法典》第1235条规定的损失和费用；(4)人民法院判决被告承担的生态环境修复费用、生态环境受到损害至恢复原状期间服务功能损失等款项，应当用于修复被损害的生态环境，其他败诉原告所需承担的调查取证、专家咨询、检验、鉴定等必要费用，可酌情从上述款项中支付。至于“合理期限”的判定，法官可邀请有关部门、专家和利益相关方，根据损害的要素类型、影响范围、严重程度以及被告的实际修复能力等因素，进行综合评估得出。

6. 强化职权探知主义

生态环境对人类永续生存和繁衍具有极端重要性，使生态环境损害公益诉讼对法官的职能要求，已经不再是传统“居中裁决某项具体纠纷”，而是期待法官得出一个正确的结论或者为在诉讼中逐渐显露出来的问题找出最为妥当的积极方案。为此，程序设计必须遵循职权探知原则，保证法院职权调查主导权的充分体现。在证据规则方面，规定被告违反协助原告提供证据义务，法院可以推定该不利于被告的主张成立、法院在必要时可以依职权调取证据等；在法官释明规则方面，允许法官在原告提出的诉讼请求不足以保护环境公共利益的情况下，裁判或建议其变更、增加诉讼请求；在有限处分和调解规则方面，禁止被告反诉以及和解撤诉，要求法院对双方当事人的调解、和解协议进行公告，法官应对其内容是否符合社会公共利益进行审查。

五、结　　语

“案件类型决定诉讼程序”是程序法上颠扑不破的真理。生态环境损害具有整体性、交互性、扩散性，决定与之匹配的诉讼程序模式应当倾向于整体性设计和结构。按照“同一客体—不同主体—不同权利”模型建立的“两诉”并行双轨制模式，未能贴近和反映生态环境损害的客观规律和本质，注定难以逻辑顺畅地实行。《民法典》关于生态环境损害的规定彰显出多元生态环境共治立法理念。为生态环境损害诉讼救济重新确立“同一客体—不同主体—同一权利”的实体法基础，更能反映和表达生态环境损害整体性救济的思路，更有利于促使行政机关和环保组织(检察机关)在相互支持与补充中，实现高质量的生态环境损害救济协作。顺应《民法典》生态环境损害救济规范逻辑，遵循功能主义进路,统合"两诉"并行双轨制模式为一元化生态环境损害公益诉讼模式,为使生态环境损害纠纷尽可能利用一道程序一次性解决,提供切实可行的诉讼程序建构方案。

违约方合同解除规则的理解与适用

李继刚　王　淋*

【内容提要】 我国《民法典》对违约方解除合同问题作出规范,但其规定较为概括,学界对该法律条文的理解存在差异,违约方解除合同的有关问题尚存争议。有限肯定说更符合我国国情,否定说的论证并不全面,违约方应当享有合同解除权。从司法实践出发,通过对我国的相关司法实践进行整合,分析得出违约方解除合同的司法实践广泛但存在适用条件不一的情况。违约方合同解除规则的具体适用因法律规定的模糊性也尚存诸多困难。基于对现有法律的理解并结合有关理论学说,探索出对违约方合同解除规则适用条件司法认定的具体方法,具化现有法律的有关适用条件,使违约方合同解除权更有效地回应司法实践。

【关键词】 违约方　合同解除权　合同僵局

2006年最高人民法院公报公布的“新宇公司诉冯玉梅商铺买卖合同纠纷案”(以下简称“新宇案”)打破了我国理论界关于合同解除权行使方式及主体的传统观点,提出了违约方符合特定条件时可通过诉讼解除合同的新途径,成为实践中违约方解除合同的第一案,此后,学界对违约方行使合同解除权的研究逐渐展开[1]。但是,尽管经过了十多年的讨论,学界对违约方合同解除权及其性质仍然存在较大争议,且十多年来学界对该问题的讨论多从理论上展开,鲜有学者以现有法律规定为基础并结合立法原意来阐述违约方解除合同的相关

---

* 李继刚——山东曲阜师范大学法学院教授,法学博士,硕士生导师,主要研究领域:民商法学;王淋——曲阜师范大学法学院硕士生,主要研究方向:民商法学。

1　王俐智:《违约方合同解除权的解释路径——基于〈民法典〉第580条的展开》,载《北方法学》2021年第2期。

问题。我国系成文法国家，司法实践中准确地理解现有法律规范是审理案件的基础。本文以《民法典》第580条第2款为中心，在对现有法律规范进行分析的基础上借助学界已有理论研究，拟形成对该条款的正确理解，同时结合近年来的司法实践，整合具有可行性的违约方合同解除规则的适用规则。

一、违约方合同解除权的理论证成

违约方享有合同解除权是违约方行使合同解除权的前提，故在《民法典》背景下理解与适用违约方解除合同制度首先需对违约方合同解除的正当性、合理性及必要性进行论证。

（一）违约方享有合同解除权符合合同解除制度的功能与目的

违约方合同解除权虽具有自身特性，但其仍属合同解除权的一种，故理应符合合同解除权的一般规定，应与合同解除权的功能及目的具有相似性，否则这一实践问题便应纳入其他制度解决。当前，随着功能牵连说的出现，德国、日本等国立法中均不再以债务人过错作为其合同解除的必要条件，尽管我国有学者认为合同解除制度的功能之一在于对非违约方的救济，而违约方合同解除权因违反非违约方意愿解除合同而无法实现这一功能[2]。这一观点从希望合同继续履行的守约方角度出发，认为赋予违约方以解除权有可能违背守约方意志，损害守约方利益。但正如持有该类观点的学者所论述，合同僵局的出现是行使违约方合同解除权的前提条件，在此情况下合同目的已然不能实现，继续履行合同并不现实。我国立法中规定了多种救济途径对守约方的权利进行救济，继续履行合同不具可能性时守约方可采取其他救济途径，如由违约方向守约方承担违约损害赔偿责任。由此，对守约方的救济与相关权利的享有与否并无直接联系，违约方享有合同解除权实质上并不会对守约方应当享有的权利造成过分损害。故违约方享有合同解除权与合同解除制度中对守约方救济的功能并不相冲突。

（二）违约救济选择理论的支撑

违约救济的方式主要有损害赔偿与实际履行。王利明教授指出违约救济的方式并无优劣之分，二者具有同等地位，某一救济方式并不必然应当优先适

2　王利明：《论合同僵局中违约方申请解约》，载《法学评论》2022年第1期。

用。不同的救济方式均有其特有的优势与弊端,应结合具体案情综合分析采取更适合案情的救济方式,实现各方利益的最大化[3],损害赔偿的违约救济方式同样具有现实可行性。违约损害赔偿在实践运用中应当确定明确的赔偿范围、科学准确的评价方法。违约损害的赔偿可借鉴民法中其他损害赔偿的范围,关于其是否包括精神损害赔偿,学界存在争议,大多数学者认为不应包含该赔偿,守约方的损失原则上应能具体化以便于金钱赔偿。理论界存在较为科学的计算方法,司法实践中也逐步建立了判断标准以确定对方的实际损失[4]。比较法上美国、欧洲均有关于"替代交易"的计算方法,国内司法实践中也积累了较为成熟的计算方法[5]。此外,选择损害赔偿时应注意赔偿的充分性,只有充分合理的赔偿才能填平守约方损失,实现对实际履行的替代。

(三)效率违约理论的支撑

效率是法律追求的基本价值之一[6]。我国对效率违约的认识在通常情况下基于对外国经济学理论的理解,由于技术等方面的原因,我国法学界对效率违约理论普遍存在误解,将效率违约理论简单地理解为当违约的实际效益大于履行效益时就应当违约。即当事人按约履行合同所得收益低于其违约后可得的实际收益时应当违约,允许违约方直接行使合同解除权。[7] 但实际上,经济法中的效率违约理论并非一味追求效率。经济学通常为现实派,他们更倾向于基于现行法律对社会现状进行分析,而不是基于道德评价分析。因此在跨界理解中难免曲解效率违约理论。司法实践中当因某种原因导致合同陷入僵局时,守约方不一定就是唯一的"受害者",法律也不应仅因守约方的"受害者"身份就无所顾忌地对其提供更多的救济与保护。刑法中尚强调保护被告的合法权益,民法中亦应注意对违约方合法权利的保护,以及对效率的重视。需要注意的是,这并不意味着唯效率论,作上述论述意在说明合同履行中效率的重要价值,在多方因素综合考虑时可适当注重对效率的考量。

---

3 王利明:《合同法研究》(第二卷),中国人民大学出版社2011年版,第592页。

4 刘贵祥:《最高人民法院第一巡回法庭精选案例裁判思路解析(一)》,法律出版社2016年版,第180页。

5 如北京、上海等地方高级人民法院发布的指导性文件中提到的个案适用。

6 张文显主编:《法理学》,高等教育出版社2007年版,第329页。

7 蔡睿:《吸收还是摒弃:违约方合同解除权之反思——基于相关裁判案例的实证研究》,载《现代法学》2019年第3期。

(四)违约方享有合同解除权与严守原则不冲突

王利明教授主张维护合同严守原则,要求合同解除权仅能由守约方享有。非违约方行使合同解除权通常伴随损害赔偿的主张,王利明教授认为这有益于敦促违约方继续履行合同。若违约方也享有该权利,则会使合同更轻易地被解除,这与合同严守原则相冲突。但实际上这样的敦促效果是极为有限的,违约方能够行使合同解除权的前提之一为合同僵局,相关合同客观上难以履行,履行成本往往高于损害赔偿,在此情境下很难产生理想的敦促效果,从这一角度来说守约方行使合同解除权与合同严守规则便无密切联系。故合同严守这一抽象原则并不能直接演绎出违约方不能解除合同的结论[8],违约方享有合同解除权也与严守原则不冲突。

二、对违约方合同解除规则有关法律条文的解释

学理探讨不能成为定案依据,有生命力的学术观点应转化为法律进而解决实际问题,切实维护公平正义。《民法典》编纂过程中对是否应规定以及如何规定违约方解除合同的权利进行了研讨,并最终规定于合同编总则部分。实际上违约方解除合同的规定可追溯到《合同法》(已失效),除此之外,2019 年《全国法院民商事审判工作会议纪要》(以下简称《九民纪要》)也对此作出了较为明确的规定。

(一)《民法典》第 580 条第 2 款的历史解释

我国法律关于违约方合同解除问题的规制始于《合同法》(已失效)中关于法定解除权的规定,有学者提出应当依据对“当事人”的法律解释,在法律没有特别规定的情况下不应将违约方排除在“当事人”的法律规范范畴外。同时“新宇案”中法官所援引的《合同法》第 110 条也是学界讨论的重点之一,有学者认为其中关于强制履行的例外规定也可作为违约方解除合同的法律基础[9],笔者对此持肯定态度。《合同法》虽然预见到合同履行中可能出现合同僵局这一情况,并在已有法律制度内进行规制,但因该问题的复杂性与立法技术的欠缺并

8　孙良国:《违约方合同解除制度的功能定位及其意义》,载《吉林大学社会科学学报》2021 年第 3 期。

9　杨卓黎:《违约方合同解除权研究——以解释论为视角》,载《湖南师范大学社会科学学报》2017 年第 3 期。

未真正打破合同僵局。《民法典》在沿用《合同法》继续履行抗辩权的基础上进一步填补了《合同法》第110条的漏洞,规定了违约方解除合同的权利。2019年《九民纪要》中对违约方解除合同的问题进行了较为详细的规定,规范了违约方合同解除权的具体行使,更是成为后来《民法典》规制这一问题的重要参考。

违约方合同解除制度在《民法典》中的确定过程可谓一波三折。2018年提交的一审稿及2019年的二审稿均有关于违约方合同解除问题的专门规定,但在2019年年底的征求意见稿中删除了对该问题的法律规定。此后经过专家组的讨论与研究,众多学者认为虽然违约方解除合同的有关问题尚未解决,但有对该权利进行规范的必要,因此,2020年提交的终审稿最终又补充了违约方解除合同的规定,即在《民法典》第580条中补充第2款[10]。如今《民法典》已问世并正式施行,该条款被保留至今。虽然该条款目前尚存在不足,但也是我国法律明确规定违约方合同解除权的一大创举。

(二)《民法典》第580条第2款的文义解释

在司法实践中准确适用《民法典》第580条第2款,充分发挥其法律价值,首先需要对其文义进行精确把握。通过对《民法典》第580条的字面解读,可总结以下内容:

其一,《民法典》第580条第2款的权利主体为非金钱债务的违约方。《民法典》第580条沿用了继续履行抗辩权的相关规定,第1款中主要规定了违约方可行使抗辩权的具体情况,在此三种情况下非违约方请求违约方履行合同时违约方可据此行使履行抗辩权拒绝履行合同。《民法典》第580条第2款延伸规定了违约方的合同解除权,此处合同解除权的行使主体与第1款中行使履行抗辩权的主体相同,都为违约方。根据法律解释的整体性,享有违约方合同解除权的主体应为同样享有抗辩权的违约方。

其次,《民法典》第580条第2款所规定的解除权为当事人解除权。从《民法典》第580条第2款的规定中不难看出,该权利的行使主体为当事人而非人民法院。其中法院扮演的角色为实体权利的裁量者,而非权利的行使者,"法院对实体权利的裁量不等于法院对实体权利的享有"[11]。法院的裁量权与当事人

---

10 石佳友、高郦梅:《违约方申请解除合同权:争议与回应》,载《比较法研究》2019年第6期。

11 王俐智:《违约方合同解除权的解释路径——基于〈民法典〉第580条的展开》,载《北方法学》2021年第2期。

享有的权利并不矛盾，我国司法实践中法院也不会完全支持当事人某一法律权利，双方当事人的合法权益往往发生冲突，有时甚至会与社会利益冲突，此时法院并不会一味地支持当事人依法应享有的权利，正所谓"法律的生命不在于逻辑而在经验"。另外，虽然第 580 条第 2 款确实规定当事人应当向法院请求以行使权利，但此规定并不能决定权利的性质。

最后，《民法典》第 580 条第 2 款的立法目的在于破除合同僵局。第 580 条第 1 款中规定的三种违约方有权拒绝继续履行合同的情形导致合同目的无法实现，即形成合同僵局。第 580 条第 2 款进而规定在此合同僵局形成的情形下，合同已无继续履行的可能或必要，遂该条款赋予违约方解除合同的权利，以破除合同僵局，节约资源。大部分学者均主张，合同僵局的存在系违约方行使合同解除权的前提之一，《民法典》第 580 条明确对此在法律规定上作出回应。

（三）《民法典》第 580 条第 2 款的体系解释

准确理解与适用法律单纯依靠历史解释与文义解释是不够的，特别是对牵一发而动全身的民法来说体系解释尤为重要。体系解释有益于更充分地理解法律逻辑，全面理解和掌握法律规定。

第一，《民法典》第 580 条涉及的合同解除权与《民法典》第 563 条规定的法定解除权并不相冲突。《民法典》第 563 条是《合同法》第 94 条的承继与发展，规定了法定解除权的一般情况。而《民法典》第 580 条的规定并不能使违约方获得任意解除权，且第 563 条设置了兜底条款，在"法律规定的其他情形"下，当事人亦可解除合同，第 580 条则可属于此情形。故应认为《民法典》第 580 条涉及的违约方合同解除权与《民法典》第 563 条规定的法定解除权并不冲突。

第二，虽然《民法典》第 580 条并未直接表述为合同解除权，但结合对《民法典》第 557 条的规定可以看出，《民法典》第 580 条规定的实际上就是合同解除权。《民法典》第 557 条第 2 款规定："合同解除的，该合同的权利义务关系终止"，故解除合同导致的后果之一为相关权利义务的终止。合同关系由当事人之间的权利义务关系构成，权利义务关系的终止导致合同关系不复存在。故虽然《民法典》第 580 条第 2 款并未明确表述为合同解除权，但本质上与合同解除权并无差异。要求违约方承担违约责任的规定并不影响合同解除权的定性，此规定可作为特殊的例外规定存在。

第三，通过体系解释亦可论证《民法典》第 580 条所涉权利应属当事人享有。《民法典》第 147 条至第 151 条中均采用"请求法院撤销"的表述，但学界并未因此论证相关权利系法院的司法撤销权而非当事人的实体权利。“请求法院撤销”与“法院根据当事人请求”虽在主体上与内容上均不相同但二者实质上并无差异,均为对权利人行使方式的一种限制,这并不改变权利的享有及行使主体。故从这一角度来看,《民法典》第580条所规定的违约方合同解除权为当事人享有。另外,合同解除权的行使也可不经过司法程序,仅需权利人通知相对人并于通知到达时合同即刻解除,学界称之为单方解除权,《民法典》第565条对此有详细规定。该规定对合同解除权的行使方式作出不同规定,而方式的改变不应改变权利本身也不应改变行使权利的主体。

第四,《民法典》第580条所规定的违约方合同解除权符合《民法典》第9条所规定的绿色原则。绿色原则是新时代发展的必然要求,《民法典》将“绿水青山就是金山银山”法律化规定在总则部分,成为民法基本原则之一。在合同领域,贯彻绿色原则体现为节约社会资源,这与前文所提效率原则相呼应。《民法典》第580条规定的违约方合同解除权旨在破除合同僵局,提高效率进而避免资源的不必要浪费。

三、违约方合同解除规则的司法实践

在追求同案同判的要求下,司法实践对法学理论亦发挥着重要引导作用,特别是我国最高人民法院公布的指导性案例和公报案例。《民法典》起草及施行前我国司法实践中便产生了违约方解除合同的相关案件,时至今日在《民法典》的支持下司法实践进一步发展。司法实践表明违约方解除合同并非空想也绝非标新立异,而是我国的现实需要。笔者以法信网、中国裁判文书网作为检索对象,以解除合同、违约、请求解除合同等作为关键词,同时搭配“《合同法》第110条”或“《民法典》580条”进行高级检索,法信网显示308个文书,中国裁判文书网显示673个文书。后对检索所得文书进行随机抽样,得到样本文书200个。对样本文书展开宏观分析及微观分析,以较为全面地掌握相关司法实践的动态发展以及较为准确地总结司法中对违约方解除合同的观点。

（一）宏观：案件数量分析[12]

首先，从时间分布上看。由于本文检索时间截至2022年6月，因此2022年的数据不完整，未纳入时间统计范围。总体来说，国内相关裁判自2012年至2018年呈平稳上升趋势，由2012年的2件逐年上升至2018年的107件，此后2018年至2019年呈指数增长，2019年相关判例数量迅速上升至212件，但2020年又快速下降至131件。《民法典》施行之前各法院均依据《合同法》第110条裁判，《民法典》实施后也并未出现完全据其裁判的情况，而是与《合同法》第110条对半而分，这主要是由于许多案件虽在《民法典》施行后审理，但其发生于新法颁布之前，故一般情况下应依据旧法审理。2019年为该类案件数量的峰值，究其原因为2019年《九民纪要》明确了违约方解除合同的具体规则，各法院有了较为明确的规则支持。2019年后相关案件的数量断崖式下跌，这与学界对《九民纪要》中关于违约方解除合同规定的争议相对应。违约方解除合同的法律规定不完善，以及理论论证的分歧，使得法院裁判的难度加大，案件审理时间延长。

其次，从地域分布上看。与违约方解除合同有关的裁判文书广泛分布于我国各个地区[13]，其中，中南地区占比最大（35%），其次是华北地区（28%），西北地区（5%）和东北地区（5%）占比最小。值得注意的是，相关裁判文书最多的省份为广东省（93篇），另外，四川省与重庆市文书数量均达70篇以上。由以上数据可知，与违约方解除合同相关的案件地域分布广泛，几乎在全国范围内辐射，可见违约方的合同解除问题具有普遍性。另外，通过对应相关案件高发区与经济水平发达地区不难发现，违约方解除合同的相关案件与地区经济发展水平之间并不存在必然的对应关系，相关案件数量最多的中南地区并非我国经济最发达地区。

最后，从审理程序上看。检索数据中占比56%的案件一审便做到定分止争，可见当事人对违约方解除合同的规则虽有不同意见，但经过法院裁判多数

---

12 为更为全面、准确地反映我国司法实践的宏观情况，该部分所分析的数据为未经过抽样的批量数据。

13 为研究需要，本文将我国31个省级行政区（不含港澳台地区）分为六大区域，即华北地区：北京市、天津市、河北省、山西省；东北地区：黑龙江省、吉林省、辽宁省、内蒙古自治区；华东地区：上海市、江苏省、浙江省、安徽省、福建省、江西省、山东省；中南地区：河南省、湖北省、湖南省、广东省、广西壮族自治区、海南省；西南地区：重庆市、四川省、贵州省、云南省、西藏自治区；西北地区：陕西省、甘肃省、青海省、宁夏回族自治区、新疆维吾尔自治区。

能认同判决。同时数据显示尚存在不少二审程序案件,另外,检索数据中最高人民法院受理的相关案件共5件,约占所有检索文书的0.71%,关于违约方解除合同的所有争议几乎都能在省高级人民法院及其以下法院得到解决,只有极少数需由最高人民法院裁判。综合上述两组数据,可知虽然我国司法实践中对违约方解除合同的相关问题尚存争议,但该争议程度目前控制在合理范围内。

综上所述,宏观来看我国司法实践中关于违约方解除合同的经验较为丰富。一方面是时间上较为久远,在《民法典》施行前已有大量案例涌现,其中还包括2006年典型的公报案例,在此指引下诸多类似案件顺利审理。随着相关法律规范的不断进步,该类案件数量激增,不断充盈着司法实践倒推相关法律进一步改进、完善。另一方面是空间分布广泛,从人员密集的北上广深至地广人稀的边境地区均有涉及该类案件,这为理论研究提供了多元的司法实践,为更科学、更适合国情的相关法律的出台奠定了坚实基础。

(二)微观:裁判数据量化

宏观分析反映我国司法实践的总体态势,微观分析的目的则在于整合法院对违约方解除合同的态度,并整理相关的论证与说理,从而为违约方解除合同的规则确定提供实践支持。笔者从检索到的判决书中随机抽取200份样本作为分析对象,通过对样本进行分析可以得到如下结果:

首先,多数法院对违约方解除合同持肯定态度。统计显示200个样本数据中有140篇支持违约方解除合同,占比69.8%。其中,最高人民法院终审作出的5篇裁判文书中,裁判支持违约方解除合同的有3篇,支持率为60%;高级人民法院终审作出的10篇裁判文书中支持的有6篇,占比为60%;中级人民法院终审作出的43篇裁判文书中支持的有31篇,支持率为72%;基层人民法院作出的相关判决有82篇,其中支持的有57篇,支持率为69.5%。可见,在我国的司法实践中普遍认可违约方享有合同解除权,能够解除合同。

其次,裁判理由中普遍有合同僵局、履行不能、整体利益等因素,但相关裁判规则不一,法官自由裁量权有滥用之嫌。通过具体分析整合肯定与否定违约方解除合同的裁判文书,可发现无论支持与否,相关裁判文书中均出现"履行不能""合同僵局""整体利益"等字样。法官通常结合具体案情与相关法律原理,平衡当事人双方的利益、当事人与社会整体的利益,从而作出裁判。若出现合同僵局,继续履行合同将同时损害当事人双方利益,或出现若继续履行将损害社会整体利益时,将支持违约方解除合同。但由于并没有具体、权威的裁判规则,该类法律文书中的说理各有不同。值得注意的是,几乎没有判例特别指出违约方须通过司法途径行使合同解除权,有少部分文书表明涉案合同自裁判生效之日起解除,并非自违约方送达合同解除通知时解除。

最后,裁判依据的法律呈现出与时俱进的特点,《民法典》第 580 条被引数量预计将呈上升趋势。我国的法律文书撰写中有一个必不可少的部分——法律依据。法律依据的撰写不仅体现法律文书的专业性与严谨性,更是依法治国的具体体现。统计显示,样本法律文书中依据《合同法》第 110 条裁判案件的情况占所有样本的 58%,近年来依据《民法典》第 580 条裁判的法律文书不断增长,目前已有占比 30% 的样本依据该法律条款裁判案件。依据《合同法》第 94 条裁判的法律文书占少数,且通过进一步考证发现,多数情况下依据《合同法》第 94 条的同时也会援引《合同法》第 110 条,二者彼此支撑。由此可见,《民法典》生效后,虽依旧存在不少依据《合同法》第 110 条裁判的文书,但总体上呈下降趋势。与之相反,依据《民法典》第 580 条裁判的文书数量呈上升趋势,《民法典》第 580 条的司法实践将不断丰富。

综上所述,微观来看,我国近年来的司法实践中对违约方享有合同解除权虽然通常持肯定态度,但在具体细节上尚未达成共识。一方面是理论支撑即说理层面,解释违约方为何应当享有或不应当享有合同解除权的因素较多,但因素间的位阶关系并无定论,各方法益的权衡是解决该类问题的关键所在,不同的位阶关系会导致最终对违约方是否应行使合同解除权存在不同判断。另一方面是法律依据层面,当下处于《民法典》实践运用的过渡期,难免存在部分案件仍依据《合同法》判案的情况。

四、违约方合同解除规则适用标准的完善

虽然对于违约方是否享有合同解除权理论上存在否定说与有限肯定说,但两种学说均认为违约方解除合同不同于一般的合同解除原则。违约方因其在合同关系中的特殊身份,在行使合同解除权时应更为谨慎,否则极易造成该权利的滥用,损害另一方当事人的合法权益。由司法程序对其进行约束是可行且有效的选择,但在具体运用中,法院对相关事实的认定与判断、对法律的理解与贯彻至关重要。虽然《民法典》第 580 条第 2 款赋予法官较大的自由裁量权,但也应通过一定途径在辅助法官审判的同时对其裁量权进行必要的规范和约束。

结合理论基础与司法实践,可将违约方合同解除规则的适用归为具体的适用要件和必要的限制条件两大类。

(一)违约方合同解除规则的积极适用要件及其司法认定

基于司法实践的需要,对违约方合同解除规则适用条件的分析应基于现行法律规定展开,通过对《民法典》及《九民纪要》对违约方解除合同规定的梳理,可将违约方合同解除权行使的具体要件归纳为客观要件、主观要件及实质要件等。

1.客观要件:合同目的不能实现

无论是学界还是司法实践中均一致认为合同目的不能实现是违约方解除合同的一大重要因素。《民法典》第580条第1款中的三项情形为合同目的不能实现的法定因素,即其一,法律或事实上不能履行而导致合同目的不能实现。法律上履行不能指主合同义务因法律强制规定无法履行;事实上履行不能指主合同义务因法律之外的原因已无继续履行可能性,包括客观因素也包括主观因素。其二,标的不适于强制履行或者履行费用过高而导致合同目的不能实现。不适于强制履行的合同通常具有较强的人身属性和不可替代性,如劳动服务合同。"履行费用过高"是对合同双方权益及社会利益的平衡,如何判断此处的"履行费用过高"是司法实践中的一大难题,"新宇案"中法院认为履行费用包括人力和物力,其比较的对象为"双方基于合同履行所能获得的利益"[14],德国法学界主要认为应分别考虑合同当事人双方的权利和义务,履行费用不仅由违约方构成还包括守约方履行合同所需的人力及物力。笔者认为进行对比的一方对象应为违约方履行合同所需的人力及物力,另一对象则应为合同双方当事人履行合同的效益,而不应为违约方应承担的违约责任或赔偿责任。其三,债权人在合理期限内未请求履行而导致合同目的不能实现。该规定意在防止债权人的机会主义行为,债权人超过合理期限仍不行使合同履行权将致使债务人的权利义务长期处于不确定的摇摆状态,若此时再支持继续履行合同,易出现债权人为了实现自身利益最大化而故意不主张履行合同,等待较为有利的市场情况出现时再主张继续履行合同[15]。此种情况下,合同双方当事人均可根据

14 《新宇公司诉冯玉梅商铺买卖合同纠纷案》,载《中华人民共和国最高人民法院公报》2006年第6期。

15 徐英军:《契约群的挑战与合同法的演进——合同法组织经济活动功能的新视角》,载《现代法学》2019年第6期。

《民法典》第 580 条第 2 款主张解除该合同。

对“合同目的不能实现”的司法认定是违约方合同解除规则在适用中的另一难题，对其进行判断主要在于对“合同目的”的识别和对“不能实现”的程度衡量。一个合同中可能有一个或多个合同目的，当存在多个合同目的时需要对多个目的进行分析判断，哪一目的为合同的中心目的、不能实现的次要合同目的达到多大程度会影响中心目的的实现，这些都是在具体适用中应当考量的问题。对“合同目的”的识别可分为两大类：典型合同目的与特殊合同目的。典型合同目的的识别主要在于对合同类型的区分，我国有固定的合同类型，同一类合同的合同目的具有相对确定性。特殊合同目的主要是指双方当事人自主约定的不同于典型合同目的的事项，这类合同目的具有特殊性与不确定性，需结合具体案件详细了解与分析双方当事人的权利义务才能确定。若一个合同兼具这两类合同目的，首先应先识别特别合同目的的内容，其次应判断中心合同目的，无法判断的则二者具有同等重要地位，任何一个不能实现则整个合同目的不能实现[16]。对“不能实现”的判断实则为程度衡量，需要一个相对具体可行的衡量标准和判断因素。具体判断因素可总结为以下三点：一是违约方的违约程度，可根据违反约定义务的比例进行判断；二是违约行为的影响程度，指对实现预期合同利益及对整体社会经济效益的影响；三是信赖因素，即违约方的违约行为是否导致另一方当事人不能信赖能够实现合同[17]。

2. 主观要件：违约方非恶意违约

合同僵局的破除是学界及实务部门公认的违约方解除合同制度的核心价值，不健康的合同困局因合同的解除而破解，合同双方当事人均能摆脱其束缚，益于开展新交易，提高经济效益。基于该目的，《民法典》第 580 条第 1 款中的第 1、2 项阐述了不能继续履行合同的客观情况，尽管导致该情况的原因可能为债务人故意违约，但此种不适合继续履行的情况具有客观性，不以人的意志为转移，故在具体适用中无须考虑违约方的主观态度。此时若仍不可解除合同将使合同陷入不能履行又无法解除的尴尬境地，相反，允许违约方行使合同解除权，代以违约赔偿填补守约方因此所受的损失不失为一个有效的解决方法。至

16　王俐智：《违约方合同解除权的解释路径——基于〈民法典〉第 580 条的展开》，载《北方法学》2021 年第 2 期。

17　最高人民法院民事审判第二庭编著：《最高人民法院关于买卖合同司法解释理解与适用》，人民法院出版社 2012 年版，第 409 页。

于第580条第1款第3项规定的情况,如前所述该规定意在防止债权人的机会主义行为。法院审理中不对合同能否继续履行作出判断,这意味着即使合同能够继续履行也可适用该规定。故此种情形下也应防止违约方的投机行为,否则将有失公平。具体表现则为违约方只有非恶意违约才能适用该项规定行使合同解除权,同时债权人有权提出"恶意抗辩"[18]。综合第580条第1款的规定,违约方非恶意违约的适用情况可总结为:在债务人违约情形下,合同仍存在继续履行的可能,亦能对相关合同标的强制履行而不损害合法权益,并且履行费用在合理范围内,但合同因债权人逾期不主张继续履行造成该合同的主要目的无法实现,违约方欲行使合同解除权便要求其主观上非恶意违约,不可为追求经济利益而违约,否则将激化违约方可能的投机行为,破坏合同稳定性,有损公平正义。此处的"非恶意"是指违约方并非为追求经济效益或更高利益而故意实施违约行为,违约行为可能系过失导致也可能由不可控的客观因素导致,关键在于其没有追逐利益的主观目的。法院在审理案件时应注意该要件的适用范围,不可扩大其适用范围。

3. 实质要件:相关法益的平衡

民法中诸多条文的规定实则为对多元价值及多方法益衡量的结果,违约方合同解除制度亦是如此。违约方合同解除权实质是对公平价值、效率价值及诚信原则的平衡,各具体价值在违约方合同解除制度中其发挥着重要的指引作用,对各法益位阶的考量是该制度在具体适用中的重要问题。

首先为公平价值。公平自习惯法时期就已成为各种民事纠纷的核心价值并已成为我国民法的一大重要法律价值。合同僵局中虽然债务人确有违约行为,但相关合同已履行不能,此时债权人仍不行使其合同解除权违反了减损规则[19],扩大了违约方损害的同时也损害了社会整体效益。在有条件避免此种损失的情况下不采取替代措施,这有违公平正义,故《民法典》第580条赋予违约方合同解除权,允许其在满足一定条件下解除合同以破除合同僵局。在违约方合同解除制度中,对公平的判断主要在于出现合同僵局后对双方当事人权利义务的变化进行比较与评估,具体到司法实践中应先根据当事人的过错程度判断

18 石佳友:《履行不能与合同终止——以〈民法典〉第580条第2款为中心》,载《现代法学》2021年第4期。

19 曾文忠:《违约方合同解除规则研究》,载《四川师范大学学报(社会科学版)》2021年第1期。

其具体的权利及义务，之后再结合案情全面分析相关权利是否得到实现、义务是否全部履行，根据权利义务的实现及履行情况来判断当下情况对合同当事人公平与否。至于解除合同是否公平还需结合社会效益及资源的利用程度来判断。

其次为效率价值。违约方合同解除制度并非仅为抽象的道德评价，更多的是关于合同当事人的预期利益及损害赔偿数额对比的具体实务问题的评判[20]。违约方合同解除制度意在破除合同僵局，破除合同僵局的一大重要目标便是实现效率价值，提高社会整体效益，促进社会经济发展。合同僵局下，相关社会资源受限，交易停滞，赋予违约方合同解除权增加了可行的替代措施，在结束一个交易的情况下也促进双方当事人展开新的交易，社会资源在合法的前提下运转起来得到更充分的运用，因此，效率价值绝非违约方单方的效率。违约方合同解除制度中对效率价值的评估应从社会经济效益上展开，而不是单看当事人一方或双方得失[21]。

最后为诚信价值。诚信原则与公平原则同为我国民法的基本原则，诚信原则要求恪守诺言，其在合同法中的适用意在维护合同的稳定与交易安全。诸多学者据此原则论证违约方不应享有合同解除权。但在合同僵局下及时解除合同其本质上符合诚信原则的要求，也是对诚信原则的一种体现。诚信原则除了要求当事人恪守诺言，其还隐含着对合同的其他附随义务也应履行的要求。在合同僵局中则表现为债权人在逾期未主张履行合同造成合同目的无法实现的情况下又不行使其享有的合同解除权，此举有悖于诚信原则。相反允许违约方解除合同则符合诚信原则的价值要求，债权人此举是违约方合同解除权使用的原因之一[22]。

综上所述，违约方解除合同虽涉及多元价值，但其核心为公平与效率价值，其本质为对违约方、守约方及社会整体利益的平衡。违约方合同解除制度中对公平的衡量通常需要计算各方利益与损失，与效率的评判相通。而维护公平正义有利于促进社会效率，相对公平的措施有助于当事人的理解与接受，促进对相关判决的具体执行，有利于提高司法及社会效率。故在具体位阶上并不一定

20　熊丙万：《中国民法学的效率意识》，载《中国法学》2018 年第 5 期。

21　孙国良：《违约方的合同解除权及其界限》，载《当代法学》2016 年第 5 期。

22　崔建远：《完善合同解除制度的立法建议》，载《武汉大学学报（哲学社会科学版）》2018 年第 2 期。

要将公平与效率一分高低,应充分考虑两个因素,更有效地实现公平正义。

(二)违约方合同解除规则的消极适用要件及其司法认定

违约方合同解除制度具有很强的现实意义,其破除合同僵局的功能毋庸置疑,但是,违约方合同解除权运用不当极易引发社会消极反应,因此,应将其行使严格限制在公平合理的范围内。具体而言可从对象、方式及后果方面对该权利的行使进行限制。

1. 权利行使的范围限制:非金钱债务

我国《民法典》第580条将违约方合同解除规则的适用范围限制在非金钱债务范围内,理论上解释为金钱之债因其自身具有的可替代性,一般情况下均能够履行,也适用于强制履行规定,仅存在迟延履行的情况,故不符合第580条规定的适用条件。但《九民纪要》与《民法典草案》中均未将该制度的适用范围限定为非金钱之债,笔者认为金钱之债也存在因守约方不解除合同导致另一方当事人不合理损失的情况,如在房屋租赁合同中,承租人因经济下滑不愿继续使用该房屋经营或居住,而出租人拒不终止该房屋租赁关系,要求对方继续租赁使用该房屋,此时,对于违约方即承租人来说其主要的义务为按约支付租金,属于金钱之债,但法律不强人所难,在此种情况下房屋租赁合同已无法继续履行,虽能强制承租人支付租金,但在无法强制其使用房屋的情况下要求其支付租金明显有失公平,故当赋予违约方合同解除权。因此,笔者认为违约方合同解除制度原则上仅适用于非金钱之债,适用于长期性合同为其例外规定。

2. 权利行使的方式限制:诉讼或仲裁程序

违约方通过司法途径解除合同正好能填补违约方合同解除权的弊端,有益于促使违约方合同解除制度良性发展。因此,《民法典》第580条第2款规定,违约方申请、法院裁判或者仲裁机构仲裁为违约方行使合同解除权的必要程序要件,与通知解除所采取的到达主义不同,诉讼解除下合同自相关法律文书送达守约方解除。违约方作为原始过错一方,若轻易即可达成其目标则会刺激当事人为追求其自身利益的最大化,不顾他人合法权益忽略信用解除合同关系,不利于交易的稳定性,长此以往甚至会使社会整体可信度降低,极大影响社会经济。故违约方合同解除权的行使适用诉讼解除制度以对该权利的行使进行程序上的限制,增加合同解除的时间成本,减小应激反应,弱化道德风险。而且由于违约方合同解除制度的适用条件较为模糊,各项适用要件的判断具有复杂性与不可确定性,需要法院或仲裁机构根据具体案情进行分析与判断。法院或仲裁机构作为专门的纠纷解决机关能较好地定分止争,其本身的中立性也使得双方当事人更易接受裁判结果,有利于彻底解决纠纷。

违约方通过司法途径解除合同需注意以下问题:第一,在违约方提起诉讼时,作为原告其应承担相应的举证责任,证明其符合合同解除权的行使条件。此外,其还需证明已尽到磋商义务,已形成具体的解决方案[23]。第二,司法实践中易出现法院裁判超过当事人诉求的情况,法院支持违约方解除合同,但被告(守约方)仅主张继续履行合同而未主张违约赔偿,此时法院通常也会判决原告向被告支付合理的违约赔偿金。对此可参照我国有关解释,赋予法院主动释明的义务。守约方仅主张继续履行合同时,法院在判决支持违约方解除合同后应当承担主动阐释其享有主张违约损害赔偿权利的责任[24]。第三,违约方合同解除规则的司法适用中法院有较大自由裁量权,为更好地运用该制度促进公平正义,应对法院的自由裁量权进行合理限制,即法院应严格依据法律规定的适用条件进行裁判,其判决应符合该制度的价值要求。

3. 权利行使的后果限制:违约责任的承担与合理赔偿

我国《民法典》第 580 条第 2 款中明确规定违约方应承担的违约损害赔偿责任并不随合同权利义务关系的消灭而消失,相反,赔偿责任的承担应为违约方行使合同解除权的要件之一。违约方合同解除制度实现公平的关键在于对守约方所受损害的填平。这既是对违约方不遵守合同约定的惩罚也是对另一方当事人的补偿。违约方依法解除合同后仍应对守约方承担相应违约赔偿责任的规定无疑增加了该权利行使的成本,通过对权利行使后果的要求限制违约方合同解除权的行使,在平衡合同双方当事人利益的同时降低了违约方合同解除制度的道德风险。故对违约方合同解除权进行后果限制具有正当性与必要性。至于赔偿的具体范围及其计算可参照违约损害赔偿的范围及方法,综合违约方合同解除制度的特性予以确定。

---

23 邱波、徐卓斌:《违约方解除权之司法认定》,载《类案研究》2020 年第 12 期。

24 陈罗兰:《合同违约方解除权制度辨析——以民法典合同编(二审稿)第 353 条为样本》,载《人民司法》2020 年第 4 期。

《民法典》视野下未参加诉讼的连带债权人之救济研究

谷佳杰　刘泠多*

【内容提要】 我国立法关于连带债权诉讼之诉讼形态的规定较少，而理论界对其认识亦存在一定的混乱与冲突。将连带债权诉讼归类于普通共同诉讼可能会导致矛盾判决，但能保障债权人的自由起诉权，而归类于类似必要共同诉讼虽然可以防止对同一债权债务的矛盾判决但又会侵害债权人的自由起诉权。从救济的反向视角出发，若将连带债权诉讼视为普通共同诉讼，作为一般案外人的未参诉连带债权人不服前诉判决的，其救济手段为另行起诉；若将连带债权诉讼视为类似必要共同诉讼，未参诉连带债权人不服前诉判决时，可提起再审申请。对于未参诉连带债权人而言，相较于再审程序，另行起诉的启动门槛更低且程序更为便捷，也能较好地维护其自由行使诉权的权利。因此，将连带债权诉讼归入普通共同诉讼，更能保护连带债权人的诉权和实体权利。

【关键词】 未参诉连带债权人　普通共同诉讼　类似必要共同诉讼　既判力扩张　权利救济

一、溯源：问题的提出

《民法典》第 518 条第 1 款规定："债权人为二人以上，部分或者全部债权人

---

* 谷佳杰——西南政法大学比较民事诉讼法研究中心副教授，民事诉讼法教研室副主任，主要研究领域：民事诉讼法、强制执行法；刘泠多——西南政法大学比较民事诉讼法研究中心研究员助理，主要研究方向：民事诉讼法。本文为重庆市教育委员会人文社会科学研究重点规划项目"中国共产党民事司法政策百年发展史研究"（22SKGH006）、2021 年西南政法大学科研创新项目"民法典视野下被担保债权的执行时效中断研究"（2021XZXS－317）的阶段性成果。

均可以请求债务人履行债务的,为连带债权。"《民法典》第 521 条第 2 款规定:"实际受领债权的连带债权人,应当按比例向其他连带债权人返还。"由此可知,《民法典》并不要求所有债权人一并参加诉讼,任一连带债权人可以对外行使全部债权。这一制度为连带债权人提供了充分的诉权保障,防止了部分债权人怠于实现债权而导致其余债权人无法实现自己权利的可能。但正是由于《民法典》允许部分债权人起诉,当连带债权人并没有全部参加诉讼时,若原审当事人恶意串通降低债权金额抑或未充分行使自己的权利导致法院只认可了部分债权,未参加诉讼的连带债权人(以下简称未参诉连带债权人)之权利将因此受到损害。但由于实践中连带债务较连带债权更为常见,立法和理论更注重于对连带债务的规范与讨论,而对连带债权却语焉不详[1],肇致我国现行法律法规并未明确规定未参诉连带债权人的救济手段。鉴于不同的救济手段适用于不同的诉讼身份,未参诉连带债权人的诉讼身份又取决于连带债权诉讼的诉讼形态。因此,若欲为未参诉连带债权人提供适宜的救济程序,需先厘清连带债权诉讼的诉讼形态以明确未参诉连带债权人的诉讼身份。

然而,我国现行法律法规对连带债权诉讼的诉讼形态付之阙如,理论界对该问题的讨论又屈指可数且尚未得出统一定论。在程序法上,连带债权诉讼这类当事人为复数的诉讼形态属于共同诉讼,也称为诉的主观合并。《民事诉讼法》第 55 条规定了共同诉讼的两种类型——必要共同诉讼和普通共同诉讼。当事人一方或者双方为复数,而诉讼标的是共同的,属于必要共同诉讼。与之相对,当事人一方或双方为复数,诉讼标的为同一种类时,属于普通共同诉讼。同时,域外法还将必要共同诉讼进一步细分为固有的必要共同诉讼和类似的必要共同诉讼,其最大区别在于是否要求当事人必须合一起诉或应诉才能使当事人适格。我国理论界也基本接纳了此种分类。根据《民法典》第 518 条规定的连带债权之诉允许部分债权人起诉,要求所有原告一同起诉的固有必要共同诉讼应被排除,除此之外,《民法典》的规定与类似必要共同诉讼的特征相同,同时与普通共同诉讼的性质契合,导致理论界对连带债权诉讼之共同诉讼的性质界定摇摆不定。

---

1 黄薇主编:《中华人民共和国民法典合同编理解与适用》,中国法制出版社 2020 年版,第 158 页;张卫平:《民法典的实施与民事诉讼法的协调和对接》,载《中外法学》2020 年第 4 期;任重:《反思民事连带责任的共同诉讼类型——基于民事诉讼基础理论的分析框架》,载《法制与社会发展》2018 年第 6 期。

因此,本文欲另辟蹊径,从连带债权人的救济问题进行反向论证,将未参诉连带债权人作为类似必要共同诉讼和普通共同诉讼时的情况分别予以讨论,分析两种情形为未参诉连带债权人提供的救济模式,再将各自能提供的救济模式进行对比反思,探讨何种救济模式更为适宜且更能充分保护未参诉连带债权人的权利,进而倒推连带债权诉讼的合理诉讼形态,以更好解决我国连带债权诉讼适用的困境。

二、论争:连带债权诉讼的共同诉讼形态

不同于连带债权诉讼,连带债务诉讼的诉讼形态可以通过区分连带责任、按份责任、不真正连带责任以分析债权人的起诉自由程度和债务人内部的求偿权以进行区分界定。[2] 如上所述,连带债权诉讼为必要共同诉讼的可能性基本排除。然而棘手的是,类似必要共同诉讼允许当事人单独起诉,普通共同诉讼也只有在当事人和法院均同意的情况下才需合并诉讼,所以两者均可实现连带债权之诉的自由起诉权。

(一)两种诉讼形态在理论上均自圆共说

在程序法领域,理论界对我国共同诉讼形态的传统分类标准——诉讼标的有多种理解。若按"法律关系说"将诉讼标的理解为"当事人之间争议的民事法律关系",同时认为各个连带债权人与连带债务人之间均存在各自的债权债务关系,则连带债权诉讼具有多个同一种类之诉讼标的,那么连带债权诉讼就属于普通共同诉讼。若认为连带债权之间的诉讼标的为同一,即认为连带债权债务人之间的法律关系为单一的,那么连带债权诉讼就属于类似必要共同诉讼。此外,理论界对于类似必要共同诉讼和普通共同诉讼的区别是否依然按照"诉讼标的同一"这一标准已提出了质疑。[3] 有学者认为,类似必要共同诉讼不要求当事人共同诉讼,只是需要合一确定判决,所以应适用"合一确定的必要性"来区分其与普通共同诉讼诉。[4] 若由此解释,可以解决连带债权之诉的诉讼标的非为同一,从而无法归类于类似必要共同诉讼的问题。因此,按照诉讼标的

---

2 袁琳:《多数人之债的诉讼构造与程序规则》,载《中外法学》2021年第6期。

3 袁琳:《多数人之债的诉讼构造与程序规则》,载《中外法学》2021年第6期。

4 段文波:《德日必要共同诉讼"合一确定"概念的嬗变与启示》,载《现代法学》2016年第2期。

之分类标准，连带债权之诉既可归类于普通共同诉讼亦可归类于类似必要共同诉讼。

在实体法领域，两种诉讼形态均能满足连带债权人的自由起诉权。根据《民法典》第 518 条和第 521 条第 2 款，法律允许部分连带债权人起诉，债务人对该部分债权人做出的清偿有向全部债权人清偿的效果，此乃债务人和连带债权人之间的统一外部关系，而对于连带债权人内部之间的债权分配仅由债权人的内部关系决定，与债务人并无联系。当连带债权诉讼为普通共同诉讼时，法院只能询问连带债权人是否同意合并审理，该分类可以满足《民法典》赋予连带债权人的选择起诉与否的权利。对于类似必要共同诉讼，虽然法律未明确规定法院是否可以依职权追加未参诉连带债权人，但若赋予法院该项权利，相当于所有债权人均共同起诉从而直接适用必要共同诉讼的相关规定，这将失去适用类似必要共同诉讼制度的意义。因此，在类似必要共同诉讼中，法院应事先告知连带债权人，使其知晓该案件的存在之后，再由连带债权人自行选择。总而言之，普通共同诉讼和类似必要共同诉讼均可保护债权人的自由起诉权。

(二)两种诉讼形态在实践中均存在漏洞

若将连带债权之诉归为普通共同诉讼，则各连带债权人的裁判结果各自确定。然而连带债权人之间因共同享有债权、牵连度极高，分开判决容易导致同一债权内部的矛盾判决。相反，将连带债权人全部纳入诉讼更有助于法院查明事实真相，亦可防止连带债权人另行起诉，节约司法资源，保证“纠纷一次性解决”。若连带债权诉讼为类似必要共同诉讼，当所有连带债权人一同起诉时，法院应对所有连带债权人“一同审理、一同裁判”。加之类似必要共同诉讼的既判力存在扩张，即使分开起诉、分开判决，判决结果也将相同。所以考虑到连带债权之诉利益的一体性，连带债权诉讼归于类似必要共同诉讼似乎更为妥当。

但类似必要共同诉讼这一类型，目前并未被我国法律法规明文认可。在域外法中，将必要共同诉讼分为类似必要共同诉讼和固有的必要共同诉讼的做法最早起源于德国，目的是缓解必要共同诉讼的僵化而赋予个人以独立的诉讼实施权，但由于只有法律明确规定的情形才可适用类似必要共同诉讼，故德国又称其为基于诉讼法原因而产生的必要共同诉讼。[5] 因此,比较法意义上的类似必要共同诉讼范围法定且较为狭窄。根据德国学者的归纳,其情形主要有撤销共同财产诉讼、股东大会诉讼、遗产债务诉讼、亲子诉讼中的身份诉讼、破产程序中多数人提异议的诉讼、多个抵押债权人要求第三人债务人提存之诉。[6] 可以看出,德国法律并未将连带债权诉讼规定为类似必要共同诉讼。

此外,类似必要共同诉讼为当事人许诺的自由起诉权,只是其营造出的表面幻象。相反,类似必要共同诉讼的适用实质上会损害《民法典》赋予连带债权人的自由起诉权。若连带债权人选择一同起诉,法院就将适用必要共同诉讼的具体规则,将其列为共同原告。若连带债权人选择放弃一同起诉而另行起诉,法院亦应尊重其选择,但基于既判力扩张的规则,后诉判决将受约束于前诉判决。[7] 如此做法看似是将选择权交予了连带债权人,但若选择另行起诉,其获得的最终判决依然将受到既判力扩张的约束,法官对于相关事项将直接根据前诉判决进行裁判。因此,类似必要共同诉讼看似允许连带债权人自行选择是否起诉,但连带债权人为了更直接有效地保护自己的权利,大概率会选择成为共同原告一并进行诉讼。有学者将对不起诉的选择视作为对其他参诉债权人的赋权以使其成为"诉讼担当人",从而得出了连带债权人也有很可能选择不起诉的结论。[8] 不同于一般的任意诉讼担当人是由当事人选举产生,此种类型的诉讼担当人是通过连带债权人以不参加诉讼这种默认方式赋予的,因此,类似必要共同诉讼的原告参加诉讼之债权人的身份是类似于诉讼代表人的存在。持该观点的学者认为,适用类似必要共同诉讼也为当事人留有自由选择的余地,即是否"赋权"使他方成为"诉讼担当人"。但笔者认为,此种默认赋权的情形仅会发生于连带债权人之间具有紧密利益联系之时,不具有广泛的适用性。本文所讨论的正是由于连带债权人之间产生嫌隙从而出现利益不一致的情形。

综上所述,无论是普通共同诉讼还是类似必要共同诉讼,两者都能在基础原理上自圆其说,但两者在具体实践中也均存在漏洞。适用普通共同诉讼可保

---

5 任重:《反思民事连带责任的共同诉讼类型——基于民事诉讼基础理论的分析框架》,载《法制与社会发展》2018年第6期。

6 [德]罗森贝克、施瓦布、戈特瓦尔德:《德国民事诉讼法》,李大雪译,中国法制出版社2007年版,第307页。

7 汤维建:《类似必要共同诉讼适用机制研究》,载《中国法学》2020年第4期。

8 汤维建:《类似必要共同诉讼适用机制研究》,载《中国法学》2020年第4期。

证连带债权人的自由起诉权,但容易导致针对同一连带债权债务的矛盾裁判。适用类似必要共同诉讼可以避免矛盾裁判,却不能保证连带债权人的起诉自由。传统的说理至此已走到了逻辑死角,无法再进一步证明何者的适用更为优越。

三、质疑:类似必要共同诉讼视野下未参诉连带债权人的救济路径

在类似必要共同诉讼的前提下,关于未参诉连带债权人的地位界定存在一定的争议。由于既判力的扩张,未参诉连带债权人也会受到前诉判决的约束,故其应属于案件的当事人之一。但首先可以排除的是,未参诉的连带债权人不应是有独立请求权第三人。虽然也有学者认为,若连带债权人对原判决有异议,足以说明其不认可本诉中其他共同诉讼人的诉讼请求,有了自己独立的诉讼请求。[9] 但笔者认为,即使是在固有的必要共同诉讼案件中,必要共同诉讼人也有可能出现分歧且提出自己的请求,所以此理由并不足以支撑其观点。连带债权关系中只存在一个债权债务,即使连带债权人之间对债权比例有争执,也应属于债权人的内部比例纷争,原则上债权人之间可以通过另诉予以解决。此外,未参诉连带债权人也不应被界定为无独立请求权第三人,这是因为我国法律对于无独立请求权第三人的权利保护并不充分,且其判断标准"法律上的利害关系"与连带债权人之间的关系并不契合。[10] 因此,笔者认为,未参诉连带债权人可以被视作为"拥有原告地位的当事人"。

对于未参加诉讼之人的救济,我国立法主要设置了另行起诉、第三人撤销之诉、再审、执行异议和执行异议之诉以维护其合法权利。但上述救济并非都能被未参诉连带债权人适用。其中,执行异议之诉的适用被限定在与原裁判无关的实体权利主张,[11] 而未参诉连带债权人正是因为原审裁判导致权利受到损害,所以无法适用该程序。除此之外,未参诉连带债权人具体可适用何种程序并无定论,需要逐一讨论。

---

9 刘君博:《第三人撤销之诉原告适格问题研究——现行规范真的无法适用吗?》,载《中外法学》2014 年第 1 期。

10 曹云吉:《多数人诉讼形态的理论框架》,载《比较法研究》2020 年第 1 期。

11 张卫平、任重:《案外人第三人权益程序保障体系研究》,载《法律科学》2014 年第 6 期。

（一）另行起诉

根据我国《最高人民法院关于适用〈中华人民共和国民事诉讼法〉的解释》（以下简称《民事诉讼法司法解释》）第 247 条的规定，前后诉的当事人相同、诉讼请求相同和诉讼标的相同才构成重复起诉。若连带债权诉讼为类似必要共同诉讼，由于既判力的扩张，债权人另行起诉会存在主体是否能够适格的问题。对此，我国学者认为，[12]类似必要共同诉讼存在两种类型，一是既判力的全部扩张，二是既判力的部分扩张。这两种类型的区别在于，诉讼判决的效力能否直接扩张至未参加类似必要共同诉讼的其他主体上。因为确认之诉和变更之诉不会涉及强制执行程序，所以这两种诉讼归属于既判力全部扩张的类型，而给付之诉因为可以适用强制执行程序，所以其既判力不能直接扩张——生效裁判不直接对未参与诉讼的主体发生效力，当未参诉主体再次提起与之相关的诉讼时，因不能作出与之矛盾的裁判，故法院根据前诉判决作出该诉的最终判决。而对于连带债权之诉，连带债权之诉既有可能是财产类给付之诉，也有可能是确认之诉和变更之诉，如连带债权人向法院起诉要求债务人偿还债务，则为财产类给付之诉；连带债权人起诉请求法院确认连带债权债务关系的存在，则为确认之诉；连带债权人起诉请求变更连带债权债务关系为另一种法律关系，则为形成之诉。若适用上述理论，当原审为确认之诉和变更之诉时，未参诉的连带债权人若欲适用该判决，因原审判决已经对其生效，不能再另行起诉；当原审为给付之诉时，未参诉的连带债权人不能直接根据前诉判决申请执行，而需自行再提起诉讼，但法院将由于既判力的扩张而直接适用前诉的判决。所以，即使未参诉连带债权人能够另行提起诉讼，也并不能得到实质的救济。

（二）第三人撤销之诉

《民事诉讼法》第 59 条规定了第三人撤销之诉，但并未直接规定可以视作"拥有原告地位的当事人"是否能依据此条提起该程序。《全国法院民商事审判工作会议纪要》（以下简称《九民纪要》）第 120 条规定了债权人可以提起第三人撤销之诉的三种情形，连带债权人可以根据第三种情形"债权人有证据证明，裁判文书主文确定的债权内容部分或者全部虚假的"提起第三人撤销之诉，但其适用范围仅限于债权内容虚假，[13]并不具备广泛适用性。由此可见，未参诉连

12　汤维建：《类似必要共同诉讼适用机制研究》，载《中国法学》2020 年第 4 期。

13　详细论证见下文普通共同诉讼部分。

带债权人提起第三人撤销之诉虽然具有合法性,但理论界对其合理性依然众说纷纭。

首先是关于第三人撤销之诉本身的合理性。理论界对《民事诉讼法》第 59 条第 3 款关于第三人撤销之诉的批判从未停歇。[14] 由于判决的既判力具有相对性,约束诉讼中的双方当事人,所以许多学者认为的与案件无关的第三人可以提起诉讼使原生效判决撤销本就为无稽之谈。[15] 然而,笔者认为,若将连带债权诉讼视为类似必要共同诉讼,由于既判力的扩张,不同于一般情形下的案外人,未参诉连带债权人将受到前诉的约束,反而在理论上为其提起撤销之诉增加了一定合理性。

其次是关于"拥有原告地位的当事人",即原审遗漏的必要共同诉讼人,这类主体本身是否有权提起第三人撤销之诉。如上文所述,笔者认为未参诉的连带债权人此时可作为"拥有原告地位的当事人"。关于这类主体是否能提起第三人撤销之诉,理论界和实践中存在"肯定说"和"否定说"。"肯定说"主要从目的论出发,认为立法设置第三人撤销之诉的目的在于"遏制虚假诉讼",所以应当肯定原审遗漏的必要共同诉讼人的提起第三人撤销之诉的权利。同时,理论界还有限制肯定说,认为"在穷尽事前救济程序,且生效裁判损害其民事权益时"应肯定原审遗漏的必要共同诉讼人提起第三人撤销之诉的权利。[16] 但如今理论界的主流观点为"否定说"。持"否定说"的学者认为,第一,根据文义解释,从《民事诉讼法》第 59 条来看,法律只将提起第三人撤销之诉的权利赋予了有独立请求权第三人和无独立请求权第三人。第二,关于肯定说所持的目的论,此派学者认为,在"遏制虚假诉讼"方面,我国《民事诉讼法》第 207 条中还明确规定了原审遗漏的必要共同诉讼人可以提起审判监督程序,同样也能发挥防止错误的功能。第三,第三人撤销之诉审理部分只限于原生效裁判中侵害第三人的部分,与之相较,提起再审后法院将全面重新审理,两者的保护力度的强弱区别不言而喻。因此,虽然持"肯定说"的观点也未尝不可,但是从制度的和谐

---

14 张卫平:《第三人撤销判决制度的分析与评估》,载《比较法研究》2012 年第 5 期;任重:《论虚假诉讼:兼评我国第三人撤销诉讼实践》,载《中国法学》2014 年第 6 期;郑金玉:《我国第三人撤销之诉的实证运行研究》,载《中国法学》2015 年第 6 期。

15 陈刚:《第三人撤销判决诉讼的适用范围——兼论虚假诉讼的责任追究途径》,载《人民法院报》2012 年 10 月 31 日,第 7 版。

16 熊跃敏、梁喆妮:《原审被遗漏的必要共同诉讼人能否提起第三人撤销之诉——基于民事诉讼法第 56 条第 3 款的法解释学分析》,载《法治现代化研究》2019 年第 6 期。

运行和系统的自洽来说，还是直接赋予当事人申请再审的权利更为合适。[17] 第四，未参诉连带债权人权利受到侵害之情形本就不止虚假诉讼，还包括由于原诉当事人未掌握决定性证据等原因而败诉的情形。因此，第三人撤销之诉作为虚假诉讼的救济手段，也无法为未参诉连带债权人提供完整的救济。

综上所述，虽然在因虚假诉讼受损害时，未参诉之人提起第三人撤销之诉具备合法性，但是从理论上分析，鉴于未参诉连带债权人可以从再审获得更完整且全面的救济，在将连带债权视为类似必要共同诉讼时，未参诉连带债权人并不具有提起第三人撤销之诉的合理性。

（三）再审

《民事诉讼法》第207条第8项[18]和《民事诉讼法司法解释》第420条给予了必须共同进行诉讼的当事人因不能归责于本人或者其诉讼代理人的事由未参加诉讼时提起再审申请的权利。如上文所述，当连带债权诉讼归类于类似必要共同诉讼之时，未参诉连带债权人应被视作拥有原告地位的当事人，可以适用上述两条规定。

我国最高人民法院认为，《民事诉讼法》第207条只适用于尚未进入执行程序的情形，当进入执行程序之后，当事人应适用《民事诉讼法》第234条，需以执行异议为前提提起再审。[19] 但笔者不同意此观点。首先，《民事诉讼法》第234条规定的主体为案外人，当事人只能在案外人提出执行异议且获得法院裁定后，因不服该裁定而提出再审申请。因此，该条的适用情形为案外人排除错误执行，不应和第207条混用。[20] 其次，未参诉连带债权人无法对执行提起异议。对于未参诉连带债权人来说，其权利受到损害的一般情况为原审的债权人并未成功证明存在全部债权或仅证明部分债权的存在，或者是原审债权人与债务人之间恶意串通使法院判决不存在债权或者只存在部分债权。因此，在原审判决的结果为不存在债权之时，原审判决为消极的确认之诉，并不存在执行过程的问题。而在原审判决结果为只存在部分债权之时，连带债权人又对执行的这部

---

17 吴泽勇：《第三人撤销之诉的原告适格》，载《法学研究》2014年第3期。

18 《民事诉讼法》第207条规定："当事人的申请符合下列情形之一的，人民法院应当再审：……（八）无诉讼行为能力人未经法定代理人代为诉讼或者应当参加诉讼的当事人，因不能归责于本人或者其诉讼代理人的事由，未参加诉讼的……"

19 最高人民法院民法典贯彻实施工作领导小组办公室编著：《最高人民法院新民事诉讼法司法解释理解与适用（下）》，人民法院出版社2022年版，第937页。

20 详细论证见下文普通共同诉讼的部分。

分金钱债权并无异议。如若原审债权人与债务人有恶意串通,一般而言不存在债务人债务履行期限已过仍不履行,需要债权人向法院申请执行的情形。即使原审债权人选择申请执行,此时未参诉连带债权人实质上对被执行的债权这部分并没有异议,而是认为执行的债权并非全部债权。

除此之外,最高人民法院还认为,适用该条的当事人应是必须参加原审且一旦遗漏诉讼就不合法的必要共同诉讼人。由此可知,最高人民法院只考虑到了固有的必要共同诉讼,而并未将类似必要共同诉讼纳入其中。笔者认为,类似必要共同诉讼应当也能适用。原因在于,一是类似必要共同诉讼的既判力扩张,虽然允许债权人自愿选择起诉与否,但是也会受前诉判决的约束,与固有的必要共同诉讼当事人实则无异。二是如上文所述,未参诉债权人已无法通过另诉、第三人撤销之诉等其余救济手段进行完整的权利救济,再审已成为其唯一的合理途径。

因此笔者认为,在判决生效后,不论是否进入执行,《民事诉讼法》第 207 条均能作为被遗漏当事人申请再审的依据。而未参诉连带债权人不需要以执行异议为前提,其只需同时满足以下再审的基本要求:第一,自知道或者应当知道生效裁判之日起 6 个月内向法院申请再审;第二,因不能归责于本人或者其诉讼代理人的事由未参加诉讼;第三,证明原诉存在法定的 13 种再审事由;第四,需提交本人为原审遗漏的必要当事人的初步证据。

综上所述,在将连带债权诉讼视为类似必要共同诉讼的前提下,虽看似有另行起诉、第三人撤销之诉与再审三条路径可供未参诉连带债权人选择,但由于类似必要共同体诉讼的既判力具有扩张性的特点,另行起诉得到的判决将与前诉相同,无法起到救济效果,而作为"具有原告地位的当事人"之未参诉连带债权人也无法提起第三人撤销之诉,最终唯有再审能为未参诉当事人提供实质救济。

四、比较:普通共同诉讼视野下未参诉连带债权人的救济路径

当连带债权诉讼被界定为普通共同诉讼时,未参诉连带债权人在后续救济程序中应当作为案外人。故下文将讨论,当未参诉连带债权人作为案外人之时,其能适用的救济程序。

（一）另行起诉

如上文所述，根据我国《民事诉讼法司法解释》第247条规定，不同连带债权人提起的连带债权之诉的当事人并不相同，未违反禁止重复起诉的原则。普通共同诉讼的未参诉连带债权人可以另行起诉。并且，将连带债权诉讼视为普通共同诉讼之时，未参诉连带债权人属于案外人，基于既判力的相对性，判决不对案外人产生约束效力。[21] 此外，《民事诉讼法司法解释》第93条规定，已生效裁判所确认的事实无须当事人证明，但有相反证据足以推翻的除外，可知前诉判决中的事实认定部分仅具有免证效力。[22] 故而未参诉连带债权人另行起诉的判决并不受制于前诉判决，只要提出证据推翻前诉判决认定事实即可保护自己的合法权利。

（二）第三人撤销之诉

《九民纪要》第120条对于债权人能否提起第三人撤销之诉作出了具体的指示：第三人撤销之诉中的主体仅局限于有独立请求权和无独立请求权的第三人，而且一般不包括债权人。此外，该条根据立法目的解释，法律设立第三人撤销之诉在于，"救济第三人享有的因不能归责于本人的事由未参加诉讼但因生效裁判文书内容错误受到损害的民事权益"，所以又单独列出了三种债权人可以提起第三人撤销之诉的情形，分别与优先受偿权、撤销权等相关，并指出"除此之外的其他债权，债权人原则上不得提起第三人撤销之诉"。[23] 其中，未参诉连带债权人可以参照适用该条规定的第三种情形，"债权人有证据证明，裁判文书主文确定的债权内容部分或者全部虚假的"，如发生部分连带债权人和债务人恶意串通、法院判决不存在债权或只认定了部分债权这类情形，此时未参诉连带债权人可以根据该条提起第三人撤销之诉。

总体来看，在普通共同诉讼的情形下，作为案外人的未参诉连带债权人在其合法权利受到侵害时，原则上并不能提起第三人撤销之诉。虽然存在例外规定，但《民事诉讼法》和《九民纪要》也为其设置了严苛的启动条件，包括：第一，

---

21 ［德］奥特马·尧厄尼希：《民事诉讼法》，周翠译，法律出版社2003年版，第330页。

22 谢勇：《案外人和第三人民事诉权保护制度》，载《人民司法》2015年第17期。

23 《民事诉讼法》第59条第3款规定："前两款规定的第三人，因不能归责于本人的事由未参加诉讼，但有证据证明发生法律效力的判决、裁定、调解书的部分或者全部内容错误，损害其民事权益的，可以自知道或者应当知道其民事权益受到损害之日起六个月内，向作出该判决、裁定、调解书的人民法院提起诉讼。人民法院经审理，诉讼请求成立的，应当改变或者撤销原判决、裁定、调解书；诉讼请求不成立的，驳回诉讼请求。"

因不能归责于本人或其他诉讼代理人的事由未参加诉讼；第二，债权人有证据证明，裁判文书主文确定的债权内容部分或者全部虚假；第三，自知道或应当知道其民事权益受到损害之日起6个月内起诉；第四，撤销的对象限于已经发生法律效力的判决、裁定和调解书；第五，生效的判决、裁定、调解书的错误内容损害了第三人的民事权益；第六，须向作出生效判决、裁定、调解书的法院起诉。也有学者指出，从司法实践来看，由于我国实行立案登记制，即使上述条件没有达成，立案庭也会直接立案，进入审理程序。[24]

虽然法律赋予了连带债权人提起第三人撤销之诉的权利，但是笔者认为该权利依然有待商榷。在连带债权诉讼为普通共同诉讼的情形下，基于判决既判力的相对性，即使前诉是虚假诉讼，原案件对作为一般案外人的未参诉连带债权人本就无拘束力，未参诉连带债权人没有撤销不会侵害其权利之诉讼的必要。即使原案件损害了连带债权人的利益，连带债权人也可以通过另行起诉获得有利于自己的判决。并且，如上文所述，我国的第三人撤销之诉的宗旨在于救济虚假诉讼，而未参诉连带债权人权利受损的情形，远不止前诉当事人恶意串通，还存在如前诉债权人只成功主张部分债权使得连带债权人的债权没有全部实现等前诉判决为正确判决的情形，所以第三人撤销之诉也不能为其提供完全的救济，而另行起诉已经足以完全解决该问题。因此，笔者认为，没有专门赋予连带债权人提起第三人撤销之诉的必要性。

（三）再审

申请再审的主体一般为案件的当事人。[25] 同时，我国立法也赋予了案外人申请再审的权利。《民事诉讼法》第234条[26]规定，在进入执行程序之后，案外人欲撤销原判决，需要提起执行异议作为前置程序。《民事诉讼法司法解释》第421条规定，案外人对驳回其执行异议的裁定不服，认为原判决、裁定、调解书内容错误损害其民事权益的，可以自执行异议裁定送达之日起六个月内，向作出

---

24 刘东：《反思第三人撤销之诉与案外人申请再审的关系——基于立法、司法、法理的多维角度》，载《河南财经政法大学学报》2020年第5期。

25 参见《最高人民法院关于适用〈中华人民共和国民事诉讼法〉审判监督程序若干问题的解释》第29条。

26 《民事诉讼法》第234条规定："执行过程中，案外人对执行标的提出书面异议的，人民法院应当自收到书面异议之日起十五日内审查，理由成立的，裁定中止对该标的的执行；理由不成立的，裁定驳回。案外人、当事人对裁定不服，认为原判决、裁定错误的，依照审判监督程序办理；与原判决、裁定无关的，可以自裁定送达之日起十五日内向人民法院提起诉讼。"

原判决、裁定、调解书的人民法院申请再审，进一步明确了《民事诉讼法》第234条的"依照审判监督程序办理"之操作细则。

然而，《民事诉讼法》第234条的立法初衷并不在于为本文所讨论的情形提供救济。该条的设立是为了解决法院的执行边界限于被执行人的责任财产和执行法院只能通过权利外观以判断财产所有权归属以致无法达到百分之百精准度的矛盾，旨在为案外人排除法院错误执行提供救济手段。[27] 例如，法院确定某物为被告所有，执行法院根据生效判决执行该物，但是该物实为案外人A所有，此时A认为原判决、裁定错误，可提起此类执行异议。即实际上是案外人主张了全新的不同于原判决、裁定所确定的的实体法律关系。而未参诉连带债权人的寻求救济的情形与此完全不同。如上文所述，对于未参诉连带债权人来说，其权利受到损害的一般情况为原审的债权人未成功证明存在全部债权或仅证明部分债权的存在，或者是原审债权人与债务人之间恶意串通使得法院判决不存在债权或者只存在部分债权。故未参诉连带债权人实质上是认为执行的债权并非全部债权，对被执行的这部分债权并无异议，甚至可能根本不存在执行程序。因此，未参诉连带债权人受损的情形并不同于该条所救济的情形，不能适用这条案外人的再审规定。

此外，即使立法允许案外人根据该条提起再审程序，对于案外人而言，利用该程序来保障权利亦不是最佳且唯一的路径。判决具有相对性，不属于当事人的案外人并不会受原判决的约束。反而，允许案外人申请再审会招致大量本与案件无关的案外人借此机会申请再审，以此达到为原审案件中被执行人拖延执行的目的，进而破坏原诉的稳定性。并且在域外法中，案外人申请再审虽然为申请再审的一种类型，但亦是作为例外而存在，如《日本民事诉讼法》规定"在判决效力及于第三人之情形下，享有撤销判决之固有利益的第三人，具有再审适格"；再如《意大利民事诉讼法》规定，因他人之间的判决而权利受侵害的第三人可以对确定判决提起再审。[28] 而对于本文所讨论的情形，将连带债权诉讼视为普通共同诉讼之时，由于既判力的相对性，未参诉连带债权人不会受到前诉裁判的约束，与域外法中的例外情形并不相符。

---

27 金印：《案外人对执行标的主张实体权利的程序救济》，载《法学研究》2021年第5期。

28 赵钢、刘学在：《民事审监程序修改过程中若干争议问题之思考》，载《中国法学》2009年第4期。

更遑论未参诉连带债权人通过另行起诉即可得到更为完整的救济。一方面,对于案外人而言,另行起诉较之再审更能保证其基本的审级利益。再审的审级取决于已发生法律效力之判决的原来审级。若未参诉连带债权人对二审判决不服,在连带债权之诉为普通共同诉讼的前提下,未参诉连带债权人并非前诉遗漏的必要共同诉讼人,则再审将适用二审程序作出裁判,其审级利益将受到损害。另一方面,提起新诉的门槛比严苛的再审要简单得多。提起再审需满足诸多门槛,如《民事诉讼法》第207条所规定的13种条件,但提起新诉只需满足《民事诉讼法》第122条和第123条的规定。因此,笔者认为,在未参诉连带债权人可以选择另行起诉时,立法没有必要再为其提供再审的救济途径。

综上所述,若连带债权诉讼被界定为普通共同诉讼,未参诉连带债权人最合理的救济途径为另行起诉。对于第三人撤销之诉,虽然目前立法赋予了连带债权人在前诉虚假时提起该诉讼的权利,但是适用范围较为狭窄,可操作性不强。我国立法目前赋予案外人再审的法条不能成为未参诉连带债权人申请再审的根据,且在未参诉连带债权人能选择另行起诉的前提下,亦没有例外性地赋予其再审救济的必要。

五、反思:连带债权之诉共同诉讼形态的再探讨

现行《民事诉讼法》中尚未对连带债权诉讼的具体诉讼形态作出明确规定。本文基于现行《民法典》和零散的各司法解释之规定,通过理论论证,梳理了普通共同诉讼和类似必要共同诉讼对应的未参诉连带债权人之不同救济模式:在类似必要共同诉讼前提下,未参诉连带债权人的救济方式为提起再审申请;在普通共同诉讼前提下,其救济方式为另行起诉。与另行起诉提供的救济相比,类似必要共同诉讼的救济方式更为复杂且效果甚微。一旦当事人漏列连带债权人,法院也未行使追加权,未参诉连带债权人则只能通过再审程序进行救济,其启动救济之路困难重重。首先,现有立法要求,在类似必要共同诉讼情况下未参诉连带债权人提出再审申请前,以执行异议为前置程序。但未参诉连带债权人权利受损的情形,一般为部分连带债权人与债务人串通导致判决认定的债权不足或没有债权,未参诉连带债权人难以提起执行异议,再审申请这一救济于未参诉连带债权人而言有名无实。其次,即使此后立法取消未参诉连带债权人执行异议的前置程序,未参诉连带债权人具有了提出再审申请的可能,但通

过再审申请需满足诸多实体条件和程序条件，尤其是“未参诉连带债权人非因自己的过错而未参加前诉”。基于法院本就需要承担诉讼前通知所有债权人的义务，连带债权人在未知情形下非因可归责自己的原因而未参加诉讼的情形本就稀少，导致这一救济途径难以被适用。此外，在实践中，法院总体上对于再审适用采取的是审慎态度，以至于再审申请审查异常严格，造成再审程序的启动相当困难。更遑论即使未参诉连带债权人冲破层层关卡，进入再审程序，而再审程序本身就程序复杂、耗时漫长，颇费诉讼成本。

相反，作为普通共同诉讼的案外人救济模式，另行起诉既不要求债权人不知情，亦不要求债权人证明前诉错误。尤其在立案登记制的背景下，未参诉连带债权人只需起诉就能进入审理阶段。因此，就程序启动而言，相较于再审程序一系列严苛的申请要件，另行起诉更简洁、更有效率且更具成功的可能性。此外，由于法律规定法院需要经过当事人同意才能将各诉讼合并，将连带债权诉讼直接定义为普通共同诉讼可以彻底纠正当下司法实践在处理连带债权诉讼时将所有债权人直接全部拉入诉讼的错误做法，也更符合《民法典》的精神。

类似必要共同诉讼存在的意义在于缓解必要共同诉讼要求所有原告必须一同起诉和应诉的紧张关系，减少法院追加必要共同诉讼人的成本，并赋予当事人自行选择起诉与否的权利，以减少法院自行追加当事人的权力滥用。[29] 将连带债权之诉归类于类似必要共同诉讼的初衷，亦是为了实现《民法典》赋予连带债权人的自由起诉权利。但正如前文所述，类似必要共同诉讼既判力扩张这一特性实质上逼迫当事人选择一同起诉，赋予连带债权人的自由起诉权已名存实亡。与之相比，普通共同诉讼可以更好地实现该目的，所以从民事诉讼法和民法衔接的角度来看，普通共同诉讼也更胜一筹。

因此，在类似必要共同诉讼和普通共同诉讼均能契合《民法典》赋予连带债权人选择权的立法目的时，从全面保护债权人诉权和实体权利的角度来看，将连带债权归为普通共同诉讼更为合理。在未参诉连带债权人发现原审当事人存在恶意串通等情形致使自己权利受损时，可以直接通过另行起诉获得救济。

29　汤维建：《类似必要共同诉讼适用机制研究》，载《中国法学》2020年第4期。

非典型担保中流担保约款解禁证成

钟诗敏　陈胜蓝*

【内容提要】《民法典》第401条与第428条虽对《物权法》(已失效)流担保禁止规定予以极大软化,但流担保约款本身效力如何仍未有明文,且功能主义担保的引入使流担保禁止的规范射程在解释上有向非典型担保扩张之嫌。在市场经济背景下,鉴于现行法对非典型担保规范供给缺位,为避免流担保禁止适用范围不当泛化损及私法自治并挫伤非典型担保的制度独立性,宜限制流担保禁止在法无明文之商事性非典型担保中的类推适用或者准用,以充分发挥非典型担保的效率价值并推动金融担保创新。流担保约款解禁并经公示后,因担保权人可不经强制清算而径直取得担保物所有权,是故对于可能产生的利益失衡可通过履行选择权与清算申请权的赋予以及合同效力规则与债之保全措施的应用等途径矫正。

【关键词】　流担保约款　非典型担保　解禁　效率　任意性清算

市场经济不断繁荣使单纯依靠典型担保物权进行融资难以满足交易主体对于资金的需求,通过债权合意实现担保功能渐受青睐。[1]《民法典》为优化营商环境,适时对担保制度进行了重大改革,[2]然而功能主义担保的引入并非完善

* 钟诗敏——暨南大学法学院/知识产权学院博士研究生,主要研究领域:民法学;陈胜蓝——暨南大学法学院/知识产权学院副教授,主要研究领域:民商法。本文是暨南大学法学院/知识产权学院2021年博士研究生拔尖创新人才培养项目“选择权合同研究”(项目编号:FXBC2021002)的阶段性成果。

1　高圣平:《担保法前沿问题与判解研究——最高人民法院新担保制度司法解释条文释评》,人民法院出版社2021年版,第457页。

2　王利明:《担保制度的现代化:对〈民法典〉第388条第1款的评析》,载《法学家》2021年第1期。

我国担保制度一劳永逸的捷径，[3] 且功能主义担保在我国法语境中将不可避免地产生担保强行法规范射程不当扩张的消极后果。[4] 其中至为突出者，当属"流担保禁止"在典型担保物权与非典型担保中的法律适用问题。[5] 鉴于此，本文拟以流担保约款在法无明文之商事性非典型担保中的解禁为论述核心，通过对流担保约款之价值的分析明确流担保约款解禁的正当性，并通过对非典型担保与典型担保物权之异同的阐释以及对各方交易主体之利益的平衡明确流担保约款解禁的合理性与可行性。[6]

一、问题的提出

《民法典》第388条第1款立足比较法上的功能主义担保理念，在遵循我国既有之形式主义体例的前提下，通过引入"其他具有担保功能的合同"这一概念，扩张了担保关系的外延，[7] 为金融担保创新提供了多元化路径选择。在"担保"因功能主义之引入而逐渐"泛化"的过程中，非典型担保所受规制的限度应当如何划定以及非典型担保的法律适用与典型担保物权规则之间何时存在必须类推或者准用关系而何时又无须类推或者准用，目前尚不明确。以《民法典》中的所有权保留制度为例，《民法典》第641条在权利公示方式上对所有权保留作出了等同于典型担保物权的处理，并于第414条将所有权保留的公示效力与典型担保物权的公示效力进行了统一；然而，在担保功能实现的条件和程序等方面，《民法典》对于所有权保留与典型担保物权又分别存在不同的调整模式。

3　发端自美国《统一商法典》第九编的功能主义担保，其核心之一即"无论交易形式为何，所有具有担保功能的交易均适用统一的交易规则"。See James Brook, Secured Transactions: Examples and Explanations (third edition), Aspen publishers, 2005, p. 6.

4　李永军：《论民法典形式意义与实质意义上的担保物权——形式与实质担保物权冲击下的物权法体系》，载《西北师大学报（社会科学版）》2020年第6期。

5　尽管《民法典》第401条与第428条业已对《物权法》第186条和第211条作出了极大软化，但流担保约款的效力实际上仍未获得法律明确承认，"流担保禁止"亦未得到任何实质性改变，盖因《民法典》第401条与第428条使流担保约款丧失了"以直接移转担保物所有权清偿债务"这一根本特征，当事人无法获得缔约时意欲之法律效果。参见刘保玉：《民法典担保物权制度新规释评》，载《法商研究》2020年第5期。

6　所谓"流担保约款"即流质条款与流抵条款之统称，是指当事人在担保权可实现之前，经由合意所达成的担保权人在债务清偿期限届满后有权不经公力救济程序而径直取得担保物所有权的约定。

7　吴光荣：《〈民法典〉对担保制度的新发展及其实践影响——兼论〈民法典担保制度司法解释〉的适用范围》，载《法治研究》2021年第4期。

“‘典型’非典型担保”尚且如此,法无明文之“‘非典型’非典型担保”又将如何?由于《民法典》缺乏对于非典型担保的规范供给,在功能主义担保与形式主义担保的双重作用下,该种语焉不详的现状更是加剧了非典型担保的法律适用难度。例如,非典型担保是否适用典型担保物权中的流担保禁止规则,应否对非典型担保施以强制性清算义务,以及非典型担保外在体系对诸如效率与安全等存在于内在体系中的法价值应作何种体现与平衡等问题,均尚未在现行法中得到妥适解决。

《民法典》颁行前,我国司法实践对于流担保约款的规范射程争议始终存续。持“否定论”者曾指出,依“法无禁止皆可为”的私法原则,流担保禁止的作用范围仅限于抵押合同与质押合同,抵押与质押关系之外的非典型担保无须受制于此。[8] 相反,持“肯定论”者则坚持认为,流担保禁止不仅调整典型担保物权关系,也调整非典型担保关系,诸如“买卖型担保”中的不动产转让合同或者“股权让与担保”中的股权转让合同等,均存在因悖于流担保禁止而无效或者部分无效的可能。[9] 同样,对于实践中常见的回购协议,也存在涉案条款是否应当被认定为因违反流担保禁止规定而无效的纷争。[10] 为尝试缓和此中争议,最高人民法院在《全国法院民商事审判工作会议纪要》(以下简称《九民纪要》)中,有针对性地对“让与担保”的权利实现程序作出了等同于典型担保物权的规定,通过限制流担保约款在“典型”非典型担保中的法律效果以实现功能主义担保所追求的统一。其后,该种立场在《最高人民法院关于适用〈中华人民共和国民法典〉有关担保制度的解释》(以下简称《担保制度司法解释》)中得到了进一步强化。然而尽管如此,由于非典型担保在类型上具有无限性,且《民法典》对典型担保物权中的流担保禁止是否应当被类推适用或者准用于一切非典型担保未有明文,是故对于部分尚未被纳入现行法调整的“非典型”非典型担保而言,典型担保物权之流担保禁止的类推适用或者准用在解释上似非必然。

诚然,功能主义担保为流担保禁止的规范射程扩张“创造”了解释基础,即

8 参见内蒙古自治区呼和浩特市新城区人民法院民事判决书,(2017)内0102民初7325号;贵州省高级人民法院民事判决书,(2016)黔民终144号。

9 参见广东省江门市中级人民法院民事判决书,(2020)粤07民终2373号;上海市高级人民法院民事判决书,(2019)沪民终534号。

10 “肯定论”者参见海南省高级人民法院民事判决书,(2016)琼民再11号;“否定论”者参见四川省成都市中级人民法院民事判决书,(2018)川01民初2741号。

经由功能主义的作用力,典型担保物权中的流担保禁止规则理论上能够被延伸至所有“具有担保功能的”交易,无论这些“具有担保功能的”交易是否为《民法典》所明文规定。[11] 然而,依传统民法中的形式主义担保,基于严格的物权法定原则,因流担保禁止条文位于抵押权与质权章节之下,根据狭义法解释学观点,应当认为流担保禁止并非担保物权一般规范而仅调整抵押权与质权。对此,学界曾有观点指出,本着警惕“担保”泛化的立场,虽具备担保功能但实际上并非抵押或者质押者不适用流担保禁止。[12] 比较法上亦有认为,流担保禁止仅维护担保物权之特性不受合同自由的改变而非旨在防止担保人遭受不利益,在非典型担保中约定流担保约款应受法律允许。[13] 反对意见则辩称,流担保禁止未被置于一般规范之下仅因留置权与之无涉,流质禁止与流抵禁止所调整的行为具有共同性,故不应将流担保禁止狭隘地局限于抵押法律关系与质押法律关系,非典型担保亦不得与此相违。[14] 由是观之,形式主义担保与功能主义担保在产生基础和规则理念等方面存在本质区别,《民法典》在选择双重担保观的同时必然产生法律适用上的矛盾和冲突。[15] 纵观担保制度在域内外的发展与变迁,担保从“法定”走向“意定”、从“典型”走向“非典型”逐渐成为大势所趋。但是,静态的法律规范本身难以前瞻性地预设完全符合交易实践需求的担保制度,游离于法典之外的各种非典型担保在深刻影响人们经济生活的同时,也对既有法教义学体系构成了严峻挑战。流担保约款在典型担保物权与非典型担保中分别具有何种作用路径,流担保禁止的规范射程因功能主义担保的影响而不当扩张所产生的体系效应如何消解,不无探讨之必要。

二、非典型担保中流担保约款的效力正当性

随着商品经济持续发展与交易需求日趋多样,为规避流担保禁止这一强行

---

11 William H. Lawrence, William H. Henning, R. Wilson Freyermuth, Understanding Secured Transactions (fifth edition), Lexis Nexis, 2012, p. 12.

12 陈本寒:《新类型担保的法律定位》,载《清华法学》2014年第2期;杜万华主编:《最高人民法院民间借贷司法解释理解与适用》,人民法院出版社2015年版,第432页。

13 BGH DNotZ 2003, 127, 128 f.; MüKoBGB/Lieder, 7. Aufl. 2017, BGB §1149 Rn. 12.

14 陆青:《以房抵债协议的法理分析——〈最高人民法院公报〉载“朱俊芳案”评释》,载《法学研究》2015年第3期。

15 谢鸿飞:《〈民法典〉实质担保观的规则适用与冲突化解》,载《法学》2020年第9期。

法规范，各种新型担保样态在实践中逐渐产生，流担保禁止规则也因此不断遭受质疑。学界就“流担保约款的效力应否解禁”“应当在何等程度解禁”等相关问题曾展开激烈探讨，并形成“完全解禁说”[16]“相对解禁说”[17]等不同观点。应当承认，现代社会中，流担保约款在尊重当事人意思自治和满足当事人对效率价值的追求等方面具有不可替代的制度优势，明确非典型担保中流担保约款的功能所在是其法律效力解禁证成的前提。

（一）现代社会当事人风险自担的经济理性

流担保禁止肇始于罗马法，彼时尚处奴隶制社会，经济落后且贫富差距甚为明显，流担保禁止旨在保护担保人免因没收条款（lex commisoria）而受债权人盘剥，盖设定担保的债务人多是“弱而愚”且“经济力量薄弱”的穷困之人。[18]流担保禁止之所以经久不衰，主要原因在于立法者普遍认为不经清算而径以价值远高于被担保债权数额的担保物抵债，对担保权人是为暴利但对担保人则是严重的利益受损，流担保禁止恰好在一定程度上有利于防范变相高利贷并因此能够更好地实现社会公平。[19] 近年来，我国司法实践亦有类似观点认为，流担保禁止的合理性在于防止处于优势地位的债权人通过损害担保人与其他利益第三人合法权利的方式牟取不当暴利。[20]

应当指出，法律的制定或者规范的解释必须服务于现时社会经济基础，唯此方能满足社会所需。有别于流担保禁止规范确立之时的社会背景，在商品经济高度发达的现如今，融资途径日益多样，当事人从事融资活动的目的逐渐由迫于生计转化为生产经营，[21]非典型担保亦大多由当事人在权衡各方利弊得失后自主进行，流担保禁止所依凭的社会基础正在逐渐丧失。与此同时，流担保禁止所极力克服的消极影响即利益失衡结果的产生以及变相高利贷或者暴利盘剥等现象的发生仅为或然而非必然。在当事人之间的利益分配不存在显著

16　孟强：《〈民法典物权编〉应允许流质流抵》，载《当代法学》2018 年第 4 期。

17　高圣平：《论流质契约的相对禁止》，载《政法论丛》2018 年第 1 期。

18　周枏：《罗马法原论》（上册），商务印书馆 2019 年版，第 453 页。

19　Roger J. Goebel, Reconstructing the Roman law of Real Security, 36 Tulane Law Review 29, 29 – 66 (1961 – 1962).

20　参见广东省珠海市中级人民法院民事裁定书，（2016）粤 04 民终 2758 号；重庆市第一中级人民法院民事判决书，（2016）渝 01 民终 5755 号；广东省汕头市中级人民法院民事裁定书，（2016）粤 05 民终 653 号。

21　高圣平：《民法典担保物权法编纂：问题与展望》，载《清华法学》2018 年第 2 期。

失衡时,流担保禁止的规范意旨相应地也将无以依凭。换言之,担保物价值远高于被担保债权数额这一前提仅存在于假设之中,二者相当乃商品经济交易常态,甚至担保物价值低于被担保债权数额亦有可能。况且,担保并非债权实现的直接方式而仅为债权实现提供保障,担保物所有权之于担保权人亦仅为一种信用增级与敦促偿债的法律工具,担保权人大多无意通过取得担保物所有权的方式侵害担保人利益。相反,在担保物价值远高于被担保债权数额时,流担保约款更能通过对担保人产生威慑力从而更好地体现担保作用,盖因趋利避害是每一个理性经济人的本能。在非典型担保中,流担保约款作为一种真实合意的体现,是当事人为实现自身利益最大化而对其交易条件进行自由博弈与综合权衡的结果。此时,对于流担保约款最终的法律效果以及其中可能存在的交易风险,当事人大多具备必要的预见能力与应对手段。即使担保物价值与被担保债权数额之间确有差距并因此存在经济学视角下的不利益方,这也是当事人协商一致且甘愿自担风险与自负盈亏的体现。[22] 无视当事人独立的意思能力与理性的认知能力肆意限制当事人的自由意志并对抽象危险进行过度保护实属矫枉过正。

在私法领域,具备民事权利能力和民事行为能力的主体均有为意思表示的能力与自由,并有权根据个人意志安排经济生活。合同自由是私法自治最根本和最直接的体现,私法规范不仅应当允许当事人通过意思表示创设合同关系,而且需要对当事人意欲通过意思表示所取得的法律效果予以确认和保护。为此,对于合同效力的评判须审慎为之,当不存在无效事由且某一特定法律关系仅关涉私主体的私人利益时,公权力不得动辄宣告合同无效,否则该种不可逆后果将无从弥补。非典型担保处于法律的交叉点并根植于债法制度与物法制度,自然受合同自由原则深度调整。当事人在非典型担保中基于某种特殊考量合意订立流担保约款,即体现了对合同自由的践行与追求。[23] 这种自由既包含创设法律关系或者法律效果的意思自治,也包含通过不同范式的路径选择达到相同法律效果的合同自治。[24] 强制并非私法规则的运行常态,完全禁止非典型担保中的流担保约款并将其归之于无效,或者将非典型担保中流担保约款的法

22 庄加园:《"买卖型担保"与流押条款的效力》,载《清华法学》2016年第3期。

23 刘斌:《论我国民法总则对商事规范的抽象程度——以民法总则的立法技术衡量为视角》,载《当代法学》2016年第3期。

24 刘俊:《流质约款的再生》,载《中国法学》2006年第4期。

律效果转介至典型担保物权的权利实现程序,此既与私法属性难合,也有违谦抑精神。[25] 比较法上曾经出现因非典型担保制度化与清算义务强制化而导致非典型担保丧失生命力之迹象,[26]引此为鉴,非典型担保当事人的意思自治及其各自的交易需求理应得到法律尊重。

(二)非典型担保的商事性与主体交易需求

目前,担保制度尤其是非典型担保的功能业已由单一的债之保全逐渐转向多元的信用创造,其旨在建立一种合理利用有限资源的市场运行机制和社会经济秩序,并致力于为交易主体以较低成本扩大融资规模提供制度便利。作为一种因应现代交易实践需要所产生并发展的担保类型,非典型担保在确保债权清偿与促成社会融资以及保障金融安全和推动经济繁荣等方面具有不可或缺的制度价值。相较于传统民法中的典型担保物权而言,非典型担保更便捷且更高效,并具备不同于传统民事担保的商事性与营利性。此等商事性与营利性并非必然表现为财产的增加,诸如权利的享有或者交易机会的获得等均为其中之所涉。例如,即使交易主体出于某种长期合作意愿主动让利甚至甘愿亏损,此时也不能否认商事性与营利性的存在。此等本质属性使非典型担保拥有一套有别于传统民事担保的特殊交易规则成为必要。倘若无视非典型担保的商事性与营利性,并在法律适用过程中将非典型担保完全系于传统民法中的典型担保物权规则调整,此既容易致使制度价值失当,也将极大抑制非典型担保社会功用的充分发挥,[27]融资担保效率化机制的构建与完善亦将受阻。

公正、自由、平等、安全和效率等存在于内在体系的诸价值,被视为担保制度乃至私法领域的共同追求。[28] 然而,在各种不同的私人法律关系中,上述价值具有多样化作用路径。当事人在价值偏重层面所体现的差异性,恰恰也是传统民事担保与具备商事性与营利性之非典型担保的区别所在。传统民事担保以"静态安全"为唯一价值追求,力求足额担保,并以"等价"为其宗旨;具备商事性与营利性的非典型担保则以自由和效率为最大价值追求,力求物尽其用,旨

25　张淞纶:《债权人视角下的担保制度——兼论〈民法典〉中担保制度的立法构想》,载《法律科学(西北政法大学学报)》2019年第6期。

26　参见[日]林良平:"仮登記担保法制定",《ジュリスト》1988年第900号,第259页。转引自冯洁语:《民法典视野下非典型担保合同的教义学构造——以买卖型担保为例》,载《法学家》2020年第6期。

27　刘斌:《民法典编纂中商事担保的立法定位》,载《华东政法大学学报》2018年第4期。

28　谢鸿飞:《〈民法典〉担保制度内在体系的变迁》,载《东南学术》2021年第5期。

在维持交易的“动态安全”。[29] 对于交易安全的不同侧重使具备商事性与效率性的非典型担保在法律适用层面蕴含区别于传统民事担保的特殊性,流担保约款的效力肯认即为该种特殊性的应然体现。通过流担保约款避免担保权实现程序中的累诉,有利于降低担保权实现的时间成本、经济成本和人力成本,从而提高担保交易效率与受担保债权的清偿程度。[30]

受制于流担保禁止规则,各种法律规避行为在实践中相继产生。例如,为实现流担保约款的法律效果,当事人往往会借由股权转让、买卖合同或者对赌协议等不同法律工具,流担保禁止这一强行法规范无法遏止追求效率的当事人订立流担保约款并旨在取得相应法律效果的交易意愿。实际上,流担保禁止在我国法中并非铁律,我国历史上曾繁荣发展且客观上具备担保功能的典当制度即存在“绝当”这一相当于流担保约款之效果的法律关系。[31] 比较法上,为促进商事交易高效开展,以美国《统一商法典》第九编为代表的立法例大都通过“断赎担保物”等相关规定对流担保约款的法律效力予以完全肯认;[32]即使是在对流担保约款之效力采区分主义的部分法域,商事领域中的流担保约款亦得到了法律确认。[33] 随着市场经济持续发展,在具备商事性与营利性的非典型担保中,当事人对市场信息和交易知识的认知能力以及对交易风险和情事变更的处理能力较一般民事主体而言相对更强,是故此类担保宜奉行合同自由而排斥国家强制。当然,在商事活动中,基于意思自治与自身交易需求,当事人既可以选择抵押或者质押等典型担保物权,也可以选择非典型担保,唯典型担保物权法律关系受有传统民法之形式体系与《民法典》流担保禁止的束缚。与流担保禁止相伴而生的无效率与高成本必然与非典型担保所追求的便捷和高效相抵牾,为提高规则合理性并抑制非正义风险,须重新审视流担保约款在商事营利性不断增强而人格专属性不断减弱之非典型担保中的效力及其法律效果,否则势必影响交易效率且有违事物本质。[34]

---

29 赵姿昂:《民法典视野下商事担保制度的整合与建构》,载《河南社会科学》2018 年第 12 期。

30 杨善长:《流押条款法律效力辨——兼及法律父爱主义立法思想之取舍》,载《河北法学》2017 年第 3 期。

31 郭娅丽:《普惠金融理念下典当融资规则的理论探讨与实践求证》,知识产权出版社 2016 年版,第 112 页。

32 参见美国《统一商法典》第 9－501 条第 1 款、第 9－505 条第 2 款等。

33 参见《日本商法典》第 515 条、《韩国商法典》第 59 条等。

34 叶林:《商法理念与商事审判》,载《法律适用》2007 年第 9 期。

（三）诚信原则的遵循与实质公平的法体现

在判断《民法典》流担保禁止规则是否应当类推适用或者准用于非典型担保时，不能孤立地探究流担保禁止本身的规范意旨，而应审度整个法律体系的客观目的，如诚信原则等是否得到遵循。[35] 在适用范围上，诚信原则更加侧重于对商业道德的强调，是故主要发生于商事交易领域的非典型担保自应受诚信原则调整。对于商业道德的强调亦使诚信原则在维护交易安全的同时得具备降低交易成本与增进交易效率的功能，这与非典型担保的制度价值不谋而合。[36] 流担保禁止原本旨在对处于弱势的担保人提供法律保护，然而目前，非典型担保的担保人多是具有优势地位且具备相应风险认知与风险应对能力的企业，流担保禁止在司法实践中屡屡沦为担保人拒不履行担保义务的抗辩理由。流担保禁止不仅无法发挥其应有功用，反而为担保人恶意践踏作为法律内在界限的诚信原则提供了制度之便。例如，担保人为获得融资而在明知流担保约款无法发生所欲求之法律效果时仍与担保权人达成流担保合意，事后复以流担保禁止为据借违法无效之名毁约，此举与诚信原则严重违背。[37] 因流担保约款生效所引致的消极影响在发生上具有或然性，但流担保禁止对意思自治与诚信原则的背离已属既定事实。[38] 流担保约款解禁既是平衡主体利益的制度彰显，同时也是贯彻诚信原则的内在要求。

就主体之间的利益关系而言，无论是担保权人还是担保人，最终的资金持有者才是强势一方，借贷身份与主体强弱不应有涉。[39] 只有当经济发展尚处于初始阶段或者衰弱阶段时，担保权人与担保人之间的不平等状态才会异常凸显。[40] 在完全竞争的市场秩序中，传统民事担保之担保人有义务无权利和担保权人有权利无义务的不对等状态被改变，担保人可以在对担保物的价值、债务

---

35 Claus-Wilhelm Canaris, Die Feststellung von Lücken im Gesetz, 2. Aufl., Berlin: Duncker & Humblot, 1983, S. 39f.

36 张伟：《〈民法典〉时代非典型担保的逻辑追问与效力审视——以买卖型担保为分析视角》，载《社会科学战线》2022 年第 3 期。

37 夏昊晗：《诚信原则在"借违法无效之名毁约"案型中的适用》，载《法学》2019 年第 6 期。

38 许德风：《论合同违法无效后的获益返还——兼议背信行为的法律规制》，载《清华法学》2016 年第 2 期。

39 王晔：《论我国解禁流质契约的必要性》，载《中南林业科技大学学报（社会科学版）》2013 年第 6 期。

40 ［美］约翰·G. 斯普兰克林：《美国财产法精解》，钟书峰译，北京大学出版社 2009 年版，第 355 页。

人的负债情况及其履行能力以及被担保债权的清偿期限等各种因素进行综合判断的基础之上,自由决定是否与担保权人订立流担保约款。[41] 与此同时,担保人也应当为其自主选择承担相应的交易风险。换言之,非典型担保的商事性与营利性与交易风险相伴而生,当存在流担保约款时,担保人需要承担担保物因偿债不能而径直归于担保权人的风险。另外,由于担保物的价值具有因自然磨损或者因市场变动等因素而发生贬损之可能,是故担保权人亦因流担保约款的生效而承担着债权或无法完全受偿的风险。倘若如此,担保权人似无以从担保物所有权的取得中获得所谓的高额利益。在担保权人既已承担了债权无法完全受偿之风险时,即使担保权人最终因流担保约款的生效获得额外利益而非因此受有利益减损,此亦与"风险—收益"理论和市场竞争原理不相违背。

担保交易是否公平,取决于当事人对自身利益的自主安排而非一般社会观念中的经济价值标准。流担保禁止所欲实现的"公平",实际上以"自由"的牺牲为代价。曾有学者指出,一个把平等放在自由之上的社会,最终既得不到平等,也得不到自由;而一个把自由放在平等之上的社会,虽然最终亦得不到平等,但会比其他任何时候更能接近于平等。[42] 鉴于此,既然绝对公平难以完全实现,毋宁在尊重意思自治的前提下无限接近公平。"公平"的实现应当使各方当事人均得到公止且平等的对待,唯有通过市场竞争实现的公平方才可谓实质公平。市场的自我调节能力、主体的竞争意识及其自我抉择与风险自担的经济理性应当得到法律充分尊重,法律父爱主义越俎代庖式对担保人提供强制性"保护"的结果,对于担保权人而言亦为一种实质不公。

三、流担保约款之于非典型担保的制度激励

流担保约款在非典型担保中的解禁不仅符合当事人对自由、平等与效率等法价值的追求,而且有利于促进融资活动开展。此外,流担保约款的效力肯认

41 "交易方式选择愈多,愈能以最小成本满足交易者的需求。"参见苏永钦:《私法自治中的经济理性》,中国人民大学出版社2004年版,第143页。

42 [美]米尔顿·弗里德曼、罗丝·弗里德曼:《自由选择》,张琦译,机械工业出版社2008年版,第143页。

也彰显着非典型担保对典型担保物权的补充作用,亦能避免隐蔽型法律漏洞产生。[43]

(一)明确非典型担保的区分实益

典型担保物权必然具备担保功能,但具备担保功能者则未必一定是典型担保物权。倘若对"典型担保物权"和"担保功能"不作分辨,不仅会导致法律规范适用泛化,更会使得理论体系呈现裂痕。非典型担保与典型担保物权均为债权实现的担保方式,然而客观上具有担保功能的非典型担保却并非只有担保功能。在商事往来中,非典型担保在促进资金融通层面的商业价值日益凸显,非典型担保与其他法律工具的结合更是蕴含了当事人各种不同的交易目的。"一切'担保'都发挥着相同经济功能"这一主张既不利于对本质上仍有区别的各种交易作准确区分,也忽视了不同财产权之间的个性差异。[44]

非典型担保与典型担保物权之间确有共性,但二者在法律构造与实行方式等方面仍有差异,否则非典型担保将丧失独立存在的制度价值。就法律构造而言,在物权法定原则作用下,传统民法中的典型担保物权以通过在担保物上设定具有担保作用的定限物权为其构造形态,担保权人对担保物仅享有"限定性"权利,典型担保物权也因此具有他物权与价值权特征,并以优先支配担保物的交换价值为主要内容。流担保约款中所有权移转的法律效果在结果上超出了他物权与价值权的目的,在法律构造上亦与定限物权属性相违,是故流担保约款之效力及其法律效果在典型担保物权中必然受限。《民法典》第 401 条与第 428 条也正是出于维护抵押权与质权的定限物权属性之因,将流担保约款的法律效果转介至担保物权实行程序,从而在整体上维护物权编的体系性。与之相异,作为因应物权法定原则缓和化需求的一种自治性产物,非典型担保源自交易实践而并非由立法者依形式主义逻辑所设计。同时,有别于严格意义上的定限物权,非典型担保多以担保物所有权或者其他权利本身的移转作为担保手段,无论该种所有权或者其他权利是否被解释为"担保性所有权"或者"担保性权利"。非典型担保与典型担保物权在法律构造层面的上述差别决定了非典型

---

43 所谓"隐蔽型"法律漏洞,即制定法虽然含有可适用于这类案件的规则,但根据该规则的意义和目的,它在这里不适合适用,因为在评价上这一规则恰好没有虑及此类案件的特质。参见[德]卡尔·拉伦茨:《法学方法论》,黄家镇译,商务印书馆 2020 年版,第 473 页。

44 John D. Ayer, On the Vacuity of the Sale/Lease Distinction, 68 Iowa Law Review 667, 674 (1983).

担保在法律适用上与典型担保物权需遵循和而不同原则。当现行法欠缺明文规定时,典型担保物权规则是否应当类推适用或者准用于非典型担保,受非典型担保的事物本质以及典型担保物权具体规则之规范意旨等多重因素影响。刻板遵循物权法定与僵化倡导流担保禁止,漠视当事人从事非典型担保交易的合同自由,将不可避免地导致非典型担保的法律效力始终处于不稳定状态。

非典型担保中,物的交换价值与物的使用价值之间并非泾渭分明而是存在相互转化关系,“通过对担保物进行变价以实行担保权”与“通过取得担保物所有权以实现债权”无异,担保权人所享有的均为对担保物的处分权,该种处分权旨在确保担保权人最终能够得到清偿。[45] 在实行方式上,由于非典型担保的权利人大多业已在外观上享有对担保物的所有权或者其他权利,因此非典型担保的权利实行效力较之典型担保物权而言相对更强,流担保约款的法律效果与非典型担保的独特法律构造及其制度本旨得以契合,[46]对于典型担保物权之定限物权属性的维护无法构成禁止流担保约款在非典型担保中发生效力的正当理由。非典型担保与典型担保物权的区分实益以及非典型担保对于典型担保物权的补充作用,也集中体现于流担保约款的效力规定中。诚然,《九民纪要》对让与担保权利实现过程中的清算程序作出了明文规定,且《担保制度司法解释》对此亦进行了重申,但让与担保仅为非典型担保之其一,司法解释中关于让与担保清算程序的规定并非流担保约款在“非典型”非典型担保中必然无效的缘由。对此,学界有力说亦认为,让与担保中的清算义务无法被类推构造于一切非典型担保。[47] 而且,因流担保约款生效所产生的担保物所有权移转效果发生于债务不履行之时,而让与担保中的担保物所有权移转行为发生于担保权设定之时,相较而言对担保人更为不利。此时,“举轻以明重,举重以明轻”的方法论无从适用,流担保约款在让与担保中的效力限制不应延及至整个非典型担保领域。非典型担保以私法自治与合同自由为其理论基础,以商事理性与诚信原则为其现实依托,法律对非典型担保的效力审查应与该当自治理念相符。

(二)填补非典型担保的法律漏洞

流担保约款在非典型担保中的效力肯认不仅有利于明确非典型担保与典

---

45 [德]曼弗雷德·沃尔夫:《物权法》,吴越、李大雪译,法律出版社2004年版,第289页。

46 许德风:《公司融资语境下股与债的界分》,载《法学研究》2019年第2期。

47 冯洁语:《民法典视野下非典型担保合同的教义学构造——以买卖型担保为例》,载《法学家》2020年第6期。

型担保物权的区分实益,凸显非典型担保对于典型担保物权制度的补充作用,而且能够填补非典型担保领域因“隐蔽型”法律漏洞的存在所产生的制度缺陷。具言之,《民法典》对功能主义担保的引入使得原本仅存在于典型担保物权中的流担保禁止规则具备当然地延伸适用于一切“具有担保功能的”交易行为之可能,但正如前文所述,根据流担保禁止的规范意旨和非典型担保的事物本质,须对流担保禁止的规范射程进行必要限缩,尽管《民法典》目前对此尚未明文规定。流担保禁止规范射程之限制性规定的缺乏,即构成一种“隐蔽型”法律漏洞。[48] 对此,通常需要经由目的论限缩(teleologischen Reduktion)方式创造出被遗漏的限制性规定予以填补。目的论限缩的正当性在于,对不同种类的事物在评价上应当进行差异化处理。[49] 比较法上,德国联邦最高法院亦曾指出,要将在公布制定法时尚未被认识的新案件事实涵摄于法律之前,必须审查其字面意义上包含了新案件事实的制定法规定,根据其赖以为基础的法律思想是否也可适用于此。[50]

将法无明文之商事性非典型担保排除于流担保禁止的调整范围,即属对流担保禁止进行目的论限缩的方法论体现。流担保禁止应否类推适用或者准用于非典型担保,与担保的概念如何无涉,而是取决于当事人之间的具体利益状况。《民法典》立基大陆法系意思表示理论,交易合同的性质及其效力应由当事人的真实意思决定,无视当事人意思的强行法规范势必与法理相违并滋生“隐蔽型”法律漏洞。倘若不加区分地将流担保禁止作为担保制度一般规范,或将导致审判者怠于思考非典型担保法律关系的个性特点,甚至罔顾当事人的行为目的而简单地将之靠向典型担保物权解释方案。如此,最终结果必然是压缩当事人意思自治的空间,并阻碍金融担保创新。

《民法典》第 401 条与第 428 条采用比较法上的“转换”(umdeutung)[51] 规则,改变了《物权法》(已失效)中流担保约款绝对无效的强制性规定,并试图消

48 Karl Larenz, Methodenlehre der Rechtswissenschaft, 6. Aufl., Springer Verlage, 1991, S. 391f.

49 于程远:《民法上目的性限缩的正当性基础与边界》,载《法学》2019 年第 8 期。

50 BGHZ, 17, 266.

51 “转换”即原法律行为因不符合法律规定而无效,无法实现当事人所欲之目的,但该法律行为却符合“另一个”法律行为规则的法定要求,故原本应生效的无效法律行为在不违背当事人意思时得作为“另一个”法律行为而生效。通过法律技术的作用使原行为“转换”成另一项符合法律规定的行为,借此能够完全或者部分地实现当事人目的。参见[德]维尔纳·弗卢梅:《法律行为论》,迟颖译,法律出版社 2013 年版,第 703 页。

解“隐蔽型”法律漏洞的消极影响。[52] 根据德国民法通说，由于《德国民法典》第140 条的“转换”无须当事人作出新的意思表示，是故此等“转换”必须基于对当事人真实意思的推定和对当事人之间利益关系的权衡。[53] 诸如诚信原则、合同目的与性质以及交易习惯和惯例等，均为推定当事人真实意思与衡量当事人之间利益关系需加以考量的因素。[54] 质言之，“转换”并非法律强行拟制，只有在当事人不存在相反意思时，才能从理性人角度出发为其作出合乎情理的利益选择。倘若“转换”结果与当事人基础行为的真实意图相左，则该种“转换”将无从发生，盖不得强迫当事人接受其本无意之私法义务，例如将一个完全无效的质权“转换”为一个担保转让。[55] 以买卖型担保为例，如果当事人的本意并非在于通过交易行为设定典型担保物权，而是旨在将债权无法完全受偿作为买卖合同履行的前提条件，则此时不宜以客观利益权衡替代当事人真实意思，因为上述交易行为不具备“转换”为可优先受偿之抵押权关系或者质权关系的天然条件。同样，倘若将《民法典》第 401 条与第 428 条关于流担保禁止的“转换”规则一概适用于“买卖型担保”等其他一切“具有担保功能的”非典型担保，此既为对当事人真实意思的无视，非典型担保中的“隐蔽型”法律漏洞亦无法得到有效填补。

四、流担保约款解禁的作用路径与法律救济

为避免非典型担保规范供给缺位加剧因流担保约款之效力认定所引发的实践纠纷，宜在明确流担保约款之效力正当性及其对于非典型担保之制度激励的基础上，厘清流担保约款在非典型担保中的作用路径与法律救济。经恰当技术处理，在解禁流担保约款并充分发挥其效率优势的同时尽可能抑制其中潜在的公平风险，如此方为非典型担保制度完善与流担保约款合理适用之上策。

（一）流担保约款的效力及其法律效果

与一般合同条款无异，唯显失公平、他人利益或者社会公共利益受损以及

---

52 季立刚、潘子怡：《〈民法典〉双重担保观的体系效应与限制——以第 428 条的目的性限缩为例》，载《河北法学》2022 年第 6 期。

53 Schwab, Einführung in das Zivilrecht, 20. Aufl., C. F. Müller Verlage, 2016, Rn. 709.

54 Christian von Bar, Eric Clive, Principles, Definitions and Model Rules of European Private Law: Draft Common Frame of Reference (DCFR), Sellier European Law Publishers, 2009, p. 577.

55 ［德］卡尔·拉伦茨：《德国民法通论》（下册），王晓晔等译，法律出版社 2013 年版，第 651 页。

背信、违反公序良俗等情形之一发生时，限制非典型担保中流担保约款的效力方可谓正当。如若不存在上述效力瑕疵，则应将流担保约款置于私法自治与合同自由的评价之下，经由当事人合意即可成立、生效并发生当事人所欲求的法律效果。实际上，流担保约款是当事人对债务人届期未能依约清偿情形发生后所做出的交易选择，在结果上相当于是当事人约定的一种违约责任承担方式。与违约金条款相类似，流担保约款亦旨在使原债得以实现。违约金虽大多以金钱支付为其履行手段，但并不排斥金钱之外的其他财物。比较法上，例如《德国民法典》第 342 条即对金钱违约金以外的违约金作出了规定，二者除标的物之外在规则适用方面不存在实质差异。事实上，流担保约款的标的物即等同于非金钱类违约金，也即"违约物"。在法无明文之商事性非典型担保中，只要被担保债权届期未受完全清偿这一违约事实出现，且担保人未对流担保约款提出异议，担保权人即可依流担保约款径直取得担保物所有权而无须承担强制性清算义务。"商事性"以主体和内容为双重判断标准，唯民商事主体以营利为目的提供的非典型担保以及为具备营利性的基础合同所提供的非典型担保，[56]方才有流担保约款的解禁空间。当有民事主体参与交易时，如果营利性目的在合同中未予明确且亦难根据交易状况进行判断，宜推定该交易活动不具备营利性，流担保约款之解禁无以发生。

流担保约款的生效及其法律效果的产生具有影响第三人利益之可能，是故基于公正与透明的程序要求，流担保约款须公示方具备绝对效力。[57] 经由公示后，原本仅存在于当事人之间的债权性非典型担保得因此具备对抗性。[58] 传统民法因严格遵循物权法定而形成物债绝对二分的理论框架，具有绝对效力的物权必须由法律明文规定。然而，《民法典》对功能主义担保的引入使物权法定原则对担保制度的束缚逐渐减弱，非典型担保的可公示性也得到法律默许。尽管现行法目前缺乏对于各类"非典型"非典型担保的具体公示规则，但是，由于担保权利的公示旨在消灭隐形担保并维护动态交易安全，无论是典型担保物权还

56 周林彬、王睿：《民法分则物权编中商事担保规范的立法选择——基于三类规范的视角》，载《社会科学战线》2020 年第 3 期。

57 [日]我妻荣：《我妻荣民法讲义Ⅲ：新订担保物权法》，申政武、封涛、郑芙蓉译，中国法制出版社 2008 年版，第 281 页。

58 部分国家或者地区以与公示相似的"公证"作为流担保约款生效的前提条件，例如《俄罗斯联邦民法典》第 349 条即规定流抵约款生效必须经过公证。无论是公示抑或公证，均旨在实现当事人利益均衡。

是非典型担保都具有权利公示的现实需求,故非典型担保与典型担保物权在公示层面不应存在实质分野。鉴于此,对于法无明文之非典型担保,可根据担保物的物理属性分别准用典型担保物权的登记、占有或者控制等不同公示途径。在不动产统一登记平台不断发展成熟和动产担保统一登记逐步建立健全的制度背景下,于电子登记簿中增加对流担保约款的记载既能够符合维护交易安全的要求,也实现了便捷与高效。

流担保约款公示后,知情第三人仍可与担保人就该特定担保物为相关交易。此时,基于公示的公信力,知情第三人上述交易行为属风险自担,公权力对此无须过于干涉。以知情第三人的自愿交易会损及自身利益为由否认流担保约款的法律效果,是对私法自治之界限范围的不当逾越。况且,流担保约款并非引发知情第三人交易风险的唯一因素,其他如优先受偿顺位劣后者亦难得到周全保障。

(二)流担保约款解禁的主体利益平衡

非典型担保中,因市场行情波动所可能引致的利益失衡,并非流担保约款独有之交易风险,且此等风险通常具备可调整性而非不可逆转。在流担保约款解禁的同时,对于非典型担保当事人利益失衡的矫正,既可经由履行选择权或者申请清算权的赋予,也可以通过民事法律行为效力评判规则或者债之保全等一般交易规则处理。

1.履行方式的选择权

在非典型担保的权利实行过程中,为降低担保人因担保物价值过分高于被担保债权数额所产生的经济上的不利益,应当赋予担保人在合理期限内根据客观情势变化选择最有利之清偿方式的权利。此时,担保人对担保权人所应承担的债务构成选择之债,担保人既可出于效率选择依流担保约款径以担保物抵偿债务,也可以基于他种原因选择以约定方式清偿并取回担保物。[59] 换言之,在被担保债权届期尚未能够得到完全清偿时,担保权人仅享有担保物所有权移转请求权;在债务履行期限届满后直至担保物所有权最终移转前的合理期限之内,担保人仍可通过约定方式清偿原债以消灭非典型担保。[60] 只有担保人在该合理

59 比较法上,该种履行选择权与英国按揭担保中的回赎权相似,二者均旨在督促担保人及时履行债务,同时也为担保人对担保物的所有权提供一定保障。参见费安玲:《比较担保法——以德国、法国、瑞士、意大利、英国和中国担保法为研究对象》,中国政法大学出版社2004年版,第225页。

60 谢在全:《民法物权论》(中册),中国政法大学出版社2011年版,第785页。

期限内始终未为清偿,或者担保人主动放弃此等期限利益,担保权人方才能最终取得担保物所有权。担保人享有履行选择权的这一事实,使其不至因流担保约款而沦入急迫境地,并因此不得以丧失担保物所有权。无论市场行情如何,担保人均能通过履行选择权而获得利益平衡。倘若担保物价格嗣后出现上涨,担保人选择以约定方式清偿即可避免因流担保约款所可能造成的损失;如果担保物价格嗣后发生下跌,流担保约款的生效更不会导致担保人利益受损。由是观之,流担保约款的解禁一方面有利于在非典型担保中构建效率违约机制。[61]也即在交易成本相对较低且市场进出更为自由的前提下,当事人可以对"遵循流担保约款之意让渡担保物所有权的预期损益"与"阻碍流担保约款生效并清偿被担保债权的资金流出"之间是否有盈余进行自主衡量。另一方面,流担保约款的解禁也有利于在提高担保交易效率的同时激发非典型担保的潜在价值,使担保制度得以逐步由"单纯惩恶扬善的市民社会法律工具"转向"理性配置风险的市场经济法律手段"。

2. 清算程序的申请权

在担保物价值过分高于被担保债权数额但担保人仍欲以担保物抵偿债务并无意引致不利益时,可通过申请启动清算程序以实现利益平衡。我国现行法尚未对非典型担保普遍施以强制性清算义务,是故出于经济效率之考量,清算原则上仅为一项自治事宜而不应被视为担保权人所必需承担的一项强制性义务。当事人在订立流担保约款时对于担保物的价值必有相当之估量,因此,清算程序既可由当事人合意排除,也能够经当事人申请而启动。在论及流担保约款之解禁时,多有学者主张通过引入强制性清算义务以解决当事人之间可能存在的不公问题。[62] 然而,强制性清算义务使当事人关于"担保物径直归担保权人所有"这一体现流担保约款之事物本质的约定归于无效,实则构成了对流担保约款的变相禁止。与此同时,清算势必产生额外的交易成本,此举与流担保约款追求效率的核心价值相背离。除此之外,在对强制性清算义务并无现行法明文规定的非典型担保领域,如果当事人本无清算意思,强制性清算义务的解释结果既缺乏法理上的依托,也欠缺合同上的凭据。实际上,清算无法达致绝

---

61 Charles Kahn, Gur Hueberman, Default, Foreclosure, and Strategic Renegotiation, 52 Law and Contemporary Problems 49, 49 -61 (1989).

62 温世扬:《〈民法典〉物权编的守成、进步与缺憾》,载《法学杂志》2021 年第 2 期。

对公正,强制性清算义务在实践中更是存在多重阻碍。[63] 对于部分市场价格波动较大的担保物例如股权而言,倘若否认流担保约款的效力并强制担保权人承担清算义务,不仅担保物的价值认定难以操作,而且经由清算程序所取得的最终结果亦有可能导致实质上的不公。[64] 鉴于此,基于显著不同的目的偏重、价值内涵以及主体情况,强制性清算义务的有无在民事领域和商事领域中区别规定当属应然。[65] 将非典型担保的清算归入当事人自治范畴并将其申请启动权赋予担保人,较之强制性清算义务是为更优解。

为避免担保人任意申请清算损碍流担保约款的效率优势,[66] 主张应当对担保权人课以清算义务的担保人须对“担保物价值显著高于被担保债权数额”进行举证。担保物价值与被担保债权数额之间的差值达致如何方才能够启动清算程序,可参考《最高人民法院关于审理商品房买卖合同纠纷案件适用法律若干问题的解释》第 12 条中关于“违约金过高”的量化基准或者《最高人民法院关于人民法院办理财产保全案件若干问题的规定》第 5 条中关于“财产保全担保上限数额”的相关规定等,以 30% 作为判断标准。[67] 同时,《最高人民法院关于审理民间借贷案件适用法律若干问题的规定》中所规定的“合同成立时一年期贷款市场报价利率四倍”或者“24% 年利率上限”等,亦可作为清算程序启动的申请条件。[68] 至于清算时间点的确定,可借鉴比较法与我国司法实践既往经验,以担保物所有权移转之时作为衡量依据。[69] 担保权人如若无法进行反证,则应当承担清算义务。

3. 一般性规则的适用

非典型担保中的流担保约款较之一般合同条款不存在任何特殊性,因此,

---

63 周林彬:《商事流质的制度困境与“入典选择”》,载《法学》2019 年第 4 期。

64 例如,在证券公司融资交易强制平仓制度中,当担保比例低于约定数额且担保人未能按期补足或者到期未能偿还债务时,证券公司可径行处分作为担保物的证券而既无须与担保人进行额外协商,亦无须通过法院强制执行。否则,在价格瞬息万变的证券市场中,证券公司的交易风险将难以控制。参见李俪:《股权让与担保法律构造、裁判分歧与立法进路》,载《宁夏大学学报(人文社会科学版)》2021 年第 5 期。

65 张力、庞伟伟:《“民商相对分立”模式下流担保条款效力规则之重构》,载《河南财经政法大学学报》2016 年第 4 期。

66 谢在权:《民法物权论》(下册),中国政法大学出版社 2011 年版,第 1005 页。

67 刘保玉:《民法典物权编(草案)担保物权部分的修改建议》,载《法学杂志》2019 年第 3 期。

68 龙俊:《民法典物权编中让与担保制度的进路》,载《法学》2019 年第 1 期。

69 参见《法国民法典》第 2348 条第 2 款。

《民法典》总则编关于民事法律行为的效力规则以及合同编通则关于债之保全的相关规定等,均有适用于流担保约款的作用空间。例如,当存在显失公平情形时,流担保约款即有效力瑕疵,不利益方可申请撤销。目前,现行法缺乏对"显失公平"的具体判断标准,[70]对此,可参照上述关于清算程序启动条件的规定,以"担保物价值高于被担保债权额的30%"、"合同成立时一年期贷款市场报价利率四倍"或者"24%年利率上限"等,作为"显失公平"的量化依据。可撤销制度将合同效力的最终决定权赋予当事人,较之合同无效更符合私法自治的根本理念。此外,为解决过度担保所引发的不利益,亦可效仿德国、日本和新西兰等国之立法例,赋予担保人、债务人或者利益第三人以异议权。[71]

五、结　　语

本文无意跳脱实定法,而仅在解释论层面探讨流担保约款在非典型担保中的解禁可能。《民法典》对非典型担保应否类推适用或者准用流担保禁止持缄默态度,自流担保禁止的规范意旨与非典型担保的事物本质以观,法无明文之商事性非典型担保不宜被纳入流担保禁止的规范射程,以防对当事人意思自治产生过度干预。当代社会担保法实践日趋复杂,非典型担保之所以具有旺盛生命力并能够在实践中迅速发展,主要原因乃在于典型担保物权无法完全满足现代社会交易需求,以人民法院为主导的司法程序难以体现效率性。非典型担保因其所具备的独特制度价值,顺应了实践发展需要,能够在增强当事人融资信用的同时契合当事人对于效率价值的追求。倘若僵化地将典型担保物权中的流担保禁止类推适用或者准用于一切具有担保功能的非典型担保,势必使非典型担保复又被禁锢于典型担保物权的制度牢笼,非典型担保的制度创新性及其对于典型担保物权的补充价值将因此而消贻殆尽。法律作为一种衡平的艺术,不能为了突出某种单一价值诉求而忽视其他正当价值诉求的存在。后民法典时代,非典型担保的类型创新及其制度完善不在"典内"而在"典外",流担保约款解禁是商品经济发展的实践需要。在不悖于禁止暴利与诚信原则的前提下,

70　王磊:《论显失公平的规范形态与解释方案》,载《北方法学》2022年第4期。

71　参见联合国国际贸易法委员会《担保交易示范法》第75条第1款、DCFR第9-7:106条、《新西兰动产担保法》第132条等。

通过目的论限缩对流担保禁止的规范射程予以限制，肯认流担保约款在法无明文之商事性非典型担保中的效力及其法律效果，并通过任意性清算等相应配套制度使当事人之间的利益状态达至均衡，如此方才能够充分彰显私法自治，并限制公权力在私法领域的不当扩张。

民法典视阈下环境人格权益侵害救济机制研究

李雯静*

【内容提要】 自然人享有适宜的生存环境、生命健康安全免受侵害的环境人格利益。环境人格权具有私法属性,属于精神性人格权,是传统人格权在环境时代的绿色化与生态化。《民法典》人格权编具有的开放性框架构造,使得环境人格权能够通过法解释学路径进入一般人格权的保护范围进而获得适用空间。环境人格权受到侵害不以人身损害业已发生为要件,但需要侵害行为达到客观上具有违法性的严重程度或者超出社会生活一般理性人的容忍限度。在环境人格权遭受侵害或有受侵害之虞时,受害人有权行使人格权请求权或预防性侵权责任请求权,要求行为人停止侵害、排除妨碍、消除危险。环境人格权的司法救济主要在健康损害发生之前以预防性请求权的方式实现,而精神损害赔偿等事后救济模式只能作为保护环境人格权的补充手段。

【关键词】 损害预防　环境人格权益　新兴人格权　违法性要件　预防性责任

一、问题的提出

构建生态文明、坚持绿色发展是新时代建设中国特色社会主义的基本方略,也是中华民族永续发展的千年大计。党的十九大报告强调"加快生态文明体制改革,建设美丽中国"。2022 年,党的二十大报告进一步指出,深入推进环

---

* 李雯静——湖南工商大学法学院副教授,湖北经济与社会发展研究院研究员,主要研究领域:侵权法学。基金项目:湖南省社科成果评审委员会一般项目"科学不确定背景下的预防性侵权责任研究"(XSP21YBC172);湖南省教育厅科研优秀青年资助项目"环境污染健康潜在损害的法律救济困境及对策研究"(21B0564);湖北经济与社会发展研究院招标课题"乡村污染视角下预防性侵权责任制度研究"(2018HBJSY006)。

境污染防治,严密防控环境风险。近年来,中国进入环境污染危害公众健康的损害高发期,陆续出现健康损害群体性事件。环境侵权受害群体的非健康状态呈现出多元化特点,突出表现为难以被传统人身损害所容纳的健康隐患和群体性潜在健康损害。[1] 由于环境污染导致的健康损害具有潜伏性、渐进性和滞后性特征,而传统侵权责任以现实损害为要件,潜在受害者因身体尚未出现有形性损害或疾病症状而难以获得法律救济,传统侵权法规制环境污染致害行为出现"逃逸"现象。面对涉及人数众多的环境污染健康损害问题,以受害人实际病症的发生作为损害判断标准的传统侵权法路径已难以回应环境健康风险的规制需求。如何满足人民群众对美好生活的向往、实现建设"美丽中国"的愿景目标?如何维护处于潜伏期而难以进行损害鉴定的非健康人群的合法权益?如何实现民法人格权制度的生态化拓展?这些都是当前民法学、环境法学理论界和实务界共同面对的重要课题。

针对环境污染造成的健康危害问题,当前学界和实务界关注的焦点主要集中在如何对既已发生的现实损害进行民事救济,而对环境污染导致的公众健康潜在损害缺乏认识和应对。当某一群体的生命安全或身体健康受到不可逆转的潜在损害威胁时,有必要将环境健康风险的防范与治理纳入法律规制范畴,防止健康风险转化为现实损害,建立和完善面向未来的、具有前瞻性的预防性民事责任救济机制。根据我国《民法典》第 120 条结合第 1164 条之规定,侵害他人民事权益者应当承担侵权责任。可见,民事权益受到侵害是我国侵权责任成立的必备要件,行使预防性侵权请求权的前提是受害人的某种基础性民事权益遭到侵害,而环境污染导致的私益侵害未能得到充分的法律表达是我国当前环境司法困境产生的重要原因之一。传统民法对生命健康权的救济以现实损害为要件,面对遭受环境污染却尚未出现实际病症的潜在受害者,有必要构造一种新型人格权即环境人格权对其进行预防性保护,以此维护潜在受害者的合法权益。侵害环境人格权不以人身损害的实际发生为要件,在健康损害尚未发生但存在发生的现实危险性或客观盖然性时,受害人有权请求加害人停止侵害、排除妨碍和消除危险。

1　窦海阳:《大规模环境污染下健康损害、权利表达及保护之道——兼论民法典应对大规模环境污染事件的"当为"与"不为"》,载《法治研究》2019 年第 1 期。

二、环境人格权的规范构造

环境人格权源自环境权私权化理论，厘清环境人格权的权利内容和保护边界是该权利能够妥当融入民法典规则的理论前提，也是司法实践当中法律规范能够得以匹配适用的逻辑起点。通说认为，环境人格权是一种新型人格权，依附于人格权制度而存在，经由民事司法途径对自然人的环境人格权益予以保护，是民法人格权制度在环境健康领域的扩展和适用。[2]

（一）环境人格权的内涵阐释与法律定位

自然人享有生存环境适宜、生命健康安全免受侵害的环境人格利益，这是自然人作为民事主体所固有的，维护人格完整、体现人格尊严所必备的精神性人格权益。[3] 环境人格权具有私法属性，在性质上属于精神性人格权，是传统人格权在环境时代的绿色化与生态化。[4] 精神性人格权旨在保护自然人的精神安宁与自由，是维护人类尊严不可或缺的基本利益。有学者认为环境人格权不同于环境财产权，后者重在事后救济，而前者重在对生存环境恶化的事前预防。[5] 环境人格权所具有的私法要素使其能成为《民法典》中人格权请求权、预防性侵权责任请求权以及精神损害赔偿请求权的权利基础。环境人格权遭受侵害不以人身损害业已发生为要件，其核心或本质在于加害人的违法行为使受害人的生命健康安全陷入遭受严重侵害的危险状态之中，受害人由此产生了"对健康风险的合理担忧和对生命健康安全可能遭受侵害的深刻恐惧与不安"。[6] 基于此，环境人格权具有法律上的需保护性，加害人超越一般社会生活所能容忍的限度侵害他人环境人格权益具有法律上的可归责性。

（二）环境人格权与传统物质性人格权的功能构造差异

环境人格权与传统物质性人格权（尤其是生命健康权）在功能构造上存在较大差异。生命健康权遭受侵害的主要表现形式为人体的物理性损害，需以罹

---

2 吕忠梅：《环境法新视野》（第三版），中国政法大学出版社 2019 年版，第 151 页。

3 刘长兴：《环境权保护的人格权法进路——兼论绿色原则在民法典人格权编的体现》，载《法学评论》2019 年第 3 期。

4 杨朝霞：《论环境权的性质》，载《中国法学》2020 年第 2 期。

5 刘士国：《论主体地位人格与人格尊严人格》，载《法律科学》2016 年第 2 期。

6 李雯静：《论大规模侵权事件中的纯粹精神损害》，载《北京理工大学学报（社会科学版）》2020 年第 2 期。

患实际病症为要件，该项权利维护的是自然人在生物学意义上的生命健康。而环境人格权是自然人享有适宜的生存环境、生命健康安全免于遭受侵害的人格利益，体现的是自然人基于人格尊严而产生的精神性人格权益，侵害环境人格权不以受害人罹患实际病症作为逻辑前提。环境人格权并不是生命权或身体健康权等物质性人格权，而是与生命健康权密切相关的精神性人格权。[7] 对环境人格权的救济主要在人身损害未发生时以预防性请求权的方式实现，而以精神损害赔偿为主的事后救济模式只能作为保护环境人格权的补充手段。环境人格权设定的适用背景是加害行为导致受害人健康损害风险增加，该风险一旦现实化，其后果将极为严重且不可逆转。当某种环境污染行为造成自然人罹患重大疾病的风险显著增加却尚未对其造成实际的人身损害，自然人不能基于生命健康权受到侵害提起民事诉讼，却能够基于私法上的环境人格权遭受侵害寻求法律救济。环境司法将环境人格权作为针对噪声污染、垃圾焚烧、超标排放废水废气等环境公害造成的生活妨害行为提起停止侵害之诉时的权利依据予以应用。在环境人格权被侵害或有被侵害之虞时，受害人有权行使包括停止侵害、排除妨碍、消除危险在内的人格权请求权或预防性侵权请求权。

（三）规范确权：一般人格权条款对环境人格权的涵摄保护

就法律性质而言，环境人格权并不是一种典型权利，而是应当受到法律保护的精神性人格利益。典型权利需有清晰的外延与内涵，并在既存法律体系当中被明文规定，而环境人格权虽有相对明晰的内涵与外延，但我国现行制定法并未明确承认其为一项法定权利，因此将其纳入典型权利类型缺乏实证法规范作为依据。尽管我国现行民事法律规范并未将环境人格权明文确认为一项典型权利，但这并不影响在符合一般人格权条款和侵权责任条款涵摄要件时运用逻辑推演和语义解释的方法对环境人格权进行司法救济。《民法典》总则编民事权利专章与人格权编所具有的框架式和开放式构造，使得环境人格权能够经由法教义学路径进入一般人格权的保护范畴从而获得适用空间。当自然人的环境人格权遭受侵害时，司法实务可以通过对一般人格权进行演绎解释，阐明环境人格权在《民法典》当中的生成路径和存在样态，进而适用人格权请求权或者侵权责任请求权相关条款对环境污染受害人给予有效救济。

《民法典》总则编第110条和人格权编第990条分别以列举的形式对具体

7　淡路刚久：《基于人格权与环境权的停止侵害请求权》，载《判例TIMES》2001年第1062号。

人格权进行了确权。然而，与第 110 条第 2 款“法人、非法人组织享有名称权、名誉权和荣誉权”这样的封闭式确权模式不同，同条第 1 款“自然人享有生命权、身体权……‘等权利’”、第 990 条第 1 款“人格权是民事主体享有的生命权、身体权……‘等权利’”这样的法律表述属于开放式确权模式，为将来可能出现的新型人格权留有确权解释空间。此外，作为对具体人格权的补充，第 990 条第 2 款还规定“……自然人享有基于人身自由、人格尊严产生的其他人格权益”，通说认为这是关于一般人格权的规定，采取的是保持“人格权益保护范围开放性”的立法构造。[8] 正由于《民法典》具有滋生权利的开放属性，一般人格权条款为将环境人格权纳入民法保护范畴提供了规范接口。环境人格权是自然人基于人格尊严和人格自由所产生的新兴人格权益，结合绿色原则对“人格权益”进行扩张解释，通过增设新型人格权的类型或者将环境人格权益内化进第 990 条第 2 款“其他人格权益”的语义射程范围，能够在解释论层面实现民法对环境人格权的涵摄保护。[9]

三、侵害环境人格权的违法性判断

自然人享有免于遭受生命健康安全之侵害的环境人格权益，当该权益遭受的违法侵害超出了社会一般理性人的容忍限度，或者有遭受侵害之高度危险性时，被侵权人有权请求加害方停止侵害或采取预防性救济措施。判定侵害行为是否具有违法性，需要进行利益衡量，只有当加害行为客观上达到了具有违法性的严重程度，受害人始得请求加害人承担预防性民事责任。

（一）违法性要件的制度功能

正是由于环境人格权实为一种值得法律保护的人格利益而非典型权利，为遭受侵害的环境人格权提供私法救济时才需要引入违法性要件，在加害人的行为自由与受害人的权益保护之间进行利益权衡，以实现侵权法平衡法益的制度功能。承前所述，典型权利需有周延的内涵与外延并被现行制定法明确承认，而法律上所应当保护的利益（法益）是指虽受到私法一定程度的保护，但尚未上

8　王利明：《民法典人格权编的亮点与创新》，载《中国法学》2020 年第 4 期。

9　黄锡生：《民法典时代环境权的解释路径——兼论绿色原则的民法功能》，载《现代法学》2020 年第 4 期。

升到权利层次的民事利益。从严格意义上讲,环境人格权不是法条明文规定的权利而只是一种新兴人格利益。通常而言,不同权利之间存在位阶关系,绝对权与相对权受保护的力度不尽相同,[10]同理,权利与法益之间也存在位阶,侵权法对二者实行不同程度的保护。确立民事权益位阶秩序的意义在于对受害人利益的需保护性进行判断,包括某一新兴利益能否进入侵权法的保护视野(是否具有需保护性)、又在多大程度和范围内受到保护(需保护性的强弱)。民事权益位阶理论主要涉及高位阶权益的优先保护、低位阶权益的妥协容忍、民事责任的限制与排除等内容。[11]

随着经济的快速发展和社会的不断进步,侵权法的保护范围正在逐渐扩张并呈现出变动性,因此有必要对典型权利和法律上应当保护的利益进行区分,针对权利和法益分别设置不同的保护要件,避免因过度追求受害人的权益保护而妨害他人合理的行为自由。[12] 那么,如何判断某种新型人格利益是否值得法律保护成为侵权法学面临的难题,而违法性要件的出现成为解决该问题的重要突破口。即通过适用违法性要件对权利和法益进行区分性保护。[13] 当外延明确的权利受到侵害时,违法性要件的功能被隐藏(权利受到法律保护,侵害权利的行为当然具有违法性);而外延不明确的法益受到侵害时,违法性要件的功能得到凸显,加害行为具有违法性是该行为可被归责的前因。事实上,权利和法益在受保护的强度上确有差异,权利(尤其是绝对权)在侵权法保护的权益范围内居于核心地位,原则上不会因适用利益权衡规则而被牺牲;而民法对利益的保护则要弱于权利,需要运用违法性要件理论,综合判断该利益是否值得法律保护,是否具有认定侵权行为成立的必要性,从而合理限制权益救济的强度与范

10　受侵权法保护的权利原则上为绝对权,即可以让社会公众知晓该权利的存在;而相对权(如债权)系债权人与债务人之间相对性的权利,不易为外部获知,若要求外部的行为人对债权保护负有注意义务,则社会公众将因无法预见自身行为可能产生的后果而致使行为自由受到过度约束,在受害人保护与社会一般行为自由的法益衡量上有失均衡,故相对权不应与绝对权受同等程度的法律保护。但是,债权等相对权并非完全被排除在侵权法的保护范围之外,如果行为人明知他人存在或有可能存在债权而恶意加以侵害的,此种情形下,使行为人对其积极追求的损害后果承担侵权赔偿责任,始能实现侵权法平衡法益的制度功能,保护受害人的合法权益,吓阻违法行为。参见"上海普鑫投资管理咨询有限公司诉中银国际证券有限责任公司财产损害赔偿纠纷案",载《中华人民共和国最高人民法院公报》2014 年第 10 期。

11　王利明:《论民事权益位阶:以〈民法典〉为中心》,载《中国法学》2022 年第 1 期。

12　程啸:《中国侵权法四十年》,载《法学评论》2019 年第 2 期。

13　[日]潮见佳男:《不法行为法Ⅱ》(第二版),信山社 2011 年版,第 72 页。

围。引入违法性理论的制度构造体现了现代民法的价值选择,运用比例原则协调权益冲突,以此最终达到受害人权益保护与经济社会发展犬牙交错的动态平衡状态。作为一项法律上应当保护的利益,环境人格权虽然受到私法一定程度的保护,但尚未达到与典型权利受同等保护的强度。而一旦加害行为被认定为具有违法性,那么遭受违法侵害的环境人格利益便进入侵权法的保护视野,有必要为环境污染受害人提供民事司法救济。

(二)侵害环境人格权的违法性认定

加害行为是否具有违法性成为环境人格权遭受侵害的自然人能否获得民事救济的理论前提。围绕如何认定"违法性"的问题,需要通过着重考察加害行为是否已经超出社会一般生活的容忍限度来展开讨论。[14] 在我国,容忍义务限度的确定呈现出客观化的趋势,通常以公法规范或行政标准作为认定依据,包括涉及环境保护的法律法规以及各类环境标准。[15] 倘若加害行为违反公法性义务规范或者不符合国家、地方、行业环境标准,那么当然超出了社会一般公众的容忍义务限度,可以直接认定加害行为具有违法性。退一步来说,倘若加害行为并未违反法律法规的规定或者符合各类环境标准,则需要以一般理性人作为基准,借助利益衡量论来进行综合判断。具体而言,"首先需要就被侵害法益与侵害行为背后隐藏之法益在内容及性质方面进行比较,特别是当侵害行为具有公共性或公益上的必要性时,需结合侵害行为的方式和样态对双方法益进行利益衡量。此外,还需要考察侵害行为开始时的状况和之后的持续过程、侵权人是否采取了防止损害发生的相关措施及其内容和效果,由此判断侵害行为是否超越了一般理性人应当忍受的限度。"[16]

申言之,对加害行为具有违法性的理解不能被限缩解释为仅指加害行为违反了制定法的明文规定,还应当包括违反公序良俗和社会公德的行为。换言之,违法性概念不能等同于违法行为,加害行为具有"违法性"包括但不限于"违法行为",违背善良风俗的恶意行为(如故意悖俗的侵权情形)或违反公共秩序及社会公德的行为均符合加害行为具有违法性的表征。由于公法对企业设立的排污标准只是一种最低限度的法律规制手段,加害行为符合行政许可或行政

14 侯佳儒:《中国环境侵权责任法基本问题研究》,北京大学出版社 2014 年版,第 181 页。

15 陈海嵩:《环境侵权案件中司法公正的量化评价研究》,载《法制与社会发展》2018 年第 6 期。

16 日本东京地区裁判所平成 13 年 3 月 27 日判决,载《判例时报》2002 年第 1767 期。

标准也不能当然阻却违法性，更不能以未违反公法设置的禁止性或取缔性规范为由直接判定加害行为不具有违法性。以环境污染责任纠纷案件为例，通过考察与环境侵权相关的民事判决书不难发现，各地司法实践几乎一致表明，国家或者地方关于污染物排放的行政标准只不过是环境保护主管部门进行环境管理的依据，而不是确定污染者是否承担侵权责任的界限。[17]

综上所述，判断加害人侵害环境人格权的行为是否具备侵权法所要求的违法性要件，关键在于考察加害行为是否超出了社会一般理性人的容忍义务限度。倘若已经超出社会一般生活所能容忍的必要限度和范围，则应当认定加害行为具有可被归责的违法性。各地法院应当对被诉行为违法性进行实质上的司法判断而非受限于行政判断，行政判断只能作为民事司法裁判所依据的考量因素而无法取代司法判断本身。

四、民法典视阈下环境人格权的司法救济进路

作为新型人格权的重要类型，环境人格权遭受侵害是环境民事诉讼当中预防性请求权和精神损害赔偿请求权的发生基础。环境司法实务应当双管齐下，采取事前救济与事后救济相结合的方式，通过对加害人课以预防性民事责任或者精神损害赔偿责任，合力实现民法对环境人格权的周延保护。

（一）事前预防性救济：人格权请求权与预防性侵权请求权的二元竞合

从权利的预防性保护视角进行分析，自然人享有适宜的生存环境、免于遭受生命健康安全之侵害的精神性人格权益，当这种环境人格权正在遭受侵害或者有遭受侵害之现实危险性时，受害人可以通过行使预防性请求权寻求司法救济。申言之，在现行《民法典》框架下，环境人格权的预防性救济路径采取的是双重构造模式，形成了由人格权编第 995 条规定的人格权请求权与侵权责任编第 1167 条规定的预防性侵权责任请求权共同组成的二元复合救济机制。预防性请求权旨在排除对人格权的现实侵害或妨碍，具体内容包括请求行为人停止侵害、排除妨碍和消除危险，以维护人格权的圆满支配状态，避免损害的实际发生和持续扩大。受害人行使预防性请求权不以损害的现实发生或者行为人具有主观过错为要件，而只需被诉行为构成对环境人格权的侵害或存在侵害之现

17 窦海阳：《环境侵权类型的重构》，载《中国法学》2017 年第 4 期。

实危险性。

首先，我国《民法典》人格权编对人格权的保护予以了立法确认，其中第995条是关于人格权请求权的规定，自然人在其人格权受到侵害或有受侵害之虞时，有权请求加害人停止侵害、排除妨碍、消除危险，以恢复人格权的圆满状态，防患于未然。[18] 可见，人格权请求权的行使不以损害的现实发生为基础，仅需要人格权受到侵害或有遭受侵害之虞。人格权请求权基于人格权的排他效力而产生，对人格权进行侵害所造成的损害后果往往具有不可逆转性，以损害赔偿为基础建立的事后救济模式并不能对受害人形成周延保护，由此更凸显出事前预防性救济模式的重要价值。同编第997条规定："民事主体有证据证明行为人正在实施或者即将实施侵害其人格权的违法行为，不及时制止将使其合法权益受到难以弥补的损害的，有权依法向人民法院申请采取责令行为人停止有关行为的措施。"据此，当自然人的环境人格权遭受侵害或者有遭受侵害之虞时，权利人得以依照《民法典》人格权编第995条之规定行使人格权请求权，要求行为人停止侵害、排除妨碍、消除危险，或者依照第997条之规定，向法院申请颁发人格权侵害禁令。人格权禁令是行使人格权请求权的程序保障，通过高效便捷的程序机制有效预防和制止侵害人格权的违法行为。[19] 环境保护禁止令作为人格权侵害禁令的特殊形式，近年来在我国生态环境保护领域得到灵活运用。2021年最高人民法院发布《关于生态环境侵权案件适用禁止令保全措施的若干规定》，对环境禁止令保全措施的基本内涵、法律依据、申请主体、适用范围以及审查标准等问题进行了统一规范，以期实现环境司法禁令对生态环境的预防性保护和对环境污染行为的震慑功能。同样，在日本公害诉讼的司法实务当中，人格权请求权作为权利人提起停止侵害诉讼的法理依据得到判例的普遍确认，平稳生活权等精神性人格权在受害群体对各类环境污染设施、邻避设施提起停止侵害请求或预防性救济请求时得到广泛采纳。[20]

其次，根据人格权编第995条前半段所设置的引致条款，环境人格权作为一项值得法律保护的人格利益在性质上属于民事权益范畴，应当受到侵权法的涵摄保护。在风险社会中，侵权法的功能除了最为重要的损害填补之外，还包

---

18 王利明、程啸：《中国民法典释评：人格权编》，中国人民大学出版社2020年版，第79页。

19 程啸：《论我国民法典中的人格权禁令制度》，载《比较法研究》2021年第3期。

20 [日]大塚直：《公害环境、医疗分野的权利利益侵害要件》，载《NBL》2010年第936期。

括对侵权行为的预防和抑止功能。《民法典》侵权责任编第1167条规定:“侵权行为危及他人人身、财产安全的,被侵权人有权请求侵权人承担停止侵害、排除妨碍、消除危险等侵权责任。”可见,作为民事权益保护手段的侵权请求权与基于绝对权效力而产生的人格权请求权在权利内容方面均包括请求行为人承担停止侵害等预防性民事责任形式。然而,与人格权请求权仅局限于人格权保护不同,侵权责任编第1167条关于预防性侵权责任请求权的规定具有兜底性,适用于对各类民事权益进行预防性救济,包括随着时代发展而产生的新型人格权益和财产权益遭受侵害的情形,这与人格权编第995条之适用对象存在明显差异。与其他大多数国家将侵权行为之债的责任方式限定为损害赔偿不同,我国无论是《侵权责任法》(已失效)还是《民法典》均将停止侵害、排除妨碍、消除危险等预防性措施纳入侵权行为的责任承担方式中,使侵权法的功能由单纯的“事后损害填补”扩展到“事前损害预防”,这是我国法对侵权责任制度的重要创新。当加害行为侵害他人环境人格权进而危及自然人人身安全时,受害人有权请求行为人承担预防性侵权责任。预防性侵权责任的构建不以人身损害的现实发生为依据,而是基于损害风险的显著增加或者损害危险的极度迫近,这符合现代侵权法对侵权行为进行预防和抑止的价值追求。从《民法通则》(已失效)到《侵权责任法》再到《民法典》侵权责任编,经过长期的司法实践与理论建构,我国审判实务将侵权责任作为民事权益救济手段的逻辑惯性或路径依赖业已形成,预防性侵权责任在环境污染侵权案件的司法裁判中得到广泛适用。

综上所述,从功能视角进行审视,《民法典》第995条的引致条款将人格权编与侵权责任编相联结,人格权编中的人格权请求权与侵权责任编中的预防性侵权请求权在为人格权侵害提供预防性救济方面存在功能竞合,二者并行构成对环境人格权的多元具象化保护。当环境人格权遭受侵害或有遭受侵害之现实危险时,受害人可以择一选择适用人格权请求权或预防性侵权请求权,迫使行为人采取预防性救济措施防止和减少损害的发生及扩大。从停止侵害、排除妨碍、消除危险等民事责任的性质上看,它既是人格权请求权的效力所在,又是预防性侵权责任的承担方式,人格权请求权理论与预防性侵权责任规范之间具有调整功能上的互通性。

(二)事后填补性救济:侵害环境人格权与精神损害赔偿

环境人格权作为自然人人格权益的重要组成部分,其法律性质属于精神性人格权益,具有法律上的要保护性。侵害精神性人格权益所造成的损害在形式上主要表现为精神损害,有学者指出,应当更加重视非物质性人格权益侵害的侵权责任研究,细化精神损害赔偿制度。[21] 行为人侵害自然人环境人格权益造成严重精神损害的,受害人有权依照《民法典》侵权责任编第 1183 条第 1 款之规定,请求加害人承担精神损害赔偿责任。

环境污染导致的人身损害具有潜在性、渐进性和迟发性等特点,传统侵权法将精神损害作为人身损害附属品的惯性思路已难以有效应对当前日益严峻的环境危机。当自然人因环境人格权益被侵害而遭受严重精神痛苦和精神损失时,即使不伴随发生物质性(物理性)有形损害,也"不能因为难以找寻客观、物质化的损失和在提供救济方面的困难而放弃对受害人所遭受的精神损害提供救济"。[22] 尤其是在发生大规模环境污染侵权事件的情况下,加害人违反注意义务的行为将受害群体的生命安全与身体健康置于危险状态之中,导致其罹患重大疾病的风险显著增加,自然人的环境人格权益遭受侵害并由此产生了严重的精神痛苦,即使尚未发生有形性身体损害或人身伤害,受害人遭受的严重精神痛苦作为一种纯粹精神损害也具有法律上的可赔偿性。[23] 例如,饮用水污染、核泄漏等事件使得事故发生地的居民受到癌症和其他严重疾病的威胁,由于环境污染致害具有潜在性与迟发性的特点,事故发生地的居民虽未被立即诊断出患有癌症等重大疾病,但其因环境污染或遭受核辐射所引起的健康恐慌与深刻担忧应当被视为环境人格权益遭受侵害的损害结果从而获得精神损害赔偿。

此外,《最高人民法院关于确定民事侵权精神损害赔偿责任若干问题的解释》(2001 年)第 1 条第 2 款明确规定:"违反社会公共利益、社会公德侵害他人隐私或者其他人格利益,受害人以侵权为由向人民法院起诉请求赔偿精神损害的,人民法院应当依法予以受理。"据此,已有若干法院将环境人格权益纳入自然人"其他人格利益"的范畴,判定即使侵权人的违法行为或者违反公序良俗、社会公益的加害行为尚未给受害人造成严重的物理性人身损害,但其侵害自然人精神性人格利益的行为也会给受害人造成精神上的巨大痛苦,应当支付一定

---

21 张新宝:《民法分则侵权责任编立法研究》,载《中国法学》2017 年第 3 期。

22 李世刚:《人身损害救济规则体系化的法国经验及启示——以法国两部学者草案为基础的比较研究》,载《东方法学》2017 年第 2 期。

23 李雯静:《环境侵权精神损害赔偿的司法适用》,载《北京社会科学》2023 年第 1 期。

数额的精神损害抚慰金。[24] 2020年12月,最高人民法院结合《民法典》和相关审判实践经验对以上司法解释进行了修订,其第1条仍开宗明义地指出,"因人身权益或者具有人身意义的特定物受到侵害,自然人或者其近亲属向人民法院提起诉讼请求精神损害赔偿的,人民法院应当依法予以受理",这为环境人格权益遭受侵害的受害人提供了精神损害赔偿司法救济的可能。一旦污染行为超出了社会观念上应当容忍的限度、具有侵害生命健康之现实危险性或高度盖然性,以社会一般理性人为标准,其在相同情境下所能够具体感受到的、深刻而强烈的恐惧感与危险感便不再只是单纯抽象的不快或负面情绪,而应当被视为环境人格权遭受侵害所导致的现实精神痛苦和精神损害。

一方面,环境人格权的学理阐释为保护环境潜在受害者提供了规范接口;另一方面,环境人格权作为一种新型精神性人格权益属于主观利益范畴,需要接受来自客观维度的规范化检视。为防止恶意诉讼和滥用诉权,有必要以一定的科学论据作为参考,依照加害行为的违法性程度或风险设施的危险性程度从客观上判断受害人的恐惧与不安感是否具有科学上的合理性。[25] 其背后的深层逻辑在于侵害环境人格权不以人身损害的实际发生为责任要件,因此需要对精神损害的合理性进行科学认定,根据危险的内容和性质来确定应在多大程度和范围内对环境污染潜在受害者给予救济,防止主观臆测,避免引发赔偿责任泛滥的"水闸效应"。

五、结　　语

环境治理需要从损害救济转向风险预防,从健康损害后果控制发展到健康

24　例如,在房某某等诉某公司等水污染责任纠纷案中,法院判定"虽然水污染可能没有给小区居民的身体造成严重的损伤,但每天生活饮用的水被污染,已超出了老百姓过正常生活所能容忍的界限,包括对水污染可能诱发身体疾病在精神上的担忧和不安,对于房某某等因此而遭受的精神上的极大痛苦,有必要以精神损害赔偿方式予以抚慰"。参见南京市白下区人民法院民事判决书,(2011)白民初字第213号。再如,在陈某诉南京某物业管理有限公司、原审第三人环境污染责任纠纷案中,因餐饮经营者排放油烟和污水的行为导致陈某原本正常的居住和生活环境发生改变,即使尚未造成严重的人身损害,但由于环境受害人对维持良好生活环境的期待是生命权和健康权的内在要求,具有人格利益,加害人侵害他人人格权益并造成受害人心理上的痛苦,应当承担精神损害赔偿责任。参见南京市中级人民法院民事判决书,(2013)宁环民终字第1号。

25　[日]大塚直:《环境诉讼保护法益的主观性与公共性》,载《法律时报》2010年第11期。

风险事前预防是社会共治的必然趋势,围绕民法人格权制度建立环境污染预防性救济机制是防范环境风险的有效手段。近年来,我国出现了多起反对建设PX(二甲苯化工)项目、核电站、垃圾焚烧厂、废弃物填埋场等风险设施的群体性事件,面对邻避效应,畅通环境人格权益侵害司法救济通道,保障环境污染潜在受害者权利诉求的表达与实现,有利于缓解社会矛盾,为在法治轨道上解决环境群体性事件提供对策。基于《民法典》的绿色原则和人格权编具有滋生权利的开放式构造,本文旨在从解释论层面释明环境人格权在《民法典》中的生成路径和存在样态,对环境人格权遭受违法侵害时的民事救济机制进行系统论证,探索构建环境污染预防性救济与精神损害赔偿救济相结合的双轨并行模式,为完善我国环境健康风险防控机制提供理论支撑。

实务研究

饮食配送（外卖）行业发展的问题与地方立法回应

王荣珍　杨嵩棱*

【内容提要】　饮食配送(外卖)行业的迅猛发展在给人们生活提供极大便利的同时,也伴随着一系列问题,引起了社会广泛关注。国家对该行业管理立法分散、缺乏系统全面的制度供给,地方可以充分运用其立法权,针对饮食配送(外卖)行业管理事项,根据地方具体情况和实际需要,先行制定地方性法规。结合对广州饮食配送(外卖)行业现状的调研,借鉴各地对饮食配送(外卖)行业管理的有益经验,探索通过制定地方性法规系统解决该行业发展过程中存在的规范供给不足问题,在厘清相关政府职能部门的职责分工,明确和细化平台提供者的义务与职责,维护外卖送餐员的劳动权益,建立相关行业协会并明确其职责,优化饮食配送(外卖)服务平台算法规则,完善饮食配送(外卖)失信惩戒机制等方面进行立法回应。

【关键词】　饮食配送　外卖　行业发展　地方性法规

一、问题的提出

饮食配送(外卖)是指消费者通过网络饮食服务平台、电话、到店等形式向饮食服务提供者订购饮食,饮食服务提供者按照订购要求备好或制作好饮食,

---

* 王荣珍——广东外语外贸大学法学院教授,主要研究领域:民商法学、地方立法;杨嵩棱——广东外语外贸大学法学院副教授,主要研究领域:国际经济法学。本文是广州市司法局法治课题委托研究项目“饮食配送(外卖)行业管理立法研究”的部分研究成果,在研究过程中得到广州市司法局、广州市全面依法治市研究中心、广州市市场监督管理局、广州市人力资源和社会保障局等单位给予的支持与帮助,在此表示衷心感谢!

按照约定将饮食配送给消费者的活动。随着我国社会经济的快速发展,互联网技术在生产生活中的广泛应用,人们生活消费观念的逐步转变,该行业得到迅猛发展。从全国来看,国家信息中心发布的《中国共享经济发展报告(2022)》显示,2021 年在线外卖收入约占全国餐饮业收入总额的 21.4%。据 2021 年 8 月调研,广州市有 13 家知名饮食配送平台,平台注册的外卖送餐员约 20 万人,其中美团、饿了么两大平台的送餐员人数占比约 83%。该行业发展给人们日常生活带来了毋庸置疑的便利,同时也带来食品、公共卫生、交通等安全隐患,导致资源浪费和环境污染、损害外卖送餐员劳动权益、侵害消费者合法权益等问题。饮食配送(外卖)包括饮食制作或备货、饮食包装、配送、交接等环节,涉及饮食服务提供者、消费者、网络饮食服务平台提供者(以下简称平台提供者)、外卖送餐员、饮食配送服务机构等主体,[1] 涉及消费者与饮食服务提供者、平台提供者与饮食服务提供者、外卖送餐员与饮食配送服务机构、饮食配送服务机构与消费者等多重法律关系,涉及食品原材料、加工设备设施、包装材料、配送箱(包)、配送交通工具、配送饮食集中放置架等多种物品。然而,就立法供给而言,国家尚没有一部系统全面规范该行业管理的法律、行政法规,相关调整规范散见于法律、行政法规、部门规章以及其他规范性文件中。目前,国家有关该行业管理的决策部署密集出台,提出要健全平台经济管理规范,依法依规加强互联网平台经济监管,明确平台企业定位和监管规则。[2] "加强对平台企业的监管和引导,促进公平有序竞争,推动平台企业依法依规完善服务协议和交易规则,合理确定收费标准。"[3]"督促指导外卖平台企业完善平台规则,对平台内经营者提出外卖包装减量化要求。"[4]要求落实网络餐饮平台责任切实维护外卖

---

1 为明确研究对象,便于理解交流,本文所称饮食服务提供者是指接受消费者预订,将食品进行制作、加工并外售给消费者的法人和非法人组织、个体工商户,包括入网饮食服务提供者以及线下饮食服务提供者。网络饮食服务平台提供者是指为饮食服务提供者和消费者的饮食外卖,提供特定的交易与服务规范,供求信息发布和搜索,交易的确立、支付、配送、配送调度、即时配送等服务的第三方网络平台的主体。饮食配送服务机构是指提供饮食外卖配送的主体,主要包括自己提供配送服务的饮食服务提供者,平台提供者,劳务外包企业,配送合作企业等。

2 参见《中华人民共和国国民经济和社会发展第十四个五年规划和 2035 年远景目标纲要》第十八章第二节。

3 参见《国务院办公厅关于服务"六稳""六保"进一步做好"放管服"改革有关工作的意见》(国办发〔2021〕10 号)第 3 条第 5 项。

4 参见《国务院办公厅关于进一步加强商品过度包装治理的通知》(国办发〔2022〕29 号)第 2 条第 3 项。

送餐员权益[5]、加强互联网信息服务算法综合治理[6]、推动平台经济规范健康持续发展[7]等。为贯彻实施国家对该行业的一系列决策部署，解决伴随饮食配送（外卖）行业发展产生的问题，实现人民群众对美好生活的向往，本文从地方立法角度，在调研广州等地饮食配送（外卖）行业发展现状的基础上，探讨对该行业发展问题的制度回应。

二、饮食配送（外卖）行业发展存在的问题

（一）存在食品和公共卫生安全隐患

首先，食品加工制作环节存在食品安全隐患。根据国家市场监管总局发布的《餐饮服务明厨亮灶工作指导意见》，国家鼓励餐饮服务提供者实施明厨亮灶，鼓励其采用透明化、视频等方式，向社会公众展示餐饮服务相关过程，重点包括厨房环境卫生、冷食类食品加工制作、生食类食品加工制作、烹饪和餐饮具清洗消毒等。[8] 然而，由于明厨亮灶属于鼓励、倡导型的意见，并不具有强制性，因此在广州市还没有完全覆盖。此外，实施明厨亮灶需要一定的成本，许多饮食服务提供者并不愿意落实，有些菜品配方属于商业秘密，饮食服务提供者也不愿意通过明厨亮灶展示菜品整个加工制作过程。因而，难以对餐饮服务做到全过程透明监管，有些饮食服务提供者的后厨环境卫生差、待加工的食品及原料不符合食品安全标准、食品加工制作过程不规范，难以保障食品安全。

其次，打包环节存在食品安全隐患。根据国家市场监管总局等部门《关于落实网络餐饮平台责任切实维护外卖送餐员权益的指导意见》，要保障配送容器安全卫生，加快推行外卖餐食封签等措施。[9] 然而，从广州调研情况看，大部分饮食服务提供者并没有封签意识，即使是平台提供者赠送封签，饮食服务提供者也不愿意使用，平台提供者对此也无法强制。也有平台提供者并不赠送封

---

5 参见国家市场监管总局等部门2021年7月发布《关于落实网络餐饮平台责任切实维护外卖送餐员权益的指导意见》。

6 参见国家互联网信息办公室等部门2021年9月印发《〈关于加强互联网信息服务算法综合治理的指导意见〉的通知》。

7 国家发展改革委等部门2021年12月印发《关于推动平台经济规范健康持续发展的若干意见》（发改高技〔2021〕1872号）。

8 参见《餐饮服务明厨亮灶工作指导意见》（国市监食监二〔2018〕32号）第2条、第3条。

9 参见《关于落实网络餐饮平台责任切实维护外卖送餐员权益的指导意见》第4条。

签,而饮食服务提供者自行购买封签会增加成本,就更无动力为外卖餐食封签。没有封签的外卖餐食在配送过程中更容易受到污染,从而危害食品安全。

最后,外卖配送环节食品安全隐患更为突出。一是虽然平台提供者要求外卖送餐员提供健康证,但平台提供者无法鉴别健康证的真实情况,外卖送餐员是否健康难以保证。二是配送过程中,外卖送餐员私自拆封餐食甚至偷吃的事件时常见诸报端,对此又难以做到实时监管,容易危害食品安全。三是外卖送餐箱卫生状况令人担忧,多地媒体报道送餐箱存在脏污破损、不定时消毒、放各类杂物等情况,[10]不干净、不卫生的配送箱很容易污染餐食。四是配送的最后一公里存在食品安全隐患,很多小区、单位为了安全不让外卖送餐员进入,外卖无法直接送到顾客手上,放在花坛等指定地方存在污染外卖风险。

此外,一些外卖平台设置了时长不等的"新手期",在"新手期"内,外卖送餐员无须提供健康证明。[11] 那么,在其不知自己患有传染性疾病时,与饮食服务提供者和消费者频繁接触,"新手期"就极易转变为公共卫生的"危险期"。

(二)引发交通安全隐患

外卖送餐员交通安全意识普遍较低,尤其是在遵守交通规则方面,闯红灯、不按车道行驶、逆行、不避让行人等交通违法行为突出,外卖送餐员交通事故时有发生。据广州市公安交警部门通报,自2021年10月1日至15日,广州交警共查获外卖车辆违法行为7667宗。其中,最为突出的交通违法行为是"不按照交通信号灯规定通行",违法数量达3513宗。广州交警发布的《外卖企业交通违法排名榜》显示,按人均违法比例,排名前五(从高到低)的外卖企业是:盒马鲜生、尊宝、美团、达达、饿了么[12]。另据《南方都市报》2022年3月27日报道,2021年广州市电动自行车交通违法112万余宗,外卖电动自行车交通违法近15

---

10 参见刘畅:《外卖送餐箱卫生状况令人担忧》,载《今晚报》2021年8月20日,https://baijiahao.baidu.com/s? id=1708564954054912112&wfr=spider&for=pc;刘晓亮:《脏污破损、不消毒、放杂物,外卖送餐箱卫生状况令人忧》,载《太原日报》2021年8月25日,https://baijiahao.baidu.com/s? id=1709017806902259093&wfr=spider&for=pc;肖颖婧:《你点的外卖配送箱卫生吗?》,载《闽南日报》2022年3月22日,第11版。

11 参见叶金福:《警惕外卖健康证"乱象丛生"》,载《中国消费者报》2021年3月23日,第1版。

12 参见《这些外卖企业被点名!广州半月查获外卖车辆交通违法7667宗》,载广州市公安局官网2022年3月8日,http://gaj.gz.gov.cn/gaxw/gzdt/content/post_7868798.html。

万宗，外卖骑手占比 13%。[13]

（三）导致资源浪费和环境污染

伴随着庞大的订单量，背后的资源浪费和环境污染不容忽视。其中，构成外卖垃圾的主要部分是塑料或发泡餐盒、塑料袋、一次性筷子等。调查发现，当前外卖垃圾中的这些发泡餐盒、塑料袋、一次性筷子基本处于无人回收的状态。此外，透明的塑料餐盒回收量也很少。对于白色发泡餐盒，由于不便清洗，缺少回收价值，一般都被当作填埋物或者进行焚烧处理，势必会造成环境污染。据《广州日报》2022 年 6 月 16 日报道，清华大学环境学院相关研究团队根据 3500 万份外卖订单分析，2020 年全国外卖垃圾中塑料垃圾重量约为 160 万吨，而无害化处理 160 万吨塑料垃圾，大约需花费 24.5 亿元。[14]

（四）损害外卖送餐员合法劳动权益

在饮食配送（外卖）行业的发展过程中，饮食服务提供者、平台提供者尽可能地追求自身利益最大化，往往忽视外卖送餐员的劳动权益保障，主要表现在：一是除少数饮食服务提供者有自己的专职送餐员外，大部分平台提供者都将配送服务整个打包给第三方劳务外包企业或者配送合作企业，由其具体对接外卖送餐员。平台提供者与外卖送餐员之间不具有劳动关系，第三方通常也不与外卖送餐员签订劳动合同。平台提供者和第三方都规避与外卖送餐员建立劳动关系，逃避劳动法律制度约束。二是由于平台提供者和第三方都规避与外卖送餐员建立劳动关系，直接导致外卖送餐员无法获得相应的劳动保护，无法参加城镇职工基本养老保险，发生职业伤害时无法享受工伤待遇，也无法同等享受全方位的公共服务，权益保障存在盲点。三是平台提供者侵害外卖送餐员的休息权、合理报酬权。当网络订餐需求量大的时候，平台提供者往往会给外卖送餐员派发多个订单，严重挤压外卖送餐员的休息时间。根据课题组调查，受访的外卖送餐员中，工作时长在 6～10 小时内的占比为 57.66%，超过 10 小时的占比为 24.77%。过半数的外卖送餐员在工作 4 小时之后会强制休息 20 分钟，近七成人认为强制休息十分必要。此外，平台提供者或第三方往往会利用自身的优势地位制定不合理的抽成比例、报酬支付、扣成规则，侵害外卖送餐员的合

13　参见何生廷：《去年广州电动自行车交通违法 112 万余宗，外卖骑手占 13%》，载《南方都市报》2022 年 8 月 20 日，https://www.toutiao.com/article/7079696323242852878/? wid = 1663379856041。

14　参见程依伦：《外卖过度包装如何解》，载《广州日报》2022 年 6 月 16 日，第 A12 版。

理报酬权。四是当外卖送餐员与平台提供者或第三方企业发生纠纷时,由于大多没有建立劳动关系,有关主管部门和劳动人事争议仲裁部门就难以介入处理相关纠纷;即使外卖送餐员通过诉讼等法律途径提出确认劳动关系请求,在司法实践中也较难获得认定和支持,存在维权困难。

(五)侵害消费者合法权益

众所周知,饮食配送(外卖)离不开消费者的个人信息。然而,有些平台提供者没有严格实行"隐私面单"制度,对外卖送餐员没有及时进行相关职业道德教育和普法培训,也未建立严格的信息泄露问责制度,导致消费者个人信息泄露,侵害消费者的个人信息权。有些平台提供者还存在侵害消费者知情权的现象,同样的餐食,外卖和到店就餐的价格相差较多。此外,外卖领域饱受诟病的平台提供者大数据"杀熟",也侵害了消费者的公平交易权。

三、饮食配送(外卖)行业发展问题的成因

(一)饮食配送(外卖)行业缺少专门的法律规范

就立法供给而言,国家尚没有一部系统全面规范饮食配送(外卖)行业管理的法律、行政法规,相关调整规范散见于法律、行政法规、部门规章以及其他规范性文件中。如《民法典》《食品安全法》《电子商务法》《道路交通安全法》《道路交通安全法实施条例》《网络食品安全违法行为查处办法》《网络餐饮服务食品安全监督管理办法》等。面对立法的缺失,政府相关职能部门出台了诸多规范性文件,但多涉及饮食配送(外卖)行业中的某些环节,无法担当全面规范饮食配送(外卖)行业管理的重任。从地方立法来说,充分利用立法权,结合本地具体情况和实际需要,出台统一规范饮食配送(外卖)行业管理的地方性法规迫切且具有重要现实意义。

(二)相关政府部门对饮食配送(外卖)监管职责不清

饮食配送(外卖)与传统意义上的餐饮服务并不相同,是由食品加工、打包、配送等多个过程性行为构成的服务整体,缺少任一环节都无法顺利实现服务目标。饮食配送(外卖)具有复杂性,所涉及的利益主体更具多样性,除了饮食服务提供者和消费者外,还包括平台提供者、第三方企业以及外卖送餐员。这意味着需要更多的政府部门参与管理,市场监督管理、商务、公安、人力资源和社会保障、发展与改革等部门都有相应的监管职责。然而,各部门究竟应该履行

怎样的监管职责有待进一步明确和细化。

（三）企业、平台在规范饮食配送（外卖）行业管理中尽责不足

平台提供者在饮食配送（外卖）行业具有关键与核心地位，连接饮食服务提供者、外卖送餐员和消费者等主体。因此，饮食配送（外卖）行业的健康发展离不开平台提供者的自我管理与外部约束。然而，平台提供者在饮食配送（外卖）行业发展中的表现差强人意，缺乏自我严格管理，对入网饮食服务提供者的经营资质和卫生条件审查不严，对外卖送餐员提供健康证明把关不严，对于消费者投诉的食品安全问题处理不积极，对外卖送餐员与消费者的纠纷推卸自身责任等，并没有依法依规诚信尽责。

（四）饮食配送（外卖）行业协会及其行业自治规范缺位

行业协会除了维护本行业及从业人员的共同利益以外，制定行业规则、监管行业行为也是其重要职能。就广州市而言，2020年6月30日，广州市道路运输行业协会饮食配送服务专业委员会正式成立，共有美团、饿了么、盒马鲜生、顺丰同城等16家会员单位。广州市虽然已经成立了饮食配送行业协会，但是并没有涵盖饮食外卖，且相关行业规范和自治机制尚待建立和完善，行业自治的优势并没充分发挥出来。

（五）外卖送餐员劳动与社会保障制度缺乏

外卖送餐员属于新兴职业，与传统就业模式相比，这一职业存在组织方式平台化、工作机会互联网化、工作时间碎片化、就业契约去劳动关系化等新情况，该形态下的劳动者呈现出从业准入门槛低、流动性强、劳动地点分散、组织程度弱等新特点。随着饮食配送行业的快速发展，外卖送餐员这一群体越来越庞大，相关的劳动权益保障问题越来越突出。司法实践中经常出现的外卖送餐员提起的劳动关系确认之诉、外卖送餐员在送餐途中受伤工伤认定困难，这些问题都凸显了外卖送餐员劳动与社会保障制度缺乏。

（六）饮食配送（外卖）行业管理创新机制缺乏

一是失信惩戒机制在饮食配送（外卖）行业尚未充分发挥作用，对于存在严重食品安全问题的餐饮商家、屡次违反交通法规的外卖送餐员以及侵害外卖送餐员劳动权益的平台，尚不足以使之承受较高的违法成本。当违法收益大于违法成本时，行为人当然更倾向于追求自身利益的最大化而置法律规定于不顾。二是饮食配送中的社会监督作用发挥不够，饮食配送（外卖）行业的公开透明度低，饮食配送违法案件的公开度低，导致社会知晓度低，难以发挥社会公众的监

督作用。三是平台算法规制缺失,直接导致平台提供者侵害外卖送餐员的合理报酬权、休息权等合法权益,而外卖送餐员作为弱势群体,无法与拥有数据资源、技术优势的平台提供者相抗衡。此外,还会造成大数据"杀熟",对老用户实行价格歧视,侵害了消费者的知情权、公平交易权。而平台提供者作为算法设计者,应当对算法偏见承担直接责任,在出现损害时,应当就算法造成的损害承担一定的责任。[15]

四、饮食配送(外卖)行业管理的地方实践

我国上海市、北京市、广州市、深圳市、浙江省、福建省等地,对饮食配送(外卖)行业管理从网络食品经营监督管理、餐饮外卖配送服务管理规范、外卖送餐员劳动权益保障、消费者合法权益保护等方面进行了实践探索,研究其做法,扬长避短,能为该行业发展的地方立法回应提供有益启示。

(一)多措并举加强外卖食品安全管理

多地通过制定外卖封签使用管理规范、地方标准,严格规范外卖封签的使用管理,进而保障饮食配送(外卖)食品的安全。例如,上海市市场监管局发布了《一次性食品安全封签管理技术规范》(以下简称《技术规范》),以及首个以"食安封签"为主要内容的《上海市餐饮外卖食品封签使用管理办法(试行)》(以下简称《办法》)。《办法》"通过明确餐饮服务提供者、配送人员、消费者在餐饮外卖过程中的权利和义务,改变以往此类纠纷中因难以界定食品受到污染的环节而导致无法确认责任的情况。"[16]《技术规范》对一次性"食安封签"作了分类,明确了质量要求、条码要求和使用要求,规定了一次性"食安封签"的标志、包装、运输、贮存等内容。北京、浙江、广州等地也陆续开始推广外卖封签制度。

多地加强对饮食服务提供者的监督,落实国家法律法规规章有关规定,加大饮食服务提供者入网资质的审查力度,建立食品安全可追溯体系。例如,福建设立了外卖配送人员食品安全举报奖励制度,鼓励骑手积极提供商家环境卫

15 参见刘友华:《算法偏见及其规制路径研究》,载《法学杂志》2019年第6期。

16 参见梁志玮、郭恩友:《上海"食安封签"标准:未封外卖受污染 餐饮服务提供者负首责》,载央视新闻2020年9月23日,https://baijiahao.baidu.com/s?id=1678610813764103596&wfr=spider&for=pc。

生不达标、未公示营业执照、无许可证、营业执照与许可证不匹配等违法线索，市场监管部门将根据有关规定予以奖励。深圳市对餐饮服务提供者违反食品安全法律、法规的行为，采取年度累积记分制度，积分作为对其进行食品安全分级分类评定等级、实施查封等有关行政行为的依据。[17] 广州市强化对入网餐饮服务提供者的监督抽检和日常检查，严格查处违法违规行为。[18]

（二）强化对网络饮食服务平台监督

浙江省推行“一件事”集成改革，通过加强部门间的协同，加强对平台企业的监督力度，压实平台主体法律责任，在全省统一部署开展“网络餐饮规范提升”专项行动，通过线上巡查和线下检查，不断强化商家自律。在此基础上，建立网络餐饮“一件事”集成改革考核评价体系，全面实施改革工作绩效评价、第三方检测评价、社会评价遴选等考评机制，强化部门协同、鼓励消费者监督。[19] 上海市鼓励第三方平台使用电子营业执照系统实现对经营者电子营业执照和食品经营许可电子证书的在线查验。[20] 福建省通过线上线下相结合的方式提高监督效率，开展餐饮外卖平台网店“线上线下”一体化核查，约谈第三方平台“美团”“饿了么”，强调网络第三方交易平台经营者应按规定履行义务，通报违规网店数量。[21] 广州市市场监督管理局持续加大网络订餐平台监测监管力度，通过实地走访、行政约谈和行政指导等方式，要求外卖平台切实履行主体责任，核验登记入网餐饮经营者的营业执照、食品经营许可证等真实信息；重点加强对网络订餐平台证照公示情况的监测。[22]

（三）落实外卖送餐员劳动权益保障

外卖送餐员是一种新兴职业，国家出台了许多政策保障外卖送餐员的劳动权益，各地政府也积极响应。浙江省鼓励新业态企业围绕劳动报酬、福利待遇、

---

17 参见《深圳市餐饮服务违法行为记分管理办法（试行）》（深市监规〔2019〕11 号）第 2 条、第 3 条。

18 参见《广州市 2022 年食品安全监督管理计划》第 2 条第 3 项。

19 参见浙江省市场监督管理局：《浙江省网络餐饮治理“一件事”集成改革推进会暨“浙江外卖在线”上线仪式在省局召开》，载中国质量新闻网 2021 年 7 月 7 日，http://www.cqn.com.cn/zj/content/2021-07/07/content_8710293.htm。

20 参见上海市市场监督管理局《关于开展电子营业执照和食品经营许可电子证书联动应用试点工作的通知》（沪市监食经 20210306 号）第 1 条。

21 参见张文章：《福建福州：严厉打击网络经营违法行为》，载中国消费网 2021 年 3 月 18 日。

22 参见曹琦：《广州外卖平台餐饮商家证照公示率超 99%》，载《中国市场监管报》2022 年 5 月 6 日，第 A2 版。

休息休假、考核奖惩、劳动定额、劳动保护等事项，通过开展民主、平等协商签订集体合同，或者通过依法制定规章制度明确新业态企业和从业人员双方的权利义务。[23] 北京市总工会扩大法律援助范围，通过线上线下相结合的方式，为新业态劳动者提供普及法律知识、提供法律咨询、引导协商和解、调解劳动争议、代书代理案件等法律服务。[24] 广州市加强新就业形态灵活用工权益保护，探索开展电子劳动合同应用。拓宽工会、司法法律援助服务范围，对符合条件的灵活就业人员，提供法律咨询、代写法律文书、代理仲裁诉讼等服务。[25]

（四）加强外卖配送行业交通安全管理

各地加强对外卖配送行业交通安全管理，治理外卖送餐员交通违法行为。采取的主要措施有：对平台企业强化监督，督促加强日常管理和安全检查工作，采取约谈通报、媒体曝光、责令限改和罚款处罚措施、定期检修车辆等方式，夯实主体责任。对外卖送餐员，进行交通安全意识培训，依法处罚。对外卖配送用车，加强统一管理。例如，南京市指导外卖企业实行"一人一车一证一码"，统一车辆型号、统一车辆编号管理、统一工作人员服装样式、统一工作人员持证管理、统一佩戴骑行安全头盔、统一购置人员和车辆保险等，每月定期对外卖骑手的违规行为进行通报。[26] 北京试点"星级骑手"制度，交通主管部门联合快递、外卖企业推出快递外卖骑手交通安全星级评定，直接与企业内部人员奖惩联动。[27] 广州市出台《广州市外卖行业电动自行车联合管理工作方案》，着眼于从根本上、源头上、制度上压实平台提供者、企业主体责任，从建立全市外卖行业电动自行车联合管理工作机制、开展外卖电动自行车登记上牌工作、建设完善外卖行业电动车信息化管理平台、完善外卖电动自行车通行道路环境等方面加强对外卖行业的规范管理，对外卖行业形成"政府监管、部门协同、行业自治、企业自律、社会共治"的治理格局。[28]

---

23 参见浙江省人力资源和社会保障厅《关于优化新业态劳动用工服务的指导意见》第10条。

24 参见北京市总工会《关于新就业形态人员权益维护法律服务实施办法（试行）》。

25 参见广州市人力资源和社会保障局《关于转发广东省支持多渠道灵活就业若干措施的通知》（穗人社发〔2021〕2号）第10条。

26 参见《市局联合市交管局举办"城市更文明　道路更畅通""六统一"启动仪式》，载南京市市场监督管理局、南京市知识产权局网2019年7月2日。

27 参见安然：《快递小哥无交通违法将获奖励》，载《北京日报》2020年12月19日，第6版。

28 参见何颖思：《登记上牌！广州对外卖电动自行车进行联合管理》，载《广州日版》2021年9月23日。

（五）推进饮食配送行业绿色环保发展

各地践行绿色发展理念，贯彻落实国家绿色发展决策部署，[29]对饮食配送外卖行业实行绿色管理，倡导绿色生产生活方式，引导企业源头减量，进一步限制塑料吸管、一次性筷子等一次性餐具在饮食配送（外卖）中的使用。上海市要求餐饮外卖领域不得主动向消费者提供一次性筷子、调羹等餐具，提出到2025年年底，全市餐饮外卖领域不可降解一次性塑料餐具消耗强度下降30%以上。[30]浙江省提出，到2023年年底，全省县城以上建成区餐饮外卖领域禁止使用不可降解一次性塑料餐具；到2025年年底，实施范围覆盖城乡接合部、乡镇和农村地区的餐饮外卖领域。[31] 江苏省提出到2025年，设区市城市餐饮外卖领域不可降解一次性塑料餐具消耗强度下降30%。[32] 南京市有关行业协会倡导外卖企业主动向商务等主管部门报告塑料袋等一次性塑料制品的使用、回收情况。[33]广州市于2022年4月入选生态环境部"十四五"时期"无废城市"，提出大力推进固体废物减量化、资源化、无害化，发挥减污降碳协同效应，推动城市全面绿色转型。[34]

五、饮食配送（外卖）行业管理的地方立法回应

（一）选择合适立法层次

目前我国关于饮食配送（外卖）行业管理的立法分散，缺乏专门、系统、全面的上位法依据。虽然国家在饮食配送（外卖）行业发展中外卖送餐员劳动权益保障、加强互联网信息服务算法综合治理、推动平台经济持续健康发展等方面作出了重要部署，但是多为针对某方面事项的部门规章或规范性文件，同样缺

29 如国家发展改革委等部门《关于进一步加强塑料污染治理的意见》（发改环资〔2020〕80号）、国家发展改革委等九部门《关于扎实推进塑料污染治理工作的通知》（发改环资〔2020〕1146号）、国务院办公厅《关于进一步加强商品过度包装治理的通知》（国办发〔2022〕29号）等。

30 参见《上海市关于进一步加强塑料污染治理的实施方案》（沪发改规范〔2020〕20号）第5条第2项。

31 参见浙江省发展和改革委员会等九部门《关于进一步加强塑料污染治理的实施办法》（浙发改环资〔2020〕307号）第4条第2项。

32 参见江苏省发展和改革委员会等部门《关于进一步加强塑料污染治理的实施意见》第2条第2项。

33 参见南京市商业联合会《南京市商贸行业垃圾分类及塑料污染治理倡议书》第4条。

34 参见《广州市"无废城市"建设试点实施方案》第1条。

乏全面系统性。基于对此行业发展中问题的解决与规范管理，推动该行业有序发展，保护消费者、外卖送餐员、入网饮食服务提供者、平台提供者的第三方合作单位等相关主体的合法权益，维护社会公共秩序，促进公共卫生与交通安全，推进社会绿色发展等多方面考虑，地方可以根据立法法规定，充分运用其立法权，对于饮食配送（外卖）行业管理事项，根据本地方的具体情况和实际需要，先制定地方性法规，[35]先行先试，积累有效立法方案和丰富实践做法，为国家和其他地方有关饮食配送（外卖）行业管理立法贡献智慧。之所以选择地方性法规层次，而不是地方政府规章，是因为：一是从立法事项本身来看，饮食配送（外卖）行业管理中某些事项的规范需要从地方性法规层面来解决。如涉及行业协会、对主体义务的设置等事项。[36] 二是地方性法规相较于地方政府规章，立法机关具有更大的立法权限，为有效规范饮食配送（外卖）行业发展，实现饮食配送（外卖）行业的综合治理提供了制度可能性。如没有法律、行政法规、地方性法规的依据，地方政府规章不得设定减损公民、法人和其他组织权利或者增加其义务的规范。[37] 三是地方性法规相较于地方政府规章，具有更高的法律位阶，更容易得到不同主体的关注和遵循，更有利于发挥规范引领作用。

（二）厘清相关政府职能部门的职责分工

饮食配送（外卖）行业发展涉及面广，利益主体多，在食品安全、交通安全、资源与环境污染、外卖送餐员的劳动权益保障、消费者的权益保护等方面存在问题与风险，对其的管理涉及多个政府职能部门，只有厘清各相关职能部门的职责，才能在分工负责的基础上相互协调配合。中共中央印发的《法治中国建设规划（2020—2025年）》明确指出，依法全面履行政府职能，就要着力厘清政府与市场、政府与企业的关系，大力推行政府权责清单制度并实行动态管理，进一步整合行政执法队伍，该管的则管，不该管的不要管，该整合的整合，同时健全事前、事中、事后监管有效衔接、信息互联互通共享、协同配合工作机制，提高行政执法质量和效率。国务院办公厅印发的《关于服务“六稳”“六保”进一步做好“放管服”改革有关工作的意见》也指出，对新产业新业态实行包容审慎监管，引导和规范其健康发展。以广州市为例，进一步明确相关职能部门对该行

35 参见《立法法》第73条。

36 参见刘松山：《地方性法规与政府规章的权限界分》，载《中国法律评论》2015年第4期。

37 参见《立法法》第82条。

业的管理职责如下：

其一，市场监督管理部门应当是饮食配送行业的主管部门。饮食配送（外卖）行业作为新兴的行业，短期内爆炸式发展带来了诸多城市治理隐患，实践中存在着分头管理、多头管理、重复管理、管理效率低下等现象，缺少牵头的主管监督管理部门。为加强多个监督管理部门的协同管理，提高行政管理和执法的效率，有必要在清晰界定各职能部门管理职责的基础上，明确牵头的主管部门。鉴于饮食配送（外卖）经营活动以及行业发展中有诸多事项涉及市场监督管理部门的职责，如入网经营餐饮商家的证照管理，[38]网络饮食的食品安全监管，[39]对网络食品安全违法行为的查处，[40]自建网站交易的饮食服务提供者的备案等事项。[41] 而且，市场监督管理部门也在牵头饮食配送（外卖）行业管理的有关事项，如牵头草拟外卖电动自行车安全管理方案。因此，结合广州市实际，由市场监督管理部门主管本行政区域内饮食配送（外卖）行业的监督管理工作，负责食品安全、饮食服务提供者的登记注册以及通过自建网站交易的饮食服务提供者的备案、饮食配送（外卖）行业的市场秩序、饮食服务提供者反餐饮浪费的监督管理。

其二，对于其他政府主管部门，根据现行法律法规等规定，对其在饮食配送（外卖）行业管理中的职责予以细化并协调。公安部门具体负责本行政区域内外卖送餐员驾驶电动自行车的登记和通行管理，[42]道路交通秩序的维护，通过各种途径宣传道路交通安全知识，[43]包括交通法律法规等。人力资源和社会保障部门负责本行政区域内饮食配送（外卖）行业的劳动保障监察工作，[44]依法查处拖欠劳动报酬、克扣工资等劳动保障案件，负责本行政区域内的社会保险管理工作，[45]鼓励和引导本行政区域内外卖送餐员参加社会保险。商务部门负责本

38　参见《食品经营许可管理办法》第 6 条第 2 款。

39　参见《广东省食品安全条例》第 4 条第 1 款，《网络餐饮服务食品安全监督管理办法》第 3 条第 2 款。

40　参见《网络食品安全违法行为查处办法》第 3 条。

41　参见《网络食品安全违法行为查处办法》第 8 条第 2 款。

42　参见《广州市非机动车和摩托车管理规定》第 3 条第 2 款。

43　参见《广东省道路交通安全条例》第 5 条第 3 款。

44　参见《劳动法》第 85 条。

45　参见《社会保险法》第 7 条第 2 款。

行政区域内饮食配送(外卖)行业的一次性塑料制品使用、回收情况报告工作,[46]加强组织实施、宣传引导和报告质量审核等工作;负责平台提供者落实非机动车安全管理责任的指导和监督[47];负责开展饮食外卖配送行业反餐饮浪费的协调指导。[48] 司法行政部门负责本行政区域内对外卖送餐员的法律援助工作,拓宽法律援助服务范围,指导和支持对符合条件的劳动权益受损的新就业形态人员,提供法律咨询、代写法律文书、代理仲裁诉讼等服务。[49] 而工业和信息化、住房和城乡建设、医疗保障等其他部门应当在各自职责范围内行使权力,在促进饮食配送行业合法有序发展的同时,尽可能维护各方利益主体的合法权益。乡镇人民政府和街道办事处应确定食品安全协管员、信息员,协助市场监督管理、公安、人力资源和社会保障等部门做好饮食配送(外卖)行业管理工作。[50]

(三)明确平台等主体的义务责任

饮食配送(外卖)行业的健康发展离不开饮食服务提供者、平台提供者、外卖送餐员的自我管理与外部约束,需要地方立法秉持着对新业态行业包容审慎监管的原则,明确相关主体义务范围,规范饮食服务提供者和平台提供者的经营行为、外卖送餐员的送餐行为,以促进行业健康有序发展。

其一,合理界定平台提供者的义务责任。一是压实平台提供者的审查监管责任。平台提供者应当对入网饮食服务提供者进行实名登记,明确其食品安全管理责任,监督其履行食品安全法律法规规定的义务;[51]对外卖送餐员进行实名登记,引导督促外卖送餐员严格遵守食品安全及道路交通等相关法律法规;[52]设置专门的食品安全管理机构,配备专职食品安全管理人员,加强入网饮食服务提供者和外卖送餐员的食品安全,道路交通安全,送餐文明行为的培训、管理和

---

46 参见《商务领域一次性塑料制品使用、回收报告办法(试行)》第4条第2款。

47 参见《上海市非机动车安全管理条例》第5条第5款。

48 参见《广州市反餐饮浪费条例》第5条。

49 参见《广东省支持多渠道灵活就业若干措施》(粤人社发〔2020〕183号)第2条第3项,《广州市公共法律服务促进办法》第6条。

50 参见《广东省食品安全条例》第6条。

51 参见《食品安全法》第62条,《广东省食品安全条例》第26条。

52 参见国家市场监管总局等部门《关于落实网络餐饮平台责任切实维护外卖送餐员权益的指导意见》(国市监网监发〔2021〕38号)第3条、第4条。

考核；[53]倡导通过技术创新手段，将车辆、驾驶人信息和违法车辆配送时间、路线等与交通安全管理相关的信息接入公安机关非机动车道路交通管理信息系统等，构建平台与外卖送餐员之间关于交通安全管理的双向联动约束机制，增强外卖送餐员的交通守法自觉性。二是强化对消费者权益保护的义务。在经营过程中应当遵守价格相关法律、法规，不得利用平台规则和数据、算法等技术手段实施价格歧视、哄抬价格、低价倾销等不正当价格行为，不得利用虚假的或者使人误解的价格手段诱骗消费者交易。收集、使用消费者个人信息，应当遵循合法、正当、必要的原则，明示收集、使用信息的目的、方式、范围和具体规则，并征得消费者同意。[54] 对于消费者提出删除或修改其个人信息的，平台提供者应当予以删除或修改，同时不得将其收集的消费者个人信息泄露、出售或者非法向他人提供，而应当严格保密。三是细化饮食加工、外卖配送等信息全过程追溯义务。[55] 明确平台提供者应保证外卖饮食生产加工的全程可追溯，记录并管理入网饮食服务提供者信息、订单信息、外卖送餐员以及配送过程信息，确保对外卖送餐员健康信息、配送路线、重要时间节点等配送过程可追溯。

其二，细化完善饮食服务提供者的义务责任。一是保障饮食制作与包装安全。[56] 饮食服务提供者应当依照法律、法规和食品安全标准从事饮食服务活动，制定并实施原料控制要求，检查待加工的食品及原料，网络销售、实体店销售均应严格遵守饮食质量安全要求。重视饮食包装的卫生情况，积极使用封签，防止威胁公共卫生安全的事件发生。二是贯彻绿色原则，[57]鼓励提供可降解的食品容器、餐具和包装材料，[58]不得主动向消费者提供一次性筷子、叉子、勺子等餐具，[59]并应当设置醒目提示标识，将绿色环保意识贯彻到经营活动的全过程。三是强化反食品浪费的意识，[60]应当在其依托平台的餐饮食品页面标注饮食的名称、分量、净含量、建议消费人数等信息，不得诱导、误导消费者超量点餐，将指导消费者节约用餐作为应尽的社会责任。四是建立可追溯体系并保持运行，保

---

53 参见《网络餐饮服务食品安全监督管理办法》第 7 条、第 13 条。

54 参见《消费者权益保护法》第 29 条，《个人信息保护法》第 7 条。

55 参见《食品安全法》第 42 条。

56 参见《食品安全法》第 4 条、第 33 条，《网络餐饮服务食品安全监督管理办法》第 18 条、第 9 条。

57 参见《民法典》第 9 条，《广东省城乡生活垃圾管理条例》第 14 条。

58 参见《网络餐饮服务食品安全监督管理办法》第 12 条。

59 参见《北京市生活垃圾管理条例》第 20 条。

60 参见《反食品浪费法》第 7 条。

证外卖生产加工的全程可追溯,记录并保留饮食原材料以及制作过程信息,包括但不限于食材来源、加工时间、操作过程、加工人员及其健康信息。

其三,明确对外卖送餐员的要求。一是在外卖送餐员的健康要求方面,外卖送餐员必须使用适宜且符合国家交通法规要求的配送用车,并佩戴头盔,[61]使用安全无害的配送箱包,保持清洁,并定期进行清洗消毒;在取餐时发现饮食服务提供者属于无食品经营资质或存在重大食品安全隐患的、外卖封签已被破坏或外卖封签不完整的,应拒绝接收;按照配送时间和配送要求及时将饮食送达消费者,发现送达的指定位置的周围环境存在污染餐品风险时,应及时与消费者协商更换送达位置。[62] 二是在保障配送过程中的食品安全方面,强调外卖送餐员在配送过程中不能擅自打开外卖包装、外卖封签,发现外卖封签损坏或不完整、容器不卫生等可能导致食品受污染的情况时,应当终止配送,并通知相关主体。三是在文明送餐方面,强调外卖送餐员应当遵守交通规则,文明行车、文明停车,并规定未经消费者允许不得进入消费者家中,不得有其他不文明举止。

(四)切实维护外卖送餐员的劳动权益

针对外卖送餐员劳动权益保护方面存在的问题,从社会保障、职业培训、算法机制等方面,细化平台提供者和饮食服务提供者的相关义务,主要包括:饮食服务提供者和平台提供者应当加强对其外卖送餐员的食品安全、道路交通安全、送餐文明行为的培训,合理设定对外卖送餐员的绩效考核制度;平台提供者及其第三方合作单位应当依法与符合确立劳动关系情形的外卖送餐员订立劳动合同,与不完全符合确立劳动关系情形但需要对其进行劳动管理的外卖送餐员订立书面协议,合理确定双方的权利义务;[63]要依法为建立劳动关系的外卖送餐员办理社会保险,引导和支持未建立劳动关系的外卖送餐员按照规定参加企业职工基本养老保险、基本医疗保险;要按照国家规定参加外卖送餐员职业伤害保障试点,防范和化解外卖送餐员职业伤害风险,[64]未建立劳动关系的外卖送餐员参加单险种工伤保险。同时鼓励为外卖送餐员购买团体意外险、雇主责任

61 参见国家市场监管总局等部门《关于落实网络餐饮平台责任切实维护外卖送餐员权益的指导意见》(国市监网监发〔2021〕38号)第3条,《深圳市电动自行车管理规定(试行)》第26条。

62 参见《民法典》第509条。

63 参见人力资源和社会保障部等部门《关于维护新就业形态劳动者劳动保障权益的指导意见》(人社部发〔2021〕56号)第2条。

64 参见国家市场监管总局等部门《关于落实网络餐饮平台责任切实维护外卖送餐员权益的指导意见》(国市监网监发〔2021〕38号)第5条。

险、第三者责任险等补充商业保险。

（五）建立饮食配送（外卖）行业协会并明确职责

行业自治是饮食配送（外卖）行业有序发展的必要前提。应鼓励建立饮食配送（外卖）行业协会，加强行业自律，按照有关法律、法规、规章等规定，制定行业标准，通过开展培训、搭建平台、提供服务、行业指导等方式，引导和督促饮食服务提供者、网络饮食服务平台提供者依法从事生产经营活动，推动行业诚信建设，促进本行业有序发展。加强与相关部门、头部企业和工会的沟通联系，推动制定相关标准和工作指引，保障外卖送餐员的合法劳动者权益。联系和引导劳动关系领域社会组织服务新就业形态包括外卖送餐员在内的劳动者。[65]

（六）创新饮食配送（外卖）行业管理的体制机制

针对前述饮食配送（外卖）行业管理体制机制创新不够的问题，应当从饮食配送（外卖）服务平台算法规则、失信惩戒机制、激发公众的主体意识、发挥社会监督的优势等方面予以填补。具体来说：

其一，建立健全饮食配送（外卖）服务平台算法规则。[66] 为被“困在系统里”的外卖送餐员纾困，维护新就业形态下劳动者的合法权益，促进平台经济长期健康发展，强调平台提供者及其第三方合作单位要合理设定对外卖送餐员的绩效考核制度，鼓励优化算法规则，保护外卖送餐员的劳动权益；不得将“最严算法”作为考核要求，要通过“算法取中”等方式，合理确定订单分配、计件单价、抽成比例、报酬构成及支付、工作时间、奖惩等考核要素，要充分考虑安全因素，适当放宽配送时限；在制定或者修改配送算法时应当听取行业协会、饮食服务提供者、饮食配送服务机构、外卖送餐员、工会的意见，算法规则应当有利于保障外卖送餐员的劳动权益，不断改善就业质量，优化饮食配送工作环境。

其二，完善饮食配送（外卖）失信惩戒机制。失信惩戒在制裁和预防失信行为方面发挥了重要作用，核心功能“一定程度上已然转向更为迅捷顺畅地实现行政管理的目标”[67]。针对失信惩戒机制在饮食配送（外卖）行业发挥作用之不

65　参见中华全国总工会《关于切实维护新就业形态劳动者劳动保障权益的意见》（总工发〔2021〕12 号）第 12 条。

66　参见《劳动法》第 37 条，国家市场监管总局等部门《关于落实网络餐饮平台责任切实维护外卖送餐员权益的指导意见》（国市监网监发〔2021〕38 号）第 2 条、第 3 条，人力资源和社会保障部等部门《关于维护新就业形态劳动者劳动保障权益的指导意见》（人社部发〔2021〕56 号）第 10 条。

67　参见朱宁宁：《发挥失信惩戒功效应适度且合法》，载《法制日报》2019 年 6 月 18 日，第 5 版。

足,有必要完善失信惩戒机制,在惩戒与保护之间找到平衡点,适度将饮食服务提供者、平台提供者以及外卖送餐员被行政处罚的违法违规行为,消费者滥用权利恶意差评、恶意拒收点餐的行为,列入诚信记录并依法予以公示,对失信者的相关权利、资格予以必要限制。

其三,激发公众的主体意识,充分发挥社会监督的优势。饮食配送(外卖)行业与老百姓的日常生活息息相关,其健康发展离不开社会公众的支持和监督。应当建立社会监督投诉举报制度和奖励机制,激发公众的主体意识,以充分发挥社会监督的优势。就投诉举报制度而言,市场监督管理等相关部门应当畅通举报投诉通道,鼓励社会公众依法举报投诉饮食配送(外卖)行业违法行为,[68]有关部门接到举报或者投诉后,应当依法及时查处并将查处结果回复举报人或者投诉人;相关部门应当及时发布监管工作动态信息,积极回应消费者关注。就奖励机制而言,对提供违法行为线索并查证属实的人员和其他协助案件查办的有功人员,有关部门应当给予奖励,并对其身份信息予以保密。

六、结　　语

以平台经济为依托、在我国各地迅猛发展起来的饮食配送(外卖)行业正在重塑餐饮商业及其运营模式,所带来的经济和社会影响正日益凸显,尤其在外卖食品安全、公共卫生安全、交通安全、环境保护、外卖送餐员劳动权益保障以及个人信息安全等方面。本文在探寻我国各地实践的有益经验、对广州市饮食配送(外卖)行业充分调研的基础上,以广州市为例探索制定地方性法规系统解决该行业发展过程中的规范供给不足问题,并试图在厘清相关政府职能部门的职责分工,明确和细化平台提供者的义务与职责,维护外卖送餐员的劳动权益,建立相关行业协会并明确其职责,优化饮食配送(外卖)服务平台算法规则,完善饮食配送(外卖)失信惩戒机制等方面进行立法回应。

68　参见《食品安全法》第 12 条,《广东省食品安全条例》第 10 条。

商业秘密犯罪边界下移法律效果的实证分析

安雪梅　林灿华*

【内容提要】 为履行中美《经济贸易协定》承诺并使侵犯商业秘密犯罪与我国《反不正当竞争法》保持衔接,我国立法和司法机关相继通过修改法律和颁布司法解释的方式,对侵犯商业秘密犯罪的刑事门槛做出大幅调整。通过对72份涉及商业秘密犯罪的刑事判决书以及23份民事侵权判决书进行分析发现,修法虽有利于缓解司法实践中长期存在的在认定侵犯商业秘密罪情节时"唯数额论"的不当现象,但法律条文的实施效果却不尽如人意。单一的条文修订不足以改变实践中的认定难题。要从本源上解决实践中出现的损失数额认定标准不一、法官自由裁量权过大的问题,还需通过"释法与立法配套"的方式,进一步破除"以数额为中心"的僵化评价体系,构建符合侵犯商业秘密罪法益性质及特征的评价体系,将犯罪手段、公共利益和特殊主体身份纳入"情节严重"的评价中。

【关键词】 民刑交叉　情节严重　侵犯商业秘密罪　数额　刑事门槛

一、问题的提出

自美国签署《保护商业秘密法案》、欧盟通过《商业秘密保护指令》以来,国际上对商业秘密的保护呈现不断强化之势。"在中国与欧盟、美国等主要经济体的投资贸易协议谈判过程中,商业秘密的立法保护已成为各方关切的重点之

---

* 安雪梅——广东金融学院教授,知识产权学科带头人,法学博士,主要研究领域:民商法学;林灿华——广东金融学院法学院2019级本科生。课题组成员吕柔参与了本文的研究及写作。

一。”[1] 随着中美《经济贸易协定》的签订,本着“条约必守”的原则,中国有义务降低启动侵犯商业秘密刑事调查的门槛。与此相适应,2019 年修正的《反不正当竞争法》进一步明确了侵犯商业秘密的情形,扩大了侵权主体范围并强化了法律责任,[2] 加大了商业秘密的保护力度。

由于刑事立案标准和定罪标准的一致性,降低侵犯商业秘密刑事调查的门槛实则是调低了侵犯商业秘密罪的认定标准。为了使《刑法》有关侵犯商业秘密罪的规定与新修订的《反不正当竞争法》相衔接[3],同时履行中美《经济贸易协定》的约定,最高人民法院、最高人民检察院颁布了《关于办理侵犯知识产权刑事案件具体应用法律若干问题的解释(三)》[以下简称《解释(三)》],第十三届全国人民代表大会常务委员会第二十四次会议也通过了《刑法修正案(十一)》,降低了侵犯商业秘密罪认定标准——将原来以数额评价为主的“重大损失”调整为评价内容涵盖更广的“情节严重”、入罪数额由 50 万元下调至 30 万元等。

在降低认定标准之前,我国《刑法》以“重大损失”作为判断侵犯商业秘密罪社会危害性的衡量尺度,强调“数额论”。实践中,侵犯商业秘密罪案件也多为“数额犯”。由此产生了一系列立法妥当性的讨论,也面临着侵权数额计算难、举证难、犯罪评价不全面等现实问题。

一是“重大损失”的计算方式缺乏可操作性。在以往案件中,权利人的实际损失以及侵权人的实际非法获利往往难以进行准确计算,以实际损失或实际侵权获利计算数额的方法有待商榷。与此相较,采综合认定的方法认定损失数额似乎是较为合适的,因其能在一定程度上对本罪保护客体具有的独特性和稀缺性特点进行评价,但该认定方式又会衍生出法官自由裁量权滥用的问题。同时,“重大损失”计算方式的不稳定也为商业秘密权利人举证带来了巨大不便。“权利人在刑事报案时,通常都只能提供一般线索,无法进一步提供可转化为刑事证据的线索,进而难以启动刑事立案程序。”[4]

---

1 赵丰、周围:《德国商业秘密立法保护的新发展及其对中国的启示》,载《国际贸易》2021 年第 7 期。

2 参见周光权:《刑事立法进展与司法展望——〈刑法修正案(十一)〉总置评》,载《法学》2021 年第 1 期。

3 参见赵丰、周围:《德国商业秘密立法保护的新发展及其对中国的启示》,载《国际贸易》2021 年第 7 期。

4 刘科:《侵犯商业秘密罪刑事门槛的修改问题》,载《法学杂志》2021 年第 6 期。

二是过于强调数额作为认定重大损失或情节严重的标准，将陷入“数额”无法全面评价本罪法益的困境。一方面，该标准无法客观评价破坏社会主义市场经济秩序罪法益，因为它无法评价商业秘密被侵犯使得权利人停产甚至破产等严重后果[5]，无法评价犯罪行为对市场经济管理秩序的破坏，这将从根源上影响侵犯商业秘密罪的正当性基础。另一方面，该标准无法涵盖权利人虽不存在实际数额上的损失，但却因核心秘密被泄露而丧失核心竞争力、策略成本等潜在利益的情形。综上所述，笔者认为完全以“数额”作为定罪标准，在立法上失之周全，既不符合侵犯商业秘密罪的法益性质及特征，也不能适应日益复杂的司法实践。

本次修法对以上问题均做了一定的回应，但是效果究竟如何，仍待各界投入精力认真分析。基于此，本文将以涉及商业秘密行为的刑事和民事案例为蓝本，系统梳理和分析侵犯商业秘密罪案件的审判规律，探寻法官审判倾向，并结合以上司法实践中长期存在的问题，对新法的实施效果展开讨论分析，以图能够在立法及司法层面提出可进一步用以完善规制商业秘密犯罪的建设性意见。

二、实证分析：基于95份判决的商业秘密刑事犯罪门槛考察

（一）样本综述

笔者从“小包公”法律实证分析平台以“刑事案由＋侵犯商业秘密”和“本院认为＋侵犯商业秘密”进行检索，共筛选出120份判决文书，再通过“文书类型——判决书”为条件进行筛选，剔除无效样本后，最终确定72份有关法院认定侵犯商业秘密罪的判决书。[6] 需要指出的是，2015～2020年全国法院审结侵犯商业秘密罪一审案件仅有236件[7]，可见本次选取的72个样本具有相当的代表性。

因为侵犯商业秘密罪本身有着明显的刑民交叉、重合的特点，侵犯商业秘密罪的门槛问题实际上是刑事和民事的边界问题，从民事的角度审视降低侵犯商业秘密罪门槛的实施效果是十分必要的。因此笔者还在中国裁判文书网上

5 参见沈玉忠：《侵犯商业秘密罪中“重大损失”的司法判定——以60个案例为样本》，载《知识产权》2016年第1期。

6 数据截至2021年11月4日。

7 数据来自最高人民法院2015年至2020年的“中国法院知识产权司法保护状况”。

以“民事案由”“侵犯商业秘密”“损失”“判决书”为条件进行检索，对搜索结果前十页标题含有“侵犯商业秘密”的判决书进行统计，剔除无效样本后，确定有关认定侵犯商业秘密的民事侵权判决书23份。[8] 选取的样本具有随机性和及时性，应能从中窥探出法院认定侵犯商业秘密民事侵权的一般规律。

本文将针对该95份判决书展开降低侵犯商业秘密罪刑事门槛对法律实施效果影响的实证分析。

（二）刑事视角下降低侵犯商业秘密罪刑事门槛实施效果的实证分析

1. 关于被告人是否有罪的统计分析

在72份刑事判决书中，认定为有罪的判决书63份，不以侵犯商业秘密罪论的判决书9份。在该9份判决书中，有3份判决书认为证明损失方面的证据不足，有2份判决书对于被告是否实施侵犯商业秘密行为的问题存疑，有1份判决书对商业秘密本身的秘密性存疑，有1份判决书认为犯罪主观要件不成立，还有1份判决书没有对侵犯商业秘密罪部分进行分析，另有1份判决书认为与他罪竞合。可以看出，在非罪理由中，结果要件地位突出，客观行为次之，也有涉及客体属性及主观状态的认定，显现出在司法裁判中有重客观要件的趋势。

2. 有罪案件中有关“数额”问题的统计分析

（1）数额案件与非数额案件的统计

经过分析，在认定有罪的63份判决书中，有55份判决书以数额作为认定“重大损失”“造成特别严重后果”等的主要考察标准（见表1）。

表1　是否以数额作为主要认定情节的刑事案件统计

单位：份

认定理由	数额案件	非数额案件	总计
判决数量	55	8	63

需要说明的是，在《刑法修正案（十一）》之前，法律规定以造成“重大损失”作为侵犯商业秘密罪的认定标准，故认定“重大损失”的标准即为认定侵犯商业秘密罪的标准。而从表1可以窥探出占比超80%的判决书均以数额作为主要裁判标准，意味着被告人是否对商业秘密所有人造成可量化的损失成为法院判

8　参见中国裁判文书网2021年11月4日，http://wenshu.court.gov.cn/。

定的最主要标准。

(2)非数额案件中认定理由的统计

在不以数额作为主要认定理由的案件中,法院认定理由如表2所示。

表2 刑事非数额案件认定理由的统计

单位:份

认定理由	技术泄露前权利人为唯一掌握该技术的企业	使商业秘密进入公有领域,丧失秘密性,失去了应有的商业价值	结合权利人取得的经营成果综合认定	客户流失等经济利益损失	受贿+使用秘密为他人提供服务	不明确	总计
情节	造成特别严重后果	造成特别严重后果	造成特别严重后果	重大损失	无明确、重大损害	造成特别严重后果	
判决数量	1	2	1	1	2	1	8

在非数额案件的认定理由中,除了从经营情况、客户资源等经济上的损失进行考量的判决外,还出现了3份以违法行为造成商业秘密本身的秘密性丧失作为认定造成特别严重后果的判决,以及2份考虑被告人具有特殊身份的判决。笔者认为这些判决具有重要的借鉴意义。

(3)数额案件中数额分布的统计

在以数额作为主要入罪标准的55份判决书中,笔者对判决书中的数额认定情况作了逐一的统计分析,结果如表3、表4所示。

表3 刑事数额案件中损失数额认定情况的统计

单位:份

认定理由	数额明确	数额大致明确	总计
判决数量	48	7	55

表4　刑事数额案件中法院认定损失数额的统计

单位:份

认定理由	0～50万元	50～100万元	100～250万元	250万元以上	总计
判决数量	1	12	19	16	48

需要说明的是,有些案件还出现了共同犯罪中多个被告人造成的损失数额各不相同的情况。在此项统计过程中,笔者以同案中法院认定造成损失额最高的被告人所造成的损失数额进行统计。

从表3可以看出,在55件数额案件中有48份判决书在文中明确认定了损失数额,有7份判决书未在文中明确认定损失数额,但数额大致予以确认。例如,在张某侵犯商业秘密罪、破坏生产经营罪一案中,法院综合考虑受害人研发投入数额、新发公司自2006年至2007年9月获利超亿元等因素,就低认定鑫富公司损失为250万元以上。

从表4可以看出,在48个样本中,认定损失数额为100～250万元的判决书最多,有19份,而认定数额为250万元[9]以上的判决书次之。这反映出在刑事案件最终被定罪的案件中损失认定数额一般比较大,侵权行为给商业秘密所有人的生产经营造成极大的破坏。而认定数额在100万元以下的判决书共有13份,认定数额在0～50万元的判决书仅有1份。而唯一1份认定数额在0～50万元的判决书的认定数额为50万元,刚好达到《最高人民法院、最高人民检察院关于办理侵犯知识产权刑事案件具体应用法律若干问题的解释》第7条所规定的入罪门槛。

以数额作为主要判断标准,本应对数额进行非常明确的认定,但仍有占比12.7%的判决未能对数额进行非常明确的认定。在此类案件中法院多采取推定的形式确定大致的损失数额,如唐某侵犯商业秘密、拒不执行判决一案。这说明在司法实践中,数额认定仍是审理侵犯商业秘密罪案件的难题。笔者认为造成该现象的原因主要有两个方面。

一方面在于侵犯商业秘密罪的客体具有特殊性。首先,在一般财产性刑事犯罪的损害认定中,其客体本身是公开的、可流动的,类案具有参考价值,对于某一类财产性犯罪损失的认定往往能够形成统一且稳定的标准。例如,在故意

9　250万元为确定“造成特别严重后果”的数额标准。

毁坏公私财产罪中，损害一般可以根据汽车的市场定价或一般交易价格进行准确评估，且类案有较高的参考价值。但在本罪中，由于客体本身具有唯一性和秘密性，商业秘密所有人往往是通过大量的投入，并经长期研究、试验后才得以产出独特的技术方案，其为权利人所特有而他人并不知晓，也就无所谓一般流通价格，甚至秘密所有人本身也无法评估商业秘密的价值，一般也没有同案可以进行参考。其次，现实情况中的商业秘密本身一般比较高端且多为复合型技术，往往涉及很多个领域的专业知识，也就难以进行准确的市场评估。

另一方面在于侵犯商业秘密案件中受害人举证存在困难。侵犯商业秘密罪为结果犯，刑事立案侦查的启动一般需要受害人进行初步举证。但要准确证明侵犯商业秘密行为造成的具体损失数额如营业额、利润等的减少殊为不易，更遑论机会成本与市场份额损失。在实践中，也出现了高价值商业秘密丧失保密性，但实际损失可能尚未发生，受害人无法自证损失的案例。这是“唯数额论”面临的现实困境。

值得注意的是，在宋某侵犯商业秘密罪一审案中，公诉机关虽未明确举证商业秘密所有人的损失，但是法院认为被告人使用不正当的手段获取了采取保密措施的“技术方案”并在互联网上予以披露，导致商业秘密所有人投入大量资金研发所掌握的技术进入公众领域，从而使该商业秘密失去了应有的商业价值，已造成特别严重后果，最终认定被告有罪。又如，在元氏县槐阳锂能科技有限公司、耿某某侵犯商业秘密一案中，法院认为案涉技术工艺具有重大意义，不仅给企业带来了经济效益，也为国家节省了大量能源，且在案发前国内只有槐阳锂能一家企业持有并掌握该技术工艺，被告的行为已给槐阳锂能造成特别严重后果，最终认定被告有罪。应当看到，我国法院审判实践中出现的以侵害商业秘密的行为性质和手段评价犯罪的做法是值得肯定的。

由此可以得出两个结论：一是司法裁判陷入了“重数额却难认定”的怪圈；二是数额并不能全面评价侵犯商业秘密行为的危害。具言之，司法实践中长期存在的“唯数额论”式裁判不仅存在商业秘密难以评估、损失难以确定、受害人难以举证等问题，还留下了如珍贵秘密被窃取，破坏企业的经营，但还未造成实际损害等非数额犯无法入刑的缺口。因此，司法裁判中“去数额化”的趋势是值得肯定的。

当务之急是破除司法实践中的“唯数额论”，但摆在理论界与实务界面前的问题是，如何采用更加综合的犯罪认定方式，增加非数额犯的认定情节。本次修法即是对于这一问题的有益回应。虽然本次修法将50万元的门槛降低至30万元的做法,对于原有数额案件的评价不会有太大影响,但这是基于原有标准更高的前提而言的。笔者认为,本次修法的意义在于体现了立法者对司法实践中"唯数额论"做法的反思和纠正。

本次修法将"重大损失""造成特别严重后果"的表述修正为"情节严重""情节特别严重",并将数额门槛调低,增加"补救成本"作为数额认定的方式,有利于解决司法实践中长期存在的法官审理侵犯商业秘密罪"唯数额论"问题。笔者认为这一修改是值得肯定的。一方面,"情节严重"相较于旧法"重大损失",考虑的情况更加综合,不再着重于评价数额等的"损失",而倾向于窃取、使用、泄露商业秘密行为的"情节"本身,为认定非数额犯留下了空间,表明立法者希望降低"数额"在认定犯罪中的作用和影响。这也"符合中美《经济贸易协议》第1.7条关于分步取消任何将商业秘密权利人确定发生实际损失作为启动侵犯商业秘密刑事调查前提的要求。"[10]另一方面,降低数额入罪标准,增加"补救措施"数额的认定方式使得数额上的入罪门槛降低,受害人举证的难度也相应降低,有利于在原有评价体系未作整体改变的情况下解决数额认定的"燃眉之急"。

但只在立法条文上进行修改是不够的,要彻底摆脱数额化裁判的消极影响,接下来还需要通过"释法与立法配套"的方式,进一步破除"以数额为中心"的评价体系。

(4)数额案件中损害数额计算方式的统计分析

侵犯商业秘密的损失数额认定方式,是本次中美《经济贸易协定》中重点关注的内容。笔者从55份以数额作为入罪主要考察标准的判决书中,整理归纳出了法院认定损失数额的主要方式。如前所述,在司法实践中法院主要以数额作为认定侵犯商业秘密罪与非罪的标准的情况下,认定损失数额的标准一直未能统一,以致出现了大量的案件因数额定罪而认定数额的方式却千差万别的窘况。

据统计,在55份同样以数额作为主要考量标准的样本判决书中,除以"研发成本"、被告销售利润和被告非法获利三种方式外,其他认定方式均分布得较为零散,竟出现了20种认定损失数额的方式。笔者将其进行了归类,大致可以

---

10 汪东升:《论侵犯商业秘密罪的立法扩张与限缩解释》,载《知识产权》2021年第9期。

分为受害人损失、被告获益、法院综合认定三种主要计算方式。法院在计算受害人损失时,考量内容包括权利人研发成本、鉴定商业秘密价值、销售利润等,其中权利人的研发成本为主要参考因素;被告获益的计算方式则参考被告的销售利润、销售额、可获得的预期收益等因素,其中被告销售利润和非法获利为主要参考因素;法院综合认定则考量商业秘密本身价值,原、被告销售情况,行业平均利润以及维权成本等。但这些计算方法均有其不足之处,例如,以经济损失额计算,权利人的实际经济损失往往由多方面因素构成,难以完全归结于侵权行为;若以非法获利计算,侵权人的非法利润又并非完全等于权利人的实际损失,有学者也指出"将侵权人利用权利人商业秘密获取的价值归还权利人,采用这种救济方法是合理的","但有违'罪刑法定'原则"[11];法院综合认定或许是较为稳妥的办法,却又会产生法官自由裁量权的运用问题。

特别值得一提的是,在样本中还出现了排除在以上三者之外的情况。在北京拓普北方科技发展有限公司(以下简称拓普公司)等侵犯商业秘密案中,法院并未对被告侵犯商业秘密行为所造成的损失进行明确认定,却根据拓普公司竞争对手的获利情况来认定被告的行为给拓普公司造成了特别严重的后果。这种计算第三人获利的方式具有一定的合理性,因侵犯商业秘密罪本身即为破坏社会主义市场经济秩序犯罪,犯罪人的行为不仅给商业秘密所有人造成了经济损失,还侵犯了国家对商业秘密权利人的无形资产专有权和社会主义市场管理秩序(刘某军侵犯商业秘密罪一审判决书中也对此予以明确),故以第三人获利的数额作为评判侵犯商业秘密犯罪行为符合该罪特征。

笔者在对以上判决书进行分析时,还发现不少判决书中都出现了法官直接援引民事侵权认定的方式进行数额认定的情况,如许某犯侵犯商业秘密罪一案。虽然知识产权犯罪案件通常都是"先民后刑"或"刑民并行",既涉及民事又涉及刑事,为避免"刑民不接"的问题发生,民事侵权数额认定的规则对于刑事数额认定有一定的参考意义,但因为民法和刑法本身具有不同的性质和任务,加上民刑各自的核心证据规则不同,民法确立"高度盖然性"规则,而刑事案件则要求排除合理怀疑。[12] 两者的损害认定的方法必然需要有各自的偏重,

---

11 范晓波:《侵犯商业秘密罪"重大损失"认定研究——以损失评估为中心》,载《知识产权》2014年第7期。

12 参见冯晓青、马彪:《民刑交叉视野下侵犯商业秘密罪边界的检视与厘清》,载《法治社会》2021年第3期。

在刑事案件中直接照搬民事规则难免"水土不服",也有违刑法"罪刑法定"原则。

这说明实践中法院审理侵犯商业秘密罪时存在损失数额认定的标准不一、民刑规则混用和过度依赖法官自由裁量的问题。如前所述,这是由知识产权犯罪的特性以及侵犯商业秘密罪客体本身的特殊性决定的——商业秘密犯罪案件的个性较强,但标准不一、法官自由裁量权过大造成的弊端也是显而易见的。一是有损法律的稳定性和权威;二是法官的裁量权过大,容易导致权力被滥用;三是有违刑法谦抑性的定位;四是加重了受害人(在申请启动刑事调查或自诉过程中)的举证难度,不利于打击侵犯商业秘密的犯罪行为。其中自由裁量权问题尤甚,笔者认为虽然此类案件的特殊性决定着法官在审理案件中必然需要适当运用自由裁量权,但这并不影响对自由裁量权进行限制。

而此次系列修法主要还是在"重大损失还是情节严重"的问题上作出了回答。尽管立法者出于履行中美《经济贸易协定》的考虑,在认定的方式上增加了"补救成本"的方式,在一定程度上对损失数额认定方式的范围进行了明晰,但仍然不能很好地解决损害数额认定方式标准过于宽泛、法官自由裁量权过大的问题。尤其是在本次修法上还呈现出降低扩张行为类型、扩大犯罪对象、提高法定刑等诸多态势,在扩大犯罪打击范围的同时也在无形中增大了自由裁量的空间。对此有学者指出,鉴于立法上的积极扩张态势,从刑法谦抑性、最后保障法的定位以及侵犯商业秘密等知识产权犯罪的立法特点来看,为了避免刑法提前介入导致的滥用诉权、"先刑后民"等问题影响罪刑明确性和稳定性,应该在司法适用过程中对该罪进行必要的限缩解释。[13] 笔者也赞成这种观点,通过颁布司法解释对损失数额的计算方式进行统一和明确是必要的。

(三)民事视角下降低侵犯商业秘密罪刑事门槛实施效果的实证分析

1. 关于法院认定侵权数额分布的统计分析

笔者在中国裁判文书网上随机选取了23份有关侵犯商业秘密民事侵权的判决书作为样本,对判决书中法院最终认定的侵权数额分布进行了统计,见表5。

---

13 汪东升:《论侵犯商业秘密罪的立法扩张与限缩解释》,载《知识产权》2021年第9期。

表 5　民事案件中损失认定数额的统计

认定理由	0～30 万元	30～100 万元	100～250 万元	250 万元以上
判决数量	16	3	1	3
占比	69.57%	13.04%	4.35%	13.04%

如前文所述，知识产权犯罪案件具有明显的民刑交叉的特点，在数额作为主要评判指标的前提下，对于侵犯商业秘密违法行为而言，民刑数额的边界已成为讨论侵犯商业秘密行为是否入罪的重要界限。根据 23 份判决书的统计结果，与刑事案件不同，商业秘密民事侵权案件的损害数额较小，且主要分布在 0～30 万元，占比达 69.57%。从统计结果可以得知，30 万元是民事视角下侵犯商业秘密行为的“分水岭”——绝大多数的案件分布在 30 万元以下。应该肯定，数额作为认定损害结果的直接依据，仍是知识产权民事和刑事领域中进行评判的最为重要的指标。本次修改[14]显然顺应了侵犯商业秘密行为的现实状况，符合侵犯商业秘密行为的现实规律，进一步厘清了民刑的边界，具有合理性。

2. 关于认定损害数额计算方式的统计

笔者还对该 23 份判决书中有关损害数额的认定方式进行了统计，结果如表 6 所示。

表 6　民事案件中损失数额计算方式的统计

	实际损失	侵权获利	法院酌定	和解	仅支持合理开支	总计
判决数量	3	1	17	1	1	23
占比	13.04%	4.35%	73.91%	4.35%	4.35%	100

结合表 6 可以看出，在商业秘密民事侵权行为的损害数额计算方式上，法院采用最多的认定方式为“酌定”，仅有少量的案件通过计算“实际损失”“侵权获利”“合理费用”等方式予以确认。更加直观地反映出，在司法实践中对于商业秘密民事侵权案件中损害数额的认定同样存在标准不一，法官自由裁量权大的问题。

通过实证分析可以得知，本次修法将“重大损失”的认定情节修改为“情节

14　构成“重大损失”的原法定数额为 50 万元，《解释（三）》将这一标准降至 30 万元。

严重”，降低相应数额门槛、增加损失数额计算方式的做法将有利于缓解司法实践中长期存在的法官审理侵犯商业秘密罪“唯数额论”问题，但仍然不能很好地解决实践中出现的损失数额认定标准不一、法官自由裁量权过大的问题，侵犯商业秘密罪的构罪体系还有待进一步完善。

三、解决路径：构建契合侵犯商业秘密罪性质及特征的法律评价体系

（一）因案施策：去除“数额本位”的单维裁判思路

不可否认的是，在量定侵害程度的精准度上，数额具有绝对的优势。数额具有高度的客观性、具体量化性的特征，“故对数额犯而言，‘数额条款’具有实现社会有效治理的积极作用。”[15]在上文的统计中，直接以数额定罪的案件的数量比例达87.3%，反映了司法实践中“记赃定罪”的审判定式。基于长期的司法实践和现实需要，故现阶段不必也不可能将“数额”排除在定罪量刑的考量因素之外。进言之，进一步明确“情节严重”的数额计算标准，尤其是总结现有司法经验，通过类型化的方式统一损失数额的计算方法，提高数额计算方式的可操作性，对最大限度保障法律的统一适用，合理限缩法官的自由裁量权有重要意义。

但由于侵犯商业秘密罪本身强烈的“个性”，对侵犯商业秘密的行为做全面准确的归类存在较大难度。即使是类案，因秘密客体的特性、行业的特点不同，导致其适用的损失认定方式也不尽相同。因此笔者认为，更好的解决方式是从源头上破除“数额本位”，从本罪性质出发，完善“情节严重”的认定，既能解决数额本位下数额认定标准不一、法官自由裁量权过大的问题，也能达到全面、合理评价侵犯商业秘密行为的目的。

（二）另辟蹊径：破除“数额本位”，构建符合侵犯商业秘密罪法益性质及特征的评价体系

1. 传统刑法理论中“情节严重”的界定

在经济犯罪中，犯罪人以谋求经济利益为目的，造成的危害结果往往可借

---

15 参见魏昌东、尤广宇：《法益损害的“数额犯化”与量定标准重构》，载《国家检察官学院学报》2021年第3期。

货币进行量化,因此经济犯罪多以一定的数额作为定罪门槛。“但破坏经济秩序罪与该类犯罪不同,是因为犯罪主体的行为的危害程度超出了行政管理机关的职权处理范围,才构成了犯罪。”[16]鉴于此,属于破坏社会主义市场经济秩序的侵犯商业秘密罪,无法仅凭犯罪数额大小来衡量其社会危害性。

因此,《刑法修正案(十一)》将“重大损失”修正为“情节严重”,增加了“直接导致商业秘密的权利人因重大经营困难而破产、倒闭”的认定情形,突出了破坏经济秩序罪的犯罪特征,具有积极意义。但从统计案例来看,仅增加“直接导致破产、倒闭”的情形恐怕仍未能满足现实需要。需要指出的是,本次修法为“重大损失”(《刑法修正案(十一)》颁布后,此处实际为“情节严重”)的认定设置了兜底情形,但依然无法解决法官裁量适用的问题,在无明确指引和限定的情况下甚至可能催生出向兜底条款逃逸的问题。为准确适用法律,维护法律权威,在修法已经完成的情况下,完善配套的司法解释明确“情节严重”的内涵和外延,势在必行。

“法益侵害性即社会危害性,是行为犯罪化的根据所在。”[17]传统刑法理论认为判断行为是否达到严重的社会危害性时,主要考虑以下因素:(1)行为人本身的情况;(2)行为的手段;(3)行为造成的后果;(4)行为侵犯的是什么样的社会关系;(5)行为人的主观情况;(6)情节是否可被归结为“恶劣”;(7)行为实施时的社会形势。“情节严重”应体现对主体、主观、客体、客观刑法传统四要件的综合考量。[18] 现行法律中常见的认定“情节严重”的标准主要包括行为方式、行为规模、结果样态,也包括特定时空、人身危险、主观恶性。[19] 在大部分破坏社会主义市场经济秩序罪中,并非只以一定的犯罪金额作为定罪标准。以生产、销售假药罪为例,该罪的“其他严重情节”“其他特别严重情节”除了将生产、销售数额囊括其中,还包括了“造成较大突发公共卫生事件的”、“根据生产、销售的时间、数量、假药种类等,应当认定为情节严重的”以及“对人体健康造成的损害”,以反映药品管理秩序和实体法益的侵害程度,体现破坏社会主义市场经济

16 王作富:《刑法》,中国人民大学出版社2016年版,第282页。

17 张明楷:《刑法学》,法律出版社2016年版,第88页。

18 参见潘莉:《侵犯商业秘密罪:如何界定“情节严重”》,载《检察日报》2020年11月25日,第3版。

19 参见魏昌东、尤广宇:《法益损害的“数额犯化”与量定标准重构》,载《国家检察官学院学报》2021年第3期。

秩序犯罪保护法益的特征。

侵犯商业秘密罪定罪也应符合该体系特征。概言之,判断侵犯商业秘密行为是否达到"情节严重",也应对主观、客体、客观、主体四个要件进行考虑。对于主观方面,本罪的构罪要件多为故意,这与其他知识产权犯罪的规定是相一致的。对于本罪客体,虽然商业秘密"三性"的认定在理论界多有争论,但客体要件的满足是构成本罪的前提,若行为人侵犯的对象并非商业秘密,又何须对"情节严重"进行判断,故商业秘密的定性对认定"情节严重"的认定并不产生实际性的影响。鉴于此,笔者将重点关注客观及主体要件。

对于客观及主体要件,从所统计的数据来看,以该罪所保护的法益的被侵害程度,作为对"情节严重"认定的补充,较为符合实际情况。主要包括两个方面:一是犯罪行为对商业秘密权人商业经营或者公共利益的影响程度;二是犯罪行为之于国家对社会主义市场经济秩序管理的破坏程度。在此两者中,主体身份应是重要的考虑因素。

概言之,情节严重的认定还应对犯罪手段以及特殊主体身份两个因素进行考虑。

2. 现实语境下"情节严重"的认定思路

结合案例,笔者提出以下具体思路,以作为未来释法考虑的方向。

为合理限制自由裁量权,应当删除新增加的"造成商业秘密的权利人其他重大损失的"条款,充分考虑行为人的犯罪手段,在有关认定"情节严重"的条款中,纳入"犯罪手段恶劣"的表述,并具体列举"犯罪手段恶劣"的参考基准。前文对非数额案件的统计中,也出现了3份基于行为人犯罪手段而构罪的判决书,因此以犯罪手段作为情节严重的认定因素,是具有现实基础的。

具体而言,实施侵犯商业秘密行为的次数、持续时间、影响范围,行为人侵犯商业秘密的性质(价值),商业秘密是被完全泄露还是仍处于保密状态,侵犯商业秘密的方式[20]都可作为评价犯罪手段是否恶劣的考量因素。

首先,可增设"根据侵犯商业秘密的次数、持续时间、影响范围,参考被侵犯商业秘密的价值,应当认定为犯罪手段恶劣的"条款。其次,还应关注犯罪人以不正当手段获得高价值商业秘密却还未泄露的行为。侵犯商业秘密罪最显著

---

20 参见潘莉:《侵犯商业秘密罪:如何界定"情节严重"》,载《检察日报》2020年11月25日,第3版。

的特征在于客体即商业秘密本身具有秘密性、珍稀性，侵犯商业秘密的行为不仅会给秘密所有人带来经济上的直接影响，更重要的是其必将破坏商业秘密的“秘密性”。例如，行为人窃取了价值不菲的技术秘密，但并未实际使用或泄露，表面上并没有对秘密所有人造成经济利益上的损害，但这样的行为却足以被认定为“情节严重”。理由在于，该行为使原本为权利人独家掌握的秘密有暴露于公众面前的潜在危险，而秘密一旦泄露将永远失去作为秘密的价值，继而增加了企业丧失核心竞争力、减损市场价值和减少交易机会的风险。最后，通过互联网等媒体传播和泄露商业秘密的问题应该重点关注。因互联网传播速度、广度、数量都远超出传统的传播方式，对商业秘密本身“秘密性”的破坏更大，所以对该行为应予严惩。

此外，对公共利益的侵害、对市场竞争秩序的破坏程度也应当得到关注。认定“情节严重”，应当考量新冠疫情大流行背景下对公共利益造成严重影响的行为。在全球新冠疫情大流行的背景下，技术信息与社会秩序甚至人类生存的联系越发紧密。在“情节严重”或者“情节特别严重”的认定中，不得不考虑诸如窃取、泄露可能对社会秩序或者公共卫生健康产生重要影响的技术秘密的情形。可参考生产、销售假药罪，设置“造成较大突发公共卫生事件的”认定情形。就本罪保护的法益而言，侵犯商业秘密不仅损害了权利人的利益，而且破坏了市场竞争秩序，此亦是公法介入的理由。因此，在认定情节严重的情形中，还应当考量市场竞争秩序的破坏程度，此亦可包含本次修法中增加的“直接导致商业秘密的权利人因重大经营困难而破产、倒闭”之情形。

认定“情节严重”，还应考虑特殊主体身份。在非数额犯案件中，出现了国家工作人员因收受利益而泄露单位秘密被判侵犯商业秘密罪的案件。在这类案件中，侵犯商业秘密行为损害的不仅是单位的利益，更是国家机关的形象和管理秩序。此外，在实践中发生最多的情况是负有保密义务的单位工作人员违反保密义务将本单位的秘密进行使用和泄露，为达到打击犯罪的目的，对于此类主体应确立特殊标准。除了行为人的身份，泄露对象的身份也应予以特殊考虑。如主动、被动向特定的对象如境外机构、组织、人员或间谍组织泄露商业秘密，该情节若不满足“为境外窃取、刺探、收买、非法提供国家秘密、情报罪”或“间谍罪”的构罪要件，也应当认定为本罪之“情节严重”。因为该行为的危害远不止商业秘密的经济价值本身，还对国家的经济安全和经济利益造成极大的损害，对此类犯罪主体应重点关注。

四、结　语

我国侵犯商业秘密罪的实施存在两方面问题:一是犯罪评价体系不尽完善,重要评价因素缺位;二是司法实践囿于“数额本位”的影响,出现了损失数额认定标准不一、举证困难、法官裁量权滥用等问题。究其原因,在于立法和司法过程中的“唯数额论”取向。

本次修法进一步明确了“情节严重”的数额计算标准,对保障法律的统一适用,在一定程度上合理限缩法官的自由裁量权范围有着重要意义。但在呈现出扩张行为类型、扩大犯罪打击对象、提高法定刑等态势,无形中增大了自由裁量空间的同时,本次修法仍未能对“情节严重”作出恰如其分的界定,不能很好地解决损害数额认定方式标准过于宽泛、法官自由裁量权过大的问题。

要解决这一问题,急需建立新型综合评价模式,破除单一的评价指标。对于各评价要件的关系,则应当是“全面评价,相互补充”的关系,即评价“情节严重”应当全面考量数额、犯罪手段、公共利益和特殊主体身份,但不必追求所有要件的证成,满足任一要件均可认定为情节严重。

解决路径可以是通过完善配套的司法解释和具体的法律规定相互协助,共同实现克服商业秘密犯罪认定过于主观化的现象。具言之,以明确“情节严重”的内涵和外延,从源头上破除“数额本位”,从本罪性质出发,完善“情节严重”的认定,既能解决数额本位下数额认定标准不一、法官自由裁量权过大的问题,也能达到全面、合理评价侵犯商业秘密行为的目的。应当删除新增加的“造成商业秘密的权利人其他重大损失的”条款,采用“数额类型+犯罪手段+公共利益+特殊主体身份=情节严重”的综合评价模式,构建符合侵犯商业秘密罪法益性质及特征的评价体系,以进一步严密法网,强化知识产权保护,真正实现良法善治。

前科消灭制度的三重构造

梅传强　严　磊*

【内容提要】 在犯罪圈扩张的背景下,构建前科消灭制度的需求显著增加。然而,当前关于前科消灭制度的理论构想和实践探索存在难以应对网络时代信息高速流通的态势、未曾针对犯罪附随后果完善相应的规范,以及未能有效缓和社会交往层面群体的对立三大问题。对此,应当充分挖掘前科消灭制度所具备的禁止前科事实滥用、消解犯罪附随后果和重构社会信任关系等功能,并厘清国家、犯罪人和非犯罪人三类主体在前科消灭领域中的互动关系,以明确前科消灭制度的内在逻辑。以此为基础,可以通过探索前科事实禁止滥用措施、在刑法修正过程中增设前科消灭条款和借助规范体系重构信任关系等方案,构建具有事实、规范和价值三重构造的前科消灭制度,以期实现保障人权和防卫社会的平衡。

【关键词】 前科消灭制度　前科事实　犯罪附随后果　社会信任关系

引　言

随着生产力的不断发展和生产方式的更新换代,人们的生活水平在不断提高的同时,其生活方式和环境也在不断变化,社会转型正在以前所未有的速度进行。在社会转型的过程中,传统社会矛盾不断加深,新型社会矛盾也不断涌现,尤其表现为新型危害行为的层出不穷。为了维护社会转型期内人民的合法

* 梅传强——西南政法大学法学院教授、博士研究生导师,中国刑法学研究会副会长,主要研究领域:刑法学、犯罪学;严磊——西南政法大学法学院博士研究生,主要研究领域:前科消灭制度。本文系司法部2021年度法治建设与法学理论研究部级科研项目“电信网络诈骗犯罪刑法治理模式完善研究”(批准号:21SFB2013)和西南政法大学2022年度学生科研创新项目“轻罪时代下犯罪附随后果研究”(2022XZXS-010)的阶段性研究成果。

权益,针对具有严重社会危害性的部分触法行为,刑法采取积极介入的姿态,通过增设新罪的方式发挥着能动的犯罪治理作用。基于此,从劳教制度废除后就引发热议的前科消灭制度和轻罪制度等又重新回归学界视野中。随着生人社会、网络社会和信用社会的到来,多种因素交织导致本已严苛的犯罪附随后果更加严重,且不加区分地适用于所有犯罪人身上。刑罚之外的犯罪附随后果不但不当地克减了犯罪人的合法权益,而且不利于预防犯罪目的的实现。申言之,犯罪圈的扩张虽然取得了积极的社会治理功效,但也引发了不容忽视的负面后果泛化问题[1]。因此,应当系统构建前科消灭制度,消解适用于犯罪人身上过重的附随后果,实现保障人权和防卫社会之间的平衡。对此,国家也意识到构建前科消灭制度的重要性,继《刑事诉讼法》规定了未成年人犯罪记录封存制度后,2021年12月3日公安部发布了《公安机关办理犯罪记录查询工作规定》,对犯罪记录查询条件、程序、用途等进行了详细规定。然而,现有关于前科消灭制度的理论研究和实践探索混淆了前科和犯罪记录的概念,过多着眼于完善犯罪记录封存规定,对犯罪附随后果关注不足,可能导致前科消灭制度的完整性和实用性不足。对此,应当从事实、规范和价值三个层面对前科消灭制度进行深入探讨和充分论证,以期能够构建以犯罪事实为依据、以刑事法规范为核心载体和以社会信任关系重建为价值遵循的前科消灭制度,在修正实践中不当限制犯罪人权利做法的同时,重构犯罪人群体与非犯罪人群体之间的信任关系。

一、前科消灭实践探索存在的问题

当前,前科消灭制度构建的必要性已经得到广泛认可,但具体的构建路径尚不清晰。从已有的实践探索看,现有的前科消灭探索主要着眼于犯罪记录的封存,试图使满足一定条件的犯罪人获得无犯罪记录证明,以帮助犯罪人复归社会。然而,在信息高速流通的网络时代犯罪记录封存效力有限。与此同时,犯罪记录封存模式并没有对严苛的犯罪附随后果进行有效规制,也未能缓和犯罪人与非犯罪人两类群体之间的紧张关系,重建社会主体间的信任桥梁,因而存在科学性和体系性不足的问题。

1　参见梁云宝:《积极刑法观视野下微罪扩张的后果及应对》,载《政治与法律》2021年第7期。

（一）难以应对网络时代信息高速流通的态势

“当我们有了移动终端的时候，就全面步入了万物互联时代，也就是 Web 3.0 时代。”[2] 在信息高速流通的网络时代，几乎所有曾经在网络空间公布的信息都会留下痕迹，难以消除。“有记忆”的互联网为前科消灭制度的构建带来了新的挑战，前科事实的完整内涵为何？在“双层社会”的背景下，如何妥当处置前科事实，以避免其被滥用？这些问题尚未得到解答。

首先，前科事实的完整内涵未能得到有效挖掘。自 20 世纪 80 年代以来，多数学者都认为前科是一种定罪记录，是记载了犯罪记录的相关事实。[3] 应当认为，将犯罪记录封存和前科消灭等同的做法反映了前科、前科事实和犯罪记录三者之间概念出现混同的问题。一方面，犯罪记录与前科事实虽然同属事实层面的范畴，但在具体内容和功能上存在不同。前科事实是能够体现犯罪人复归社会时处遇必要性的客观情状，是决定犯罪附随后果内容的依据。与此同时，犯罪记录征表犯罪人曾经犯罪的概括性事实，属于前科事实的一部分，可以部分反映犯罪的社会危害性和犯罪人的人身危险性。另一方面，前科事实具备客观事实属性，是前科的重要组成部分，但不等于前科本身。前科作为一种规范概念，不但包含事实层面的前科事实，而且包括规范层面和价值层面的犯罪附随后果，前者被规定在规范性文件之中，后者则主要散见于社会交往规则和软法之中。

其次，犯罪记录封存与司法公开之间存在冲突。“司法公开不仅是保障公民、法人基本权利的一种途径，更是维护司法公信力、树立司法权威的内在要求。”[4] 根据司法公开的要求，除非存在特殊情形，裁判文书中载明的犯罪事实会被强制公开，以实现对司法工作的外部监督。由此不难看出，司法公开制度与犯罪记录封存在内在机理、应然功能和具体进路等方面有较大差异。如何解决两者之间的矛盾仍是一个悬而未决的问题。

最后，信息高速流通使犯罪记录封存难以为继。去中心化和信息的高速流

2 刘艳红：《网络犯罪的法教义学研究》，中国人民大学出版社 2021 年版，第 96 页。

3 参见苏永生：《将前科作为酌定从重处罚情节存在的问题及其对策》，载《法商研究》2022 年第 5 期；邵玉婷：《前科就业限制的比例原则规制》，载《东方法学》2017 年第 3 期；石慧：《我国有前科劳动者平等就业权的立法保护》，载《山东大学学报（哲学社会科学版）》2018 年第 1 期。

4 温泽彬、李劭申：《“互联网 +”背景下的司法信息公开研究——以最高人民法院“司法公开示范法院”为对象》，载《现代法学》2016 年第 4 期。

通性是网络时代的重要特征。在网络时代,犯罪事实一旦通过某种途径公开,将在极短的时间内被大量民众获取。基于此,封存犯罪记录虽然可以在一定程度上将前科事实部分隐去,但无法改变前科事实在网络空间内大量留存并存在高度传播风险的现状。对此,即使公安机关出具了无犯罪记录证明,用人单位等依旧可以从网络上寻找到犯罪人曾经犯罪的相关事实。这不但不利于犯罪人正常复归社会,而且有损国家机关效力文件的权威性。

(二)未曾针对犯罪附随后果完善相应的规范

犯罪记录封存主要着眼于前科事实的处置,试图通过否认前科事实的存在,达到消灭犯罪附随后果的目的。然而,犯罪记录封存不但自身存在诸多局限,而且也无法改变在犯罪记录封存之前,犯罪人将承受严苛的犯罪附随后果的事实。犯罪附随后果是根据前科事实产生的,对犯罪人复归社会后的各项权利进行贬损的不利后果总称。消解严苛的犯罪附随后果是前科消灭制度的重要目标。其中,对于非规范的犯罪附随后果,法律不宜直接介入,更多的是发挥一种行为引导作用。因此,消解规范性犯罪附随后果是前科消灭制度在规范层面所要达成的具体目标。这不但需要在设定和适用规范性犯罪附随后果时符合比例原则的要求,而且需要适时根据犯罪人处遇必要性的变化调整,甚至消灭相关规范性犯罪附随后果。

从实体法层面看,关于前科消灭实践探索未对散落在不同部门法中的前科规范进行整合、清理,导致犯罪附随后果与犯罪人的处遇必要性不相适应。一方面,犯罪附随后果大多被规定在刑法之外的规范性文件中,来源广泛且内容丰富。根据王瑞君教授的统计,截至2018年,规定了刑罚附随性制裁的文件数量已达到880个,由此得出"刑罚附随性制裁"内容及涉及事项和领域广泛、数量多并呈逐年增长趋势等结论[5]。需要注意的是,因为犯罪附随后果的适用并不以判处刑罚为限定条件,所以犯罪附随后果的范围较之"刑罚附随性制裁"更广。因此,可以得出犯罪附随后果来源复杂、数量繁多和力度严苛的结论。基于此,无序的叠加适用模式不当克减了犯罪人的应有权利,对主体复归社会造成了较大的阻碍。

另一方面,犯罪附随后果的适用大多是建立在犯罪人已经接受过刑罚处罚的前提下的,导致犯罪人承受的后果与其罪行不相适应,甚至造成了处罚"倒

---

5 参见王瑞君:《"刑罚附随性制裁"的功能与边界》,载《法学》2021年第4期。

挂”的问题。具体而言,犯罪附随后果的适用不区分罪名、罪过和具体情节,并未以犯罪人的处遇必要性为依据。这不但不符合比例原则的要求,而且容易助长其报复情绪,进而引发二次犯罪。“必须承认,在我国目前‘重罪重刑’的刑法结构体系下,扩大犯罪圈会增加犯罪‘标签效应’扩大的风险。”[6]对此,“要积极探索新的措施全面解决高发型微罪的犯罪标签泛化问题,其中根本的方法是建立前科消灭制度。”[7]然而,现有实践探索未能充分关注犯罪附随后果的问题,难以切实提升前科消灭的效能。

从程序法层面看,关于前科消灭的实践探索未就犯罪附随后果的适用和消灭设置严格的程序,致使犯罪附随后果的实践运行处于无序状态。犯罪附随后果存在的问题既包括实体严苛性,也包括程序缺位性。一方面,因缺乏有效的程序规制,导致犯罪附随后果在实体层面违背了比例原则的要求。在程序保障缺位的前提下,犯罪附随后果同时生效、叠加适用于犯罪人,而且法律未曾赋予犯罪人申请救济的权利,严重违背了国家治理体系和治理能力现代化的基本要求。另一方面,犯罪附随后果的消灭也缺乏相应的程序规定,程序如何启动、决定主体和决定流程等均无明文规定。这不但影响了前科消灭的实际效能,而且会导致犯罪附随后果的长期化、终身化。

(三)未能有效缓和社会交往层面群体的对立

在探索前科消灭制度的过程中,非规范的犯罪附随后果被严重忽视,或者被认为不是法律应当管辖的范畴。这导致前科消灭制度难以解决犯罪人遭遇的现实困境。众所周知,在规范性犯罪附随后果之外,社会交往领域中还存在大量的非规范性犯罪附随后果。例如,在就业领域,“因刑事前科而产生的就业歧视,已经给有前科劳动者贴上了‘劣等标签’,严重影响了有前科劳动者正常进入劳动力市场。”[8]这些非规范性犯罪附随后果不但加大了犯罪人复归社会的难度,而且与规范的犯罪附随后果之间存在紧密的联系。如果不深入研究并妥当处理非规范性犯罪附随后果,前科消灭制度的完整性和可接受度将会受到冲击。

6　梅传强:《论“后劳教时代”我国轻罪制度的建构》,载《现代法学》2014年第2期。

7　梁云宝:《我国应建立与高发型微罪惩处相配套的前科消灭制度》,载《政法论坛》2021年第4期。

8　石慧:《我国有前科劳动者平等就业权的立法保护》,载《山东大学学报(哲学社会科学版)》2018年第1期。

一方面,关于前科消灭的实践探索忽略了非规范性犯罪附随后果,影响了前科消灭制度的完整性和系统性。“在社会生活中,‘罪犯’的标签可能导致对行为人产生各种显性和隐性的不利后果。”[9]易言之,非规范性犯罪附随后果的存在已经是一个显而易见的事实,其覆盖的权利范围和引发的负面影响都不亚于规范性犯罪附随后果。基于此,刻意忽略非规范性犯罪附随后果,难以达到前科消灭制度的构建目的,不但难以保障犯罪人复归社会后的应有权益,而且难以正确引导非犯罪人群体接纳犯罪人,不利于社会的和谐和稳定。

另一方面,关于前科消灭的实践探索忽略了社会认可对制度构建的重要性,不但使得前科消灭制度的构建举步维艰,而且会使前科消灭制度的效力大打折扣。法律应当是人民合意的体现。基于此,一项法律制度不但要求在构建时获得人民的授权,也要求在运行时得到人民的认可。构建前科消灭制度的目的在于妥当处置犯罪事实、消解犯罪附随后果,进而有效预防犯罪。前科消灭制度涉及国家、犯罪人和非犯罪人之间的互动关系。关于前科消灭的实践探索主要通过“国家—犯罪人”的单一维度进行展开,而将“犯罪人—非犯罪人”这一维度视作自治的范畴并且忽略了“国家—非犯罪人”这一重要维度。以此构建的前科消灭制度未能有效观照非规范性犯罪附随后果并及时回应非犯罪人群体的诉求。这将导致前科消灭制度存在内容缺失、论证单薄和认可缺乏等问题。对此,需要加强对非规范性犯罪附随后果的关注,从社会交往层面发掘消解群体间紧张关系的对策,并及时以规范的形式加以规定,以期提升前科消灭制度的社会认可。

二、前科消灭制度的内在逻辑

犯罪治理体系和治理能力现代化是国家治理体系和治理能力现代化的关键一环,犯罪治理在指导理念、结构体系、实践形式等方面与传统的犯罪控制有着诸多不同。[10] 系统构建前科消灭制度是实现犯罪治理体系和治理能力现代化的重要环节。想要构建科学、完整、有效的前科消灭制度,厘清其内在逻辑是基础。在犯罪治理领域,国家、犯罪人和非犯罪人等主体之间的关系因犯罪行为

---

9 王强军:《刑法干预前置化的理性反思》,载《中国法学》2021年第3期。

10 参见师索:《犯罪治理:一种基础理论的解构》,载《中国刑事法杂志》2014年第5期。

而变得紧张。国家作为治理犯罪的主要力量,不但需要动用刑罚权对犯罪行为进行严厉打击,而且需要兼顾各社会主体的切身利益,缓和主体间的紧张关系,进而维护社会稳定。因此,应当深入挖掘前科消灭制度中各主体间的互动关系,理顺制度的内在逻辑。

(一)国家与犯罪人——打击与预防并重

从直观看,构建前科消灭制度应当先理顺国家与犯罪人之间的互动关系。基于此,国家需要改变重刑主义的旧有观念,妥当治理犯罪。根据犯罪治理的要求,国家应当坚持打击与预防并重的理念。在前科消灭领域,这种打击与预防并重主要体现在三个方面。

首先,国家需要适当公开前科事实并适用犯罪附随后果,以实现对犯罪行为的打击和对犯罪人的矫正。在定罪量刑之后,国家通过前科制度保障打击和预防犯罪的效果。一方面,国家通过公开裁判文书、编写典型案例等方式,公开犯罪人的前科事实,进而引发一系列非规范性犯罪附随后果。另一方面,国家通过出台规范性文件的方式,对犯罪人复归社会后的部分权利进行限制。这可以在进一步打击犯罪的同时,对犯罪人再次犯罪的能力和条件进行剥夺,以期达到预防犯罪的效果。

其次,国家需要为犯罪人创造复归社会的机会,防止犯罪人因生活窘迫而再次走上犯罪道路,进而维护社会秩序。在犯罪人已经接受过刑罚处罚和一定限度的犯罪附随后果的前提下,国家需要恪守比例原则的要求,通过妥善处置前科事实和消解犯罪附随后果的方式,恢复处遇必要性显著降低的犯罪人的权利,进而为犯罪人复归社会营造较为宽松的环境。这样不但可以减少犯罪人在社会生活中受到的限制,降低其再次犯罪的风险,而且可以减少社会中的不稳定因素,进而推动社会治安整体情况向好发展。

最后,国家需要对再次犯罪的犯罪人适用更加严厉的处遇措施,进一步确保预防犯罪的效果。鉴于前科消灭制度可能带来的“不当放纵犯罪人”的隐忧,国家需要对前科消灭后再次犯罪的犯罪人适用更加严厉的处遇措施。一方面,《刑法》明文规定了对再次犯罪的加重处罚规制或者特殊处遇模式,以应对再犯征表的更高的人身危险性。另一方面,在前科消灭领域,国家也应当采取诸如增设前科消灭条件等措施对犯罪人进行科学处遇,以实现预防犯罪的目标。

(二)国家与非犯罪人——修复与保护并重

非犯罪人不但是犯罪行为的侵害对象,而且是犯罪治理体系的重要参与主体。对此,国家应当积极采取措施,加强对非犯罪人的保护并修复受损法益。在前科消灭领域,国家应当以犯罪侵犯的法益为导向妥当设置并适用犯罪附随后果,以更好地维护非犯罪人的利益。

一方面,犯罪附随后果的适用应当以修复与保护直接被害人的法益为基础。被害人是犯罪行为直接侵害的对象,也是对犯罪人处遇情况最为关切的主体。基于此,维护国家与被害人之间的关系是犯罪治理的应有之义。从严打击犯罪虽然可以有效抚平被害人的报复情绪,却难以修复被害人受损的法益,实际效果不佳。对此,不考虑犯罪的实际情况对犯罪人适用相似的犯罪附随后果,忽视了不当联结禁止原则的基本要求和被害人的切身诉求,对减轻群体对立意义不大。因此,需要在适用和调整犯罪附随后果时考虑犯罪对被害人法益的侵害情况,以体现处遇个别化的思维。这样不但可以有针对性地修复被害人受损的权益,为减轻群体对立提供实质助力,而且可以加强特殊预防效果,进而有效保护同类法益。

另一方面,犯罪附随后果的适用应当以修复与保护间接受害人,即社会公众的法益为基础。犯罪作为一种具有严重社会危害性的行为,其偏离了正常的社会交往模式,对由人民合意形成的整体法秩序造成了冲击。基于此,社会公众都是犯罪行为的间接受害人,其对犯罪行为的恐惧感和对犯罪人群体的不信任感,激化了社会矛盾,为犯罪治理带来了新的难题。在前科消灭领域,除了被害人之外,社会公众对前科消灭制度也颇有微词。这不但反映出重刑观念的参与,而且体现了社会公众对犯罪人的不信任和排斥态度。因此,在构建前科消灭制度时,应当充分考虑社会公众对待犯罪人的态度,从消除不信任感和排斥感入手,着力提升前科消灭制度的科学性和社会认可度。

(三)犯罪人与非犯罪人——引导和转化并重

犯罪人与非犯罪人之间的紧张关系是导致前科消灭制度迟迟没有落地的重要因素。在关于前科消灭的理论研究和实践探索中,缓和犯罪人与非犯罪人之间的关系一直被视为社会自治的内容,未曾被纳入制度构建的层面进行考量。然而,如果国家没有通过法治的形式对两大主体间的紧张关系进行调整,那么非规范性犯罪附随后果始终会成为犯罪人复归社会的“拦路虎”。与此同时,前科消灭制度的社会认可度也会显著降低。因此,国家作为犯罪人与非犯罪人两大主体间的中立调停者,应当积极引导两者关系走向缓和。

首先,国家应当通过立法的形式推动合理的非规范性附随后果逐步规范化。在本质上,非规范性犯罪附随后果与规范性犯罪附随后果之间具有同源性,其都源于非犯罪主体对犯罪人的不信任和排斥。基于此,非规范性犯罪附随后果代表了社会公众对犯罪人的态度,在一定程度上具有合理性。对于可以有效起到预防犯罪作用的措施,国家应当及时以规范性文件的形式进行明确,并在犯罪治理领域合理运用。这不但可以及时回应民众预防犯罪的合理诉求,而且可以改变当前犯罪处遇措施单一化的窘境。

其次,国家应当及时清理不符合比例原则的规范性犯罪附随后果,并将其纳入社会自治范畴。实践中不乏过度介入犯罪人日常生活领域、突破个人责任原则和持续时间较长,甚至终身的规范性犯罪附随后果。这些规范性犯罪附随后果明显违背了比例原则的要求,国家应当及时将其从规范性文件中剔除。需要强调的是,在对规范性犯罪附随后果进行清理后,被清理的部分将会进入社会自治的范畴。对于这一部分犯罪附随后果,应当采取国家引导和自治优化的形式进行有效规制。

最后,国家应当以自身权威为背书,主动引导非犯罪人群体接纳犯罪人,并为犯罪人提供权利救济途径。如上所述,非规范性犯罪附随后果源于社会公众对犯罪人的不信任和排斥态度。这也蕴含了非犯罪人群体对国家刑罚权效果的不信任。对此,为了维护社会稳定和国家刑罚权威,国家应当着力消解犯罪标签的负面效应,积极引导非犯罪人群体接纳犯罪人。这意味着国家需要相应介入社会自治领域,缓和非犯罪人和犯罪人之间的紧张关系。

在一定程度上说,社会公众对犯罪人的不信任感源于其难以准确判断犯罪人的再犯可能性,即不能准确评估刑罚的矫正效果。这既有刑罚效果难以进行实证量化的原因,也有主体间信息不对称的缘故。对此,国家需要通过网络媒体将可以征表刑罚效果的信息向社会公众公开,并结合当前网络媒体的最新发展动向,通过传统媒体与新兴媒体相结合的方式进行传播,以改变主体间信息不对称的问题。非规范性犯罪附随后果属于社会自治领域,国家不宜也难以直接介入进行调整。然而,对于部分严重侵害犯罪人合法权利的非规范性犯罪附随后果,国家应当及时通过引导社会自治和提供司法救济等方式,实现保障人权和防卫社会之间的平衡。这也是法治社会的应有之义,即“公权力运作系统之外的社会生活的法治化。”[11]换言之,国家在处置非规范性犯罪附随后果方面

11 陈柏峰:《中国法治社会的结构及其运行机制》,载《中国社会科学》2019 年第 1 期。

也有发挥作用的空间,应当在构建前科消灭制度时予以考量。

三、前科消灭制度的实践展开

在厘清前科消灭制度的内在逻辑的基础上,应当以兼顾国家、犯罪人和非犯罪人等主体的利益为导向,以预防犯罪为具体目标,着手构建前科消灭制度。前科消灭制度的构建应当以规范的形式展开,将前科事实和犯罪附随后果纳入法治的轨道。具体而言,系统的前科消灭制度应当包括妥当处置前科事实、合理限制犯罪附随后果和减轻社会群体对立。

(一)探索禁止前科事实滥用措施

我国业已探索了事实层面的未成年人犯罪记录封存制度。"设立该制度的目的,是通过封存未成年人的犯罪记录,为他们完成社会化过程提供有利条件。"[12]与此同时,不公开审理制度也在一定程度上起到了封存前科事实的作用。虽然前科事实封存在网络时代和司法公开的背景下面临有效性和合理性的追问,但是其中蕴含的保障犯罪人合法权利、帮助犯罪人正常复归社会等理念是值得坚守的。因此,以现有的未成年人犯罪记录封存制度为基础妥当处置前科事实是有必要的。

一方面,鉴于前科事实泄露可能造成的负面效应,应当将其作为个人信息的种类之一进行保护,尤其是未成年人的前科事实。对此,应当适用分类处置的模式,妥当处置前科事实。"个人信息规则与隐私规则调整的社会关系,既有联系又有区别。"[13]对于适用不公开审理制度、未成年人前科封存制度的前科事实,保护上述事实具有规范上的必要性,应当将其作为个人信息中的隐私予以保护,并对不当泄露、滥用相关前科事实的行为进行规制。根据《民法典》对于隐私的定义,因前科事实会对犯罪人造成极大的负面影响,因而应当属于"自然人的私人生活安宁和不愿为他人知晓的私密空间、私密活动、私密信息。"与此同时,犯罪记录封存制度的适用也决定了相关前科事实属于私密信息。因此,应当根据《民法典》《刑法》《个人信息保护法》等涉个人信息保护的相关规定,

---

12 宋英辉、杨雯清:《我国未成年人犯罪记录封存制度研究》,载《国家检察官学院学报》2019年第4期。

13 刘士国:《信息控制权法理与我国个人信息保护立法》,载《政法论丛》2021年第3期。

对不当泄露、滥用未成年人前科事实的行为予以规制。而对于其他犯罪人的前科事实,因其没有受到犯罪记录封存制度的保护,因而难以将其认定为隐私信息,只能认定为普通的个人信息。基于此,对于传播、公开此类信息的行为一般不承担相应责任。然而,倘若不当利用这些信息,对犯罪人合法权利造成损害的,也应当视具体情况予以处罚。例如,通过传播犯罪人前科事实的手段,对犯罪人名誉进行恶意贬损的,应当将其视为侮辱行为进行规制。

另一方面,前科事实的管理部门公安机关和裁判文书的公开单位人民法院应当采取措施,对犯罪人的前科事实进行分级封存。具体而言,公安机关在提供前科事实查询等服务时应当符合法律的规定,只有在涉及社会公共利益且查询人确与相关事项有联系并获得有关单位授权时,才能准予查询。当犯罪人经过前科考验期,符合前科消灭的条件后,应当拒绝提供查询服务。对于人民法院而言,裁判文书公开的目的是接受社会公众的监督,防止司法不公正的现象。换言之,裁判文书公开的初衷是促进司法的公正。与此类似,前科事实的公开和犯罪附随后果的适用也是为了检验和巩固刑罚的改造效果,防止犯罪人再次犯罪。如果经过一定时间发现犯罪人的处遇必要性显著降低,可以证明刑罚等措施的改造效果良好,进而对前科事实的处置方式和犯罪附随后果的内容进行调整。除此之外,前科事实在前科考验期内处于公开状态,这意味着相关案件的处理情况已经充分接受了社会公众的监督,出现司法不公的概率较低。再者,前科消灭制度只是为了恢复犯罪人的合法权利,使其前科事实不被社会公众知悉和利用,并不意味着前科事实在客观层面被完全销毁[14]。因此,倘若司法机关内部在核查时发现不妥之处,依旧可以调取相关材料,并不会影响后案处理等事项。由此不难看出,将符合前科消灭条件的犯罪人的裁判文书从互联网上撤除并不会违背司法公开制度的初衷。

(二)在刑法修正过程中增设前科消灭条款

前科消灭制度和刑法之间联系紧密,意味着应当在刑法修正的过程中增设前科消灭条款。一方面,刑事立法对罪状、法定刑的设置和刑事司法中定罪、量刑的环节是前科产生的基础和依据。另一方面,刑法所规定的前科报告义务也与前科消灭制度息息相关。换言之,前科由刑法而生,最终也应当通过刑法进

14 实际上,前科事实也不可能在客观上被完全销毁。

行消灭。再者,“对刑罚威慑力的迷信与运用仍然贯穿刑事政策的各个方面。”[15]基于此,在我国现有的处罚措施中,刑罚一直是作为最严厉的措施而存在的。然而,部分犯罪附随后果对犯罪人权利的克减程度已然超过了诸如管制、拘役等刑罚,冲击了现有的处罚体系。进言之,在刑法之外解决前科问题不但忽视了前科和刑法之间的关系,而且导致各部门法之间的规定不相协调,严重影响了犯罪治理的效能。即使认为“刑法呈现出从以自由与人权为核心的保障法转向单纯的社会控制手段的发展趋势”[16],也应当在刑法之内实现社会控制的功能。

其实,《刑法修正案(九)》规定的“职业禁止”条款就是对犯罪附随后果进行司法化改造的一次有益尝试。这也“标志着我国刑法(典)中犯罪防控的‘双轨制’(二元制)正式形成与逐步成熟。”[17]可以说,职业禁止条款在设置目的、内容上都与犯罪附随后果类似。而且规范的犯罪附随后果也是以职业禁止为核心,不断向其他领域扩张的。因此,《刑法修正案(九)》规定的职业禁止条款可以为犯罪附随后果的司法化改造提供指引。然而,对犯罪附随后果进行司法化改造固然在一定程度上能合理限制犯罪附随后果的内容和限度,但难以改变犯罪附随后果来源散乱的事实,也无法彻底解决犯罪人权利遭受不当克减的问题。对此,应当通过增设刑法条文的方式,在刑法中规定前科消灭制度的具体内容,使相关规范性文件中的不合理内容自动失效。

质言之,在刑法中增设前科消灭条款不但体现了前科与刑事立法、刑事司法的紧密关联性,而且统一了犯罪附随后果的设定来源。这既在科学立法的前提下保障了立法的经济性,也有利于保障犯罪人的正当权利,对推进犯罪治理体系和治理能力的现代化大有裨益。因此,应当在刑法规定的前科报告义务后增加前科消灭条款,并针对不同类型的犯罪,对前科消灭的目的、根据、考核内容和期限等进行规定。具体而言,前科消灭条款应当包括以下内容:

一是前科消灭的目的、根据。一方面,应当明确前科消灭的目的是保障犯罪人合法权利,推动犯罪人复归社会。另一方面,前科消灭的根据是犯罪人的

---

15 吴雨豪:《刑罚威慑的理论重构与实证检验》,载《国家检察官学院学报》2020年第3期。

16 刘艳红:《化解积极刑法观正当性危机的有效立法——〈刑法修正案(十一)〉生物安全犯罪立法总置评》,载《政治与法律》2021年第7期。

17 魏东:《刑法总则的修改与检讨——以〈刑法修正案(九)〉为重点》,载《华东政法大学学报》2016年第2期。

处遇必要性，具体应当综合考量犯罪行为的社会危害性、犯罪人在实施犯罪行为时的具体情况、犯罪人在服刑期间的表现、犯罪人复归社会后的日常表现等影响，决定是否可以对犯罪人进行前科消灭。

二是前科消灭的考核内容。前科考验期内的考核内容应当包括犯罪附随后果的执行情况、犯罪人复归社会后的日常表现（尤其是是否有违法犯罪记录）和核心生活圈内人员对犯罪人的评价等。其中，犯罪附随后果的执行情况和犯罪人复归社会后的日常表现可以征表犯罪人对法秩序的遵从程度。与此同时，核心生活圈内人员可以相对客观、公正地对犯罪人的处遇必要性进行评价，进而有助于加深非犯罪人群体对犯罪人的了解。这对缓和犯罪人和非犯罪人群体之间的紧张关系也有着积极的作用。

三是前科消灭的适用对象和初步时限。就前科消灭的适用对象而言，因为突破个人责任的犯罪附随后果的存在，所以所有犯罪人都可以适用前科消灭制度。然而，对施加于犯罪人本人的不利后果，如何进行处置则应当根据犯罪人的情况进行分类设计。其中，部分犯罪人由于处遇必要性较大或者所触犯的罪名具有特殊性，应当作为前科消灭制度的例外。

就前科消灭的初步时限而言，首先，前科消灭时限是一种形式、初步的时限。具体而言，应当在刑法中规定一个初步的前科消灭时限，然后再根据前科消灭的实质条件对犯罪人的处遇必要性进行具体考量。其次，前科消灭的初步时限应当根据宣告刑进行划分。其原因在于，“刑罚轻重的最主要反映是行为人承受的法律后果差异。”[18]法定刑仅能体现不同的罪质，而犯罪人所应承担刑事责任的大小则是由宣告刑决定的。当然，需要说明的是，实际执行的刑罚量也可以体现犯罪人复归社会时处遇必要性的大小。因此，为了配合犯罪附随后果司法化改造的进程，司法机关应当在审判阶段根据宣告刑确定前科消灭的初步时限。倘若在刑罚执行的过程中，犯罪人实际执行的刑罚量有所变化，有关司法机关应当在改变刑罚执行量的同时对前科消灭的初步时限进行调整。最后，应当根据宣告刑在刑法中划分前科消灭的初步时限。与此同时，前科消灭的初步时限可以比较追诉时效进行规定。就追诉时效而言，无论是基于证据湮灭等程序法上的根据，还是基于报应刑、预防刑等实体层面的考量，抑或出于司法经济性的考虑，不可否认的是，若犯罪行为“对规范效力的消极影响已经在时

18　袁彬：《刑罚轻重比较的基准与标准》，载《人民检察》2021 年第 1 期。

间的流逝中减弱乃至消散,就不再存在以刑罚抵消其影响之需求,此时对行为人的处罚便失去了正当性。”[19]前科消灭初步时限也有此种意蕴。与此同时,前科消灭初步时限和追诉时效的正当性根据都是“国家刑罚权与犯罪人自由之间的平衡。”[20]而且,超过追诉时效可以否定国家对行为人的追诉权,进而使得行为人在规范层面获得无罪的评价。这意味着行为人不会遭受刑罚、犯罪附随后果等负面影响。换言之,多数情况下,在追诉时效内没有发生法律规定情形的情况下,行为人是不用承担刑事责任的。然而,前科消灭制度的适用是建立在行为人已经被定罪的基础之上的。因此,前科消灭的初步时限应当比追诉时效更短。基于此,考虑到《刑法》第 37 条的“职业禁止”条款有着 3 ~5 年的指引性规定,可以考虑以追诉时效的一半作为前科消灭的初步时限[21]。

四是前科消灭的具体步骤。前科消灭有两种路径可供选择。第一种路径是在刑事立法中,对前科消灭的时间限制作出初步的规定,但在司法审判时不对前科消灭进行具体的判决。在刑罚执行完毕后,由犯罪人所在社区对犯罪人进行考察,以评估犯罪人的处遇必要性。如若社区认为犯罪人具备前科消灭的条件,应当向作出判决的人民法院提出建议,由人民法院进行决定。若无特殊情况,人民法院应当适用前科消灭制度。第二种路径则是在刑事立法已经规定了初步的前科消灭时限的基础上,由人民法院在审判阶段确定具体的前科考验期。前科考验期自犯罪人复归社会之后开始计算。在前科考验期满后,再由人民法院根据前科消灭的实质条件判断是否对犯罪人进行前科消灭。一般而言,若无特殊情况,人民法院应当对犯罪人进行前科消灭。站在保障犯罪人合法权利的立场,笔者建议采用第二种路径,将相关事项纳入刑事诉讼程序进行规制,并赋予犯罪人更多的救济渠道。

五是前科消灭的例外情况。前科消灭制度应当兼顾社会公共利益和犯罪人个人利益。其中,国家应当侧重保护社会公共利益。这是由社会公众的正义性和多数性决定的。基于社会公共利益保护的需要和非犯罪人群体对制度的

---

19 王钢:《刑事追诉时效制度的体系性诠释》,载《法学家》2021 年第 4 期。

20 陈洪兵:《追诉时效的正当性根据及其适用》,载《法治研究》2016 年第 1 期。

21 即当宣告刑为无期徒刑、死刑时,前科消灭时限为 7 ~10 年,宣告刑为 10 年以上有期徒刑的,前科消灭时限为 5 ~7 年,宣告刑为 5 年以上不满 10 年有期徒刑的,前科消灭时限为 3 ~5 年,宣告刑不满 5 年有期徒刑、拘役、管制的,前科消灭时限为 1 ~3 年。倘若此处宣告刑为无期徒刑、死刑,犯罪人一直在监狱服刑或被执行死刑的,其本人的前科不予消灭,但其近亲属所受的不利后果应当消除。

评价,应当规定前科消灭的例外情况。一方面,国家应当限制、剥夺犯罪人涉及社会重大利益的就业权利,如担任国家工作人员的资格。这主要是考虑到此类岗位涉及社会重大利益、代表国家形象。因此,为了维护社会重大利益并保持国家工作人员队伍的纯洁性,可以对犯罪人从事上述职业的权利进行限制。需要注意的是,这种限制的效力应当仅及于犯罪人本人,而不能牵连犯罪人的近亲属。

另一方面,国家应当对部分犯罪人的前科消灭程度进行限制。具体而言,对于这部分犯罪人,相关前科事实应当公开、不得封存,对于涉及社会重大利益和与犯罪领域相关的权利也应当进行限制。换言之,对于这部分犯罪人,国家应当通过限制其权利的方式侧重保障社会公众的利益。即仅保障相关犯罪人的基本权利和犯罪人近亲属的权利。这部分犯罪人主要包括两类,第一类是符合特殊累犯[22]前提条件的犯罪人,即危害国家安全犯罪、恐怖活动犯罪和黑社会性质的组织犯罪的犯罪分子。刑法规定特殊累犯的原因便在于累犯“无视前罪所判处刑罚及其执行的体验而具有更深的人身危险性”[23]并且这三种犯罪“确实严重危及国家安全、公众安全、社会秩序以及群众的安全感。”[24]因此,无论是从前科消灭制度的适用条件出发,还是从维护刑法规定统一性的角度看,都应当限制相关犯罪人的前科消灭程度。第二类则是针对弱势群体实施犯罪、严重伤害公众感情的犯罪人。具体而言,应当包括实施性犯罪、职务犯罪和针对儿童、残疾人等弱势群体实施侵犯人身权利犯罪的犯罪人。这主要考虑到相关犯罪人的人身危险性较大且非犯罪人群体对相关犯罪人更加不信任和痛恨。以性犯罪为例,“在西方社会对性犯罪人员再犯高度忧虑的背景下,随着新主观主义理念的回归,性犯罪人员登记规则、宣告规则、权利资格限制规则等一系列特殊前科规范应时而生。”[25]这说明对部分犯罪人的前科消灭程度进行限制,不但具有本土的制度合理性,而且符合全球的犯罪治理趋势。这有助于实现预防犯罪和重构社会信任关系的目标。

---

22 《刑法》第66条规定:“危害国家安全犯罪、恐怖活动犯罪、黑社会性质的组织犯罪的犯罪分子,在刑罚执行完毕或者赦免以后,在任何时候再犯上述任一类罪的,都以累犯论处。”

23 王强军:《特殊累犯裂变式增加的理性应对》,载《国家检察官学院学报》2011年第4期。

24 王强军:《特殊累犯裂变式增加的理性应对》,载《国家检察官学院学报》2011年第4期。

25 田刚:《性犯罪人再次犯罪预防机制——基于性犯罪记录本土化建构的思考》,载《政法论坛》2017年第3期。

(三)借助规范体系重构信任关系

"信任关系是一个社会共同体存在与发展的基石,构成了社会有序运行最根本的链条。"[26]在此意义上,非规范性犯罪附随后果往往会对犯罪人复归社会造成更大的阻碍。应当认为,"民众基于自身掌握的民间记忆和来自国家犯罪记录所产生的非规范性评价并非基于对犯过罪者的敌意,而是出自防范意识,因而是合理不受谴责的。"[27]进言之,非犯罪人群体对犯罪人作出非规范性评价是出于对犯罪人的不信任心理。因此,消解非规范性犯罪附随后果的关键便在于重构社会信任关系。在过去,社会信任关系被视作道德领域内讨论的范畴,至多在私法上对其进行一定程度的规范[28],而鲜有公法层面的介入。然而,在追求国家治理体系和治理能力现代化的今天,良法善治的目标已经成为法治中国建设努力的方向,其中社会主义核心价值观融入法治建设也是不可或缺的重要组成部分[29]。基于此,社会信用体系的建设也随之铺开,涉及社会生活的方方面面,也包括原本由刑法和行政法等公法所管辖的犯罪治理领域。在前科消灭制度中,价值层面的社会信用关系重构可以说是前科消灭制度构建的基础,也是最终的落脚点。但在当今社会,信用关系的恢复、信用体系的重构与犯罪治理模式的优化都还需要一个过程。对此,将社会信用关系的重构作为前科消灭制度的基础不具备现实条件。基于此,只能将社会信用关系重构作为前科消灭制度的价值依据和组成部分,并推动事实、规范和价值之间的良性互动。申言之,应当通过内涵完整、体系完备的前科消灭制度,重构犯罪人和非犯罪人群体之间的信任关系。具体而言,即应当通过规范的规制和指引作用,缓和犯罪人和非犯罪群体之间的紧张关系,消解非规范的犯罪附随后果,推动犯罪人更好地回归社会。

在社会高速发展,生人社会、网络社会的图景已然成为现实的基础上,传统的信任维系机制已经难以发挥效用。如何在新的社会背景下重构社会群体间的信任关系,是一个重要命题。与此同时,具有严重社会危害性的犯罪行为对

---

26 曹劲松:《社会信任关系的重构路径》,载《南京社会科学》2015年第9期。

27 熊建明:《〈刑法〉第100条适用空间、功能及性质解构——兼论对受过刑事处罚人的规范性和非规范性评价》,载《东方法学》2011年第5期。

28 例如,通过民法中的诚实信用原则和相关具体规定对失信行为进行规制。

29 参见莫文秀:《核心价值观融入法治的历史进程、时代特征与实践路径》,载《中共中央党校(国家行政学院)学报》2021年第2期。

社会信任关系造成了极大的破坏，可谓最严重的失信行为类型。因此，科学治理犯罪也是重构社会信任体系的重要内容。基于此，营造相互信任的社会氛围成为我国法律规范体系不断完善的重要目标。换言之，“我国立法应当有限度地介入高层次的道德领域，充分发挥其在维系社会道德水平方面的作用。”[30]对此，可以借助前科消灭规范重构犯罪人与非犯罪人群体之间的信任关系。这是由两类群体与国家之间，规范性犯罪附随后果和非规范性犯罪附随后果之间的互动关系决定的。

由人民合意而制定的法律为人们设定了日常生活的应然模式。倘若主体行为符合这种应然模式，其便容易获得其他主体的信任，国家也无须承担过多的职责。然而，犯罪人并未按照应然模式实施行为，这不但违背了国家对合法主体的期待，而且破坏了人与人之间的信任关系。国家在希望落空之后一时间难以重拾对犯罪人的信任。基于此，国家需要采取措施对犯罪人能否重新成为合法主体进行考验，进而形成了规范性的犯罪附随后果。与此同时，非犯罪人群体也需要对犯罪人的表现进行考察，进而产生了非规范性犯罪附随后果。部分非规范性犯罪附随后果会随着立法的扩张变为规范性犯罪附随后果，如社会信用立法中的犯罪人信用惩戒措施。在此过程中，国家不但需要适时将部分合理、有效的非规范性犯罪附随后果以立法的形式转化为规范性犯罪附随后果，充分回应社会关切，而且需要通过法治的基本理念对规范性附随后果进行合理限制，进而引导非规范性犯罪附随后果的合理限缩。

因此，前科消灭规范可以代表国家对待犯罪人的态度，进而影响非犯罪人群体对待犯罪人的态度。一方面，国家应当通过提高法的明确性、体系性，使得非犯罪人群体对前科消灭的相关事项有更为清晰、具体的认知，提升社会公众对法规范的信任。另一方面，国家应当通过规范的制定和执行，证明其意在实现保障人权和社会防卫的平衡。基于此，非犯罪人群体可以更加清楚地了解犯罪人所承受的处遇措施和相关措施的实际效果，进而准确评估犯罪人的再犯可能性。这有利于恢复两类主体间的信任关系。

---

30 刘长秋：《法律介入道德：基础、限度与对策》，载《东方法学》2012 年第 1 期。

四、结　语

“当今世界各类危险不断发生,刑法是防范和治理风险的利器,但并不是遏制危险的良药,也不是预防犯罪的有力武器。”[31]与此相对应的,犯罪前科的存在虽然对犯罪治理起到了一定的积极作用,但是也带来了一系列的负面影响。这些负面影响在轻罪扩张的背景下显得尤为突出。因此,在轻罪增设的背景下,前科消灭制度的构建具有必要性和现实基础。在构建前科消灭制度的过程中,应当对前科事实、规范性犯罪附随后果和非规范性犯罪附随后果进行全面观照,以实现保障人权和防卫社会的平衡为根本目标。基于此,前科消灭制度应当包括妥当处置前科事实、合理限制附随后果和缓和群体紧张关系三个方面的内容,并通过探索禁止前科事实滥用措施、在刑法修正过程中增设前科消灭条款和借助规范体系重构信任关系等具体路径实现。

31　刘艳红:《积极预防性刑法观的中国实践发展——以〈刑法修正案(十一)〉为视角的分析》,载《比较法研究》2021年第1期。

文化遗产保护行政公益诉讼“双轨”模式研究

滕宏庆　蔡尚原*

【内容提要】 尽管目前国家法律上行政公益诉讼并未明确包含文化遗产保护，但各级检察机关积极发挥行政问责制不具备的异体监督优势，一方面主动“借道”环境等行政公益诉讼类型来保护文化遗产，另一方面随着各地人大出台检察公益诉讼专项决定，文化遗产保护行政公益诉讼事实上已经付诸地方实践，但当前两种探索均未能完全贯彻文化遗产保护真实性原则，无法实现“有效而无漏洞”的保护。未来我国法律正式拓展的文化遗产保护行政公益诉讼类型，应当采取“损害型 + 预防型”双轨模式，新增的预防型模式建构包括线索来源、启动条件、诉前程序措施、审理程序、与损害型模式衔接五个方面。

【关键词】 文化遗产　行政公益诉讼　预防型模式　损害型模式

《易经》载“关乎人文，以化成天下”，文化一词始成，泱泱中华作为世界文明古国，留存的文化遗产蔚为大观。自 1985 年加入《保护世界文化和自然遗产公约》(Convention Concerning the Protection of the World Cultural and Natural Heritage)至今，我国世界遗产总数达到 56 处，其中世界文化遗产 38 项、世界文化与自然双重遗产 4 项、世界自然遗产 14 项，后两者均位列世界第一。所以，我国文化遗产的考古、保护、利用、传承事业不仅利国利民，也关乎人类福祉。然而，文化遗产的法律保护一直以来都是国际上公认的难点和弱环，加之历史

---

* 滕宏庆——华南理工大学法学院教授、博士、院长助理，主要研究领域：法治政府；蔡尚原——华南理工大学法治评价与研究中心研究员，广东粤财投资控股有限公司经理助理。本文系 2021 年度国家社科基金重大项目“优化营商环境的法治建构”(项目批准号：21ZDA051)和 2022 年度教育部哲学社会科学研究重大课题攻关项目“全过程人民民主的法治保障体系建设研究”(批准号 22JZD0017)研究成果。

权属争议、跨国走私贩卖、公众意识淡漠、经济发展优先、城市进程需求、文物自然消灭等多重复杂的政治经济社会因素,更加反噬文化遗产保护的法律生长。我国文化遗产法制的发生基础是以《文物保护法》第七章“法律责任”[1]和《刑法》第六章第四节“妨害文物管理罪”为双核心,两法相辅相成,共同构成了打击文物违法犯罪的主要框架。但随着文物到文化遗产的理念转变,以及行政问责制和行政公益诉讼的伴生建立,我国文化遗产的法治化保障现已跃升到一个新的发展阶段,特别是当前文化遗产保护行政公益诉讼的实践性探索和法制化准备都取得了丰硕成果之后,急需适时将其正式立法并对应构造“损害型 + 预防型”双轨制进而优化我国文化遗产的法律保护制度内容,同时也为文化遗产国际法治领域贡献具有代表性的中国方案。

一、必然:文化遗产保护行政公益诉讼的形成机理

如今人们广泛认同文化遗产是国别的,也是人类的,文化遗产所蕴含的公共利益不仅属于现在,还属于未来。实际上文化遗产的国际法源保护却在晚近,而我国早期相关法律制度设计也较为粗糙,进入 21 世纪,在行政问责制和行政公益诉讼的双重动能强力驱动下,我国文化遗产保护行政公益诉讼的精准化建成就具备了必要性和必然性。

(一)从文物到文化遗产的实体法源升级

国际法上第一次使用“文化遗产”是 1972 年《保护世界文化和自然遗产公约》,该公约明确将保护对象界定为文化遗产,并在第 1 条以列举的方式规定了文化遗产的范围,即古迹、建筑群与遗址,也就是不可移动文化遗产。在此之后,国际公约中的文化遗产范围不断扩大:2001 年《保护水下文化遗产公约》(Convention on the Protection of Underwater Cultural Heritage)将物质文化遗产的范围由陆上拓展至水下,2003 年《保护非物质文化遗产公约》(Convention for the Safeguarding of the Intangible Cultural Heritage)则首次将非物质形态的文化遗产纳入其中。目前来看,国际法上对文化遗产这一概念作出了较为全面定义

1　1982 年的《文物保护法》篇章结构中仅有“奖励与惩罚”一章,而没有使用“法律责任”的提法,而到 2002 年的《文物保护法》中则明确设立“法律责任”一章,对法律责任的规定有了大幅增加,内容涉及刑事法律责任、行政法律责任及民事法律责任。

的是1999年由国际古迹遗址理事会(ICOMOS)颁布的《国际文化遗产旅游宪章》(International Charter for Cultural Heritage Tourism),根据该宪章,文化遗产是指在一个群体之中世代发展的对生活方式的表达,包括物品、场所、惯例、习俗等,具有物质与非物质两种形态。但该定义也仅仅就文化遗产的形态属性进行了规定,并没有提出相对明确的价值标准。

文化遗产在价值属性上应当具有文化、历史、科学等价值,在形态属性上则呈现不断扩张的趋势,即从最初仅仅涵盖陆上的物质文化遗产,到将水下文化遗产、非物质文化遗产纳入其中,而且新的文化遗产类型也不断出现,如工业文化遗产。此外,文化遗产的保护范围亦由单一实体逐渐转变为与环境、居民有互动的复杂实体,体现了文化遗产保护的整体性。[2] 这些都导致了国际法上文化遗产的内涵不断递增拓宽。

文化遗产作为法律概念在我国最早出现于1982年《宪法》,第一部有关文化遗产保护的基本法律是1982年《文物保护法》,但其保护对象仅是物质文化遗产。2011年颁布的《非物质文化遗产法》将文化遗产保护的范围拓展至非物质文化遗产。目前,我国采用“分散式”的立法模式,[3] 并没有形成统一的文化遗产保护法典,亦未有任何一部法律明确对文化遗产作出定义,文化遗产的表述散见于《文物保护法》、《非物质文化遗产法》、《传统工艺美术保护条例》(2013年修订)、《历史文化名城名镇名村保护条例》(2017年修订)等中。2005年国务院发布的《关于加强文化遗产保护的通知》是至今唯一一部界定了文化遗产概念的规范性文件,即文化遗产是具有历史、艺术、科学等价值的物质文化遗产与非物质文化遗产。该定义明确了文化遗产的形态属性与价值属性,但遗憾的是,遗漏了水下文化遗产。所以,文化遗产概念在我国法律中同样经历了一个渐进发展的过程,但鉴于不同时期分散立法和制定内容彼此参差,笔者建议将《文物保护法》《非物质文化遗产法》等合并编纂为《文化遗产保护法》,由此既统一保护对象范围,也衔接国际通行法治,为构建文化遗产保护行政公益诉讼在实体法上提供坚实的法源依据。

---

2 参见黄明玉:《文化遗产概念与价值的表述——兼论我国文物保护法的相关问题》,载《敦煌研究》2015年第3期。

3 参见赵姗姗:《文化遗产的法律保护:中日比较与本土选择》,载《国外社会科学》2018年第6期。

（二）行政问责制加持行政公益诉讼的双保护

当前我国文化遗产保护是行政主导，固然行政机关能够充分发挥其在行政监管、专业指导、资金支持、教育研究等方面的体制优势，但是，在经济发展和城市更新的过程中，地方政府和职能部门不经审批或违法审批拆除文化遗产的“乱作为”，导致文化遗产损坏甚至毁灭的现象亦屡见不鲜。如在2019年国家文物局督办的重大违法案件中，企事业单位法人甚至地方政府违法案件数量所占比例就达到77%，法人违法成为当前文物安全管理面临的首要风险。[4] 另外，文化遗产的破坏也来自作为法定保护主体的文化遗产保护单位的“不作为”，一些地方文物行政执法和安全监管缺位，案件查处不到位，如浙江杭州临安钱镠墓被盗案。所以，完全依赖行政问责和中央督办并不能实现对文化遗产的全面法律保护，司法的出场将重点解决文化遗产保护中的行政不法或不作为。

首先，《文物保护法》第76条、第77条、第78条和《非物质文化遗产法》第38条规定了违法的行政机关及其工作人员的行政责任和刑事责任衔接。其次，《刑法》不仅规定了国家机关工作人员故意性质的文物犯罪，还增设了第419条“失职造成珍贵文物损毁、流失罪”[5]，该犯罪主体为特殊主体，具体是指文物保护管理行政部门、公安机关、市场监管部门、海关、城乡建设规划等部门的国家机关工作人员，在实践中，一切依法管理、经手珍贵文物的国家机关工作人员均可以成为本罪的主体。但是，在司法视角之下行政不作为的法律责任仍没有明确设定，行政违法或不作为引发的民事责任完全空白，缺乏外部化机制的行政问责难保实效。因此，行政问责制加持行政公益诉讼构成文化遗产的行政与司法双保护就成为因应问题的必然选择。

这一组合优势首先在于克服行政问责制的自身缺陷。2003年“非典”危机开启了我国行政问责制的具体实践，2006年《公务员法》将问责内容和程序初步规范化，但行政问责常态化机制的法治化完备程度还是整体欠缺，例如，行政问责事由只是针对滥用职权、玩忽职守的违法行政行为，而不针对无所作为的行政行为，同时行政问责制基于组织内部通过行政职权压力传导式的同体实施

4　参见《国家文物局关于2019年度文物行政执法和安全监管工作情况的通报》（文物督函〔2020〕220号），2020年3月31日发布。

5　本罪是1997年《刑法》增设的罪名，是从1982年11月19日第五届全国人民代表大会常务委员会第二十五次会议通过、1991年6月29日第七届全国人民代表大会常务委员会第二十次会议修正的《文物保护法》第31条的规定，吸收改为刑法的具体规定的。1979年《刑法》和单行刑法均没有规定此罪名。

更是最大诟病之处。其次，充分发挥了检察公益诉讼的制度价值。2017 年 6 月 27 日，全国人大常委会通过修改民事诉讼法、行政诉讼法的决定，正式建立检察机关提起公益诉讼制度，作为异体监督的法定机关，人民检察院督促地方政府严格履行文化遗产保护法定主体责任，在发现负有保护文化遗产监督管理职责的行政机关违法行使职权或者不作为时，就作为公益诉讼起诉人提起公益诉讼，另外，还可以提起附带民事诉讼为文化遗产非国有的民事所有权人和使用权人提供相应法律救济。最后，协同行政机关与检察机关实现了系统化治理。文化遗产保护具有整体性和全局性的要求，既会涉及历史遗留和社会民生问题，也会涉及文物、城建、环境、规划、资源、安监、公安、海关、市监等多个行政机关职能，容易出现“九龙治水”难题。检察机关可以运用诉前程序检察建议等方式，督促并协同相关政府职能部门依法全面履职形成合力，从而在经济建设、文物保护、民生保障等方面协调推进。

二、实然:“等”出来的文化遗产保护行政公益诉讼

2017 年修订的《行政诉讼法》第 25 条第 4 款以“四领域 + 两类型”的方式划定了行政公益诉讼的范围，尽管文化遗产保护并不在其中，但由于其既与生态环境和资源保护及国有财产保护有关联性，又兼具国家利益或社会公共利益的价值性，所以，各地方检察机关主动拓展文化遗产保护行政公益诉讼，进行了大量“等”之外的实践探索。

(一)先民事后行政公益诉讼上的“借道”和“弯道”

2012 年《民事诉讼法》确立公益诉讼制度后，法律规定的机关和组织即具备提起公益诉讼的资格。据此，2015 年国内司法实践中就出现了以文化遗产为对象提起环境民事公益诉讼的先例:“河南马固村案”。[6] 该案是国内首例文化遗产保护公益诉讼案件，由于彼时既没有行政公益诉讼制度，也没有将文化遗

6 有“中原第一文物古村落”之称的河南省郑州市上街区峡窝镇马固村，有 7 处不可移动文化遗产纳入了全国第三次文物普查范围。但在 2015 年 3 月，当地政府为推进“智能电器产业园”项目，罔顾这 7 处不可移动文化遗产之存在，将其中 5 处拆毁殆尽。中国生物多样性保护与绿色发展基金会就马固村文物被拆事件进行调查后，决定以马固村村委会、上街区人民政府、峡窝镇人民政府、上街区文化广电新闻出版局为被告提起民事公益诉讼，河南省郑州市中级人民法院受理了本案，本案双方当事人最终以和解方式结案。

产保护纳入民事公益诉讼法定受案范围,因此,只能通过环境民事公益诉讼的曲线“借道”以达至保护文化遗产的目的。而在2017年新《行政诉讼法》实施之后,司法实践开始大量采用“弯道”环境行政公益诉讼的策略。

“借道”环境民事公益诉讼和“弯道”环境行政公益诉讼成为当前保护文化遗产普遍的现实性选择。这是因为一方面,《行政诉讼法》第25条第4款并未将文化遗产保护纳入行政公益诉讼的受案范围;另一方面,《文物保护法》《非物质文化遗产法》等文化遗产保护相关法律亦未有检察机关可以在文化遗产遭受行政机关违法行政行为或不作为侵害之时提起行政公益诉讼的具体规定。其中,通过“弯道”环境行政公益诉讼进行文化遗产保护的做法最为常见,这主要是基于《环境保护法》第2条对于“环境”定义包含的“人文遗迹”与“文化遗产”存在相似之处。最高人民法院发布的《环境资源案件类型与统计规范(试行)》也明确将“涉及古迹、建筑群、遗址等人文遗迹保护案件”纳入生态保护类案件。[7] 然而,文化遗产概念的外延却要广于人文遗迹,在认定标准、认定程序上亦存在显著差异。

因此,尽管“借道”和“弯道”思路不失为文化遗产保护行政公益诉讼缺位时的替代路径,但文化遗产保护作为一项系统性工程,要求在保护中必须遵循整体性原则,即在文化遗产保护工作中,应当对文化遗产本体及其内涵、周边环境进行整体保护。[8] 所以,仅就保护对象而言,将本应独立的文化遗产保护行政公益诉讼依附于环境民事或行政公益诉讼的做法,仅能够保护不可移动文化遗产,无法将可移动文化遗产、非物质文化遗产纳入其中,并不能实现对文化遗产的全方位保护,从根本上有违文化遗产保护整体性原则的要求。

表1 “文化遗产”与“人文遗迹”概念差异

	文化遗产	人文遗迹
认定标准	有认定标准	无认定标准
认定程序	必须经过法定认定程序	无须经过法定认定程序
存在形态	物质(可移动、不可移动)文化遗产、非物质文化遗产	不可移动物质文化遗产

7 参见《最高人民法院关于印发〈环境资源案件类型与统计规范(试行)〉的通知》(法〔2021〕9号),2021年1月4日发布。

8 参见王云霞主编:《文化遗产法教程》,法律出版社2012年版,第54~55页。

2017年修订的《行政诉讼法》第一次在法律层面将行政公益诉讼制度确定下来，即检察机关仅能够就生态环境和资源保护、食品药品安全、国有财产保护、国有土地使用权出让这四大领域的国家利益或社会公共利益两种公益类型受损案件提起行政公益诉讼。然而，这四大领域有待进行“等”外拓展：从法律目的和体系的解释上看，“等”领域都应当理解为“等”外的“等”；[9] 从应然角度来看，公共利益也显然不啻这四大领域；从制度趋向上看，2019年党的十九届四中全会通过的《中共中央关于坚持和完善中国特色社会主义制度 推进国家治理体系和治理能力现代化若干重大问题的决定》以及2021年中共中央印发的《法治中国建设规划（2020—2025年）》均明确提出要对行政公益诉讼的受案范围进行拓展。

在潜在的拓展领域，文化遗产保护屡屡被提及。早在2012年《民事诉讼法》修正草案审议期间，全国人大常务委员会委员任茂东就提出应当将文化遗产保护纳入公益诉讼受案范围。[10] 在近几年的全国“两会”中，人大代表和政协委员的提案及建议涉及文化遗产保护公益诉讼的就有几十件。在最高人民检察院对2019年第十三届全国人大第二次会议符宇航、刘蕾、古清月等代表提出的《关于推进检察公益诉讼深入开展、完善公益诉讼立法的建议》的答复中，就提到了“文物和文化遗产保护有必要单独作为一个公益诉讼领域”。[11] 在此之后，文化遗产保护行政公益诉讼得到加速推进：2020年1月召开的全国检察长会议提出全国检察机关将积极办理群众关切的文化遗产保护公益诉讼案件，为完善相应立法提供实践经验；[12]在同年5月第十三届全国人民代表大会第三次会议审议通过的《最高人民检察院工作报告》中，最高人民检察院再次强调要积极、稳妥办理文化遗产保护领域公共利益损害案件；最高人民检察院亦于9月印发了《关于积极稳妥拓展公益诉讼案件范围的指导意见》，在办理文化遗产等

9 《最高人民法院关于审理行政案件适用法律规范问题的座谈会纪要》（法〔2004〕96号）规定：“……法律规范在列举其适用的典型事项后，又以‘等’、‘其他’等词语进行表述的，属于不完全列举的例示性规定。以‘等’、‘其他’等概括性用语表示的事项，均为明文列举的事项以外的事项，且其所概括的情形应为与列举事项类似的事项……”

10 参见任茂东：《将文物保护纳入公益诉讼》，载《中国人大》2012年第9期。

11 参见最高人民检察院办公厅：《对十三届全国人大二次会议第6314号建议的答复》，载12309中国检察网2022年9月11日，https://www.12309.gov.cn/llzw/yjjybl/201909/t20190926_433178.shtml。

12 参见胡卫列、宁中平：《准确把握公益诉讼职能定位 为文物和文化遗产保护贡献检察力量》，载《检察日报》2020年9月17日，第5版。

新领域公共利益损害案件的立案条件、程序保障、宣传工作等方面进行指导;同年 12 月,最高人民检察院发布了 10 起文化遗产保护公益诉讼典型案例;2021 年 6 月,中共中央印发了《关于加强新时代检察机关法律监督工作的意见》,明确提出探索办理文化遗产保护领域公益损害案件,总结实践经验,并完善相关立法。

在地方层面,各地方人大常委会通过颁布检察公益诉讼专项决定的方式推动文化遗产保护行政公益诉讼进程。2019 年 1 月 24 日,最高人民检察院就曾制发《关于争取省级人大常委会支持推动检察公益诉讼制度专项决议的通知》,要求各地检察机关结合地区经济社会发展实际,充分发挥专项决议补充、先行、创制的作用,体现地方特色,争取通过专项决议进一步明确公益诉讼重点领域,让受损害的国家利益和社会公共利益得到有效保护,这为各地推动文化遗产保护纳入行政公益诉讼受案范围提供了有利契机。截至 2022 年 4 月,已有 23 个省级行政区人大常委会出台了关于加强检察机关公益诉讼工作的决定,其中有 17 个明确将文化遗产保护作为公益诉讼受案范围拓展的重点领域。[13] 例如,广东省人大常委会于 2020 年 7 月 29 日通过的《广东省人民代表大会常务委员会关于加强检察公益诉讼工作的决定》就提出在文化遗产保护、安全生产、公共卫生安全等领域探索拓展行政公益诉讼案件范围。[14] 此外,部分设区的市人大常委会、县级人大常委会亦出台了相关决定。这些决定的出台,为在地方层面撬动文化遗产保护行政公益诉讼提供了指引和动力。

(二)积极司法的案例样态

尽管国家立法目前没有增纳文化遗产保护行政公益诉讼,但随着地方人大立法出台检察公益诉讼专项决定,文化遗产保护行政公益诉讼的司法实践不断丰富。2020 年 12 月,最高人民检察院发布了文化遗产保护公益诉讼十大典型案例,其中有 9 起为文化遗产保护行政公益诉讼案例。加之最高人民检察院于 2021 年 6 月发布的大运河保护公益诉讼典型案例、与退役军人事务部联合发布

---

13 这 23 个省级行政区为:黑龙江省、湖北省、内蒙古自治区、吉林省、河南省、广西壮族自治区、河北省、云南省、辽宁省、青海省、陕西省、重庆市、新疆维吾尔自治区、浙江省、宁夏回族自治区、上海市、广东省、海南省、甘肃省、安徽省、江苏省、山西省、四川省,其中除了黑龙江省、吉林省、青海省、重庆市、浙江省、四川省以外,其余省级行政区均明确将文化遗产保护纳入行政公益诉讼受案范围。

14 参见《广东省人民代表大会常务委员会关于加强检察公益诉讼工作的决定》,2020 年 7 月 29 日广东省第十三届人民代表大会常务委员会第二十二次会议通过。

的红色资源保护公益诉讼典型案例[15]、烈士纪念设施保护行政公益诉讼典型案例以及2021年9月发布的第二十九批指导性案例均涉及文化遗产保护行政公益诉讼。通过研析上述30个案例,可以归纳当前我国文化遗产保护行政公益诉讼的实践样态如下:

第一,绝大多数以诉前程序结案,但刚性内容薄弱待优化。诉前程序,是指检察机关在发现行政机关违法作出行政行为或者不作为造成公共利益受损的事实之后,首先应当向行政机关制发检察建议,督促其依法履行职责,只有行政机关不依法履行职责之时,检察机关方能够向人民法院提起诉讼。如表2所示,在这30起样本案例中,共有28起是在诉前程序结案,仅有第17号和第30号两起案例进入了诉讼程序,非常契合近年来最高人民检察院所提倡的“坚持把诉前实现维护公益目的作为最佳司法状态”的司法政策导向,如在2020年全国检察机关共立案行政公益诉讼案件136,996件,通过诉前检察建议办理117,573件,起诉844件。[16] 然而,结合现有的制度设计以及实践经验来看,诉前程序依然有很大的优化空间。

首先,根据最高人民法院、最高人民检察院联合发布的《关于检察公益诉讼案件适用法律若干问题的解释》(2020年修正)(以下简称《检察公益诉讼解释》)第21条第2款的规定,行政公益诉讼诉前检察建议的回复期限有两种规定:对于一般案件适用2个月的普通期限,如果存在公共利益损害继续扩大等紧急情形,则适用15日的特殊期限。相较于试点期间统一的1个月期限,这个规定已经有了一定进步,但固定的期限在行政公益诉讼中难以应对公共利益保护的复杂性以及行政机关履职的特殊性,尤其是在文化遗产保护行政公益诉讼中,行政机关履行职责可能还需要其他部门的配合,从而导致行政机关无法如期予以答复。因此,有必要实施更为灵活的诉前程序检察建议回复期限。

其次,诉前程序较之诉讼程序的效力刚性欠缺。诉前程序中检察建议固然

---

15 红色资源保护公益诉讼的保护对象主要为革命文物、英烈纪念设施。其中,英烈纪念设施与文物存在交集。根据《英雄烈士保护法》第8条第1款“县级以上人民政府应当将英雄烈士纪念设施和保护纳入国民经济和社会发展规划、城乡规划,加强对英雄烈士纪念设施的保护和管理;对具有重要纪念意义、教育意义的英雄烈士纪念设施依照《中华人民共和国文物保护法》的规定,核定公布为文物保护单位”之规定,被核定公布为文物保护单位的英烈纪念设施,同样属于文化遗产保护行政公益诉讼的保护对象。

16 参见《中国统计年鉴(2021)》,载国家统计局2022年9月1日,http://www.stats.gov.cn/tjsj/ndsj/2021/indexch.htm。

能够对行政机关履行职责起到督促作用,但如若行政机关置之不理,对于部分损害不可逆转的公共利益而言,即使检察机关最终提起诉讼,恐怕还是难以逃脱“为时已晚”的窠臼。[17] 尤其是以生态环境、文化遗产为代表的行政公益诉讼,尽管检察机关可对在诉前程序未履行法定职责的行政机关提起行政公益诉讼,借助审判活动的强制力以实现公共利益保护目的,但环境和文化遗产已然发生客观损害,该诉讼程序也仅仅具有形式意义。所以,加强文化遗产保护行政公益诉讼中诉前程序的刚性内容就显得尤为必要。

第二,以物质文化遗产保护为主,非物质文化遗产保护具依附性,无独立性。如表 2 所示,只有第 3 号和第 10 号两起案例涉及非物质文化遗产保护,但两地检察机关办理案件的直接目的是保护安平桥、谢馥春旧址此类物质文化遗产,对其中非物质文化遗产的保护仅是在调查过程中产生的间接目的。在实践中,尽管行政机关的违法行政行为或者不作为对不可移动物质文化遗产的破坏问题更为突出,但行政机关违反《非物质文化遗产法》对非物质文化遗产进行过度商业化改造,抑或不履行保护非物质文化遗产法定职责,又或干涉非物质文化遗产传承的现象同样不容忽视。国务院公布的五批国家级非物质文化遗产代表性项目名录中,共有 10 个类别、1557 个项目、3610 个子项,[18]每一种非物质文化遗产保护项目都有其不同的表现形式与内涵,对于这些种类繁多且各具特色的非物质文化遗产,极有必要将其纳入文化遗产保护行政公益诉讼的直接对象范围,并建立起区别于物质文化遗产损害的独立审查判断标准。

第三,政策性路径依赖惯性,需回归制度化建设。在中央和地方发布了推进文化遗产保护行政公益诉讼的相关政策和决定后,各地积极响应,进行了大量实践探索,但如表 2 所示,在这些案例中有 13 起(第 8 号、第 11 ~ 16 号、第 20 ~ 22 号、第 24 号、第 25 号、第 30 号)的案件线索是来自检察机关的专项行动。虽然开展专项行动能够有效呼应国家和地方的改革政策,回应广大人民群众的热切期盼,集中力量对文化遗产的开发利用和传承保护等问题进行快速整治以达到治理目的,但是,规范推进文化遗产保护行政公益诉讼不能单纯依靠此类专项行动,更重要的是通过法治引领,将其制度化、常态化、长效化,以消解专项行

17 参见梁鸿飞:《预防型行政公益诉讼:迈向“过程性规制”的行政法律监督》,载《华中科技大学学报(社会科学版)》2020 年第 4 期。

18 参见《国家级非物质文化遗产代表性项目名录》,载中国非物质文化遗产网 2022 年 9 月 10 日,https://www.ihchina.cn/project#target1。

动过后因为缺少正式机制约束而导致文化遗产保护行政公益诉讼充当地方热搜“流量”的隐忧。

表 2　文化遗产保护行政公益诉讼典型案例及指导性案例

	序号	案例	线索来源	保护对象	结案方式
文物和文化遗产保护公益诉讼典型案例	1	陕西省府谷县人民检察院督促保护明长城镇羌堡行政公益诉讼案	群众举报	不可移动文化遗产	诉前程序结案
	2	甘肃省敦煌市人民检察院督促保护敦煌莫高窟行政公益诉讼案	群众举报	不可移动文化遗产	诉前程序结案
	3	福建省晋江市人民检察院督促保护安平桥文物和文化遗产行政公益诉讼案	人大代表建议	不可移动文化遗产、非物质文化遗产	诉前程序结案
	4	江苏省无锡市滨湖区人民检察院督促保护薛福成墓及坟堂屋行政公益诉讼案	群众举报	不可移动文化遗产	诉前程序结案
	5	山西省左权县人民检察院督促保护八路军杨家庄兵工厂旧址行政公益诉讼案	群众举报	不可移动文化遗产	诉前程序结案
	6	江西省龙南市人民检察院督促保护客家围屋行政公益诉讼案	人大代表建议	不可移动文化遗产	诉前程序结案
	7	上海市虹口区人民检察院督促保护优秀历史建筑德邻公寓行政公益诉讼案	舆论报道	不可移动文化遗产	诉前程序结案
	8	浙江省嵊州市人民检察院督促保护中共浙江省工作委员会旧址行政公益诉讼案	革命旧址保护专项检察公益诉讼活动	不可移动文化遗产	诉前程序结案
	9	湖北省恩施市人民检察院督促保护崔家坝镇鸦鹊水村滚龙坝组传统村落行政公益诉讼案	群众举报	不可移动文化遗产	诉前程序结案

续表

	序号	案例	线索来源	保护对象	结案方式
大运河保护公益诉讼典型案例	10	江苏省扬州市广陵区人民检察院督促保护大运河沿岸谢馥春旧址行政公益诉讼案	群众举报	不可移动文化遗产、非物质文化遗产	诉前程序结案
	11	安徽省濉溪县人民检察院督促保护大运河淮北段遗址行政公益诉讼案	大运河保护专项活动	不可移动文化遗产	诉前程序结案
	12	北京市通州区人民检察院督促保护大运河金口新河故道遗址行政公益诉讼案	大运河保护专项活动	不可移动文化遗产	诉前程序结案
	13	河北省沧州市人民检察院督促保护大运河世界文化遗产谢家坝行政公益诉讼案	大运河保护专项活动	不可移动文化遗产	诉前程序结案
	14	山东省临清市人民检察院督促整治大运河国家重点文物安全隐患行政公益诉讼案	大运河保护专项活动	不可移动文化遗产	诉前程序结案
	15	河南省开封市祥符区人民检察院督促保护隋唐大运河陈留段文物遗迹行政公益诉讼案	大运河保护专项活动	不可移动文化遗产	诉前程序结案
	16	浙江省余姚市人民检察院督促保护大运河水工遗存“斗门老闸”行政公益诉讼案	大运河保护专项活动	不可移动文化遗产	诉前程序结案

续表

	序号	案例	线索来源	保护对象	结案方式
红色资源保护公益诉讼典型案例	17	陕西省志丹县人民检察院督促保护保安革命旧址行政公益诉讼案	履行职责中发现	不可移动文化遗产	诉讼程序结案
	18	贵州省人民检察院督促保护刀靶水红色遗址行政公益诉讼案	履行职责中发现	不可移动文化遗产	诉前程序结案
	19	四川省旺苍县人民检察院督促保护木门军事会议纪念馆行政公益诉讼案	履行职责中发现	不可移动文化遗产	诉前程序结案
	20	江西省宜丰县人民检察院督促保护熊雄烈士故居行政公益诉讼案	文物保护检察公益诉讼专项监督活动	不可移动文化遗产	诉前程序结案
	21	浙江省开化县人民检察院督促保护红色革命史迹行政公益诉讼系列案	“守护红色军事文化史迹”公益诉讼专项行动	不可移动文化遗产	诉前程序结案
	22	新疆维吾尔自治区和硕县人民检察院督促保护马兰红山军博园军事遗迹行政公益诉讼案	“文物古迹保护”公益诉讼专项活动	不可移动文化遗产	诉前程序结案
	23	福建省晋江市人民检察院督促保护“八·二三”金门炮战遗迹行政公益诉讼案	群众举报	不可移动文化遗产	诉前程序结案
	24	湖南省平江县人民检察院、长沙军事检察院督促保护中共湘鄂赣省委、省苏维埃政府、省军区旧址革命文物行政公益诉讼案	红色资源保护公益诉讼专项行动	不可移动文化遗产	诉前程序结案

续表

	序号	案例	线索来源	保护对象	结案方式
红色资源保护公益诉讼典型案例	25	河北省保定市莲池区人民检察院督促保护“七六”殉难烈士纪念碑行政公益诉讼案	英烈纪念设施保护公益诉讼专项监督活动	不可移动文化遗产	诉前程序结案
	26	江苏省淮安市清江浦区人民检察院督促保护周恩来童年读书处旧址周边文物行政公益诉讼案	履行职责中发现	不可移动文化遗产	诉前程序结案
	27	山西省古县人民检察院督促保护岳北军分区驻地旧址行政公益诉讼案	履行职责中发现	不可移动文化遗产	诉前程序结案
烈士纪念设施保护行政公益诉讼典型案例	28	重庆市北碚区张自忠烈士陵园保护行政公益诉讼案	最高人民检察院督办	不可移动文化遗产	诉前程序结案
	29	河南省桐柏县红色资源保护行政公益诉讼案	履行职责中发现	不可移动文化遗产	诉前程序结案
中华人民共和国最高人民检察院第二十九批指导性案例	30	贵州省榕江县人民检察院督促保护传统村落行政公益诉讼案	传统村落保护专项行动	不可移动文化遗产	诉讼程序结案

三、应然:“损害型+预防型”双轨模式的文化遗产保护行政公益诉讼

建立文化遗产保护行政公益诉讼需符合国际文化遗产公约中的整体性和真实性原则,但当前我国这一领域的实践发生却立基于损害型模式,缺乏预防型模式考量,我国文化遗产保护行政公益诉讼应当采行“损害型+预防型”双轨制,这既适合文化遗产法律保护的特殊性,也为国际文化遗产法治贡献中国方案。

(一)损害控制型模式的弊病

立足当前制度设计,我国若增设文化遗产保护行政公益诉讼类型,将与其他行政公益诉讼一样仍属于损害型的模式建构,根据《行政诉讼法》第25条第4款规定,人民检察院只有在履行职责过程中发现行政机关的违法行政行为或者不作为“致使国家利益或社会公共利益受到侵害时”,才能提起行政公益诉讼。这在《检察公益诉讼解释》第22条中亦得到确定,即检察机关在提起行政公益诉讼时应当提交的举证材料包括“被告违法行使职权或者不作为,致使国家利益或者社会公共利益受到侵害的证明材料。”所以,在这一模式之下,检察机关倾向于将既成损害发生作为行政公益诉讼启动要件,并在其后尽可能使该损害后果得到控制乃至修复。[19] 损害型的行政公益诉讼模式贯彻了行政行为成熟之原则[20],充分尊重了行政权。但该模式并未体现风险预防理念,忽略了即将发生或者可能发生的公共利益损害,无法实现对公共利益“有效而无漏洞”的保护,亦会导致检察机关行政监督职能的片面化。

详言之,损害型行政公益诉讼存在三大问题。第一,在损害型行政公益诉讼模式之下,当以既成损害事实作为提起要件时,一旦发生了真正的损害,此种具有典型事后救济性质的行政公益诉讼,是否能够有效补救部分不可恢复的公共利益损害?这涉及文化遗产保护中的一项重要原则——真实性原则,该原则要求在文化遗产保护工作中,应当尽可能完整地保留文化遗产本身所承载的历史、科学、文化信息而不随意改动。对于文化遗产保护而言,当损害实际发生之后,其本身所蕴含的历史信息也必然会有所丢失且无法恢复,此时进行救济无异于“亡羊补牢”。因此,倘若能够将保护的时间节点提前,在行政机关未能及时履行保护职责导致文化遗产有损害风险之时进行保护,可以避免文化遗产所承载的历史信息更多地丢失,从而更好地实现文化遗产保护行政公益诉讼维护公共利益之功能。

第二,在现代社会,政府行政活动日益复杂化和细密化,传统上对行政行为末端进行合法性评价的司法审查方式,已经难以监督和控制行政权力的全貌。

---

19 参见李凌云:《从损害控制到风险预防:野生动物保护公益诉讼的优化进路》,载《中国环境管理》2020年第5期。

20 行政行为成熟原则即“行政程序必须发展到适宜由法院处理的阶段,即已经达到成熟的程序,才能允许进行司法审查。通常假定行政程序达到最后决定阶段才算成熟”,参见王名扬:《美国行政法》(下),北京大学出版社2016年版,第479页。

在损害型行政公益诉讼模式之下，检察机关作为法律监督机关仅能够将监督视角聚焦于已经作出并实际执行的行政行为，且该行政行为已经实际产生对外效果，这其实是一种片面化的监督。此外，尽管检察机关居于原告（公益诉讼起诉人）地位，但其是代表国家在履行自己的职责。检察机关提起行政公益诉讼的目的之一是监督行政机关依法行政，维护公共利益，而不是为了某个人的利益，也不是为了检察机关的利益。所以，检察机关应是代表公益对行政机关全流程监督而非仅是结果监督，因此，为防止滥诉之虞而将行政公益诉讼起诉标准严格限制到实际损害发生的设定就有失偏颇。

第三，损害型行政公益诉讼模式亦不利于资源的节约利用。譬如，2020 年广州市规划和自然资源局发布的《上下九 - 第十甫历史文化街区保护利用规划》曾引发社会的广泛热议。该规划提出"完善街区整体风貌保护，针对建设控制地带内的名汇大厦、十甫名都等与传统风貌不协调的建筑，远期在有条件的情况下，结合城市更新进行改造，恢复历史风貌"。2020 年修正的《广州市历史文化名城保护条例》的相关规定也明确了，在历史文化街区保护范围内的建设工程，应当符合保护规划，不得破坏文化遗产的传统风貌。但是，如若行政机关批准了在历史文化街区内的违规建设项目，在现有损害控制型模式下，也就意味着检察机关只有待到建设项目实际施工之后，甚至直到建成之后方能提起文化遗产保护行政公益诉讼，这必然会造成社会资源的极大浪费和各方经济利益的严重受损。

（二）风险预防型模式的建立

当前风险预防理念阙如的损害型行政公益诉讼，并不利于文化遗产保护行政公益诉讼功能之实现，并有资源耗散之虞。尽管在司法实践中部分地区的检察机关开始认同风险预防，在文化遗产仅有受损害风险之时即提起行政公益诉讼，保护了公共利益。[21] 然而，实定法上行政公益诉讼的制度设计采用的是损害型模式，在《行政诉讼法》并未将"具有受侵害之虞"作为检察机关启动行政公益诉讼条件的情况下，直接将风险规制作为制发检察建议乃至提起诉讼的条件

---

21 例如，云南省昆明市五华区人民检察院所在的五华区系昆明市历史文化名城核心区，区域内的昭宗片区已被列入城市更新改造范围，但昭宗片区内包含文物、传统民居等历史文化遗产共 8 处。为了保护文化遗产，2022 年 4 月五华区人民检察院向相关单位发出了预防性检察建议。参见《我为群众办实事——历史文化遗产检察室发出首份预防性检察建议》，载昆明市五华区人民检察院 2022 年 4 月 13 日，http://www.kunmingwh.jcy.gov.cn/jcyw/202106/t20210617_3281888.shtml。

进行架构，存在法规范依据不足之嫌。[22]

对此，借鉴德国基本法有关于权利保护“有效而无漏洞”之规定，要求在权利保护方面实行预防性保护，有学者提出构建我国的预防性行政诉讼制度，以实现有效而无漏洞的保护要求。[23] 对于当前内嵌于《行政诉讼法》当中的行政公益诉讼，其实亦可补充建立预防型行政公益诉讼制度，[24]即在行政机关的违法行政行为或者不作为导致国家利益和公共利益具有损害风险之时，检察机关就启动行政公益诉讼。预防型行政公益诉讼有以下几个特征：其一，在起诉时间上，是在公共利益遭受实际损害结果发生之前；其二，在适用范围上，通常适用于公共利益可能遭受不可逆转损害之情形；其三，在诉讼目的上，是预防公共利益损害后果的发生。需要注意的是，只有行政机关的违法行政行为或者行政不作为将导致比较严重的、不可逆转的公共利益损害时，方能适用预防型行政公益诉讼。

预防型公益诉讼最先在我国民事公益诉讼领域得到确认。在最高人民法院出台的《关于审理环境民事公益诉讼案件适用法律若干问题的解释》（2020年修正）中，第1条明确提出法定的机关和有关组织可以对“具有损害社会公共利益重大风险的污染环境、破坏生态的行为提起诉讼”，实践中也出现了如绿孔雀案、五小叶槭案等预防型环境民事公益诉讼典型案例。而在行政公益诉讼领域，虽然在规范上没有进行预防型行政公益诉讼的制度设计，但依然存在虽无风险预防之名却存在风险预防之实的个案，尤其是在环境行政公益诉讼领域，如赤壁市人民检察院诉赤壁市水利局不履行法定职责行政公益诉讼案、天门市人民检察院诉拖市镇政府不依法履行职责案、白山市人民检察院诉白山市江源区卫生和计划生育局、白山市江源区中医院环境公益诉讼案等。[25]

总体来看，预防型行政公益诉讼贯彻了风险预防原则。在环境法中，风险预防原则是一项重要原则，其源于德国环境法，在1982年《世界自然宪章》

---

22 参见杨建顺：《拓展检察行政公益诉讼范围和路径的积极探索——赤壁市人民检察院诉赤壁市水利局怠于履行饮用水安全监管职责案评析》，载《中国法律评论》2020年第5期。

23 参见胡肖华：《论预防性行政诉讼》，载《法学评论》1999年第6期；解志勇：《预防性行政诉讼》，载《法学研究》2010年第4期。

24 参见王春业：《论检察机关提起“预防性”行政公益诉讼制度》，载《浙江社会科学》2018年第11期。

25 参见张百灵：《预防性环境行政公益诉讼的理论基础与制度展开》，载《行政法学研究》2021年第6期。

(World Charter for Nature)中就已被采纳,2014年修订的《环境保护法》第39条亦首次在我国确立了环境保护的风险预防原则。尽管这一原则源自环境保护领域,但同样可以类比适用于文化遗产保护领域。对于生态环境而言,一旦受损,往往面临着损害不可逆转或者修复成本高昂之局面,所以,风险预防比事后救济更为重要和有效。文化遗产亦是如此,其同样具有损害不可逆转之特点,一旦遭遇损害甚至灭失,其所蕴含的价值也将随之受损,事后救济毫无意义。[26]因此,无论生态环境保护领域抑或文化遗产保护领域,风险预防原则均应当成为首要的核心原则。而且从实定法来看,我国《环境保护法》中关于环境的定义,实际上已经包括了部分文化遗产从而出现"借道""弯道"保护的现实选择,所以,在文化遗产法律保护中扩充适用预防型行政公益诉讼并没有明显制度障碍。当前我国文化遗产保护行政公益诉讼是"单轨模式"的构造,在引入预防型行政公益诉讼之后,如图1所示,将转变为"双轨模式"的构造,由单纯的"治已病"到"治已病"与"治未病"双管齐下。

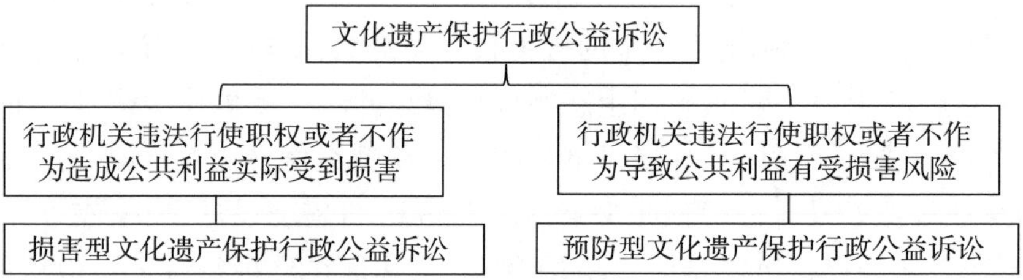

图1 "双轨模式"的文化遗产保护行政公益诉讼

(三)预防型文化遗产保护行政公益诉讼的五个构造

作为一种不同于损害型的新模式,预防型文化遗产保护行政公益诉讼的制度建构应当包括线索来源、启动条件、诉前程序适用预防性保护措施、审理程序、预防型与损害型的衔接机制五个方面。

1.线索来源

拓宽案件线索来源渠道,需要从内部和外部两个方面进行优化。在内部方面,应当强化公益诉讼部门与其他部门的配合与协作,同时构建上下级检察机关之间的联动机制,加强案件信息共享。在外部方面,应当构建合作型线索发

26 参见陈冬:《文物保护公益诉讼与环境公益诉讼之辨析——以公共利益为中心》,载《政法论丛》2021年第2期。

现机制，畅通人大、政协、党委、政府等机关、组织案件线索移送途径以及公民、法人和社会组织检举、控告渠道，对于与文化遗产存在利害关系的主体，如不可移动文物的所有权人、非物质文化遗产的传承人，应当既可以提起行政诉讼也可以提交线索来源提请行政公益诉讼。伴随科技进步，可以建立人工智能和大数据文化遗产保护网络平台，如部分地区检察机关就开辟了文化遗产破坏“随手拍”小程序。实践中还有检察机关创新性地接入了听证、整改评估等程序，引导公众有序参与行政公益诉讼。譬如，在表2第13号案例中，沧州市人民检察院邀请人民监督员、群众代表、文物专家等参与听证会，就如何保护谢家坝进行论证。在表2第6号案例中，龙南市人民检察院在检察建议回复期限届满之后，邀请人大代表、人民监督员、周边群众等参与整改成效评估。这两项举措不但回应了线索发现人的关切，也延展了公众参与的空间，都可以在预防型文化遗产保护行政公益诉讼中引入确立。

2. 启动条件

预防型行政公益诉讼意味着损害事实尚未出现，这加大了检察机关提起行政公益诉讼的难度，同时考虑到检察权与行政权之间的分工，检察权不应当过分干涉行政机关的“初次判断权”，因此应当对文化遗产保护预防型行政公益诉讼的启动条件进行严格的规定，即将公共利益损害风险具有高阈值性作为预防型行政公益诉讼的启动条件。风险阈值的功能在于实现限度考量，即公共利益损害风险达到何种程度时，检察机关提起预防型行政公益诉讼才是合理的。而该风险阈值的界定应当符合比例原则要求，将比例原则作为风险阈值界定的外部界限，以强化风险预防的正当性。

预防型文化遗产保护行政公益诉讼中对文化遗产损害风险阈值的判断具有更高的专业技术性和法律性，由此一方面，检察机关需要提升公益诉讼部门工作人员的专业素养，如广州市黄埔区人民检察院设立了文化遗产检察官，专门办理文化遗产保护公益诉讼案件；[27]另一方面，检察机关亦可联合文化遗产保护公益组织和专业机构人员，协同构筑文化遗产损害风险阈值标准化方案。

---

27 吴雨伦、岳桐：《全省检察机关首名文化遗产检察官李雨航：在全国首创检察公益诉讼法律议事堂模式》，载《南方日报》2021年12月24日，第A7版。

3. 诉前程序适用预防性保护措施

首先,我国行政诉讼以“诉讼不停止执行”为原则,这主要是基于行政行为效率以及行政法律秩序的考量。只有在诉讼期间,人民法院认为该行政行为的执行会给公共利益造成重大损害的,人民法院才可以裁定停止执行。但在文化遗产保护行政公益诉讼案件中,文化遗产的损害往往具有不可逆转性,此时保护该公共利益所获得的价值明显高于执行行政行为所产生的价值。在诉讼程序中,目前可以通过系统解释适用停止执行。但在诉前程序中,对于检察机关能否依职权或者申请适用停止执行,“冻结”已作出的行政行为之效力,现有规定并未明确。因此,从防止现有公共利益损害扩大以及遏制损害风险的角度出发,有必要在诉前程序阶段确立停止执行制度。具体来说,在诉前程序阶段,检察机关发现行政机关的违法行政行为具有致使现有公共利益损害进一步扩大或者具有损害公共利益的重大风险之时,应当在向相关行政机关发出检察建议的同时,同时申请人民法院作出裁定行政行为停止执行的决定。

其次,在诉前程序中行政机关的违法行政行为或者不作为将导致不可逆转的文化遗产损害的情形下,人民检察院还可以适用行为保全措施,申请人民法院裁定行政机关作出或者禁止作出相关行政行为。其适用条件可以归纳为三个:一是有初步证据表明文化遗产利益正在或者将要受到行政行为的侵害;二是如不采取行为保全将会给文化遗产的公共利益造成不可恢复的损害或者使其损害扩大;三是如不采取行为保全可能给文化遗产公共利益造成的损害大于如采取行为保全可能给行政机关造成的损害。

4. 审理程序

举证责任以及裁判形式是预防型文化遗产保护行政公益诉讼审理程序中的两个关键内容。首先,如何分配举证责任一直是行政公益诉讼的难点和焦点问题,虽然行政公益诉讼目前属于行政诉讼而应当遵循“举证责任倒置”规则,但行政公益诉讼毕竟是不同于普通行政诉讼的一种新型行政诉讼,其在举证责任的具体分配上与普通行政诉讼既有相同之处也有特殊的规则,特别是起诉条件的证明方面,根据《检察公益诉讼解释》第 22 条第 2 项和第 3 项的规定,检察机关需要提交国家和社会公共利益受到侵害的初步证明材料,以及人民检察院履行诉前程序提出检察建议且行政机关拒不纠正违法行为或者不履行法定职责的证据材料。由此可见,公益诉讼起诉人承担的举证责任明显重于普通行政诉讼的起诉人,所以,当前损害控制型文化遗产保护行政公益诉讼中适用的是

“谁主张,谁举证”规则。

但在风险预防型文化遗产保护行政公益诉讼中,适用“谁主张,谁举证”规则无疑加重了检察机关的负担。预防型行政公益诉讼以风险预防为理念,强调防患于未然,这一风险具有高度的不确定性,对风险阈值的判断也具有高度专业性。因此,在文化遗产保护预防型行政公益诉讼中,应当适用“举证责任倒置”规则,由行政机关证明其行为或者不作为不会导致文化遗产损害的风险。其次,《检察公益诉讼解释》第25条就当前行政公益诉讼的裁判形式区分了5种情形规定,然而在预防型文化遗产保护行政公益诉讼中,裁判形式的选择适用应当有所区别:一是履行判决,即判决对文化遗产保护负有法定职责的行政机关依法履行职责,以防止现实损害的发生;二是停止判决,即阻止行政机关作出尚未作出的必然会导致公共利益实际受损的行政行为,以防止损害后果的发生;三是撤销判决,即撤销行政机关已经作出但尚未执行的且执行必然会带来公益损害后果的行政行为。

5. 预防型与损害型的衔接机制

检察机关启动文化遗产保护预防型行政公益诉讼并不意味着文化遗产的损害最终一定不会发生,行政机关依然可能继续其违法行政行为或者不作为,从而导致文化遗产的实际损害。此时,检察机关若继续推进预防型行政公益诉讼将失去实际意义,导致制度空转。在此种情况下,倘若检察机关撤诉,或者另行起诉亦将造成司法资源的消耗。因此如图2所示,应当建立预防型与损害控制型文化遗产保护行政公益诉讼的衔接转换机制,当预防型行政公益诉讼已经无法发挥作用的时候,可以在损害发生之时,自动转为损害控制型行政公益诉讼案件遵循普通办案规则办理,检察机关并可通过请求人民法院作出撤销违法行政行为、确认行政行为违法等裁判结果来实现保护文化遗产的救济目的。

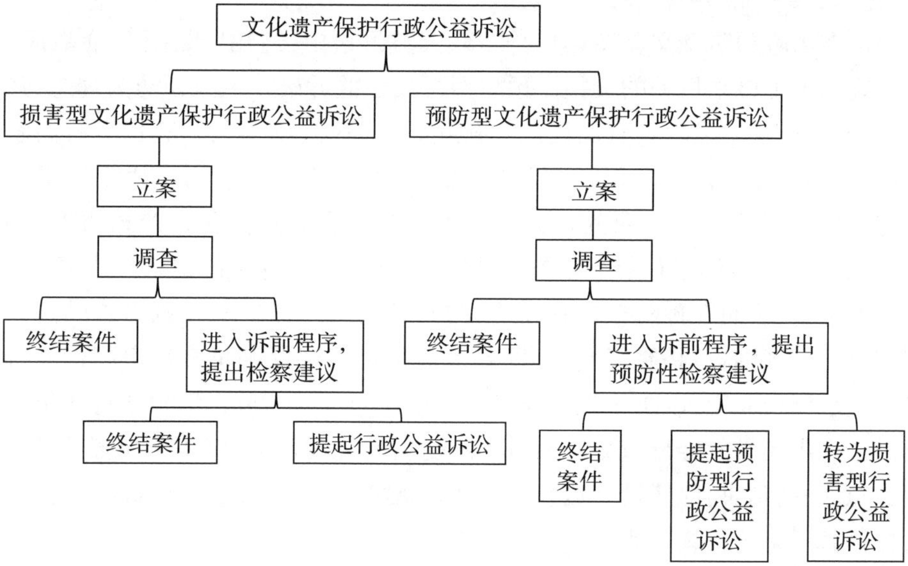

图2 “双轨模式”文化遗产保护行政公益诉讼流程

四、结　　语

我国文化璀璨遗存丰厚,应当借鉴一系列国际公约不断对文物和非物质文化遗产在形态属性和价值属性上进行扩展统一文化遗产的法律概念,整合现有相关法制框架内容编纂《文化遗产保护法》,并明确建立实践中“有实无名”的文化遗产保护行政公益诉讼制度,而非拐弯“借道”民事公益诉讼或环境行政公益诉讼等。由检察机关协同行政机关的内部问责机制,从外部督促行政机关依法履行文化遗产保护的监督管理职责,对地方政府在城市更新、经济发展、商业开发、活化利用等过程中出现的违法规划建设或不作为破坏文化遗产的行为,直接提起文化遗产保护行政公益诉讼,充分发挥新时代检察机关公益代表人职能。基于风险预防原则,我国文化遗产保护行政公益诉讼应当在损害型模式之外,增加预防型模式,从而满足文化遗产法律保护特殊性的内在需求,而“双轨制”的文化遗产保护行政公益诉讼也将成为国际文化遗产保护法治领域中有代表性的中国方案。

信息网络犯罪案件抽样取证制度的完善

谢小剑　肖宪涛*

【内容提要】 信息网络犯罪产生海量证据，受制于有限的司法资源，导致证明困难，实践中通过抽样取证缓解。抽样取证以诉讼效率论为内在动力，以大数据、司法证明模糊理论以及统计学理论作为支撑。《最高人民法院、最高人民检察院、公安部关于办理信息网络犯罪案件适用刑事诉讼程序若干问题的意见》明确了该制度，但是对启动条件、抽样程序、程序后果及抽样方法规定得不够完整科学。在制度完善上，抽样应当具备必要性和同质性；从审批、见证人、样本封存、笔录制作、实物证据抽样全程录像等角度构建一般程序；以置信区间内的最低比例抽样和科学的概率抽样保证充分性和代表性；从质证对象、庭前阅卷、出庭说明阐释等角度保障被告人的质证权。

【关键词】 信息网络犯罪　海量证据　抽样取证

随着信息网络发展，信息网络犯罪愈加频发，已成为当前我国的第一大犯罪类型[1]，产生了海量证据，而司法资源又十分有限[2]，信息网络犯罪案件的海量证据对有限的司法资源提出巨大挑战，司法证明困境凸显。为应对海量证据的证明困难，实践中采取抽样取证的方式，但各地抽样取证经验有限，做法不

---

* 谢小剑——江西财经大学法学院副院长，教授，博士生导师，主要研究领域：刑事诉讼法学、司法制度；肖宪涛——江西财经大学法学院诉讼法学硕士研究生，主要研究方向：刑事诉讼法学、证据法学。本文系江西省 2022 年度研究生创新专项资金项目："少捕慎诉慎押"视野下不起诉裁量权扩张问题实证研究（项目编号：YC2022－s454）以及江西省"双千计划"：哲学社会科学领军人才项目（jxsq 2023203008）的阶段性成果。

1　孙道萃：《网络时代的中国刑法发展研究：回顾与展望》，载《华南师范大学学报（社会科学版）》2021 年第 1 期。

2　左卫民：《反思过度客观化的重罪案件证据裁判》，载《法律科学（西北政法大学学报）》2019 年第 1 期。

一,存在诸多问题。为规范信息网络犯罪案件抽样取证的适用,2022年9月1日实施的《最高人民法院、最高人民检察院、公安部关于办理信息网络犯罪案件适用刑事诉讼程序若干问题的意见》(以下简称《信息网络犯罪程序意见》)首次对信息网络犯罪案件抽样取证制度作出具体规定,但是该规定仍有许多值得讨论之处,本文试图对此展开研究,以完善我国的抽样取证制度。

一、信息网络犯罪案件抽样取证的价值与理论支撑

(一)信息网络犯罪案件抽样取证的价值

1. 缓解海量证据的司法证明困难。信息网络犯罪案件所涉范围非常广。一是地域范围的广泛。侦查机关需要异地取证甚至是跨境取证,需要不同侦查机关的协作和充分的侦查力量。二是涉案诉讼参与人的广泛。信息网络犯罪往往呈团伙犯罪,且有大量的诉讼参与人,有的案件被害人人数多达数十万人,难以对其进行取证。三是涉案资金往来记录的广泛。信息网络犯罪涉案金额巨大,所涉资金往来记录非常广泛,分布在不同地域不同领域。如果对其逐一取证将耗费大量司法资源,诉讼将会旷日持久。抽样取证快捷高效,所需司法资源较少,可以有效缓解信息网络犯罪案件的司法证明困难。

2. 有效治理信息网络犯罪的新型取证方法。随着信息网络和社会经济的发展,犯罪模式越来越信息化,涉案范围越来越广,产生了海量证据。传统的直接完全提取和收集证据材料的方法已难以应对现代刑事犯罪现状,抽样取证是对传统取证方式的更新,是时代发展催生的新型取证方法,顺应时代犯罪样态变化发展的需要。

3. 平衡司法公正与司法效率。公正与效率是辩证统一的关系,在有限的司法资源下,一味地强调个案司法公正,势必整体降低司法效率,影响对信息网络犯罪的有效打击,反而有损一般司法公正。信息网络犯罪严重侵害人民群众利益,严重影响社会的稳定与经济发展,如果仅因取证不到位而放纵罪犯,反而有损司法的公信力。此外,抽样取证并不必然有损个体司法公正,完善的抽样取证制度可以有效避免错案,兼顾司法公正与司法效率。

(二)信息网络犯罪案件抽样取证的理论支撑

1. 大数据的发展以及司法证明模糊理论为抽样取证提供了证明新视角。社会生活是复杂、发展的,法律面对丰富多彩的现实生活和大数据时代时,不可

避免产生不确定的复杂问题。有学者就认为:“抽象的、明确的法律规则在丰富多彩的现实生活面前往往显得苍白无力、模糊不堪,法除了明确、肯定的一面以外还有模糊的一面。”[3] 基于社会的复杂多变以及疑难案件的不断增加,法律的确定性不断动摇。此外,信息网络犯罪是大数据时代发展的产物,而大数据就意味着犯罪要素以及涉案证据的海量,难以实现精准性。正如英国学者指出:“大数据不仅让我们不再期待精准性,也让我们无法实现精准性。”[4] 因此,在大数据发展的时代,我们不应再执着于精准性,在法律领域也应允许不精准性的存在。

我国司法证明领域也奉行“事实清楚”的证明标准,在诉讼中追求案件事实真相的确定性,但是事实认定本身就存在一定的模糊性。有美国学者主张运用概率理论认定案件事实,以解决证人的不可信问题,其认为证人证言的真实性本身就是概率问题,可通过经验法则等赋予不同证人的可信度。[5] 正如学者指出,“案件真实本身具有多元解释,是一个不可能得到精确认定的模糊概念。法官自由心证实质上就是模糊心证。”[6] 法官自由心证的过程实际上就是将证据进行组合以还原案件真相,在处理过程中也是模糊处理。进而,就证明的性质与自由心证角度而言,证明本就存在或然性,即证据证明案件事实是一个概率问题[7],只能无限趋近于客观事实,证明全案需要法官进行自由心证并综合考量以判断是否达到证明标准[8]。大数据的发展和司法证明模糊论为诉讼法学尤其是证据法学提供了一种全新的思路,即并不追求绝对真实,允许不确定性与模糊的存在,以便及时恢复社会稳定和经济秩序。[9] 司法证明模糊论更契合信息网络犯罪司法现状,可以灵活解决其中的证明困境。

司法证明模糊论明晰了抽样取证的学理争议,即是否会降低刑事诉讼的证

3 陈云良:《法的模糊性之探析》,载《法学评论》2002 年第 1 期。

4 [英]维克托·迈尔·舍恩伯格、肯尼思·库克耶:《大数据时代》,盛杨燕、周涛译,浙江人民出版社 2013 年版,第 56 页。

5 [美]亚历克斯·斯坦:《证据法的根基》,樊传明、郑飞等译,中国人民大学出版社 2018 年版,第 91 页。

6 栗峥:《司法证明模糊论》,载《法学研究》2007 年第 5 期。

7 向燕:《刑事客观证明的理论澄清与实现路径》,载《当代法学》2022 年第 3 期。

8 万毅、纵博:《论刑事诉讼中的抽样取证》,载《江苏行政学院学报》2014 年第 4 期。

9 栗峥:《司法证明模糊论》,载《法学研究》2007 年第 5 期。

明标准,与发现事实真相之间是否会有矛盾[10]。抽样取证被质疑未经过证据的“三性”审查即被采纳,可能无法发现案件事实真相[11]。笔者认为,抽样取证是证明方法的一种,需要与其他证据和证明方法相结合,共同证明犯罪事实的存在,其本身并不会降低证明标准。对此,《信息网络犯罪程序意见》第20条第3款规定:“人民检察院、人民法院应当结合其他证据材料,以及犯罪嫌疑人、被告人及其辩护人所提辩解、辩护意见,审查认定取得的证据。经审查,对相关事实不能排除合理怀疑的,应当作出有利于犯罪嫌疑人、被告人的认定。”该规定明确了抽样证据需要结合其他证据加以审查,指出抽样证明的案件事实依然需要达到排除合理怀疑的证明标准。其首次明确了抽样取证案件的证明标准,为抽样取证的正当性提供法律依据,对于抽样取证的发展具有重要意义。此外,法官自由心证本身就是模糊心证,法官在心证过程中只能无限接近于案件事实,并得出相对清楚的案件真相,从这个角度来看,抽样取证并不影响法官自由心证发现案件事实真相,并不会降低案件证明标准,仍然需要法官形成内心确信,排除合理怀疑。

2.统计学理论的发展,为抽样取证的运用提供了技术支持。抽样取证建立在抽样统计基础之上,以统计学理论作为技术支持。[12] 并且抽样调查是统计学最普遍、最基础的调查方法,统计学的发展已为抽样提供了完备样式[13],统计学普遍认为通过科学抽样可以发现统计对象整体的特征[14],这为抽样取证提供了技术支持。对于上述是否降低证明标准的争议,就统计学而言,样本证据就是以部分代表全体,只要样本具有充分性与代表性,所抽取的样本就可以代表全体样本,对样本证据的审查就是对全体证据的审查。

3.诉讼效率理论为抽样取证提供内在动力。现有司法资源难以对海量证据逐一取证,为提高诉讼效率,抽样取证势在必行。正如学者指出,“如果不重视诉讼效率,不把提高诉讼效率摆到应有的位置,要实现诉讼公正无异于一个

10 马忠红:《论网络犯罪案件中的抽样取证——以电信诈骗犯罪为切入点》,载《中国人民公安大学学报(社会科学版)》2018年第6期。

11 高童非:《刑事抽样证明的类型化重释》,载《中国刑事法杂志》2022年第3期。

12 林喜芬:《大数据证据在刑事司法中的运用初探》,载《法学论坛》2021年第3期。

13 杨帆:《海量证据背景下刑事抽样取证的法治应对》,载《法学评论》2019年第5期。

14 汪津津:《揭开“样本代表性”的神秘面纱》,载《中国统计》2010年第4期。

美好的愿望而已。”[15]抽样取证提高了侦查取证效率,节约大量司法资源,提高诉讼效率,这是抽样取证发展的内在动力。但也有学者认为抽样的代表性、同质性、充分性可能无法满足,抽样取证在实务中运用还不够成熟[16]。然而,笔者认为代表性、同质性与充分性完全可以通过制度建设加以完善,并不能由此否认其适用性。

二、我国刑事抽样取证的现行立法及其不足

(一)我国刑事抽样取证的现行立法

我国最先明确抽样取证的是行政法,1996 年的《行政处罚法》第 37 条规定了抽样取证。笔者以“抽样取证”为关键词在北大法宝法律数据库进行检索,共得出法律文件 154 部,其中《行政处罚法》1 部、司法解释 7 部,但是其中仅有 1 部关于知识产权犯罪的属于法律规范,其他均为涉及抽样取证的指导案例。部门规章共 146 部,其中绝大部分都是行政执法领域的部门规章。以上不少已经失效或者被修正,现行有效的为 82 部。[17] 可见,抽样取证的绝大部分法律规范都在行政执法领域,刑事抽样取证的法律规范较少。虽然很多刑事司法解释未用“抽样取证”的字眼,但是其操作方式实质上就是抽样取证,比如抽样验证和按比例或数量抽取等,笔者对此也加以检索,对刑事抽样取证的法律规范进行梳理。

首先,我国刑事抽样取证并未纳入《刑事诉讼法》,主要由 5 部司法解释 8 条法律规范加以规定。2011 年发布的《关于办理侵犯知识产权刑事案件适用法律若干问题的意见》第 3 条首次规定了刑事抽样取证。2016 年《办理毒品犯罪案件毒品提取、扣押、称量、取样和送检程序若干问题的规定》(以下简称《毒品犯罪案件规定》)第 2 条、第 21 条及第 22 条规定了毒品的抽样取证制度。2016 年《关于办理电信网络诈骗等刑事案件适用法律若干问题的意见》(以下简称

---

15 谭世贵:《诉讼效率视角下〈刑事诉讼法〉的修改与进一步完善》,载《浙江社会科学》2012 年第 11 期。

16 刘品新:《网络犯罪证明简化论》,载《中国刑事法杂志》2017 年第 6 期。

17 笔者以“抽样取证”为关键词在北大法宝法律数据库的法律法规库进行全文精确检索,显示法律有 4 部,但是均为《行政处罚法》的修正案,另外显示行业规定 3 部,但其不属于法律规范,加以剔除后得到上述结果。检索日期截至 2022 年 10 月 20 日。

《电信网络诈骗案件意见》)第6条规定采取了抽样取证。2021年《人民检察院办理网络犯罪案件规定》(以下简称《网络犯罪案件规定》)第22条规定了抽样验证。2022年《信息网络犯罪程序意见》第20条、第21条对信息网络犯罪案件的抽样取证作出了相对具体的规定。

其次,在地方规范方面,浙江省发布的《电信网络诈骗犯罪案件证据收集审查判断工作指引》(浙检发诉三字〔2018〕6号)(以下简称《工作指引》)第35条、第36条对抽样取证作出了规定,对抽样取证的启动条件、抽样方法、说明论证及程序后果有了相对完善的规定。

最后,2022年9月1日实施的《信息网络犯罪程序意见》是到目前为止对刑事抽样取证规定得最为全面的法律规范。其在吸收以往司法解释的基础上,对抽样取证作出了相对完善的规定,填补了刑事抽样取证法律规范的部分空白。但是其也有不合理之处,并且抽样程序缺乏有效规范。笔者从程序法视角对《信息网络犯罪程序意见》中的抽样取证规定进行梳理评析。

1. 抽样取证的启动条件。《信息网络犯罪程序意见》规定抽样取证的启动条件为"数量特别众多""同类性质、特征或者功能""确因客观条件限制无法逐一收集"。相较于以往司法解释规定的"数量众多""工作需要""客观条件限制",其明确抽样须以同质性为前提且数量需要特别众多,且三个条件需同时具备,相对完善了抽样取证的启动条件。但是其规定在符合上述三个条件时应当适用抽样取证,表明其鼓励适用抽样取证的立场。

2. 抽样取证的程序。《信息网络犯罪程序意见》规定了对抽样情况进行说明论证及案外人异议程序,属创新之处,开始注重对案外人合法权利的保障和具体抽样程序的完善。在抽样程序方面,《毒品犯罪案件规定》规定的取样程序更为完善,规定了犯罪嫌疑人在场、见证人见证、笔录制作以及必要时对主要过程拍照录像等程序。

3. 抽样取证的标准与方法。《信息网络犯罪程序意见》规定以一定比例或数量选取样本证据,首次在信息网络犯罪领域规定具体的抽样方法,填补抽样方法的法律空白。此外,《毒品犯罪案件规定》针对不同类型的毒品规定了不同的标准与方法,但该规定仅适用于毒品犯罪,难以推广适用。浙江省的《工作指引》第36条第1款规定:"对被害人进行抽样取证,应该重点选取被骗资金量大、空间距离相对较近、被害特殊群体、已经报案或涉案方法有代表性的被害人作为证据样本。"该规定明确了对被害人重点抽样的抽样方法。

4. 违法抽样的程序后果。《信息网络犯罪程序意见》规定了抽样取证不科学的,应当由取证机关作出补充说明或者重新取证,首次在信息网络犯罪案件中明确不科学抽样取证的程序后果,可以防止违法抽样取证行为,规范抽样取证的适用。此外,《毒品犯罪案件规定》明确了毒品取样程序存在瑕疵,可能严重影响司法公正的,公安机关应当予以补正或者作出合理解释。而且,浙江省的《工作指引》也规定了抽样情况不具有科学性、代表性或全面性的,检察机关、法院可以要求侦查机关进行补充取证。

(二)我国刑事抽样取证立法的不足

刑事抽样取证的法律规范依然较为欠缺,并且原则性规定较多,缺乏细致完善的法律规范,仍存在许多不足之处。

1. 抽样取证的启动条件规定不够明确。《信息网络犯罪程序意见》规定的"数量特别众多""同类性质、特征或者功能""确因客观条件限制无法逐一收集"过于抽象模糊,何为"特别众多",如何判断证据的同质性以及何为"客观条件限制"均缺乏相对明确统一的判断标准,在实务中难以把握,缺乏可操作性。司法实践中公安机关对抽样取证的适用无所适从,既有滥用抽样取证的情况,也有担忧抽样的合法性而拒绝适用的情况[18]。

2. 未明确抽样取证的审批程序。侦查取证行为的实施一般需要相应的审批程序,《信息网络犯罪程序意见》对此却没有规定。虽然,《刑事案件速裁程序试点工作座谈会纪要(二)》(以下简称《会议纪要》)第8条规定:"……对与案件有关、性质不能确定、数量较大或者成批的需要取样检验的物品,经县级以上公安机关负责人批准,可以抽样取证。"但是,《会议纪要》针对的是刑事速裁程序,适用范围有限,并且《会议纪要》不属于法律规范,没有法律约束力。

3. 抽样取证程序规定不够完善。较为完善的是上述《毒品犯罪案件规定》,但这些程序只适用于毒品犯罪。然而,针对信息网络犯罪,《信息网络犯罪程序意见》只规定了对抽样情况进行说明论证及案外人异议程序,对于抽样方法、证据样本封存固定、笔录制作及录像等具体程序均没有规定,《信息网络犯罪程序意见》对于抽样程序的规制明显不足。实践中对于抽样取证的具体程序莫衷一是,以至于对抽样取证的程序性事项产生质疑与异议[19]。

18 杨帆:《海量证据背景下刑事抽样取证的法治应对》,载《法学评论》2019年第5期。

19 杨帆:《海量证据背景下刑事抽样取证的法治应对》,载《法学评论》2019年第5期。

4. 违法抽样取证的程序后果规定不够完整。《信息网络犯罪程序意见》虽然首次明确了不科学取证的程序后果，对于抽样取证制度的完善具有重要意义，但是该规定存在以下两点不足：一是只针对抽样不科学设置程序后果，未规定违反抽样程序的程序后果。其规定对抽样科学性的审查，但对于具体程序的合法性审查没有规定，更没有规定违反具体程序的程序后果，比如未明确需要提供翻译时未提供翻译和辨认时未个别进行等程序违法的后果。二是虽然规定了补充说明与重新取证两种程序后果，但是未明确两者的适用范围。补充说明并不直接排除抽取的证据，对抽样情况进行合理补正后依然可以采纳。而重新取证则是直接否定抽样的证据并加以排除，两者是截然不同的程序后果。其未明确重新取证与补充说明的裁量标准，可能会造成裁量权的滥用。

5. 规定的抽样方法不够科学，难以保证样本的代表性。有学者将抽样证明分为概率抽样证明与非概率抽样证明，概率抽样证明是理想状态，在抽样时完全避免主观因素的干扰，强调抽样的随机性，如简单随机抽样、分层抽样、系统抽样等。非概率抽样又被称为非随机抽样，是指根据研究任务的要求以及对研究对象的分析，带有主观因素地选取样本。[20] 比如，《电信网络诈骗案件意见》规定，侦查机关“可以根据经查证属实的日拨打人次数、日发送信息条数，结合犯罪嫌疑人、被告人实施犯罪的时间、犯罪嫌疑人、被告人的供述等相关证据，综合予以认定。”这实际上就是一种非概率证明，经查证属实的日期必然不是随机选择的，而是根据查明的证据人为选择。“由于非概率证据抽样不是严格遵照随机抽样原则进行样本证据抽取，难以保证样本的代表性，失去了大数定律的数理基础。”[21] 抽样取证是以样本证据推定全体证据的，样本具有代表性才能代表全体，上述的非概率抽样证明难以保证样本的代表性。

三、信息网络犯罪案件抽样取证制度的完善

（一）信息网络犯罪案件抽样取证的启动条件

1. 抽样取证的必要性

一是证据数量的海量，这是证据数量的必要性条件。但是海量的具体含义

20 高童非：《刑事抽样证明的类型化重释》，载《中国刑事法杂志》2022年第3期。

21 高童非：《刑事抽样证明的类型化重释》，载《中国刑事法杂志》2022年第3期。

非常模糊,多少数量属于海量并无标准。笔者认为,不可一概认为信息网络犯罪案件的证据都是海量,海量的判断需要结合办案资源、取证成本与时间、证据数量、取证能力与水平、地域差异等因素综合考虑。也不应设定统一的标准,毕竟海量的标准难以绝对化,其与多重因素相关,统一的标准虽然明确但缺乏灵活性,无法应对实务中的新情况、新变化。虽然具体标准无法统一,但是笔者认为各地可结合自身的办案资源、取证能力与成本等因素,针对不同种类的证据,设定合理范围内的数量。

此外,海量证据的判断标准属于专业问题,需要结合专业知识加以论证说明。建议可让侦查机关对证据的海量性进行论证说明。鉴于抽样取证的专业性较强,侦查机关可以借助专业人员,并通过专业人员对证据的海量性进行说明论证,形成书面的说明论证报告,被告人及其辩护人可在庭审过程中对此报告进行质证,上述专业人员应出庭对此报告进行说明阐释。

二是证明困难,这是证明方法的必要性条件。证明困难就广义而言,是指虽然存在取证条件但是取证成本巨大难以实际取证而造成的证明困难。信息网络犯罪案件取证或许依然有条件,但是基于司法资源有限以及取证成本巨大,实际上无法取证,属于广义上的证明困难。[22] 抽样取证应当是迫不得已采取的证明方式,否则极容易造成抽样取证的滥用。"对于海量证据的证明困难,在现有的法律规范和所有可能性解释范围中,均找不到相关法律技术予以解决,才可以考虑适用刑事抽样取证。"[23]因此,抽样取证应坚持后置适用原则,当其他法定取证手段无法满足现实办案需要时,才能使用抽样取证。[24]

2. 抽样取证的证据同质性

针对抽样证据的同质性判断,浙江省的《工作指引》第36条第1款规定:"对被害人进行抽样取证,应该重点选取被骗资金量大、空间距离相对较近、被害特殊群体、已经报案或涉案方法有代表性的被害人作为证据样本。"针对被害人陈述的抽样取证,该规定认为被骗资金量大、空间距离相对较近、被害群体特殊、已经报案或者涉案方法有代表性的被害人陈述更具有同质性,更能代表整体被害人的状况,应重点选取。但该规定更多是基于实务中的办案困难,从办

---

22 张平寿:《网络犯罪计量对象海量化的刑事规制》,载《政治与法律》2020年第1期。

23 扈晓芹:《侵犯知识产权刑事案件若干证据规则评析》,载《知识产权》2014年第6期。

24 王志刚、刘思卓:《论网络犯罪证明中的数额认定方法》,载《重庆邮电大学学报(社会科学版)》2020年第2期。

案方便出发,已经报案、空间距离近以及被骗资金量大等更多是基于提高办案效率。就空间而言,就算距离较近,涉及的犯罪方法也不一样,以电信网络诈骗为例,有些地方以“杀猪盘”为主,有些地方以“冒充公检法”为主,在犯罪方法上存在较大不同,证明目的也不尽相同,难以有同质性。再如,被骗资金量大的被害人,实际上资金大小往往与消费习惯和家庭条件等相关,而针对不同的消费习惯与家庭背景,采取的诈骗方式不尽相同,因此被骗资金量大也不一定有同质性。

涉案方法有代表性可以作为同质性的重要考虑因素,正如实务专家指出的,“应当主要从能够证明相同犯罪行为、相同犯罪方法手段、同类犯罪结果的角度,准确把握同类性质、特征或者功能的本质要求。”[25]比如电信网络诈骗中的同类诈骗方法或者基于同一诈骗话术。信息网络犯罪案件抽样取证的证据同质性应注意区分与知识产权、毒品犯罪中将具有相同外观、物理特征、化学属性或者类似内容等同类的物证、书证等作为同质性的判断标准,同时也要避免实务中为了办案方便和诉讼效率,以方便办案的方式认定证据的同质性。判断证据的同质性关键在于从证明目的出发,主要是为证明相同犯罪行为、相同犯罪方法以及同类犯罪结果。

（二）信息网络犯罪案件抽样取证的程序要求

1.抽样取证的审批程序

笔者认为信息网络犯罪案件的抽样取证需要审批程序。一是基于抽样取证属于特殊的取证方法,其并不对证据逐一核对,不仅可能会引发不少争议与质疑,还可能会对案件事实的认定产生重大影响,因此需要特别的审批程序。二是基于内部控权的需要,通过审批起到内部监督的作用,防止抽样取证的滥用。三是基于对被追诉人权利保障的需要。刑事抽样取证往往直接影响定罪量刑,直接影响被追诉人的权利,抽样取证的审慎适用是对被追诉人权利的保障。建议刑事抽样取证立法借鉴《会议纪要》的做法,由县级以上公安机关负责人进行审批。一方面可以建立审批制度防止抽样取证的滥用,另一方面鉴于抽样取证的审慎性,由县级以上公安机关负责人进行审批更为适宜。

---

25 程雷、侯若英、赵玮:《〈关于办理信息网络犯罪案件适用刑事诉讼程序若干问题的意见〉的理解与适用》,载《人民检察》2022年第19期。

2. 抽样取证的正当程序

正当程序是程序正义的应有之义,对于抽样取证的正当程序,有学者主张从抽样对象、数量、方法、主体、笔录制作、论证说明等方面加以构建。[26] 诚然,以上都是构建抽样取证程序的重要考虑因素,但是在信息网络犯罪中,笔者认为除构建抽样取证的一般程序外,还需要针对不同特性的证据种类设置具体抽样程序。在借鉴毒品犯罪取样程序和行政抽样取证程序的基础上,笔者建议从以下几点完善抽样取证的一般程序。

其一,完善抽样取证的见证人制度。抽样取证属于新的取证方法与证明方法,其正当性容易被质疑,在程序不规范以及样本不标准的情况下,很有可能造成错案,不利于被追诉人权利的保障。笔者认为,抽样取证应有见证人的见证,在构建正当程序的同时形成合理的外部监督机制。但是,正如学者指出,"目前我国刑事诉讼见证人制度主要出现诉讼文件送达,侦查环节中的勘验、检查、搜查、查封、扣押、辨认以及侦查实验。"[27]这其中并不包括对被害人或证人进行谈话询问,与被害人或证人谈话询问后形成的被害人陈述与证人证言有其签字确认以保证其真实性以及合法性,所以被害人陈述与证人证言的抽样可不需要见证人。

其二,对抽样取证样本的封存固定。一方面,对于抽样的证据总体应进行相应的封存固定,防止出现证据总体的减少、增加等变化[28]。另一方面,应封存固定抽取的样本证据,防止样本证据在鉴定、移送等过程中产生变化,应保证样本证据与法庭质证证据的一致性。[29] 其中值得注意的是,对被害人陈述等的固定,不仅需要对被害人陈述的笔录等书面文件进行固定,还应详细记录抽取被害人等的相关个人信息,以便后续程序的逐一核对。

其三,制作抽样取证的笔录。抽样取证的全过程应如实记录并形成笔录,笔录需要见证人以及抽样取证工作人员的签字确认,如果涉及对犯罪嫌疑人物品的抽样取证,抽样取证的清单和笔录还需要犯罪嫌疑人签字确认,其拒绝签

---

26 马忠红:《论网络犯罪案件中的抽样取证——以电信诈骗犯罪为切入点》,载《中国人民公安大学学报(社会科学版)》2018 年第 6 期。

27 刘方权、庄嘉伟:《刑事诉讼中的见证人问题研究》,载《中国人民公安大学学报(社会科学版)》2020 年第 6 期。

28 马忠红:《论网络犯罪案件中的抽样取证——以电信诈骗犯罪为切入点》,载《中国人民公安大学学报(社会科学版)》2018 年第 6 期。

29 扈晓芹:《侵犯知识产权刑事案件若干证据规则评析》,载《知识产权》2014 年第 6 期。

字的,应在笔录中注明。抽样取证笔录记载的内容应包括抽样主体、抽样对象、抽样方法、抽样程序、抽样过程、抽样结果等必要因素,并且应如实完整记录,不得选择性记录或删改。

其四,对物证、书证、视听资料、电子数据的抽样取证现场、物品、样本以及过程等进行全程录像。《毒品犯罪案件规定》明确了在取样过程中,必要时应对取样过程进行拍照或录像。在行政执法领域,《公安机关办理行政案件程序规定》第109条第3款规定:"抽样取证时,应当对抽样取证的现场、被抽样物品及被抽取的样品进行拍照或者对抽样过程进行录像。"对抽样取证的现场、物品、样本以及过程等进行全程录像,一方面是程序公开透明的需要,另一方面可以方便法庭审理的质证。但全程录像仅适用于物证、书证、视听资料以及电子数据等实物证据,因为其有相对固定的实物载体,收集和选取时都方便录像。而被害人陈述以及证人证言属于言词证据,一方面是在海量证据背景下对被害人以及证人进行的谈话询问逐一录像难以做到,成本极高。另一方面是被害人陈述以及证人证言都需要其签名确认,对其陈述和证言承担法律责任,无须录像程序来保证其真实性与合法性。

其五,侦查机关对抽样情况进行详细的书面说明论证。《信息网络犯罪程序意见》明确了对选取情况作出说明论证的程序,浙江省《关于办理电信网络诈骗犯罪案件若干问题的解答》第36条第2款也规定:"侦查机关应当对被害人数量抽样情况进行详细论证和说明……"详细的书面说明论证可以增加抽样取证的说服力,同时也可以使抽样取证的记录更为清晰完整。此外,鉴于抽样取证的专业性,侦查机关可能需要借助专业人员进行说明论证,专业人员说明论证的,应在书面说明论证报告上签名或者盖章,以便庭审阶段的出庭说明。

其六,应针对不同特性的证据设置具体程序。比如,对于被害人陈述、证人证言的抽样取证,有以下具体程序:一是为了方便后续核对选取的被害人陈述和证人证言,应有登记被害人、证人个人信息的程序。二是鉴于被害人陈述、证人证言本就需要其签名确认,因此其收集和选取均不需要见证人的见证。三是鉴于被害人陈述、证人证言有签字确认程序以保证其真实性和合法性,而信息网络犯罪中被害人、证人数量众多,对于被害人陈述的收集以及抽样可以不需要全过程录像。再如,信息网络犯罪案件中的电子数据海量,电子数据的抽样可能需要运用算法简化抽样以提高抽样效率[30]，此时应针对算法的特性和规则设定相应的法律程序。总之，除需要完善抽样取证的一般程序外，还需要考虑不同证据种类的特性，设置具体程序以更好地完善抽样取证的正当程序。

（三）信息网络犯罪案件抽样取证的标准

1. 抽样取证的充分性标准。样本容量的标准通常有两种形式，一种是数量型，直接规定具体的样本容量大小，即抽取确定数量的样本证据。另一种是比例型，不规定样本证据的数量，而是规定样本证据占全体证据的比例。《信息网络犯罪程序意见》规定按照一定比例或数量抽样，首次明确抽样的样本容量形式，填补立法空白。但是笔者认为其规定的数量型缺乏灵活性，数量型在特别众多证据抽样取证的情况下可能出现抽样占比过低的情形，导致样本证据的充分性不足。此外，正如美国学者指出，"统计学的证言属于不确定的专家证言，采样计算出的统计值其实是估计值，禁止对统计科学问题作出确定性的陈述意见。"[31]抽样取证基于统计学原理，抽样不应是确定的数量，而应是合理的比例。比例型不仅兼顾不同案件不同证据的特殊性，而且兼顾样本证据与全体证据之间的比例，不影响样本证据的充分性，应以比例型作为抽取样本证据的标准。

在信息网络犯罪中，样本证据如果抽取太多，将无法有效缓解海量证据的证明难题。但是也不能随意抽取极低比例的样本证据，实践中就有对样本证据比例过低的质疑，比如在丁某等诈骗案中，被告人认为本案中对于被害人陈述的抽样比例过低，抽取的被害人陈述不足以代表所有被害人的情况，不能作为本案的定案根据[32]。因此，应当确定不同种类证据抽样所需的最低比例。有实务专家认为应从证据总量、证明情况以及证明方向三个方面综合考量并合理确定选取证据的比例或数量[33]，但是如何合理确定需进一步研究。为消除统计学等不确定性的影响，美国司法采取了置信区间法[34]，即设定一个法院认为可以采

30　王玉荣、钱雪忠：《大数据集挖掘的层次二分抽样算法》，载《计算机工程与应用》2010 年第 35 期。

31　［美］爱德华・J. 伊姆温克尔里德：《科学证据的秘密与审查》，王进喜等译，中国人民大学出版社 2020 年版，第 188～189 页。

32　浙江省绍兴市上虞区人民法院刑事判决书，(2020)浙 0604 刑初 318 号。

33　程雷、侯若英、赵玮：《〈关于办理信息网络犯罪案件适用刑事诉讼程序若干问题的意见〉的理解与适用》，载《人民检察》2022 年第 19 期。

34　［美］爱德华・J. 伊姆温克尔里德：《科学证据的秘密与审查》，王进喜等译，中国人民大学出版社 2020 年版，第 195 页。

信的区间,此区间范围内的证言、意见等才可信。置信区间一般由统计学专家计算好,一般而言,公式包括以下内容:样本统计、样本大小、标准误差以及系数等。[35] 对于抽样所需的最低比例,笔者认为可以借鉴置信区间的做法,由统计学专家根据案件具体情况以科学公式计算出置信区间,最低比例在置信区间范围内方可采信。

2. 抽样取证的代表性标准。代表性是指样本的结构及样本均值等重要指标应与总体结构及总体均值等相应指标基本保持一致。[36] 代表性是抽样取证的前提所在,样本证据没有代表性也就无法代表证据整体,抽样取证也就不具有效力。在司法实践中,样本证据的代表性也是重点审查对象,应注意审查所抽取的样本是否具有代表性。实践中也有对样本证据代表性不足的质疑,比如在王某等诈骗案中,辩护人认为抽样调查对象缺乏代表性,抽样所得证据不能作为定案根据[37]。

样本证据的代表性与抽样方法密切相关,"非概率抽样证明中样本和总体之间的联系具有较高的不确定性,在刑事诉讼中控方原则上无法单独将非概率抽样证明运用在不利于被追诉人的指控中。"[38]侦查取证的目的便在于指控被追诉人的犯罪事实,因此抽样取证原则上不能采取非概率抽样证明,应采取概率抽样证明,如简单随机抽样、分层抽样、系统抽样等。

但是实务中的一些做法采取了非概率抽样证明,比如浙江省的《工作指引》第36条规定的重点抽样。公安机关根据办案经验等重点抽取样本的方式受办案人员的主观意识影响,并非随机抽样。不过也有实务专家支持该实务做法,认为《信息网络犯罪程序意见》规定的并非抽样取证,抽样属于非全面的检验方法,其要求随机性。而该意见并没有规定随机性,其建立在其他在案证据已经可以证明大部分案件事实的基础上,办案人员运用生活经验、司法经验选取部分证据予以相互印证,综合认定案件事实。其进一步认为该意见采取的是事实清楚、证据确实充分的证明标准,本质上是从科学性出发,区别于抽样取证。[39]

---

35 Imwinkelried, *Expert Witness*, *supra* note 159, at 13.

36 冯士雍:《中国抽样调查应用中的若干问题》,载《中国统计》2001年第11期。

37 浙江省台州市中级人民法院刑事判决书,(2019)浙10刑初80号。

38 高童非:《刑事抽样证明的类型化重释》,载《中国刑事法杂志》2022年第3期。

39 程雷、侯若英、赵玮:《〈关于办理信息网络犯罪案件适用刑事诉讼程序若干问题的意见〉的理解与适用》,载《人民检察》2022年第19期。

对此,笔者有以下不同意见:其一,抽样取证是全面检验的方法,现代统计学认为在科学抽样的情况下,样本证据可以代表全体证据,对于样本证据的检验就是全面的检验。[40] 相反,办案人员运用生活和司法经验选取的证据不具有代表性,属于非全面检验的方法。

其二,该方法属于非概率抽样证明,不具有科学性,虽然其认为该方法本质上从科学性出发,但是其科学性更多的是指办案经验上的科学性,并不能代表选取证据的科学性。凭借办案经验选取证据一方面不具有随机性,难以保证选取证据的代表性;另一方面会造成办案人员选取证据的随意性。

其三,应将《信息网络犯罪程序意见》的规定定性为抽样取证,并保证抽样的随机性。首先,其规定的按照一定数量或比例抽取证据实质上就是抽样取证的操作方式,并且抽样取证已有行政执法以及刑事司法领域内的经验,将其定性为抽样取证可以更好地进行规制与完善。其次,此前《网络犯罪案件规定》明确了检察机关的抽样验证,《信息网络犯罪程序意见》应保持法律规范内部的协调性,将上述行为定性为抽样取证,与检察机关的抽样验证相衔接。最后,抽样取证具有理论上的科学性与实践中的实用性。抽样取证本质上从科学性出发,不影响案件事实的发现与认定,同时可以缓解信息网络犯罪案件海量证据的证明困难。

(四)充分保障被告人的质证权

《信息网络犯罪程序意见》规定了审查起诉应结合被追诉人及其辩护人的辩解和辩护意见,但是鉴于抽样的专业性与信息的不对称性,同时,“大数据时代的刑事诉讼,控辩双方不仅存在既有诉讼权利上的失衡,而且还存在大数据运用技术实力上的失衡,证据偏在效应将会进一步放大。”[41] 在信息网络犯罪中,被追诉人及其辩护人难以进行有效的辩解和辩护,该规定的权利保障作用有限。侦查活动属于单线活动,由侦查机关主导,被追诉人及其辩护人了解和参与均有限。学者主张的知情权与参与权[42]虽然可以一定程度地保障被追诉人的权利,但是实际效果有限,关键在于充分保障被告人的质证权。庭审属于交互式的活动,由控方与辩方进行对抗,法官居中裁判,可以充分保障被告人的权

40 冯士雍:《关于样本对总体代表性问题的认识与讨论——兼论抽样调查中辅助变量的作用》,载《统计研究》2001 年第 9 期。

41 程龙:《论大数据证据质证的形式化及其实质化路径》,载《政治与法律》2022 年第 5 期。

42 杨帆:《海量证据背景下刑事抽样取证的法治应对》,载《法学评论》2019 年第 5 期。

利。但是抽样取证涉及统计学的专业知识，大部分被告人对抽样取证完全陌生，而且被告人对于海量证据进行质证不太现实。因此，被告人质证的对象是抽取的样本证据，而非海量证据本身，抽样取证具有高度专业性，抽样的侦查人员或者专业机构的工作人员应出庭对抽样的方法、程序及结果进行说明阐释，也应当准许被告人申请有专业知识的人或专业机构出庭质证。被告人提出相应的质疑并不承担证明责任，应当由公诉机关承担证明责任，如果其无法对抽样取证的疑点进行解释和反驳，则需要承担相应的程序后果，如补充说明或者重新抽样。

(五)违法抽样取证的程序后果

《信息网络犯罪程序意见》规定的程序后果适用于取证不科学的情形，较为狭窄，同时也未明确补充说明与重新取证的裁量标准。对此，建议进行以下完善：其一，扩大程序后果的适用范围，不应局限于抽样取证不科学，应适用于违反刑事诉讼程序以及抽样具体程序、方法等的行为，比如，应提供翻译未提供翻译及询问证人没有个别进行等。再如，未对抽样取证书面说明论证及未全程录像等。其二，明确重新取证与补充说明的适用范围，规范裁量权行使。重新取证应针对违法性较重并且难以补正或者补正会影响案件事实认定或者司法公正的程序违法行为，比如，严重违反刑事诉讼程序的，应提供翻译未提供翻译等。再如，严重影响抽样科学性的，采取非概率抽样证明等。补充说明应针对违法性较轻并且可以补正而且补正不会影响案件事实认定或司法公正的程序违法行为。

收买被拐卖的妇女罪处罚畸轻的理论反思与对策完善

——基于402份样本案例的实证研究

郭晓红　刘宗玮*

【内容提要】 我国当前实务中对于收买被拐卖的妇女罪的处罚力度,远低于社会大众的心理预期,刑法学界产生了"拐、买同刑论"和"维持现状论"两种声音。立法必须考虑社会环境和司法实践,不能情绪性立法,立法上的重刑主义并不能一劳永逸地解决问题,反而可能不利于被拐妇女的权益保护。就社会危害性而言,收买和拐卖行为实际差别巨大,应当跳出社会舆论情绪的影响,理性地对收买被拐卖的妇女罪进行"调试",在立法上可以对以强迫、组织卖淫目的的收买者提高法定刑上限,在司法上应当依法量化从宽条款的适用标准,对于收买犯罪提高实刑率,加强对收买行为后续的违法犯罪行为的认定及处罚。

【关键词】 收买被拐卖的妇女　儿童罪　对向犯　情绪性立法　法定刑

《刑法》第241条对于收买被拐卖的妇女、儿童罪所规定的法定刑为"三年以下有期徒刑、拘役或者管制"。但实务中,绝大多数收买被拐卖的妇女、儿童的行为人被判处缓刑或者免除刑事处罚。审判实务的这一现状并没有被公众所充分认识,以至于舆论更多地批判当前的立法对该罪的法定刑设定过轻,忽略了司法层面对该类案件处罚畸轻的现状及其原因。"江苏丰县生育八孩女

---

* 郭晓红——上海政法学院人工智能法学院副教授,法学博士,主要研究领域:中国刑法、犯罪学;刘宗玮——江西财经大学法学院法治政府研究中心研究人员,主要研究方向:中国刑法、犯罪学。本文系国家社科基金项目"儿童被害人司法保护的理论建构与制度创新研究"(项目编号:22BFX060)、江西省研究生教育改革创新课题:《收买被拐卖的妇女、儿童罪量刑畸轻的现状及其对策》(项目编号:YC2022-s457)的阶段性成果。

子”的视频网络曝光后，主张从立法上提高收买被拐卖的妇女罪法定刑的呼声高涨。收买被拐卖的妇女、儿童罪成为2022年全国“两会”期间聚焦的热点话题，也有代表针对提高该罪的法定刑提交了相关提案。[1] 刑法学界也出现了“拐、买同刑论”观点，强调要提高收买被拐卖的妇女、儿童罪的法定刑。其主要理由是：其一，在刑法中，互为对向犯的收买被拐卖的妇女、儿童罪与拐卖妇女、儿童罪的法定刑应该基本相当；其二，收买被拐卖的妇女、儿童罪的法定刑甚至不如危害珍贵、濒危野生动物罪等以保护动植物资源为目标的犯罪所配置的法定刑重。[2] 与之相对应的是“维持现状论”，认为不需要在立法上提高该罪的法定刑。其主要理由是：收买被拐卖的妇女、儿童罪实质上是强奸罪、非法拘禁罪等的预备行为，设置该罪即预备行为正犯化，已经体现了刑法对于收买行为的提前和从重打击。最高3年有期徒刑的法定刑，对于单纯的收买行为，也能做到罪刑相适应。[3] 上述两种对立观点均处于传统上关于收买被拐卖的妇女、儿童罪的刑事立法之争的延长线上，即修改针对“收买”行为的处罚规定，是否能更好地抑制卖方市场，进而更好地保护被拐卖人的相关权益。本文拟通过2009年至2021年的402起一审判决为研究范本，以拐卖、收买“妇女”为视角，发现收买被拐卖的妇女罪在实务中的审判现状，以期更好地为立法、司法提供有针对性的建议。[4]

一、样本案例的审判现状

对样本案例处罚现状进行统计、分析发现，审判实务中对于该罪的处罚整体上是偏轻的。并且，收买被拐卖的妇女罪被追究刑事责任的案件数量远低于同一时期(2009年至2021年12月)拐卖妇女罪案件数量的1/5。即便被追究刑事责任，整体处罚也偏轻(见表1)。

---

1 参见董鑫：《建议拐卖妇女儿童“买卖同罪”》，载《北京青年报》2022年3月4日，第A04版。

2 参见罗翔：《论买卖人口犯罪的立法修正》，载《政法论坛》2022年第3期。

3 参见车浩：《收买被拐妇女罪的刑罚需要提高吗?》，载微信公众号“中国法律评论”2022年2月15日，https://m.thepaper.cn/baijiahao_16596902。

4 本文的样本案例来源于北大法宝。数据检索方法如下：进入高级检索，筛选范围选择裁判结果，输入“收买被拐卖的妇女罪”，案件类型选择“刑事案件”，文书类型选择“判决书”。截至本文写作截止时间2022年10月8日，获得样本案例418件，排除二审案件15件，再审案件1件，共获得有效样本402件。

表 1　对收买被拐卖的妇女罪的处罚情况

处罚类型	案例数（件）	占比（%）	处罚类型	案例数（件）	占比（%）
免除刑罚	20	4.98	1 年以下有期徒刑(缓刑)	89	22.13
管制	13	3.23	1 年以下有期徒刑(实刑)	54	13.43
拘役(缓刑)	41	10.20	1 年以上 3 年以下有期徒刑(缓刑)	113	28.11
拘役(实刑)	22	5.47	1 年以上 3 年以下有期徒刑(实刑)	50	12.43

（一）对收买被拐卖的妇女罪的处罚畸轻

整体而言，对于收买被拐卖的妇女罪的处罚畸轻，样本案例中，顶格判处最高刑(3 年有期徒刑)的仅有 1 件。该案的基本情况是：彭某明知罗某等三人系被拐卖的妇女，依旧收买。收买后采用语言威胁、殴打、强迫吃药等手段，迫使其在出租房内从事卖淫活动。[5] 该案之外，宣告刑为 2 年有期徒刑在司法实践中基本上成为本罪处罚的上限，部分案件，即便行为人的性质较为恶劣，收买的人数、次数较多，时间较长，也被判处轻刑。具体而言，处罚畸轻体现在以下几个方面：

1. 部分犯罪，行为性质恶劣，但仅判处轻刑，经数罪并罚后，该轻刑也被其他重罪所吸收。例如，陈某某先后收买多名被拐骗的未成年女性，使用言语威胁、非法限制人身自由等手段，组织卖淫 1000 余次。法院对收买被拐卖的妇女罪仅判处有期徒刑 6 个月，对组织卖淫罪判处有期徒刑 13 年，数罪并罚决定执行有期徒刑 13 年。[6] 上述案例中，行为人收买行为的危害性较以婚姻为目的的收买行为更大，却被判处轻刑，事实上该罪所判处的刑罚被组织卖淫罪所吸收。

2. 免予刑事处罚、缓刑的适用率较高。样本案例中，适用免予刑事处罚的为 20 件，占样本案例的比例为 4.98%，适用缓刑的为 243 件，占样本案例的比例为 60.45%。既然收买被拐卖的妇女罪的社会危害性较大、公众对该类行为的容忍度也低，那么，如此高的缓刑适用率及免予刑事处罚，究竟是立法、司法上的处罚过轻，还是公众对该罪危害性的认识存在偏差？近年来，我国司法实践中，在案件数量逐年增加的情况下，免予刑事处罚的案件数量呈下降趋势，判

5　参见云南省红河哈尼族彝族自治州中级人民法院刑事判决书，(2014)红中刑一初字第 29 号。

6　参见浙江省永康市人民法院刑事判决书，(2016)浙 0784 刑初字第 778 号。

处缓刑的案件数量的比例基本稳定(见表 2)。[7] 较之同为轻罪的人身犯罪,非法拘禁罪的免予刑事处罚适用率约为 1.2%、缓刑适用率约为 34.6%,收买被拐卖的妇女罪的适用率均明显偏高。[8]

表 2 2017~2021 年刑事案件免予刑事处罚、缓刑数量及适用率情况

年份	生效判决人数(人)	免予刑事处罚人数(人)	免予刑事处罚适用率(%)	缓刑人数(人)	缓刑适用率(%)
2017	1,270,141	20,684	1.63	347,989	27.40
2018	1,430,091	16,711	1.17	401,127	28.05
2019	1,661,235	21,593	1.30	409,103	24.63
2020	1,528,034	11,942	0.78	401,697	26.29
2021	1,715,922	7698	0.45	444,332	25.89

实务中对于该罪适用如此高比例的免予刑事处罚、缓刑,司法人员更多地倾向于将本罪认定为是轻罪。更值得注意的是,进行数据对比后可以发现,因收买被拐卖的妇女罪被判处实刑的数量占比更低。样本案例中,判处免予刑事处罚、缓刑、管制的案件比例为 68.65%,余下被判处实刑的仅为 31.35%。并且,实务中还有大量的收买被拐卖妇女的行为没有被起诉或刑事立案。

3. 法定从宽情节被过度扩张适用。2015 年《刑法修正案(九)》修正后的《刑法》第 241 条第 6 款规定:"……按照被买妇女的意愿,不阻碍其返回原居住地的,可以从轻或者减轻处罚"。经修正后的从宽情节较之修正前,力度相对更小,立法意在加强对该罪的打击。但是,审判实践中,无论是在《刑法修正案(九)》之前还是之后,都最大限度地适用该从宽情节,甚至突破刑法规定对该罪进行特别从宽处罚。

样本案例中,法院认定行为人具有上述从宽情节的有 64 件案例,其中 55 件判处了缓刑、管制,7 件被判处免予刑事处罚。在样本案例之外,大量未进入司法程序而没有被追究刑事责任或者不起诉的案件,有相当一部分也是因为"不阻碍妇女返回原居住地"。显然,立法对该罪从严的精神并没有得到司法的

7 数据来源:最高人民法院公布的 2017~2021 年《全国法院司法统计公报》。

8 笔者于 2022 年 10 月 6 日以非法拘禁罪为裁判结果,在北大法宝检索到 2007~2022 年共有 60,850 份一审刑事判决书,其中判处缓刑的有 21,078 份,判处免予刑事处罚的有 736 份。

认同。值得注意的是,在2015年11月1日《刑法修正案(九)》生效之后行为人收买妇女的,也有被判处免予刑事处罚的案例,而非《刑法》所规定的"从轻或者减轻处罚"。[9]

4. 突破刑法规定对收买人过度从宽处罚。诸多案件中,行为人并没有法定从宽情节,但被过度地从宽处理。样本案例之外,还有大量案件被以其他理由过度从宽处罚。例如,对于部分案件,错误地从收买之日起计算追诉时效,进而以超过追诉时效为由不予追诉。有的案件,仅以收买者与被收买者形成了较为稳固的婚姻家庭关系,就不追究收买者的刑事责任。笔者通过北大法宝检索到2010年至2020年的涉及被拐卖的妇女提起离婚诉讼的案件共17件,其中有12件一审法院判决不予离婚。判决理由多指出,婚姻关系良好,夫妻感情尚未破裂,不准予离婚。例如,卢某某离婚纠纷案,被告已经承认被害妇女是被收买,但法院仍以夫妻感情还没有完全破裂为由,不准予离婚。[10] 该类案件民事判决认定婚姻合法有效,也就更不可能追究行为人的刑事责任。

(二)对收买人收买妇女后所实施的犯罪行为处罚畸轻

《刑法》第241条规定,收买被拐卖的妇女后,实施了其他诸如强奸、非法拘禁行为的,应数罪并罚。这一法律注意规定的立法,正是基于实务中该类现象较为突出。事实上,早在1991年全国人大常委会《严惩拐卖、绑架犯罪的决定》第3条中就有上述相关规定,也是针对上述行为在实践中具有一定的典型性的情况。[11] 但样本案例的审判现状表明,被以收买被拐卖的妇女罪追究刑事责任的行为人,很少被判处强奸罪、非法拘禁罪等。

样本案例中,以婚姻、生育后代为目的的案例数量占比为88.56%。既然是以婚姻、生育后代为目的,寄希望建立稳定的人身依附关系,而被害妇女又并非自愿,因此,事后强行发生性关系,则是通常可以预想到的事情。但是上述样本案例中仅有18件对收买人认定了强奸行为,占比仅为4.48%,处罚也偏轻。部分案件,现有证据完全可以证明收买者实施了强奸行为,但法院考虑到行为人与被害人之间形成了稳固的家庭关系,不追究强奸罪的刑事责任。例如,郑某某收买了患有严重精神病的妇女,该妇女不具有性同意能力,郑某某收买妇女

9 参见陕西省宝鸡市中级人民法院刑事判决书,(2017)陕03刑初字第16号。

10 参见山西省原平市人民法院民事判决书,(2015)原民初字第295号。

11 参见高铭暄:《中华人民共和国刑法的孕育诞生和发展完善》,北京大学出版社2012年版,第462页。

后与该妇女生育了一个小孩，但法院仍仅判处收买被拐卖的妇女罪一罪，并适用缓刑。[12] 又如，被收买人主张收买人实施了强奸、拘禁行为，但法院依然只认定收买人成立收买被拐卖的妇女罪一罪，未将可能涉及的强奸、非法拘禁犯罪线索移送公安机关。[13] 值得注意的是，即便对收买后的强奸行为追究了刑事责任，量刑也整体偏轻。强奸罪基本罪的法定刑为"三年以上十年以下有期徒刑"，样本案例中，被追究强奸罪刑事责任的有18件案例，强奸罪判处的最高刑是有期徒刑4年零6个月。10件案例都只判处法定最低刑即3年有期徒刑，占比达55%，其中有2件被判处缓刑。例如，杨某某明知被拐卖妇女系精神发育迟滞还予以收买，并与该不具备性防卫能力的被害人发生性关系，法院判处收买被拐卖的妇女罪，并免予刑事处罚，强奸罪有期徒刑3年，缓刑4年。[14] 样本案例中，收买者被认定为强奸罪的，均是妇女从被收买至被解救的时间不超过1年。法院多考虑到，如果收买后双方形成了家庭关系，尽量从宽处理，不仅不追究强奸罪的刑事责任，对收买被拐卖的妇女罪的处罚也随着收买时间的延长而从宽处罚。例如，张某于2008年收买被拐卖的妇女，于2012年宣判，被免予刑事处罚。[15] 对此类判决，有学者认为，司法基层人员大多是本地人，受制于长期以来形成的盘根错节的亲友关系，难免对收买者存在容忍、怜悯的心态，要求他们为了追求正义而众叛亲离，多少有些不切实际。[16]

二、对提高收买被拐卖的妇女罪的法定刑的反思

影响性案件的爆发，会激发公众重刑主义的诉求，期待立法上进一步提高特定犯罪的法定刑，司法实践也会进一步扩大对特定行为的处罚面及处罚度。近年来，随着公众对特定案件的关注度越来越高，公众诉求在刑事立法、司法中得到了体现。例如，引发社会高度关注的重庆公交车坠江案，直接加大了对相关行为的惩处，扩张甚至类推以危险方法危害公共安全罪的适用。[17] 最高人民

---

12 参见四川省仪陇县人民法院刑事判决书，(2016)川1324刑初字第166号。

13 参见广东省佛山市顺德区(市、县)人民法院刑事判决书，(2018)粤0606刑初字第3232号。

14 参见山西省五台县人民法院刑事判决书，(2014)五刑初字第8号。

15 参见河南省舞钢市人民法院刑事判决书，(2012)舞刑初字第200号。

16 参见卫磊：《收买被拐卖的妇女罪背后的乡土失序与规范重构》，载《青少年犯罪问题》2022年第3期。

17 参见郭晓红：《刑法修正中的溯及力问题及其适用》，载《法学评论》2023年第1期。

法院、最高人民检察院和公安部基于此，于 2019 年 1 月颁布了《关于依法惩治妨害公共交通工具安全驾驶违法犯罪行为的指导意见》。此后，因司乘冲突而被认定为以危险方法危害公共安全罪的案件呈现出显著增多的趋势。据学者统计，仅 2019 年 1 月 8 日 ~7 月 7 日全国审结的公交车司乘冲突型以危险方法危害公共安全罪的一审判决数量就达到过去两年案件数量之和。[18] 近年来，诸多拐、买妇女案件的曝光，提高收买被拐卖的妇女罪的法定刑在公众舆论中获得了有力的支持。本文的实证研究表明，对于收买被拐卖的妇女罪的处罚，司法上畸轻，部分判决甚至违反了罪刑法定，在该罪现有的法定刑范围内进一步加大惩罚的力度是当务之急。当然，立法上是否需要进一步提升该罪的法定刑，未来需要进一步思考。

（一）收买行为的危害性不同于拐卖行为

主张提高收买被拐卖的妇女罪的法定刑的论者，多以拐卖与收买是对合型犯罪，二者法定刑相差太大为由。在主张立法上提高该罪的法定刑的同时，有必要了解司法实务为何背道而驰。与拐卖妇女罪不同的是，收买者收买妇女后，诸多收买者与被害妇女之间形成了业已稳定的婚姻家庭关系，或育有子女。对于这种家庭内部的犯罪行为，刑法的介入就相对有限。既往诸多规定也表明了这一精神，例如，2013 年《最高人民法院、最高人民检察院关于办理盗窃刑事案件适用法律若干问题的解释》第 8 条规定："偷拿家庭成员或者近亲属的财物，获得谅解的，一般可不认为是犯罪；追究刑事责任的，应当酌情从宽。"上述规定，强调在家庭内部的犯罪行为有别于一般的犯罪行为处理。审判实践中，对于家庭内部的犯罪行为，刑法也是尽量限制介入。例如，据全国妇联统计，在婚姻生活中女性遭受过配偶身体暴力和精神暴力的比例为 8.6%，结合我国当前大约 2.7 亿个家庭，遭受过家庭暴力的女性数量大约为 2322 万人。[19] 但因为家庭暴力而被追究刑事责任的案件却很少，笔者以家庭暴力为关键词查阅了北大法宝，2007 年至 2022 年 10 月仅有 1400 份一审刑事判决。

部分论者提出，对于收买与拐卖应该同罚的观点值得商榷，收买与拐卖虽然是对向犯，但刑法中对向犯的处罚并非完全一致。例如，销售伪劣产品构成

---

18 参见苏轲：《论妨害安全驾驶犯罪的刑事治理效度——以公交车司乘冲突型以危险方法危害公共安全罪为引例》，载《人民论坛 · 学术前沿》2020 年第 7 期。

19 参见杨娜：《第四期中国妇女社会地位调查主要数据情况》，载《中国妇女报》2021 年 12 月 27 日，第 6 版。

犯罪,但是相对应的购买行为则不构成犯罪。又如,立法、实务对行贿罪的处罚明显轻于受贿罪。有学者实证研究表明,2009年至2013年人民法院判决生效的案件,行贿犯罪案件中缓刑、免予刑事处罚适用率为75%;判处重刑(3年以上有期徒刑)的共379人,重刑率为3%。受贿犯罪案件中判处适用缓刑和免予刑事处罚的共计24,030人,缓刑、免予刑事处罚的适用率为50%;判处重刑的共16,868人,重刑率为35%,二者存在较大差距。[20] 因此,不能因为两罪互为对向犯,就必须要求二者的法定刑形式上相同,更不能要求其最终判刑相当。[21]

此外,以危害珍贵、濒危野生动物罪的法定刑对比买卖人口犯罪的法定刑低,进而得出刑法对"人"的保护轻于对"动物"的保护的不合理性的观点也值得商榷。如果对此进行思考,刑法中诸多侵犯人身权利的犯罪,其法定刑均存在问题,存在处罚过轻的问题。造成两罪法定刑差距之大的原因,为什么只能是收买被拐卖的妇女罪的法定刑偏低,而不是危害珍贵、濒危野生动物罪的法定刑偏高、量刑依据设置地不合理呢?[22] 即使单纯考虑珍贵、濒危野生动物的经济价值,不考虑生态价值,将危害行为以盗窃罪、故意毁坏财物罪论处,也很有可能因为数额巨大判处3年以上7年以下有期徒刑,甚至无期徒刑,何况野生动物本身还具有生态属性,就应该更重。过于强调"人身无价论",是否要求所有的财产犯罪的法定刑都必须低于人身犯罪,非法拘禁48小时的刑罚高于故意毁坏国家博物馆的镇馆之宝的刑罚,这种观点显然不能成立。

近年来,涉珍贵、濒危野生动物犯罪的案件,尤其是针对人工驯养的动物限制入罪、从宽处罚的呼声已经较为强烈了。也正是基于对该类犯罪立法上的法定刑畸重这一背景,相关司法解释进一步限制了该罪的范围。2022年4月《最高人民法院、最高人民检察院关于办理破坏野生动物资源刑事案件适用法律若干问题的解释》,极大缩小了涉人工驯养的野生动物犯罪的入罪范围。并通过将定罪量刑的"数量"标准调整为"价值"标准,进一步缩小了犯罪圈,处罚也较之以往更为轻缓。审判实践中,对于危害珍贵、濒危野生动物罪的处罚,整体上也是偏轻的。笔者以危害珍贵、濒危野生动物罪为裁判结果在北大法宝进行收集,2022年1月~2022年10月审结的43件一审刑事判决中,其中有1件免予

---

20 参见李少平:《行贿犯罪执法困局及其对策》,载《中国法学》2015年第1期。

21 参见张明楷:《对向犯中必要参与行为的处罚范围》,载《比较法研究》2019年第5期。

22 参见李拥军:《合法律还是合情理:"掏鸟窝案"背后的司法冲突与调和》,载《法学》2017年第11期。

刑事处罚、38 件判处缓刑,仅有 1 件判处 3 年 6 个月有期徒刑。该案行为人 2 年内 29 次在处于禁渔期的河域内使用电鱼器等违禁用品捕获大量野生保护鱼类。[23] 接近 90% 的缓刑适用率足以说明,危害珍贵、濒危野生动物罪设置的法定刑存在过重的问题。

(二)立法上对收买被拐卖的妇女罪规定相对较轻的轻刑有其合理性

一般认为,拐卖行为通常情况下会导致被拐妇女丧失人身自由,拐卖妇女罪天然包括非法拘禁行为,同时为了完成该拘禁,行为人大多会采取暴力、欺骗、利诱等手段,这些都是单纯的收买行为所不具备的。虽然收买被拐卖的妇女后,也存在控制妇女的人身自由,但这只是基于拐卖行为人之前人身控制的一种延续。[24] 这也可以解释《刑法》仅对收买被拐卖的妇女罪规定了与非法拘禁罪的数罪并罚条款,对拐卖妇女罪则没有这样的规定。法定刑的设置应当同法益侵害程度相关,对于法益侵害差距较大的拐卖、收买犯罪设置不同的法定刑,基本符合罪刑相适应原则。可以这样认为,拐卖妇女儿童罪的法定刑较重,是因为立法者将拐卖手段的危害性在该罪中进行了评价。而收买被拐卖的妇女罪,其收买行为本身的危害性相对较小,并且,如果收买过程中伴随着对人身的其他侵害,如非法拘禁、故意伤害,也应数罪并罚,不会放纵犯罪。据学者统计,当前我国对于收买被拐卖的妇女、儿童罪的量刑均值约为 8.3 个月有期徒刑。[25] 最高 3 年有期徒刑的法定刑并没有对以婚姻为目的的收买行为的判罚上限起到阻碍作用,故没有必要去提高法定刑。提高某一罪名的法定刑必须是在当前法定刑不能包容犯罪罪行的前提下。[26] 以非法吸收公众存款罪为例,《刑法修正案(十一)》增设对于数额特别巨大或者有其他特别严重情节的,处 10 年以上有期徒刑,并处罚金。很大原因是修正案出台之前很多犯罪分子尽管吸收的金额、造成的损失特别巨大,也只能顶格判处 10 年有期徒刑。[27] 例如,汉波食品工业有限公司非法吸收公众存款 5.6 亿元,造成损失 2.6 亿元,被告人马某

23 参见陕西省镇巴县人民法院刑事判决书,(2022)陕 0728 刑初字第 22 号。

24 参见陈兴良:《关涉他罪之对合犯的刑罚比较:以买卖妇女、儿童犯罪为例》,载《国家检察官学院学报》2022 年第 4 期。

25 参见夏伟:《收买被拐卖的妇女、儿童罪定罪量刑规则研究》,载《西南政法大学学报》2022 年第 4 期。

26 参见李洁:《法定刑设定根据与设定技巧研究》,载《江苏行政学院学报》2006 年第 4 期。

27 参见孙谦:《刑法修正案(十一)的理解与适用》,载《人民检察》2021 年第 8 期。

被认定为犯罪数额巨大,顶格判处 10 年有期徒刑。[28] 非法吸收公众存款罪原有法定刑已经不能做到罪刑相适应,此时才有必要提高该罪法定刑。对比收买被拐卖的妇女罪,在司法实践中完全不存在上述问题,因此没有必要去提高本罪的法定刑。

对比域外的立法,考虑到我国收买被拐卖的妇女行为多数是为了组建家庭,较之域外贩卖妇女主要从事卖淫、奴役等,危害性相对较小。因此,该罪现有的法定刑基本上是相当的。样本案例中,收买妇女的目的分别为:组建家庭(87.75%)、组织卖淫(3.31%)、转卖(3.46%)、其他目的(5.48%)。另外,收买妇女行为,未被追究刑事责任或被不起诉的,绝大多数也都是为了组建家庭。样本案例中 22 件免予刑事处罚的案例,仅有 1 件为以组织卖淫为目的,其余均为组建家庭目的。不可否认,域外部分国家,对于收买妇女犯罪的法定刑高于我国。例如,《日本刑法典》第 226 条之二规定了买卖人口罪,买、卖同罪同刑。但根据日本警察厅公布的数据,2020 年日本查获 55 件人口贩卖案件,其中 15 件为贩卖劳工,40 件与性交易相关。[29] 对比我国收买者收买妇女近九成的目的是组建家庭、结婚生子,日本收买妇女的目的是强迫妇女卖淫、劳动。二者都对女性的人身、人格尊严造成了严重的侵犯,但不可否认,后者无论是主观恶性还是客观危害性都显著高于前者。《联合国打击跨国有组织犯罪公约关于预防、禁止和惩治贩运人口特别是妇女和儿童行为的补充议定书》指出,"人口贩运"系指为剥削目的而通过暴力威胁或使用暴力手段,招募、运送、转移、窝藏或接收人员;剥削应至少包括利用他人卖淫进行剥削或其他形式的性剥削、强迫劳动或服务、奴役或类似奴役的做法、劳役或切除器官。由此可见,跨国人口贩卖罪是通过暴力等方式控制他人后实施剥削。[30] 而我国买卖妇女的主要目的是结婚生子,并且,我国收买妇女的案件,收买行为本身一般也不伴随暴力手段。[31]

(三)防范收买妇女犯罪应注重刑罚之外的措施

近年来,一些典型案件触动了大众的心理,情绪性立法、司法现象较为突出。《刑法修正案(十一)》扩张了犯罪圈,理论上多批判其"情绪性立法"特征

---

28 参见山西省太原市中级人民法院刑事判决书,(2020)晋 01 刑终字第 621 号。

29 数据来源于 2021 年日本警察厅公布的《2020 年的人身交易事犯的检举状况等》。

30 See Bales K., Disposable People: New Slavery in the Global Economy, University of California Press, 2(2004).

31 参见刘宪权:《论我国惩治拐卖人口犯罪的刑法完善》,载《法学》2003 年第 5 期。

较为明显。[32] 刑事立法、司法过度回应公众诉求的现象较为突出。实务中,为了严惩特定的危害社会的行为,在立法空白的基础上,先由司法上将其类推适用口袋罪(如以危险方法危害公共安全罪、非法经营罪等),后经刑法修正案规定新罪名予以规范。过度依赖刑事制裁这一社会控制手段进行社会治理,忽略了犯罪产生的原因的多样性及刑法之外的措施对预防、治理犯罪的意义,已经不能适应当前的社会发展。[33] 有学者指出,从1979年《刑法》到1997年《刑法》,单就法律规范数量而言,实现了近4倍的暴涨,罪名的种类也急剧膨胀。而此后历次通过的刑法修正案,更是将我国刑法立法无可置疑地推向了立法跃进的时代,刑法调控的范围正在以各种名义紧锣密鼓地扩充自己的地盘。立法脚步的仓促,暴露的是立法为追求体系外在的完美而引发的内心燥热,刑法被赋予了过度的担当。[34] 就收买妇女这一现象而言,事实上,随着我国刑事侦查手段的不断推进,犯罪数量事实上呈现出递减趋势。2022年5月19日,公安部新闻发言人贾俊强介绍,2021年拐卖妇女、儿童案件数量比2013年下降了86.2%,其中备受群众关注的盗抢儿童案件立案不到20起,且均基本实现快速侦破。[35] 公众舆论易受到新闻媒体报道的个别案件的影响,而忽略整体的状况,当个别影响性案件刺痛了公众的道德情感后,呼吁提高法定刑或增设重罪的呼声便成为网络舆论的主流。[36] 以对个别影响性个案的情感作为提高特定犯罪法定刑的依据并不客观,应当理性地观察特定犯罪行为在司法实践中的全貌,防止公众舆论的情绪过度干扰立法、司法。有学者指出,对收买被拐卖的妇女行为一律追究刑事责任,实际上使其刑事立法目的在一定程度上偏离了保护法益的轨道,停留于满足某些民众的正义感。[37]

2015年《刑法修正案(九)》的立法精神是要加大对收买被拐卖的妇女、儿

32 参见刘宪权、陆敏:《〈刑法修正案(十一)〉的解读与反思》,载《苏州大学学报(哲学社会科学版)》2021年第1期。

33 参见[美]哈伯特·L.帕克:《刑事制裁的界限》,梁根林等译,法律出版社2008年版,第360页。

34 参见石聚航:《刑法谦抑性是如何被搁浅的?——基于定罪实践的反思性观察》,载《法制与社会发展》2014年第1期。

35 参见郭超凯:《公安部:2021年拐卖妇女儿童案较8年前下降86.2% 命案破案率达99.9%》,载《中国新闻网》2022年5月19日。

36 参见徐光华:《公众舆论与以危险方法危害公共安全罪的扩张适用》,载《法学家》2014年第5期。

37 参见刘宪权:《刑事立法应力戒情绪》,载《法学评论》2016年第1期。

童罪的处罚,但是,立法上从严处罚的修正,并没有得到司法上的有力回应。时任最高人民检察院检察长张军在 2021 年《最高人民检察院工作报告》(以下简称《最高检报告》)中指出,2000 年至 2021 年,检察机关起诉拐卖妇女儿童犯罪从 14,458 人降至 1135 人,年均下降 11.4%。[38] 说明我国拐卖妇女、儿童犯罪的情况逐步好转。但 2000 年至今,对于收买被拐卖的妇女、儿童罪,虽然《刑法修正案(九)》更为从严,但这一立法修正并没有显著减少拐卖行为的数量。相较于 2014 年至 2021 年的拐卖妇女罪的公布案例数量,并未因 2015 年《刑法修正案(九)》的出台而出现数量上的急速下降(见表 3)。可以认为,拐卖妇女犯罪在实践中呈现出如此大幅的下降趋势,并非得益于收买被拐卖的妇女罪的立法修正,更主要的是得益于司法机关打击拐卖妇女犯罪的力度、技术手段不断增强,对犯罪行为的威慑作用加大。相反,我们更需要正视的问题是,为什么《刑法修正案(九)》从严处罚的立法精神没有得到司法的全面认同,为什么司法人员对于收买者相对较为宽容。对于收买犯罪的危害性是否与我们情绪化的感知所认识的危害性的大小一样,值得进一步思考。认真分析收买犯罪发生的原因,了解该类犯罪行为在中国当下的危害性程度,有助于对该类犯罪的立法与司法更好地理解。

表 3　2014~2021 年拐卖妇女罪、收买被拐卖的妇女罪一审判决数量

单位:件

年份	拐卖妇女罪	收买被拐卖妇女罪	年份	拐卖妇女罪	收买被拐卖妇女罪
2014	253	29	2018	194	80
2015	232	28	2019	187	83
2016	219	50	2020	148	42
2017	217	72	2021	46	11

收买被拐卖的妇女的发生原因及现状决定了,对于收买被拐卖的妇女罪提高法定刑意义有限。样本案例显示,收买被拐卖的妇女案件发生地域存在集中性。其中,排名前三位的安徽省、河南省、云南省,共计 194 件,占比 47.51%(见表 4),剩余排名较高的省份也大多是内陆地区。上述地区,均为人口流出大省,

38　参见张军:《最高人民检察院工作报告》,载《中华人民共和国全国人民代表大会常务委员会公报》2022 年第 2 期。

其中河南省、安徽省2021年人口净流出数量分别为1610.09万人、1152.05万人。[39] 同样排名全国的前两位,年轻女性大量流出,直接导致年轻女性在偏远山区逐渐成为"稀缺品"。[40] 对于留守上述地区的潜在犯罪分子而言,通过正常途径较难娶妻生子,故选择收买被拐卖的妇女。有观点认为,"没有买卖就没有杀害",看似只要提高收买者的刑罚,消灭买方市场,就能消灭卖方市场。但我国经济建设不均衡的情况难以在短时间内得到改变,在发达地区人口虹吸持续的情况下,落后地区对于被拐卖妇女的需求并不会由于刑罚的提升而减少。盲目提高收买被拐卖的妇女罪的法定刑,很可能不但不会使收买人因为畏惧重刑而放弃收买,反而会导致收买人对于被收买人采取更为残酷的手段防止其逃跑,以逃避刑事处罚。最好的社会政策是最好的刑事政策,不断提升经济发展水平、公民受教育程度,使人口数量及性别比例分布更加合理,或是防范收买被拐卖的妇女罪的更优方案。

表4　2009~2022年10月收买被拐卖的妇女罪部分省份案件数量情况

省份	案件数量(件)	占比(%)
安徽省	90	22.39
河南省	74	17.66
云南省	30	7.46
山东省	23	5.72
河北省	20	5.00

过度加大对收买者的处罚,对于已经处在收买者的控制之中的被害妇女,可能会有更大危险。当前我国被拐卖妇女自救率不足8%,即绝大多数被拐妇女的获救都依赖于国家机关。[41] 较之社会大众的正义感,刑事立法更应优先考虑被害人的处境和法益保护,一味地强调重刑对遏制收买行为的意义,忽略该类犯罪的发生原因及其危害性,忽略我国当前仍有大量的妇女仍然处于被收买者的控制中的这一情境,并不妥当。《刑法修正案(九)》加大处罚,以切断收买

39　数据来源于河南省统计局《河南流出人口从哪儿来、到哪儿去?》、安徽省统计局《安徽统计年鉴—2021》。

40　参见徐嘉辉等:《中国拐卖人口重罪案件多维特征与形成机制》,载《地理研究》2022年第8期。

41　参见《从665份判决书看应不应提刑——收买被拐卖的妇女案件实证研究》,载微信公众号"小包公",2022年2月11日。

者的后路,并没有起到预期的作用。此时,再次因民意的裹挟贸然提高收买者的法定刑,对于尚未被解救的被拐卖妇女和潜在的被拐卖的妇女法益保护而言,或许弊大于利。在我国当前收买妇女的需求不会在短时间内降低的情况下,提高法定刑实际上可能会使收买人对妇女采取更为严格的控制,甚至会通过严重伤害被拐卖妇女的身体、精神,以消除其向外界传递消息求救的可能。[42]当前我国存在大量的“拐卖村”,村民通过收买被拐卖妇女为妻,村民之间也因此形成了互相监督、隐匿被拐妇女的“默契”。甚至即使司法机关获取了被拐卖妇女的求助信息,掌握了其所在地,摆脱了当地的熟人社会的人情限制,现场营救的过程中也存在村民聚众阻碍解救被收买的妇女的高度可能。我国《刑法》第242条虽然规定了聚众阻碍解救被收买的妇女、儿童罪,但笔者在裁判文书网、北大法宝均未检索到判处该罪名的案例。这种情况下,提高收买被拐卖的妇女罪的法定刑,解救被拐卖妇女会遭受来自收买者及其党羽的更大阻力。有更多的被拐卖妇女难以得到解救,因为她的被解救,就意味着买方的重判。

三、对收买被拐卖的妇女罪的相关完善建议

从朴素的正义感出发,加大对买卖人口犯罪的处罚符合公众的情感。但是,从我国当前司法现状来看,收买被拐卖的妇女罪所存在的问题并非立法上的法定刑过轻,而是司法上对其处罚的宽容。结合我国收买被拐卖的妇女罪发生的原因、现状及解救妇女过程中所面临的问题等,对其进行更重的处罚的必要性并不紧迫。即便需要进一步加大处罚力度,基于审判实务处罚畸轻的现状,也应该优先强调司法上而非立法上的从严处罚。笔者认为,对于收买被拐卖的妇女罪,可从以下方面进行相应的完善。

(一)通过立法针对基于特定目的的收买增设加重情节

对于以婚姻为目的的收买行为,结合审判现状,笔者认为,当前的法定刑已经能做到罚当其罪,即便要从严处罚,现有的法定刑幅度内仍有加大处罚的空间。但对于以组织、强迫卖淫等严重非法目的实施的收买行为,应当设置加重情节,规定更重的法定刑。我国刑法对于收买被拐卖的妇女罪所规定的法定刑较之其他国家更低,这也是引发公众要求提高该罪的法定刑的原因之一。当

42　参见周光权:《〈刑法修正案(九)〉(草案)的若干争议问题》,载《法学杂志》2015年第5期。

然,考虑到不同国家拐卖、收买妇女犯罪发生的原因、现状、解救情况的差异,现有的法定刑基本上是合理的。但是,对于具有营利等目的的场合实施的收买行为,其对被害妇女的影响是持续性的,且难以修复,法益侵害性更高,有必要与以结婚、生活为目的的收买行为区别对待。[43] 例如,《韩国刑法典》根据收买人的不同目的进行详细区分,包括以营利等为目的的诱拐、买卖他人罪;为结婚而诱拐罪等,并分别设置了不同的法定刑。又如,《马来西亚刑法典》对以卖淫为目的而收买妇女的,处 15 年以下有期徒刑,较之以当作奴隶为目的买入的处 7 年以下有期徒刑的量刑有明显提升。

（二）通过司法解释及指导案例细化从宽条款的适用标准

《刑法》第 241 条第 6 款只规定了本罪的从宽条款“按照被买妇女的意愿,不阻碍其返回原居住地的,可以从轻或者减轻处罚”,但并没有出台相应的适用标准。造成了审判实践对收买者的过度宽纵,应进一步细化该从宽条款的适用标准,如结合被收买妇女的意愿、收买时间的长短、被虐待的程度等,进行区别对待。考虑到我国审判实践中收买被拐卖的妇女罪的审判都是由收买者所在的法院进行审判,法院审判时不可避免地考虑社会稳定、家庭和谐等因素,会过度对收买者从宽处理。因此,为防止当地的司法机关受制于法外顾虑,提高执法力度,可以通过设立拐卖犯罪异地审理制度,降低乡土人情对于收买者的过分同情,以提高司法执行力。[44]

（三）纠正司法实务中的部分认识偏差

首先,完善对收买后其他犯罪行为的认定及处罚,其中又以犯罪概率最高的强奸罪的数罪并罚最为关键。对于没有性同意能力的精神障碍妇女,只要收买人对其收买后与其发生过性关系,应当一律按照强奸罪论处。另外,只要被收买妇女主张收买人对其实施了强奸行为或非法拘禁行为,在认定收买人成立收买被拐卖的妇女罪的基础上,还应进一步查找相关犯罪线索以追究收买者其他罪的刑事责任。同时,应当加大对于收买妇女后所实施的强奸行为的处罚力度。例如,有学者研究发现,被告人非暴力强奸陌生妇女一人一次且未造成伤害后果的强奸罪,被判处的平均刑期为 53.68 个月。[45] 但本文的样本案例中,追

---

43 参见［日］山口厚:《刑法各论》,王昭武译,中国人民大学出版社 2011 年版,第 113 页。

44 参见熊秋红、余鹏文:《我国刑事诉讼管辖体系之完善》,载《法学杂志》2022 年第 4 期。

45 参见石磊:《强奸罪量刑特征的实证研究》,载《西南政法大学学报》2021 年第 3 期。

究强奸罪的刑事责任的18件案件中,强奸罪所判处的刑罚平均值仅为39.58个月。这还没有考虑收买者与被害妇女存在较为长期的共同生活状况,强奸行为的次数、性质可能更为恶劣。

其次,正确认定追诉期限。收买被拐卖的妇女、儿童罪是继续犯,《刑法》第89条规定,犯罪行为有连续或者继续状态的,从犯罪行为终了之日起计算追诉期限。即妇女、儿童被收买的状态被解除之后,才开始计算追诉期限。但是,实务中诸多案件,是从“收买”之时开始计算追诉期限,这显然是不合理的。按此理解,如果行为人实施收买行为后一直与被害妇女、儿童处于共同生活的状态且超过5年,就意味着已经过了追诉时效,极不利于保护被害人权益。但也有判决明确以被收买妇女、儿童被释放之日作为计算起点,判决指出,被害人完全被收买人非法控制人身自由并抚养,此时被告人对被害人的犯罪行为仍然持续存在。因此,应从被害人被释放之日起开始计算追诉期限。[46]

四、结　语

对于收买被拐卖的妇女罪的立法与司法应如何改进,要结合我国实际情况,不能盲目照搬域外立法,更不能被公众对司法现状了解缺失的基础上形成的情绪所裹挟。受制于经济社会发展水平、受教育程度等,拐卖、收买妇女犯罪这一现象在一定时期内仍会存在。了解司法上对其处罚畸轻的现状及其原因,有助于为立法、司法提供更为科学的决策,也有助于更为全面地分析该类犯罪产生的时代背景及现实基础,从根本上防范、治理该类犯罪。单纯地寄希望于通过加重法定刑来实施对犯罪的治理,会助长公众重刑主义的刑法观,也易导致情绪性的立法与司法,从而忽略对该罪形成的其他原因的认识。进一步认识该罪现状、原因及其规律,在肯定刑法立法、司法的积极意义的同时,寻求更为全面的防治对策将是更为科学务实的选择。

46　参见山东省邹城市人民法院刑事判决书,(2018)鲁0883刑初字第23号。

金融稳定法的功能反思与改进

贾　楠*

【内容提要】 《金融稳定法》的制定契合我国"总体国家安全观"和"两个大局"的思想方针要求,是维护国家金融安全、防范金融系统性风险的重要步骤。然而,评估分析《金融稳定法》草案的相关规范,草案整体更偏重微观审慎监管的功能发挥,对于宏观审慎监管的制度设计寥寥无几。因此,应当从建构完善宏观审慎监管框架、开发适用宏观审慎监管工具、完善宏观审慎监管具体制度等层面对《金融稳定法》的宏观审慎监管功能加以补充,从而真正实现对金融系统性风险的防范和化解。此外,《金融稳定法》还应采纳"双支柱"模式的金融风险体系,注重货币政策和宏观审慎监管制度的相互协调效应之发挥,更好维护金融安全和防范系统性风险。

【关键词】 宏观审慎监管　货币政策　"双支柱"模式　金融稳定法

引　言

2022年4月6日,《金融稳定法(草案征求意见稿)》(以下简称《金融稳定法》草案)起草完成,人民银行会同国家发改委、司法部、财政部、银保监会、证监会、外汇局等有关部门就总则、金融风险防范、金融风险化解、金融风险处置、法律责任等内容制定完成共六章48条规范[1]。《金融稳定法》草案立足于保障金融机构、金融市场及金融基础设施功能的持续性发挥,增强整个金融体系对抗风险以及服务实体经济的效果,通过压实金融机构及其主要股东、实际控制人

* 贾楠——上海交通大学凯原法学院博士生,主要研究方向:金融法、破产法、货币政策、金融监管。

1　草案制定进展:2022年12月27日,《金融稳定法》草案提请第十三届全国人大常委会第三十八次会议审议;2022年12月30日至2023年1月28日,《金融稳定法(草案)》公开征求意见。

等主体的责任,地方政府的属地责任以及金融监管部门的监管责任,防止局部金融风险传导为系统性金融风险,建筑更为牢固的金融安全网。

党的十八大以来,以习近平为核心的党中央提出新时代指导思想“总体国家安全观”,以统筹“两个大局”——“中华民族伟大复兴的战略全局”与“世界百年未有之大变局”,强调要“健全金融法治,保障国家金融安全”,金融安全也是国家安全的重要组成部分之一。[2] 我国目前已经建立以法律、行政法规、部门规章为主要内容,以地方性法规作为补充的多层次金融法律规范体系,与金融安全有关的主要涉及《中国人民银行法》《银行业监督管理法》《人民币管理条例》《人民币利率管理规定》等一系列法律法规。然而,现有的金融安全法律法规存在制度化滞后,规定原则化,总体性、体系性不足等问题,主要规定的仍是微观审慎监管的制度性内容,缺乏顶层设计和统筹安排以及可执行的具体规定。[3] 防范化解金融风险是金融工作的永恒主题。此外,防范化解金融风险特别是防止发生系统性金融风险,是金融工作的永恒主题。金融风险的突发性、外溢性、复杂性、关联性强,一旦发生传染蔓延将对国民经济和社会发展造成破坏性影响。

在党中央、国务院的坚强领导下,国务院金融稳定发展委员会统筹协调、靠前指挥,近年来各部门、各地区协作联动,防范化解重大金融风险攻坚战取得重要阶段性成果,长期积累的风险点得到有效处置,金融风险整体收敛、总体可控,金融稳定基础更加牢靠,金融业总体平稳、健康发展。当前我国正向实现第二个百年奋斗目标迈进,立足“两个大局”,有必要制度先行、未雨绸缪,制定《金融稳定法》,总结重大金融风险攻坚战中行之有效的经验做法,健全维护金融稳定的长效机制,切实维护国家经济金融安全和社会稳定。“要把主动防范化解系统性金融风险放在更加重要的位置”,[4]“准确判断风险隐患是保障金融安全的前提”,[5]这一系列新时代总体国家安全观下的金融安全政策论述为防范化解系统性金融风险奠定了政策基础。当前我国正向实现第二个百年奋斗目标

---

2 《深化金融改革　促进经济和金融良性循环健康发展》,载《人民日报》2017 年 7 月 16 日,第 1 版。

3 李建伟:《总体国家安全观视域下金融安全法律规范体系的构建》,载《法学》2022 年第 8 期。

4 《金融活经济活金融稳经济　做好金融工作维护金融安全》,载《人民日报》2017 年 4 月 27 日,第 1 版。

5 《深化金融改革　促进经济和金融良性循环健康发展》,载《人民日报》2017 年 7 月 16 日,第 1 版。

迈进，立足“两个大局”，面对错综复杂的国内外经济金融形势，有必要制度先行、未雨绸缪，建立权威、高效的金融风险防范、化解和处置机制，牢牢守住不发生系统性金融风险的底线。

作为“总体国家安全观”和“两个大局”方针指导下维护金融稳定的重要法律规范，《金融稳定法》有其制定的深刻动因与功能期许。具体而言，《金融稳定法》至少兼具体系统合功能与制度功能，前者主要涉及对其他金融基础法律的统合作用，后者则更多地体现为对系统性风险的防范处置作用，这也是《金融稳定法》的制定动因和必要性所在。然而在功能期许层面，《金融稳定法》应当实现的不仅仅是微观层面的监管，更应当立足于宏观审慎监管功能的实现，其不仅要对系统性金融风险的处置作出充分规定，还应当涵盖事先防范系统性风险的内容。评判《金融稳定法》草案是否完成了这一功能使命，需要先对该草案的内容进行梳理分析，并结合域外立法与实践的经验，为我国《金融稳定法》的制定提供材料与思路，对《金融稳定法》草案未能兼顾的部分内容提出改进意见。

一、《金融稳定法》草案的功能期许与反思

金融危机发生后，各国都非常重视如何将自己的金融体系恢复到健全的状态，政策制定者们一直在尝试发展不同的政策，以提高金融系统的健全性和稳定性。我国也高度重视金融法治建设，近年来，我国金融立法工作稳步推进，形成了以《中国人民银行法》《商业银行法》《证券法》《保险法》等金融基础法律为统领，以金融行政法规、部门规章和规范性文件为重要内容，以地方性法规为补充的多层次金融法律体系。但涉及金融稳定的法律制度缺乏整体设计和跨行业、跨部门的统筹安排，相关条款分散，规定过于原则，一些重要问题还缺乏制度规范。作为“两个大局”方针指导下维护金融稳定的重要法律规范，《金融稳定法》有其制定的深刻动因与宏观功能，对该法的动因及功能的分析亦是其制定的必要性所在。具体而言，《金融稳定法》至少兼具体系统合功能与制度功能，前者主要涉及对其他金融基础法律的统合作用，后者则是对系统性风险的防范处置作用。而对于系统性风险的防范处置，宏观审慎监管和微观审慎监管缺一不可，需要相互协调，共同维护金融稳定。

（一）《金融稳定法》的功能实现：宏观审慎与微观审慎监管结合

金融风险大致可以分为金融消费者欺诈、个别金融机构倒闭、金融系统性

风险以及经济危机四种,分别对应金融消费者保护、金融机构稳健、金融体系稳定以及经济价格稳定四种监管目标。[6] 荷兰经济学家丁伯根(Jan Tinbergen)提出所谓的“丁伯根法则”,认为这些金融风险监管目标与某几种金融监管政策工具应当一一对应,即意图实现这些监管目标需要几种独立有效的金融监管政策工具。[7] 按照丁伯根法则的理念,前述商业行为、监管、微观审慎监管、宏观审慎监管以及货币政策分别对应前述四个监管目标。[8] 而《金融稳定法》的立法目标则主要在于保持金融机构稳定和金融体系稳定,防范处置系统性金融风险,[9] 分别对应的是微观审慎监管和宏观审慎监管工具。1979年6月,作为巴塞尔监管委员会前身的库克委员会最早提出“宏观审慎”(Macro-prudential)的概念,“委员会所关注的微观经济范围内的微观审慎问题,一旦开始融入宏观经济因素就应该称之为宏观审慎问题。委员会应对宏观审慎问题保持合理关注,并把这些问题与宏观经济问题联系起来。”但此时“宏观审慎”这一用语主要针对的是单个国际银行贷款的行为,与今天我们所探讨的宏观审慎概念并不一致。[10]

试图对“宏观审慎”监管的概念作出统一的界定是一件比较困难的事情,在不同的语境下这一词语代表的意义也略有不同,但对于相关文献所提出的概念定义作出梳理分析,可以得出以下几个共同的要素:第一,宏观审慎监管针对的并非单个金融机构,而是整个金融体系。金融体系本身是由多个单个金融机构组成的,因此在多数情况下,宏观审慎监管与微观审慎监管的目标经常相同,[11] 但在特定情况下两者也存在一定的分歧。比如,在2008年国际金融危机中,微观审慎监管为了单个金融机构的安全,会希望机构尽快处置金融资产,而这样的单个机构的处置行为可能会导致整个金融体系内的恐慌,宏观审慎监管则会要求考虑单个机构的行为对整个金融体系产生动荡的风险因素。第二,宏观审

---

6 黄辉:《中国金融监管体制改革的逻辑与路径:国际经验与本土选择》,载《法学家》2019年第3期,第128页。

7 [荷]简·丁伯根:《经济政策:原理与设计》,张幼文译,商务印书馆1988年版,第207~214页。

8 黄辉:《中国金融监管体制改革的逻辑与路径:国际经验与本土选择》,载《法学家》2019年第3期。

9 《金融稳定法》的立法目的在于,健全金融风险防范、化解和处置机制,压实各方责任,完善处置措施,落实处置资源,维护金融稳定。有必要专门制定《金融稳定法》,建立金融风险防范、化解和处置的制度安排,与其他金融法律各有侧重、互为补充。

10 廖岷等:《宏观审慎监管研究与实践》,中国经济出版社2014年版,第46页。

11 微观审慎监管认为,只要单个金融机构是安全稳健的,整个金融体系就是稳定的。

慎监管要求对金融体系内部的风险以及各个单一金融机构之间的关联性予以关注。具体而言,宏观审慎监管应当关注各个金融市场参与者之间的共同风险暴露问题以及高度业务关联性所带来的风险蔓延,其应当具有前瞻性和事前预防风险蔓延而并非要求消除风险,从而维持金融体系的稳定。第三,宏观审慎监管和微观审慎监管所使用的工具会有一定的共通之处,但使用的方法并不完全一致。宏观审慎监管对于单个机构风险的负外部性予以高度关注,金融中介机构之间的互动所产生的外部性,特别是那些具有系统重要性的金融中介机构(SIFIs)之间的相互作用所产生的外部性,应该一直是监管的核心。以资本要求这一工具为例,宏观审慎监管使用资本要求的形式主要是系统重要性资本附加或者逆周期资本缓冲,以确保金融体系的弹性和韧性,而资本要求在微观审慎监管中则是为了保障单个金融机构能够在有压力的情况下吸收损失,减少系统性金融风险并非微观审慎监管的目标期许。第四,宏观审慎监管需要相应的机构或职能部门,并赋予这一机构特定的权力,制订有效的计划并与微观审慎监管、货币政策等其他政策相协调。这一被赋权的机构在每个国家可能以不同的形式体现,在部分国家,金融稳定委员会负责承担系统性金融风险监测和宏观审慎工具选择的职能,但在另一些国家可能会将这些宏观监管职能赋予现有的机构。综合而言,宏观审慎监管主要围绕监管机构设置、监管工具、系统性金融风险的评估和与相关政策的协调等方面进行,而微观审慎监管则主要是对单个金融机构的风险进行处置,确保单个金融机构的安全性。[12] 需要注意的是,宏观审慎监管的欠缺可能会导致微观审慎监管失效,宏观审慎监管和微观审慎监管必须相互补充和协调,才能更好地维护金融稳定。

表1　微观审慎监管与宏观审慎监管的差异

	微观审慎监管	宏观审慎监管
监管目标	避免个别金融机构倒闭	防范系统性金融风险
金融机构之间的关联性、关注度	不关注	高度关注
金融风险来源	外生性	内生性
审慎控制方式	从下而上	从上而下

12　廖岷等:《宏观审慎监管研究与实践》,中国经济出版社 2014 年版,第 50～53 页。

（二）《金融稳定法》草案宏观监管功能的不足

对于《金融稳定法》意图实现的“防范系统性风险”之立法目的，宏观审慎监管才是不可或缺的重点政策。[13] 从宏观审慎监管与微观审慎监管相结合的角度，金融稳定不仅包括个别金融机构的稳定，还应当包括金融市场的稳定，以及各种金融传导机制的稳定等含义。微观审慎监管主要针对个别金融机构稳定性的问题，一些系统重要性金融机构一旦出现资不抵债、流动性危机等问题，往往具有传导性风险。《金融稳定法》草案旨在为防范、化解、处置系统性金融风险作出规范表述，因此可以从防范化解和事后处置两个方面去梳理和分析草案的制度规定，考察《金融稳定法》草案是否兼具宏观审慎监管与微观审慎监管两大功能，以及是否存在其他可改进的问题。我国的《金融稳定法》草案虽然期许立足于宏观审慎监管，但综观草案全部条文，主要内容仍是一些微观监管的内容。

《金融稳定法》草案第二章（第10条至第18条）的内容是金融风险防范规范，主要包括持牌经营、风险防范主体责任、股东和实控人准入、股东和实控人禁止行为、股息红利分配要求、恢复与处置计划、地方政府行为要求、监管合力以及信息报送与共享等问题。综观第二章金融风险防范的规范，主要涉及的还是单个金融机构的主体责任与行为要求，也就是微观审慎监管层面的内容，而真正涉及宏观审慎监管的只有第17条的监管合力和第18条的信息报送共享。《金融稳定法》草案第17条较原则地规定了中国人民银行与其他有关部分合力建立宏观审慎政策框架、治理机制和基本制度，并运用宏观审慎政策工具防范系统性风险，但对于具体的宏观审慎政策框架、治理机制、基本制度以及宏观审慎政策工具却无进一步表述。该条还对金融风险检测预警问题作出了初步规定，包括发现可能引发重大金融风险的事件、情形应当向国家金融发展统筹协调机制报告的内容，但也缺少更为细致的操作方案以及对于何为“重大金融风险”未予以明确。《金融稳定法》草案第18条则对中国人民银行推动建设国家金融基础数据库并向国家金融稳定发展统筹协调机制成员单位共享数据资料

13 高田甜、陈晨：《基于金融消费者保护视角的英国金融监管改革研究》，载《经济社会体制比较》2013年第3期；刘志洋：《宏观审慎监管、汇率与长期利率——基于全球44个国家和地区的实证分析》，载《海南金融》2018年第12期；易宪容：《“双支柱”宏观调控新框架的理论研究》，载《浙江社会科学》2018年第7期；刘莹、彭玉磊：《金融风险与宏观审慎政策——2018年岭南宏观经济学研讨会综述》，载《经济研究》2019年第2期。

作出了规定。《金融稳定法》草案第三章(第 19 条至第 22 条)主要规定了风险化解主体责任、地方政府风险化解职责、监管部门早期纠正和监管、存保早期纠正等内容,涉及的基本是微观审慎监管的内容,缺乏宏观审慎监管的规定。《金融稳定法》草案第四章“金融风险处置”(第 23 条至第 38 条)以及第五章“法律责任”主要对金融风险处置机制、责任分工、重大金融风险处置机制、如何高效执行、跨境处置合作、处置资金来源、金融稳定保障基金、处置措施、法律责任等内容作出规定,基本也不涉及宏观审慎监管的内容。

而我国监管部门已经就宏观审慎监管出台过一系列相关规定,《金融稳定法》可以吸纳这些重要的机制或经验。比如,自 2021 年年初起正式实施的《系统重要性银行评估办法》,以及借鉴域外监管经验明确系统重要性银行附加监管要求的《系统重要性银行附加监管规定(试行)(征求意见稿)》。此外,2021 年 6 月 9 日中国银保监会发布的《银行保险机构恢复和处置计划实施暂行办法》也有相关规定。为完善宏观审慎政策框架,加强系统重要性银行监管,根据《系统重要性银行评估办法》,人民银行、银保监会基于 2020 年数据,评估认定了 19 家国内系统重要性银行,其中包括 6 家国有商业银行、9 家股份制商业银行和 4 家城市商业银行。同日颁布《系统重要性银行附加监管规定(试行)》,明确附加资本、附加杠杆率等附加监管指标要求,恢复与处置计划要求,信息报送与披露、风险数据加总和风险报告、公司治理要求等审慎监管要求。

二、《金融稳定法》宏观审慎监管功能的改进

一般而言,宏观审慎监管功能主要从时间维度和跨机构维度上实现,前者是指宏观审慎监管需要注意金融体系内在风险随着时间所产生的动态变化,后者则是关于不同金融机构之间的关联性所引发的系统性金融风险。在时间维度层面,经济参与者对风险的容忍度与其基于经济环境所作出的风险评估成正比,此后债务杠杆率和资产价格不断增加导致整个金融体系风险承担过度。一旦出现外部冲击,经济参与者的市场信心将大幅扭转,金融危机越发严重,此时宏观审慎监管需要对金融体系作出逆周期调节,在经济环境良好、资产扩张过快时增加资本要求防范风险,在经济下行、银行资产收缩时减少资本和拨备要

求以平稳经济。[14]

（一）完善宏观审慎监测框架

从跨机构维度和时间维度两个层面加强宏观审慎监管功能，《金融稳定法》应当强化宏观审慎的监测框架的制度设计。在时间维度上，考虑纳入资本缓冲机制、提高资本充足率、增加杠杆率和流动性指标作为辅助监管指标等内容，以硬性的量化指标平稳金融体系顺周期性带来的经济波动。其中，资本缓冲机制是在经济环境良好的时候通过建立"资本留存缓冲"和"逆周期资本缓冲"，为日后可能出现的经济危机作准备。"资本留存缓冲"可供银行在状况不良时使用，同时监管机构也可通过发放薪酬和限制分红对银行的使用行为作出限制，而"逆周期资本缓冲"则是监管机构可在银行信贷过度增长时要求其开始计提，以在未来经济下行时尽量避免银行大规模受损。而从跨机构维度，《金融稳定法》还应考虑建立系统重要性金融机构监管制度、加强影子银行的监管规定等，从金融机构之间的关联性着手去防范系统性金融风险。[15]

而落实到宏观审慎监管框架的实现，则需要中央银行和监管部门、财政部门共同承担维护金融稳定的职责，尤其是突出中央银行在维护金融稳定、宏观审慎监管框架中的核心地位。部分国家从金融分业经营转向混业经营的过程中，对中央银行的监管权产生了动摇，甚至出现"去央行化"趋势。但是金融危机之后，各国开始反思中央银行的监管地位和监管权限，将中央银行作为金融宏观审慎监管框架的主导部门是国际金融组织以及各国监管改革的重点内容。[16] 具体而言，中央银行具有最后贷款人职能，在维护金融稳定、保持金融体系的流动性方面具有天然优势，域外经验也表明倘若将监管权主要赋予监管机构而不是中央银行，将会导致宏观审慎监管的缺失。[17] 国际社会对中央银行的金融监管体系核心地位基本达成一致，在 2009 年《金融改革：一个金融稳定框架》的报告中指出应当赋予中央银行逆周期监管、对关键制度调整的评估权，以

---

14 顺周期是指随着金融机构的这种追逐营利的行为导致金融体系风险过度的过程，其放大了金融周期。参见刘扬：《宏观审慎监管框架下中国金融监管的政策选择——基于巴塞尔协议Ⅲ的视角》，载《当代经济管理》2011 年第 6 期。

15 刘扬：《宏观审慎监管框架下中国金融监管的政策选择——基于巴塞尔协议Ⅲ的视角》，载《当代经济管理》2011 年第 6 期。

16 陈志毅：《金融宏观审慎监管：趋势、挑战与中国适用前瞻》，载《上海金融》2011 年第 12 期。

17 李妍：《宏观审慎监管与金融稳定》，载《金融研究》2009 年第 8 期。

及对系统重要性机构和支付清算系统监管的权力等。[18] 中央银行对系统重要性金融机构尤其是影子银行的监管是极其必要的，唯有如此方可与其他部门共同联手，有效实现微观审慎监管与宏观审慎监管的机能结合，维护金融稳定。

（二）开发使用宏观审慎监管工具

既有的宏观审慎监管工具一般包括逆周期的资本调节机制和动态拨备制度，在如薪酬制度、杠杆率等金融安排中加入逆周期要素，在对系统重要性金融机构监管时附加资本要求、流动性要求、法律以及运营结构方面的要求，构建危机应对计划和信息共享安排等。对如何开发宏观审慎监管工具的考量，主要基于对具体测量指标如信贷增长、资产价格、杠杆水平等因素的监测，并与微观审慎工具结合。此外，还应当考虑不同金融机构之间的关联度、动态时间变化产生的反应，以及与监管约束之间的非线性等问题。[19] 宏观审慎指标（MPIs）是包含货币、国际资本流动、企业景气调查等的重要监测指标，反映的是金融体系面对金融危机的脆弱性，而其重要的组成部分之一，金融稳健指标（FSIs）则是用于监测金融机构、金融市场等的稳健情况。亚洲开发银行会同部分成员国开发出 7 种组别的 MPIs，主要是货币和信贷、银行、股市和债券、外债和资本流动性、利率、企业景气调查数据以及贸易兑换和国际储备，而作为其核心的 FSIs 也一直在调整和发展，转变为包括资本充足性、资产质量、盈利与获利能力、流动性以及市场风险敏感度等类别的核心指标以及多项建议指标。[20] 除此之外，《金融稳定法》在细化前述监测指标规定的同时，还需要为每一项指标确定临界阈值并根据本国国情予以调整。

不同的宏观审慎监管工具可能对不同的部门产生差异化的效果，因此需要在充分获取市场信息的基础上确定如何有针对性地在特定部门应用宏观审慎监管工具。比如，在约束银行杠杆时可能导致银行信贷规模的减少，但或许会导致证券发行规模的增加。[21] 此外，在使用宏观审慎监管工具时，还需要动态地考虑金融周期的实时状况，不断调整政策以更好地实现逆周期调节作用。《金

18 金俐：《关于中央银行金融监管权边界的理论思考》，载《金融发展研究》2010 年第 3 期。

19 陈雨露、马勇：《宏观审慎监管：目标、工具与相关制度安排》，载《经济理论与经济管理》2012 年第 3 期。

20 韩龙：《宏观审慎监测制度建构之探》，载《法学论坛》2014 年第 6 期。

21 陈雨露、马勇：《宏观审慎监管：目标、工具与相关制度安排》，载《经济理论与经济管理》2012 年第 3 期。

融稳定法》在完善开发宏观审慎监管工具时,还需注意结合金融创新带来的潜在风险,金融创新可能导致一般性的信息收集机制失灵、收集到的信息失真等问题。在针对金融创新产品开发宏观审慎监管工具时,需要对其进行专门的评估和监管,如设置必要的交易限制条件和定期审查、必要时禁止无法评估其风险状况的金融创新产品进入市场,防范因此带来的系统性风险。

(三)细化宏观审慎监管的制度安排

宏观审慎监管功能的发挥首先需要法律制度对宏观审慎监测的评估、分析结论以及风险预警作出回应安排,在《金融稳定法》层面应当规定相应的统一协调方法维护金融稳定。其次,《金融稳定法》应当健全监管部门与宏观审慎监测部门的信息交流机制,及时互享宏观监测信息和金融监管信息。最后,《金融稳定法》还应兼顾宏观审慎监管与其他政策如货币政策的协调配合,共同促进金融稳定。例如,《金融稳定法》可以对宏观监测机构在金融危机出现时可采取的抑制危机蔓延的制度安排作出规定,包括但不限于:(1)采取妥切的调控手段消弭实体经济与金融部门的负反馈循环;(2)监管部门对金融机构的资产负债表进行压力测试等检查手段;(3)中央银行及时为市场和个别金融机构提供流动性资金防止风险蔓延;(4)支持尚能生存但存在问题的金融机构,如通过转移不良贷款等手段。[22]

针对各部门监管分工的问题,《金融稳定法》也应当统一予以明确,避免各机构之间发生责任冲突,确保金融宏观审慎监管的效率。中央银行的职能主要包括:其一,控制流动性总量,降低资产泡沫化概率;其二,监测、评估及分析金融系统性风险情况;其三,加强其他金融市场基础设施的建设及健全;其四,在金融危机发生时为市场提供流动性并紧急救助金融机构等。而银保监会和证监会作为宏观审慎工具的运用者,主要运用微观审慎监管工具,并使之与宏观审慎监管相配合。财政部则主要负责金融机构的政府救助以及税收和会计准则的职能工作。[23]

对于信息整合和互享问题,《金融稳定法》应当作出更为细致的规定,明确进行各部分数据收集和整合的职能部门,在前述信息收集整理的基础上,充分分析整个金融体系的资本状况、市场流动性以及杠杆比率,评估可能发生的金

---

22 尹继志、刘秀兰:《关于构建宏观审慎监管体系的探讨》,载《上海金融》2011 年第 2 期。

23 赵光毅、王锐:《宏观审慎监管的制度安排》,载《中国金融》2013 年第 10 期。

融风险。在评估分析金融风险后,仍需对系统性金融风险的预警机制和应对措施作出进一步规定,同时还应当注意观测国际金融风险问题。其中,系统性风险预警系统和宏观压力测试是《金融稳定法》应当详细规划的重要制度内容,系统性风险监测的范围也应当根据经济发展的动态性作出相应调整。倘若《金融稳定法》作为统一整合、防范系统性金融风险的法律,不对 MPIs 宏观审慎分析以及各部门的具体处理、监督、问责作出详细规定,则宏观审慎监管的分析与信息互享效率将降低,难以起到预想的协调互助效果。《金融稳定法》可以为相关具体实施宏观审慎监管的部门预留一定的灵活性和空间,但仍须做好必要的监督约束以及指导工作。

三、《金融稳定法》宏观审慎监管与货币政策的协调

一直以来,我国金融市场的稳定主要依靠货币政策,2008 年国际金融危机后各国开始积极发展宏观审慎监管制度,货币政策与宏观审慎监管紧密相关,两者之间需要相互协调作为“双支柱”共同维护金融体系的稳定。《金融稳定法》应当明确中央银行在制定货币政策时需要考虑宏观审慎监管信息的影响,包括信贷增长、银行杠杆率变动等因素,在特殊情况下通过货币政策的逆周期调控发挥控制通货膨胀和经济增长的功用。但是建构“双支柱”监管模式绝非易事,宏观审慎监管制度和货币政策之间也存在割裂的部分,在执行过程中可能互相干扰,影响实施效果。[24] 据此,协调宏观审慎监管和货币政策,考虑不同政策的类别和力度之间的关联影响,是《金融稳定法》在制定过程中亦应考量的问题。

(一)货币政策与宏观审慎监管的协同效应

货币政策和宏观审慎监管制度都具有宏观调控和逆周期性的特征,但在目的定位和量化程度以及传导机制等方面有所不同。其一,货币政策主要确保宏观经济的稳健,而宏观审慎监管制度主要侧重于防范系统性金融风险发生;其二,货币政策的价格稳定指标主要是消费者价格指数(CPI)等指标,其具有可操作性和可预测性的量化程度,而宏观审慎监管制度的量化和评估难以简单量

---

24 李成、范雯欣:《货币政策调控与宏观审慎管理的协调效应》,载《大连理工大学学报(社会科学版)》2021 年第 3 期。

化;其三,宏观审慎监管制度的传导机制远不如货币政策发展的成熟,其传导机制相对不明显。[25] 而针对货币政策和宏观审慎监管制度之间的协调问题,域外学者通过更新IS-LM框架、银行利润函数、银行货币信贷模型、金融加速器与凯恩斯动态随机一般均衡框架的处理,研究货币政策本身的影响以及宏观审慎监管和货币政策之间的相互作用问题。货币政策的相对优势是稳定产出,而宏观审慎监管制度的优势则是稳定金融变量,两者之间最佳的协调模式是各自发挥相对优势,让宏观审慎监管制度调节资产价格,而货币政策负责稳定产出。

需要考量的主要是宏观审慎监管制度与货币政策的目标、工具以及运用场域的差异性,这些因素可能导致两者在适用过程中导致相互制约和矛盾的问题。一方面,在政策目标上,货币政策的实施在维护价格稳定的同时可能造成对金融稳定的干扰。货币政策从宽松到收紧的过程中,随着资产价格降低,家庭和企业的偿债能力将减弱,可能导致贷款违约率的增加并产生金融不稳定的状况。另一方面,过于宽松的货币政策会使银行放宽贷款审查要求、增加信贷投放,金融机构更多投入高风险业务致使金融风险增加。在传导机制方面,经济下行时货币政策的扩张需要银行信贷也同步扩张,潜在风险敞口增大,与宏观审慎监管制度的防范金融风险目标相矛盾,而在经济上升时宏观审慎监管制度的动态拨备要求也会阻碍扩张型货币政策的实施效果。[26] 因此,宏观审慎监管制度与货币政策的配合方式应视具体的经济状况调整。尤其是当宏观审慎监管制度和货币政策对银行信贷规模产生影响时,需要注意宽松的货币政策调控会导致银行信贷总量效应上升,而宏观审慎监管则会约束银行信贷扩张,此外,货币政策一般对非系统重要性金融机构影响较大,而宏观审慎监管制度则对系统重要性金融机构作用明显。[27]

(二)《金融稳定法》下"双支柱"模式的建构

第一,《金融稳定法》应当明确在实施宏观审慎监管制度时考量与货币政策的协同效应,审慎把控政策力度。一方面,在经济衰退时期宏观审慎监管制度

---

25 赵丹丹:《货币政策与宏观审慎政策的协调机制研究》,载《宏观经济》2018年第1期。

26 李成、范雯欣:《货币政策调控与宏观审慎管理的协调效应》,载《大连理工大学学报(社会科学版)》2021年第3期。

27 李成、范雯欣:《货币政策调控与宏观审慎管理的协调效应》,载《大连理工大学学报(社会科学版)》2021年第3期。

的实施应当对宽松的货币政策具备更高的容忍度以促进经济恢复。但这一容忍度也绝非无限制的,货币政策在稳定物价和维护经济增长的同时,也需要纳入宏观审慎监测制度的介入,协助降低金融危机发生的风险,兼顾货币政策的灵活性。另一方面,在经济增长过快时两者共同管理约束银行信贷总量,防止信贷过度扩张。宏观审慎监管制度需要对系统性金融风险进行监测和排查以维护金融稳定,但货币政策此时应当发挥辅助作用,这要求宏观审慎监管制度在发挥逆周期性和防范金融风险功能时需要兼顾宏观经济的情况,以防止出现"政策抵消"或"政策超调"的情况。[28]

第二,最大限度实现货币政策和宏观审慎监管制度的配合协调,需要更完善的信息和政策协调交流机制,尤其是发挥中央银行的金融市场和金融风险动态信息掌握者的关键作用,明确如何与各职责部门之间沟通具体的政策和信息,事先防范金融系统性风险。必要时可以成立政策协调委员会,共同协调货币政策和宏观审慎监管制度,更好地发挥两者的协同效应。同时,《金融稳定法》作为体系统合的法律可以要求各部分联合建立数据库,定期整合发布金融指标等数据,提高金融监管的效率。

第三,货币政策和宏观审慎监管制度的"双支柱"模式对风险预警机制提出了更高的要求,在考量风险预警规范时,不能只停留在对宏观审慎监管制度层面的思考,还应纳入如何与货币政策更好地发挥协同效应的考量。比如,货币政策较为关注资产价格波动,宏观审慎监管制度在分析评估时也应当参考货币政策关注的经济指标变动情况,更好地进行风险预警。

总体而言,《金融稳定法》应当建立宏观审慎政策和货币政策的协调机制与流程,明确宏观审慎监管制度的实施需要评估分析对宏观经济可能产生的影响,如调整资本充足率时是否会影响银行信贷和经济增长。[29] 本法亦应当原则上明确货币政策与金融稳定、宏观审慎监管制度的关联性,相应货币政策在出台前需要充分考量对金融稳定可能产生的影响,把"双支柱"模式的宏观审慎监管制度与货币政策的效果协调落到实处。

28　赵丹丹:《货币政策与宏观审慎政策的协调机制研究》,载《宏观经济》2018 年第 1 期。

29　参见马骏、何晓贝:《货币政策与宏观审慎政策的协调》,载《金融研究》2019 年第 12 期。

四、结　语

《金融稳定法》草案意在实现维护金融稳定、防范金融系统性风险的立法目标,但由于其宏观审慎监管制度的基本缺失,导致这一立法目标的实现效果可能大打折扣。宏观审慎监管与微观审慎监管对于维护金融稳定、防范系统性风险的目标实现缺一不可,两者需要相互合作共同发挥效用。《金融稳定法》应当细化对宏观审慎监管制度的规定,建立完善宏观审慎监管框架、开发适用合适的宏观审慎监管工具,尤其要注意强调中央银行在金融监管中的核心地位以及信息协调机制和风险预警机制的功能。此外,货币政策和宏观审慎监管制度的相互协同效应也应当纳入《金融稳定法》的考察范围,针对两者在不同情况下如何更好地发挥协同效应,《金融稳定法》应当从基本指导方针、信息共享和协调机制、风险预警机制等方面加以细化规范,建构“双支柱”模式的金融风险防范体系。《金融稳定法》的规定也不是一成不变的,随着金融市场的发展创新,其他金融安全相关法律法规的完善健全,《金融稳定法》作为统一整合的法律也会作出相应更新调整以适应市场的动态变化。如何制定和完善《金融稳定法》,与“总体国家安全观”“两个大局”的实现相得益彰,是迈向“中国式现代化”的重要一步。

民事诉讼测谎隐性适用检视与包容性规制路径

——以 207 份判决书为样本

陈幸欢　陆景亮*

【内容提要】 因法律规定缺位,测谎意见在民事诉讼中呈隐性适用现状。分析 207 份涉测谎民间借贷判决书,其功能包括印证证明、形成内心确信、完成己方举证责任、作为证据采信等。实际测谎案件比例为 19.8%,测谎结果中,现金给付显示为未给付和现金还款显示为已还款的比例均超 70%。一审未测而二审测谎的案件,改判率为 85.18%。在证明对峙而事实真伪不明的案件中,测谎作为审查判断证据的方式具有唯一性和不可或缺性,且实证验证的测谎准确率高于高度盖然性证明标准。最高人民法院宜将测谎正当化并进行包容性规制;明确限定其功能仅为帮助法官审查证据;明确一方同意即可测谎,结果部分采用事实陈述加比较性意见的表述方式,将测谎费用与诉讼费用并列进行处理。

【关键词】 测谎意见　民事诉讼　民间借贷　举证责任

一、问题与方法

测谎的学术称谓为心理测试,“测谎是指由具备资质之人员基于对专门仪器的运用,对受测人接受相关刺激时之生理反应强度予以记录和分析,继而研判其有关陈述之真伪或对相关情况是否知悉之鉴定活动。”[1]“测谎已被世界上

---

* 陈幸欢——江西财经大学法治政府研究中心研究员,华东政法大学博士后研究人员,法学博士,主要研究领域:民事诉讼法、环境资源法;陆景亮——广东省广州市天河区人民法院员额法官,主要研究领域:民事诉讼法。本文系司法部法治建设与法学理论研究部级科研项目“中央苏区环境资源法制建设及其当代传承”(项目批准号:21SFB4072)的阶段性研究成果。

1　邵劭:《测谎结论的证据能力研究》,法律出版社 2016 年版,第 1 页。

50 多个国家应用于国防、司法等领域。”[2]

测谎意见即心理测试意见。司法实践中,测谎意见广泛应用于我国民间借贷纠纷、建设工程合同纠纷等类型案件的民事诉讼中,但又不见于《民事诉讼法》和任何司法解释的明文规定,这导致了测谎“判例生成程序规范现象”[3]。同时由于缺乏明文规定,测谎意见在民事诉讼中的应用也呈现出隐性适用且混乱不一的情形。为此,对其进行实证梳理和分析,进而提出完善建议,对于规范其应用,进而促进民事案件的事实查明和公正裁判,具有不可忽视的意义。

笔者以“测谎”为关键词,在“无讼案例”网站检索民事裁判文书,结果显示有 4968 篇,其中民间借贷裁判文书有 2550 篇,占比超过总数的一半。这表明,在应用测谎意见的民事案件中,民间借贷案件占大多数。笔者在上述 2550 篇裁判文书中,选取裁判时间最新的 210 篇文书,逐个进行人工筛查,剔除无效样本 3 篇,得到 207 篇涉及测谎的民间借贷终审判决书,以此作为有效样本进行实证研究。

二、测谎案件数据及特点分析

(一)测谎机构集中于北上广,收费标准各异

207 个样本案例中,有 41 个案例实际进行了测谎,占总数的 19.8%。该 41 个案例中,有 14 个在一审阶段进行了测谎,有 27 个在二审阶段进行了测谎。

就测谎的具体机构而言,41 个案例中,中国人民公安大学公安学研究所心理测试中心(以下简称公安大学测试中心)承担的有 23 个,占总数的 56%,广东警官学院司法心理测试技术中心(以下简称广警院测试中心)和华东政法大学刑事司法学院心理测试室(以下简称华政测试室)各承担了 6 个,此外,上海市公安局物证鉴定中心承担了 3 个,司法鉴定科学技术研究所司法鉴定中心(以下简称司法鉴定研究所)、国家林业和草原局森林公安司法鉴定中心(以下简称林业局鉴定中心)、上海司法鉴定科学研究院各承担了 1 个。测谎机构集中于北上广三个城市,公安大学测试中心承担的测谎数量占了总数的一半以上,表明其在测谎领域具有较强的实力和话语权。公安大学测试中心、广警院测试中

2　栗明:《民事诉讼测谎意见证据地位的实证考察与理论反思》,载《河北法学》2018 年第 5 期。

3　巢志雄:《程序规范的判例之维》,载《中山大学学报(社会科学版)》2020 年第 3 期。

心、华政测试室三个机构的测谎数量稳居前三,该三个机构承担的测谎数量占到了总数的85%,这说明,测谎机构作为高度依赖技术和专业人才的服务机构,与所在城市的经济和科技水平呈现出正相关性。

测谎费用方面,根据测谎机构的不同而呈现出差异性。承担数量最多的公安大学测试中心,其费用为统一的定额标准,一个案件中,一人测谎为3000元,两人测谎则各2000元共4000元。而广警院测试中心和华政测试室,则根据不同案件之标的额计算费用。如标的额分别为117,030元和157万元的两个案件,广警院测试中心均是对两个当事人进行测谎,测谎费用分别为1万元和2万元。[4] 标的额分别为25,000元和13万元的两个案件,华政测试室均是对两个当事人进行测谎,分别收取费用6000元和1万元。[5]

(二)测谎对象为当事人,内容多为小额借款是否现金给付

测谎的对象方面,实际进行了测谎的41个案件中,有40个案件的测谎对象为当事人,只有1个案件对证人进行了测谎。案件中涉及申请对证人或者知情人员进行测谎的情形,但绝大部分因为被申请人不同意或者法院未准许而未果。个案中也出现了当事人申请对法官进行测谎的情形,被二审法院拒绝。[6]实际对证人进行了测谎的案件,系一方当事人申请对与己方有利害关系的证人进行测谎。此种情况下,测谎意见的证明力明显强于证人证言。[7]

实际进行了测谎的民间借贷样本案件中,争议标的额均为中小额度,单笔最大的为414万元,[8] 最小的为18,184.96元。[9] 六成以上的案件争议标的额在20万元以下,八成以上的案件在50万元以下。41个样本案例中,34个争议标的额在50万元以下,占总数的83%。26个在20万元以下,占总数的63%。争议标的额超出100万元的只有4个,不足一成。

这说明,测谎意见主要应用于中小额度的民间借贷案件中,在证据链不完

4　参见山东省临沂市中级人民法院民事判决书,(2018)鲁13民终1714号;河南省商丘市中级人民法院民事判决书,(2018)豫14民终1120号。

5　参见上海市第一中级人民法院民事判决书,(2018)沪01民终6014号;江苏省苏州市中级人民法院民事判决书,(2018)苏05民终4933号。

6　参见安徽省马鞍山市中级人民法院民事判决书,(2018)皖05民终1119号。

7　参见江苏省淮安市中级人民法院民事判决书,(2018)苏08民终3400号。

8　参见江苏省淮安市中级人民法院民事判决书,(2018)苏08民终81号。

9　参见江苏省南通市中级人民法院民事判决书,(2018)苏06民终2153号。

整的情况下，待证事实真伪不明，“证据制度之核心在于客观真实价值观”，[10]法官为避免案件裁判结果与客观真实不符而选择进行测谎，使用测谎意见对双方基于同一事实作出的不同陈述进行甄别和判断，“在事实判断不明时进行法律价值之引导”，[11]在有其他证据的情况下进行相互印证，并进而通过优势证据规则进行裁判。而大标的额民间借贷案件，一方面，通常证据链完整，测谎意见应用的空间不大；另一方面，“司法改革之后强调法官责任主义”，[12]测谎意见作为具有一定主观性，且法律司法解释没有明确规定的证据材料，大标的额案件一旦错判，无法承受巨大的风险，法官基于裁判风险的考虑，[13]往往会直接排除适用。

测谎内容中，多为借款是否以现金形式实际交付或者归还。41个样本案件中有24个涉及此内容，占比超过55%。这说明，民间借贷案件中，如没有转账凭证，因为缺乏其他证据证明，在双方当事人对借款是以现金形式实际给付还是归还各执一词的情况下，法官倾向于通过引入测谎“作为一种中立的证据方法”[14]，对双方对于同一事实作出的不同陈述进行甄别判断，继而作出裁判。

（三）适用法院呈现地域性，与经济发展水平呈正相关性

41个案件中，江苏法院审理的案件有27个，占比超过65%。上海法院审理的有6个，山东法院审理的有4个，广东法院审理的有2个，北京法院及河南法院审理的各有1个。江苏法院审理的27个案件中，淮安市中级人民法院审理的占18个，这18个案件中有17个的测谎机构为公安大学测试中心，只有1个由华政测试室进行测谎。这说明，在民间借贷诉讼中，适用测谎这种事实查明方式的法院，呈现出明显的地域性，并和经济发展程度呈现出正相关性，当然，这与民间借贷案件数量本身和经济发展水平存在的正相关性密不可分。同时，一个法院对于民间借贷案件是否选择进行测谎，以及对测谎机构的选择均具有路径依赖。

---

10 张永泉：《客观真实价值观是证据制度的灵魂——对法律真实观的反思》，载《法学评论》2012年第1期。

11 胡学军：《证明责任制度本质重述》，载《法学研究》2020年第5期。

12 熊云辉：《责任主义民事诉讼的证成——一种民事诉讼观念史的考察》，载《南昌大学学报（人文社会科学版）》2021年第2期。

13 法官在案件裁判中无法摆上台面但又最为看重的考虑因素，是确保自身安全和规避错案风险。参见陈幸欢：《司法改革背景下法官竞争格局与求稳心理分析》，载《江西社会科学》2018年第3期。

14 张斌：《两大法系科学证据采信结构评析——从事实认知的角度》，载《环球法律评论》2011年第2期。

三、测谎意见在民事诉讼中的功能

(一)印证功能

“法院通常不得不根据些许信息作出判决,此时得到来自不同领域专家的协助会更准确。”[15]测谎意见的印证证明功能,在民间借贷判决书中具体表述为“参照”“参考”“结合”等。在个案裁判中,法官内心确信基本形成,裁判意见已具雏形,但出于裁判稳妥,使说理更加充分,避免当事人质疑裁判结果的考量,需要更加确实充分的证据,“以说得出和看得见之方式实现正义”[16]。此时,在其他客观性证据不具备的情况下,测谎意见顺应了这种需求。不同于物证、书证等客观性证据,法官对于测谎意见能否出现以及是否采信,具有一定的自由裁量权。在上述需求的促动下,法官会倾向于进行测谎。

在王某诉姜某民间借贷纠纷中,借款人姜某辩称已经三次通过现金形式还款25,000元,并提供了取款凭证。同时陈述了现金还款的时间、地点及款项来源等,但未进一步提供还款的证据,出借人王某否认收到还款。法院认为:本案姜某虽提供取款凭证,但是不能证明还款,缺乏证明力,结合华政测试室心理测试分析意见书结论,姜某应承担还款义务。[17] 该法院认为姜某未能完成还款的举证责任,应当承担败诉的后果。在此情况下,根据现有事实和证据已经能够作出裁判,但出于稳妥裁判使说理更加充分的考量,进一步结合测谎意见中“姜某出现说谎生理反应,可信度较低”的表述,作出裁判,强化了论证的依据,此时“测谎意见的功能为证据补强,以其知识理性强化裁判的正确性和合理性”[18]。

二审法院认为:即使姜某的陈述具有一定合理性,也未达到高度盖然性,从而将举证证明责任转移到王某。华政测试室心理测试分析意见书结论为姜某出现说谎生理反应,可信度较低。[19] 该法院二审说理与一审法院如出一辙,只是变换了说法,姜某现金还款陈述的证明强度,未达到高度盖然性,应当承担败诉

---

15 Carla Maclean, Lynn Smith, Itiel E. Dror:《庭审中的专家:发现科学证据中的认知偏差》,载《证据科学》2021年第4期。

16 雷磊:《反思司法裁判中的后果考量》,载《法学家》2019年第4期。

17 参见上海市金山区人民法院民事判决书,(2017)沪0116民初12861号。

18 陈幸欢:《生态环境损害赔偿司法认定的规则厘定与规范进路——以第24批环境审判指导性案例为样本》,载《法学评论》2021年第1期。

19 参见上海市第一中级人民法院民事判决书,(2018)沪01民终6014号。

的结果。此时判决结果已有定论,后续论述的测谎意见起到进一步印证证明的作用。只是二审论理在举证责任转换的论述上更加细化,一审法院直接认为姜某的举证缺乏证明力,二审法院肯定了姜某的陈述和举证具有一定合理性,只是证明强度有所欠缺,未达到高度盖然性,不足以转移证明责任。[20]

(二)提升证明力使法官形成内心确信

测谎意见对法官内心确信的影响分为两个方面:一是形成正向的内心确信,即法官因此确信待证事实为真;二是形成反向的内心确信,即法官因此确信待证事实为伪。

在梅某1等与梅某2民间借贷纠纷中,法院认为,测谎意见存在技术缺陷,也具有科学性和合理性,可以成为法官心证的参考辅助材料。[21] 在沈某与陈某民间借贷纠纷中,法院认为,虽法定证据形式中没有测谎意见,但其可帮助法官对证据进行审查判断,使法官的内心确信得以增强。[22]

此外,测谎意见可以作为补强证据使得法官形成内心确信。如果拒绝测谎,则法官认为其未能补强证据而未完成举证责任,应当承担举证不能之后果。同时,测谎申请本身也会使法官在"自由心证过程中形成有利于申请方的内心确信"[23]。即使均未实际进行测谎,如一方申请但另一方拒绝,法官内心确信也会有利于申请方,法院在论理部分会通过日常生活经验等理由进行论述,从而论证该种内心确信的合理性。[24] 在沈某与陈某民间借贷纠纷中,双方对于涉案借款协议形成过程的陈述不一致,一方同意测谎,而另一方不同意,一审法院认为拒绝测谎一方系拒绝补强证据,应当承担举证不能的后果。[25] 此外,另案中不参加测谎,也会对法官在关联案件中的心证和内心确信形成不利影响。[26]

(三)完成己方举证责任并移转举证责任

1.一方申请而另一方拒绝,法院认为申请测谎一方之举证责任已完成,从

---

20 该案王某起诉要求还款,姜某辩称已现金还款,姜某对现金还款的举证应当使待证事实达到"高度盖然性"的程度还是"真伪不明"的程度,值得探讨。详细论述参见吴泽勇:《民间借贷诉讼中的证明责任问题》,载《中国法学》2017年第5期。

21 参见上海市第二中级人民法院民事判决书,(2017)沪02民终11595号。

22 参见江苏省南通市中级人民法院民事判决书,(2018)苏06民终2153号。

23 陈贤贵:《论民事诉讼中自由心证的客观化制约》,载《法律科学》2020年第4期。

24 参见江苏省泰州市中级人民法院民事判决书,(2018)苏12民终81号。

25 参见上海市第二中级人民法院民事判决书,(2018)沪02民终2566号。

26 参见上海市第二中级人民法院民事判决书,(2018)沪02民终2955号。

而转移举证责任，导致拒绝测谎一方败诉。在张某与张某1等民间借贷纠纷中，原告依据一张载明被告收到借款1.5万元的收条诉请被告还款，被告抗辩未实际给付。此种情况下，“被告之证明为反证，需将法官之心证拉低至真伪不明。”[27]被告申请对双方测谎，原告拒绝测谎，在此情况下，法院认为被告已经完成反证，此时待证事实，即是否实际现金给付1.5万元处于真伪不明状态，法院将证明该1.5万元实际给付的证明责任转移给原告，在原告未能继续举证的情况下，判决原告败诉。[28] 此案中，被告申请测谎而原告拒绝，法院认为被告已经完成反证未实际收到1.5万元借款的举证责任，进而将举证责任转移至原告，即使未实际测谎，被告亦完成了反证责任。

2.负有举证责任的一方申请测谎但不参加，直接导致败诉。在王某1与王某2民间借贷纠纷中，上诉人申请进行测谎，但在选定机构后未进行测谎，二审法院直接认定其未完成举证责任，判决其败诉。[29] 如案件事实有其他证据予以证明，申请测谎但不参加并不必然导致败诉，法院会在判决书中依据诚信原则予以谴责。在杜某与徐某民间借贷纠纷中，双方同意由法院委托测谎，并将测谎意见作为认定事实的依据，后杜某、徐某反悔没有参加测谎。一审法院在判决书中对该二人的不诚信行为进行了谴责，但同时认为其不参加测谎的行为，不足以对事实认定造成影响。[30]

(四)作为证据采信并作为认定事实的依据

1.双方当事人达成测谎契约。“民事测谎契约的达成，是赋予其应用正当性的必要条件。”[31]进行测谎之前，双方当事人达成测谎契约，确认测谎意见对于双方均具有约束力，法院据此直接将测谎意见作为认定案件事实的依据。这通常出现在待证事实处于真伪不明之状态，或者双方提供的证据证明力不相上下的案件中，法官认为直接按举证责任分配规则进行裁判存在风险，裁判结果可能偏离案件客观真实。当事人确认的方式，一是由法院给双方当事人做调查或询问笔录，二是双方签署确认协议或分别出具确认书并提交给法院。在洪某与骆某民间借贷纠纷中，双方当事人的争议焦点在于8万元借款是否实际现金

27 吴泽勇：《民间借贷诉讼中的证明责任问题》，载《中国法学》2017年第5期。

28 参见江苏省淮安市中级人民法院民事判决书，(2018)苏08民终2238号。

29 参见江苏省淮安市中级人民法院民事判决书，(2018)苏08民终559号。

30 参见江苏省南京市中级人民法院民事判决书，(2017)苏01民终8740号。

31 赵小军：《论测谎契约在我国民事诉讼中的应用及规制》，载《东方法学》2017年第2期。

交付,双方对于争议焦点作出了截然不同的陈述,而均无其他证据可以证明自己的主张,在待证事实真伪不明的情况下,双方达成测谎协议提交给法院,协议中载明测谎意见对于双方具有约束力,法院可据此裁判。后法院根据协议约定及测谎意见直接作出了裁判。[32]

在白某与晋某民间借贷纠纷中,白某依据借条要求晋某还款18万元,晋某辩称该借条系被胁迫所写,申请测谎,一审法院在测谎之前,通过调查笔录的方式确认测谎意见的效力,并明确可据此裁判。后一审法院直接将测谎意见作为认定事实的依据并作出判决,二审法院对于有事先约定的情形,测谎意见能否单独作为认定事实的依据避而不谈,认为在晋某否认借贷行为实际发生,并有测谎意见佐证的情况下,法院应当根据《最高人民法院关于审理民间借贷案件适用法律若干问题的规定》第16条之规定,结合交易习惯等予以判断,认为晋某提供的测谎意见及三个证人的证言之证明力,优于白某所举证借条的证明力,继而驳回上诉。[33]

上述案件中,即使在测谎之前,双方书面确认了测谎意见的约束力并同意法院据此裁判,法院在判决书的论理中也会将测谎意见作为印证证明作用的证据材料,[34]显示出法官对于作为法定证据类型之外的测谎意见的保守应用态度。

2.直接作为证据予以采信。在樊某与陈某民间借贷纠纷中,原告依据借条诉请被告还款,被告辩称借条载明金额系传销费用,测谎意见的结论与被告的辩称意见一致,一审法院在论理部分作出了如下表述:“陈某的该抗辩理由与双方均同意进行心理测试的结果相互印证,能够形成证据锁链,可以认定……”[35]该案中,法院将测谎意见作为证据予以认定,并将测谎意见与被告的当事人陈述相互印证,并列作为认定案件事实的依据。在维某与皮某民间借贷纠纷中,法院认为:心理测试报告虽不能单独作为认定本案事实的依据,但该证据能够与本案查明的其他相关事实相互印证,故可以作为本案的证据予以采信。[36]该法院直接将测谎意见作为证据采信,与其他事实相互印证来证明案件事实。法

32 参见江苏省镇江市中级人民法院民事判决书,(2017)苏11民终3423号。
33 参见山东省济南市中级人民法院民事判决书,(2018)鲁01民终226号。
34 参见江苏省淮安市中级人民法院民事判决书,(2018)苏08民终859号。
35 参见江苏省淮安市中级人民法院民事判决书,(2018)苏08民终650号。
36 参见北京市第三中级人民法院民事判决书,(2018)京03民终1621号。

院将测谎意见作为承担印证功能的证据材料，一般会在论理部分，在论述完其他事实和证据之后来论述测谎意见，以与其他事实和证据相互印证，而将测谎意见采信为证据的案件中，法院会在判决书论理的起始部分或者中间部分就论述测谎意见，以直接作为认定事实的依据。

四、对测谎意见应用之包容性规制路径

测谎意见作为具有科学证据属性的证据材料，本文的实证分析显示，在证明对峙而事实真伪不明的案件中，其作为审查证据和辅助性印证证明方式具有唯一性和不可或缺性。同时，鉴于测谎作为附着了测试专家主观判断的“生成性证据材料”[37]，其科学性和客观性在实践中存有争议，且如同库恩所言，“科学本身也在不断演变”。[38] 故，对测谎意见之应用宜进行包容性规制，以扬其长而避其短。具体路径在于最高人民法院在民事诉讼中，宜改堵为疏，将测谎正当化，并明确限定其功能仅为帮助法官审查证据，“仅为承担事实查明职责的法官之助手”，[39]而无法作为孤证来认定案件事实。

（一）最高人民法院将测谎正当化并明确限定其功能

民事诉讼中的测谎及测谎意见，在法无明文规定的情况下，在民间借贷、建设工程合同纠纷等领域大量应用，并实际承担着部分证据功能，“其正当性源于现实需求及成效”。[40] 但因为明文规定的缺失，导致其在司法实践中的应用无法正当化，进而导致两个方面的问题。一方面，法院对于80%以上的测谎申请，因测谎意见非法定证据等原因不予准许。这在一定程度上关闭了一条举证的通道，承担举证责任的一方当事人在待证事实真伪不明且无其他证据可举的情况下，将会因为举证不能而败诉。实证分析也表明，“真伪不明时裁判方法存在随意化”，[41]这增加了法院认定的法律真实与客观真实背离的可能性，进而增大了裁判风险，影响司法公信力，毕竟绝大部分当事人追求的都是客观真实。

37　谢步高：《刑事错案中科学证据相关问题的实证分析及其控制路径》，载《中国司法鉴定》2020年第6期。

38　于爽：《库恩与“后常规科学”》，载《哲学研究》2012年第12期。

39　史长青：《科学证据的风险及其规避》，载《华东政法大学学报》2015年第1期。

40　陈幸欢：《司法机关参与环境治理的实践阐释及匡正路径》，载《江西社会科学》2021年第7期。

41　周莹莹：《事实“真伪不明”认识误解与澄清——基于中国裁判文书网的数据分析》，载《证据科学》2021年第5期。

2020 年 7 月,《关于人民法院民事诉讼中委托鉴定审查工作若干问题的规定》由最高人民法院发布,其对法院在民事诉讼中委托测谎采取否定态度,“从司法经验和理性,普遍正义和个别正义的角度来认识证据”,[42]本文研究的样本案例中,14 个在一审阶段进行了测谎,其中 12 个根据测谎意见进行了判决,且二审均维持了一审判决。这说明,测谎程序一旦启动,测谎意见基本会单独或者与其他证据相互印证,成为法院认定案件事实的依据或参考。而二审是否测谎,对于案件是否改判具有决定性的影响。一审没有进行测谎,而二审作出了测谎意见的 27 个案件中,有 23 个根据测谎意见,或者以测谎意见与其他证据相互印证,进行了改判,改判的比例达到了 85.18%。这说明,“如其他举证方式穷竭,测谎作为继续举证方式”,[43]具有唯一性和不可或缺性。

另外,部分法院即使应用测谎意见,也在判决书的说理中“犹抱琵琶半遮面”,或通过各种不同的方式来说理,以将其正当化,造成了实践中测谎意见应用不一、定位不一、说理不一、是否采信不一等混乱局面。测谎意见在法无明文规定的情况下,之所以在民事诉讼中大量应用,原因在于,在待证事实真伪不明的情况下,其承担了对双方当事人对于同一事实作出的不同陈述进行甄别判断的功能,“测谎于双方充分举证且证明力不相上下,事实真伪不明时方可适用。”[44]该功能也是法官判决案件的内生需求,针对这种司法实践中的内生需求,在制定有关测谎意见的司法解释,条件尚不成熟的情况下,“综合权衡选择最优规范路径”,[45]最高人民法院可以通过个案批复、发布指导性案例,对法院系统进行指导和指引,对在司法实践中大量应用的测谎意见改堵为疏,“进行包容性规制”。[46] 将其正当化、显名化、规范化,并通过明确限定其功能而避免其科学性存有争议的问题,以改变司法实践中测谎“有实无名的隐性适用状况”[47]。

---

42 赵明、王凤涛:《司法经验的传承与发展》,载《国家检察官学院学报》2015 年第 3 期。

43 吴旭莉:《民间借贷案件证明过程之分析》,载《现代法学》2014 年第 3 期。

44 李乾、张庆刚:《测谎检验的证明价值与法律控制要件探析》,载《中国司法鉴定》2014 年第 6 期。

45 彭中遥:《〈民法典〉中生态环境损害代修复制度之探析》,载《中国高校社会科学》2022 年第 1 期。

46 李训虎:《刑事司法人工智能的包容性规制》,载《中国社会科学》2021 年第 2 期。

47 付凤、杨天琪:《刑事法官视角下测谎证据的审查与采信——以 2010—2018 年刑事裁判文书为研究样本》,载《中国人民公安大学学报(社会科学版)》2020 年第 1 期。

2012年,“上海市高级人民法院在《民事法律适用问答(第1期)》刊载指导意见,对民事诉讼中测谎的启动和结论采信等进行了界定。”[48]这为最高人民法院作出个案批复或发布指导性案例提供了基础。可解决实践中测谎应用混乱不一的问题,避免同案不同判,维护司法公信力,并“实现法秩序的统一和协调”[49]。

(二)测谎意见的功能定位为仅帮助法官审查判断证据

当前,美国、日本的司法实务中,均对测谎意见的证据能力持肯定和开放的态度。“美国如果没有双方协定,测谎结论只能用来弹劾证人。在双方有协定时,可以用于证明案件事实。”[50]“对于测谎意见之证据能力,日本法院基本予以认可,将测谎作为鉴定的一种类型。”[51]而在我国台湾地区,法院将测谎结论作为补强证据。[52]

41个实际测谎的案例中,24个涉及是否现金实际给付借款或现金还款,其中9个为是否现金还款,其中测谎意见确认已经现金还款的有7个,比例约为77%,没有现金还款的只有2个。15个案件的测谎内容为借款是否现金给付,测谎意见显示,11个没有现金给付,比例约为73%,只有4个给付。是否现金给付测谎意见证否和是否现金还款证真的比例相当,都达到了七成。这说明,民间借贷诉讼中,仅有借条、借款合同等借款合意证据,没有转账凭证等借款实际交付的证据,借款人否认现金给付借款的情况下,未实际现金给付的可能客观存在,在此情况下,法官对于小额民间借贷直接依据借条、借款合同等判决还款,存有较大裁判风险,需要综合全案证据和情况判断借款是否实际给付。

2018年8月1日,《关于依法妥善审理民间借贷案件的通知》由最高人民法院发布,其要求人民法院对民间借贷案件之证据加大审查力度,以判断借贷是否真实。但实践中的问题在于,缺乏有力的手段和方式以支撑上述最高人民法院关于加大审查力度,进行综合判断的要求,而测谎意见可以成为对借贷事实和证据进行审查的有力方式。

48 参见李乾、张庆刚:《测谎检验的证明价值与法律控制要件探析》,载《中国司法鉴定》2014年第6期。

49 王昭武:《法秩序统一性视野下违法判断的相对性》,载《中外法学》2015年第1期。

50 邵劭:《测谎结论的可采性在美国的演变及启示》,载《法治研究》2016年第2期。

51 郑高键、刘国庆:《比较法视野中测谎之证据能力及省思》,载《甘肃政法学院学报》2015年第6期。

52 张纬心:《测谎在台湾地区为被告有利证明方法的检讨》,载《证据科学》2016年第5期。

同时,借款人现金实际还款的抗辩,测谎意见证真的比例在七成以上,在现金还款的案件中,借款人能举出的证据往往是现金取款凭证,在没有证人且出借人否认收到还款的情况下,借款人往往无法举证证明已经现金还款,此时,申请测谎是借款人唯一可以依赖的举证方式。如果法院拒绝测谎申请,实际进行了测谎的案件中,高达七成的案件判决结果将会截然不同。

"对30名分别处于诚实和说谎状态受测试者的脑电信号的分析表明,测谎平均分类准确率为92.65%"。[53] 我国民事诉讼适用高度盖然性的证明标准,该标准的量化比例约为75%及以上,上述验证的测谎准确率远高于高度盖然性的证明标准。结合我国民事诉讼中测谎意见应用的实际状况,我国法院对于测谎意见应当持更为开放的态度,"测谎带有主观性,其结果应有限采用",[54]"上海市高级人民法院在指导意见中,将测谎定性为辅助证据手段。"[55]故将其定位为帮助法官审查判断证据,进而形成内心确信的证据材料和证据手段,成为可行和必行之策。[56] 在明确限定功能的同时,可"借鉴美国证据法中的鉴真规则,对其设置基本准入门槛。"[57]

(三)规范测谎程序启动、测谎意见表述、费用承担等问题

对于司法实践中,测谎程序启动、测谎意见表述、费用承担等各地法院莫衷一是的问题,最高人民法院宜通过个案批复、发布指导案例的方式进行规范和指引。

1.测谎不以双方自愿为前提,一方同意即可测谎。由于明文规定的缺失,对于测谎是否需双方当事人同意,还是一方当事人同意即可测谎,司法实践中莫衷一是。换言之,双方均同意测谎的情形当无疑问。如一方申请另一方不同意,司法实践中存在两种不同的处理方式,一是认为此种情况不能启动测谎程序,测谎需要以双方当事人同意为前提。在上海东特汽车销售有限公司与韦某民间借贷纠纷中,法院对于东特公司提出的测谎申请,以《民事诉讼法》对测谎

---

53 高军峰、司慧芳、余彬等:《基于脑电样本熵的测谎分析》,载《电子学报》2017年第8期。

54 柴晓宇:《测谎结果的证据属性及运用规则探析》,载《浙江社会科学》2015年第4期。

55 参见李乾、张庆刚:《测谎检验的证明价值与法律控制要件探析》,载《中国司法鉴定》2014年第6期。

56 徐立教授认为在刑事诉讼中,鉴于对测谎可信度的质疑,目前不宜将测谎结论直接纳入证据范畴,而应作为一种低阶的线索型侦查辅助工具。参见徐立、王红:《测谎技术应用的法律问题分析及其规制》,载《公安学刊》2017年第1期。

57 陈邦达:《美国鉴真规则及其借鉴价值》,载《证据科学》2020年第5期。

未作规定,且另一方当事人不同意为由而拒绝。[58] 在张某与李某等民间借贷纠纷中,法院认为测谎程序的启动以双方当事人的同意为前提,一方不同意则不能启动测谎程序。[59]

二是认为可以对同意的一方进行测谎,不同意的一方不进行测谎。在舒某与王某等民间借贷纠纷中,上诉人申请测谎,被上诉人拒绝,二审法院委托对上诉人单方进行测谎后,依据测谎意见对一审判决进行了改判。[60] 当然,对于不同意的一方也无强行测谎的必要。综合比较上述两种实践中的做法,如果测谎需要以双方同意为前提,那么一方如果认为测谎意见可能对其不利,就可以使用程序上的否决权而导致测谎无法启动,这在事实上将会灭失对方当事人通过申请测谎而举证的机会,可能导致诉讼结果偏离实质正义,故最高人民法院宜通过批复、指导案例等方式,明确测谎不以双方自愿为前提,一方同意即可对同意的一方进行测谎,不同意的一方可不测谎。

2. 测谎结果宜采用事实陈述和比较性意见结合的表述方式

样本案例中,7 个测试机构对于测谎结果的表述方式均不一样,见表 1。公安大学测试中心的测谎意见结论部分,采用的是事实陈述性质的表述,表述受测试人记忆中存在某某与待证事实相关的信息,但不做进一步的结论性判定。

表 1　测谎结果表述方式

测谎机构	测谎结果表述方式
公安大学测试中心	检测到张三、李四记忆中存在……的相关信息
广警院测试中心	张三说"……"系说谎。李四说"……"系说实话
华政测试室	张三出现了说谎生理反应,李四未出现说谎生理反应,张三对其与李四借贷纠纷陈述可信度较高
上海市公安局物证鉴定中心	张三的陈述可信度较高
司法鉴定研究所	被测试人张三对民间借贷纠纷所做相关陈述(……)呈现"无说谎显示(NDI)",即诚实
林业局鉴定中心	张三通过该次测谎测试,李四未通过该次测谎测试
上海司法鉴定科学研究院	张三陈述不真实,李四陈述真实

58　参见浙江省金华市中级人民法院民事判决书,(2018)浙 07 民终 4764 号。

59　参见江苏省徐州市中级人民法院民事判决书,(2017)苏 03 民终 5689 号。

60　参见江苏省淮安市中级人民法院民事判决书,(2017)苏 08 民终 3442 号。

广警院测试中心、司法鉴定研究所、林业局鉴定中心、上海司法鉴定科学研究院四家机构的表述具有相似性,均是表述受测试人有无通过测试,或者直接表述受测试人的陈述系真实(诚实、说实话),或不真实(不诚实、说谎)。华政测试室、上海市公安局物证鉴定中心在测谎意见结果部分,均采用倾向性的比较性质的表述"张三的陈述可信度较高",没有进一步作出刚性和定论性质的表述。鉴于测谎意见具有主观性的特点,以及测谎意见在目前司法实践中仍然不是法定证据,无法据此单独认定案件事实的主流观点,测谎意见结果部分进行刚性和定论性质的表述,与测谎本身作为"推测性的科学证据材料的性质不符"[61]。综合公安大学测试中心和华政测试室测谎意见表述方式的优点,测谎意见的结果部分,采用事实陈述和比较性质的意见相结合的表述方式,更加妥当,具体可表述为"检测到张三、李四记忆中存在……的相关信息,对其与李四借贷纠纷的陈述,张三的可信度较高。"

3. 将测谎费用之承担与诉讼费用并列进行处理。样本案例中,法院判决对于测谎费用的处理,可以分为两种情况,一是在判决主文中作为一项诉讼请求进行处理,在李某与文峰公司等民间借贷纠纷中,判决主文的第五项为"原告于判决生效后十日内给付被告心理测试费 4000 元",[62]将心理测试费的承担放在判决主文第五项单列进行了处理。在洪某与骆某民间借贷纠纷中,判决主文的第三项为"洪某于判决生效后十日内向骆某支付测试费 6000 元,食宿、路费 809 元,合计 6809 元。"[63]该判决主文的第三项单独对测谎费用之承担进行处理,同时根据测谎之前双方达成的协议,对于测谎的路费及食宿费一并进行了处理。

二是与诉讼费用并列进行处理。该种情形往往将测谎费用视为鉴定费用,并将测谎费用之承担的表述,列在案件受理费之后进行表述。在孙某与葛某等民间借贷纠纷二审判决书中,将测谎费用表述为鉴定费,并在判决主文之后,将测谎费用之承担列在诉讼费承担事项之后进行表述。[64]

判决主文中的判项均是对原告诉讼请求的回应,诉讼请求一般在原告一审起诉时就已经固定,但测谎申请的提出和实际进行有可能在二审中,故将测谎费用放在判决主文中进行处理,在技术上无法自洽。其性质和程序均与鉴定存

---

61 杜国强:《风险规制型决策视阈下的科学证据问题》,载《证据科学》2021 年第 3 期。

62 参见山东省济南市中级人民法院民事判决书,(2018)鲁 01 民终 4169 号。

63 参见江苏省镇江市中级人民法院民事判决书,(2017)苏 11 民终 3423 号。

64 参见江苏省淮安市中级人民法院民事判决书,(2017)苏 08 民终 3069 号。

在极大的相似性,尽管存有争议,实践中,相当一部分法院也将测谎与鉴定的委托程序等同处理。故“宜由司法解释予以规定”[65],参照鉴定费用的处理,将测谎费用的处理列在判决主文之后,与案件受理费的处理并列进行表述,是较为恰当的选择。

65 彭诚信、许素敏:《侵害个人信息权益精神损害赔偿的制度建构》,载《南京社会科学》2022 年第 3 期。

智慧法院建设评价体系的重塑

欧　丹　胡锦浩*

【内容提要】　智慧法院建设评价体系应与人民法院信息化建设目标保持一致。人民法院信息化建设的3.0版目标是打造智能化、网络化、阳光化的智慧法院服务体系。现有的智慧法院建设评价文件主要围绕该三大目标的应用成效指数进行构建，仍停留在3.0版智慧法院建设层面，且存在评价主体范围过窄、评价标准的主观性不足、评价指标欠缺合理等局限之处。随着人民法院迈入以智能化、一体化、协同化、泛在化、自主化"五化"为中心的4.0版法院信息化建设，智慧法院建设评价机制也应与时俱进，吸收"五化"目标作为评价机制的重要内容。4.0版智慧法院建设评价体系应以使用者和接受者为中心，坚持以人为本的评价路线，践行阳光法院的建设理念，进一步扩张评价主体范围，适当引入诉讼当事人和社会公众的主观性评价指标，设计科学、客观的量化评价指标，避免陷入"唯数据论"的评价思维，兼顾疑难个案的隐性评价内容。

【关键词】　智慧法院　人工智能　评价体系　评价主体　评价指标

一、问题的提出

2017年年底，人民法院信息化建设3.0版完美收官，网络化、智能化、阳光化三位一体的智慧法院格局初步形成。2020年11月，周强在最高人民法院网络安全和信息化领导小组会议上强调，人民法院信息化建设的"十四五"目标是

---

* 欧丹——广东财经大学法治与经济发展研究所、法学院研究人员，硕士生导师，法学博士，华东政法大学博士后，主要研究领域：在线诉讼、智慧司法；胡锦浩——广东财经大学智慧法治研究中心研究助理，主要研究领域：智慧法治。本文系2021年度广东省教育科学规划课题（2021GXJK006）阶段性研究成果。

运用人工智能、互联网、大数据、云计算等现代信息技术，面向司法人员、诉讼参与人、社会公众和其他部门建设集智能化、一体化、协同化、泛在化和自主化特点于一身的智慧法院体系。[1] 可见，4.0 版智慧法院建设定位为智能化、一体化、协同化、泛在化、自主化（以下简称“五化”）。在推进智慧法院建设的过程中，如何确保其建设进度如期完成，如何确保“五化”的建设定位和既定目标如期实现，是接下来智慧法院建设应予解答的问题。正因如此，构建与“五化”建设目标匹配的智慧法院建设评价体系评是亟待解决的现实问题。

目前，智慧法院建设过程中仍缺乏可供量化且规范化的评价体系。具体而言，现有 3.0 版评价指标已不适应 4.0 版智慧法院的建设目标，既难以为法院内部的司法人员提供可操作、可参考的评价标准，也无法让外界公众通过完全的客观、信任的眼光来评价信息化建设的实际成效。为此，智慧法院建设急需一套与之发展相适应且行之有效的评价体系，提高信息化建设的标准化水平，同时为社会公众提供督促可追溯、可查验的透明评价渠道，推动阳光司法和智慧司法的双向实现。围绕 4.0 版智慧法院建设“五化”目标，制定一套能够有效验证智能化、一体化、协同化、泛在化以及自主化等特征的评价体系，有利于智慧法院建设的顺利推进。因此，智慧法院建设评价体系，不仅需要形成科学、合理的评价标准，还需要一套公开、透明、一体化的评价机制。为此，本文拟重构智慧法院建设评价体系的内在逻辑和基础体系，建构与 4.0 版智慧法院建设“五化”目标相适应和匹配的评价体系。

二、3.0 版智慧法院建设评价体系的局限

评价标准是衡量和判断智慧法院建设质量的炼金石，它关系智慧法院建设的成效和应用质量。从内容上来看，现有智慧法院建设评价文件主要围绕 3.0 版智慧法院建设三大目标的应用成效指数进行构建。其中，3.0 版智慧法院建设评价体系主要存在评价主体范围过窄、评价标准的主观性不足、评价指标欠缺合理等局限之处。

---

1 参见孙航：《周强出席全国法院第七次网络安全和信息化工作会议强调认真学习贯彻习近平法治思想 全面深化智慧法院建设》，载《人民法院报》2020 年 12 月 4 日，第 1 版。

（一）评价体系欠缺稳定性与科学性

目前，3.0版智慧法院建设评价指标欠缺稳定性和科学性。2017年，最高人民法院信息中心发布了《智慧法院建设评价指标体系（2017征求意见版）》，制定了一系列的评价标准，具体包括6项一级指标、17项二级指标、62项三级指标及2项附加指标，它属于内部的评价标准。针对上述评价指标，有地方法院展开调研指出，大多数智慧法院存在指标设计不够规范、权重设置不尽合理、评价方法不太明晰等问题。[2] 2018年，《智慧法院建设评价指标体系（2018版）》对评价指标进行了修订、调整，它将评价指标体系改为7项一级指标、21项二级指标和68项三级指标。针对修订版评价指标，有学者指出评价指标体系中“四级网站使用率”的评价参考值没有明确的计算依据，可操作性不足，部分三级指标的参考值受到各地法院所处区域的经济发展状况、法治教育程度、信息公开畅通程度，以及当地人民对智慧法院的关注度等因素的影响，因而欠缺普适性和稳定性。[3] 从各地实践来看，第三方对智慧法院的评估分为智能审判、智慧执行、智慧管理、智慧诉讼服务4个部分共46项三级指标。[4] 它与《智慧法院建设评价体系（2018版）》中关于智慧法院的评价三级指标则为64项，相差18项，缺乏对法院综合保障能力的评估。另外，第三方评价指标体系的约束力不足，难以与后续的评价文件形成紧密衔接，难以得到各地法院的广泛遵循。

（二）评价体系的主体和指标公开化不足

目前，我国智慧法院建设的评价体系尚未实现完全的公开化和阳光化。具体而言，它集中表现为智慧法院建设情况、建设标准和评价体系的相关信息未能进行有效披露。其中，最高人民法院先后于2019年和2021年通过了《智慧法院建设评价指标体系（2019年版）》以及《智慧法院建设评价指标（2021年版）》等官方的评价文件。然而，上述两份智慧法院建设评价体系的重要文件并未对外公开。如果法院内部的评价文件一直得不到公开，始终被视为内部的评

---

2 上海市第一中级人民法院课题组：《智慧法院建设评价体系之实证分析与完善建议》，载《中国应用法学》2018年第2期。

3 谭世贵、王强：《我国智慧法院建设的实践、问题与对策》，载《杭州师范大学学报》2019年第6期。

4 参见陈甦、田禾主编：《中国法院信息化发展报告（2019）》，社会科学文献出版社2019年版，第39～40页。

价指标而秘而不宣,那么此类评价标准将无法为社会公众所知悉和评价,进而影响其公信力。其次,智慧法院建设评价主体仍以法院自我评价为常态,尚未提供对外公开的评价渠道,社会公众也无法实际参与智慧法院建设的评价。此外,智慧法院建设的主要评价标准都以客观的量化数据作为参考,而缺乏智慧法院的建设者、使用者、监督者、参与者等第三方的主观评价,评价结果未能体现人民群众对智慧法院建设的真实感受。为了全方位实现智慧法院建设评价体系的人民性和阳光化,宜进一步扩充评价主体的范围,推动评价文件的公开化。

(三)评价体系中主观评价指标阙如

从内容上来看,3.0 版智慧法院建设的评价指标侧重于智慧法院的智慧服务功能从无到有的评价,它主要从智慧法院建设的基础设施支撑以及智慧法院建设网络化、智能化、阳光化等几个方面评价。从评价指标来看,3.0 版智慧法院建设评价体系是从法院有效进行司法审判工作角度进行评价,它是基于便利法院管理案件而作出的评价。换言之,3.0 版智慧法院建设指标设计从智慧法院的智慧审判系统建设支撑上去评价,进而促进智慧法院建设基础设施的完善。具体而言,网络化服务从网上办案、网上信访、网上执行等方面评价,它直接体现智慧法院建设是以法院为中心的司法管理工作建设。相较而言,阳光化效应评价方面涉及诸多诉讼服务,但是其评价占比分数都明显低于智慧审判系统及网络化服务等功能性指标评价。概言之,当前指标设计的主要重心是以法院为中心,它强调智慧法院建设的基础设施、法院司法工作的效率、法院网络化的适用率等内容,它缺少以当事人为中心的效果性评价指标。一般而言,功能性评价指标注重建设内容的从无到有,效果性评价指标注重建设内容的从有到用,主观性评价指标注重建设内容的从用到好用。当前,智慧法院建设评价体系侧重智慧法院内部案件管理能力的测评而忽略智慧司法实践效果的反馈,且在效果性指标中缺乏对应用主体主观评价(用户满意度)的关注。

(四)评价指标唯数据化影响司法公正

随着人工智能辅助裁判系统逐步应用于司法服务,智慧法院同样尝试将其运用于法官业绩的智能考核领域,运用智慧监督的评价指标对法官的业务水平进行评价,进而发挥约束法官不当裁判的作用。然而,这种过度依赖智慧监督系统的做法也存在隐忧。一方面,上级法院可基于法院内部统一的人工智能辅助裁判系统实现对下级法院判决的错案预警、发回重审、依法改判等自动化纠错程序。另一方面，基于上下级法院之间的数据共享和系统互通，下级法院的法官在根据人工智能辅助裁判系统的自动裁决作出最终生效裁判时，容易为了降低上诉率、改判率及再审率而选择遵照人工智能的算法推演和自动化决策，从而导致人工智能的决策结果在法官内心形成非规范性约束力，长此以往甚至还可能出现"唯智是从"的机械思维。在此情形下，裁判文书的流水式现象将蔓延至上下级法院的审判常态，两审终审的基本制度也会受到机器中心主义的威胁和挑战，甚至颠覆整个诉讼结构。在司法审判监督领域，过度地使用人工智能辅助系统可能加剧技术对司法的侵扰和干预。虽然智能裁判系统可以准确、客观地反映了法官的静态司法质量，但在一定程度上弱化法官在个案中的司法能动性，间接忽略案件的疑难程度和法官的个性化裁判特征。过度的智能化监督也会对法官的司法活动形成掣肘，并不必然有助于促进司法效率，实现司法公正。

三、智慧法院建设评价体系的逻辑重构

随着互联网司法模式逐渐深入人心，在线诉讼在疫情期间逐渐成为当事人参加庭审的常态，电子取证和送达规则也不断趋于完善，各地智慧法院的信息化建设已经进入新的发展阶段。其中，人民法院信息化建设迈入以智能化、一体化、协同化、泛在化、自主化"五化"为中心的4.0版智慧法院建设评价体系也应与时俱进。

（一）智能化的评价逻辑

所谓智能化，是指人工智能在贯穿智慧法院"诉、管、服、执"全流程司法业务中的深度应用，其本质在于以智能机器人执行大量具有重复性和机械性的司法工作，或是借助智能裁判辅助系统实现司法裁判的自动化和智能化。[5] 从技术可行性的角度来看，智慧法院的绝大部分程序性的事务都可以交由人工智能完成。人工智能裁判辅助系统还能基于对历史数据的分析、推理及预测，遵循类案推送的底层逻辑，自动生成与类似案件相吻合的判决结果。从实践来看，

---

5 参见刘贵祥：《总结经验理清思路加快推进智慧法院建设》，载《人民法院报》2017年6月21日，第5版。

3.0 版智慧法院已初步实现了司法业务的智能化,也取得了不少有益成果。[6] 随着技术和系统的升级更迭,4.0 版智慧法院将呈现出百花齐放的智能化应用图景。

从评价对象来看,4.0 版智慧法院建设以智能辅助升级优化为重点,加强智能审判、智慧执行辅助研究及应用,深入推进电子卷宗随案同步生成和深度应用,全面推广类案强制检索、文书辅助生成、要素式智能审判等应用,提高审判执行智能化水平。[7] 可见,4.0 版智慧法院建设的建设重点是智慧法院大脑、司法数据中台、人工智能辅助裁判系统及区块链的司法应用。正因如此,智慧法院建设的评价逻辑也应围绕智慧法院智能化的建设成果和应用成效展开。4.0 版智慧法院建设评价指标应在 3.0 版的基础上进一步更新和细化,它既要完善关于智慧法院大脑、司法数据中台两大重点工程的建设评价指标,又要重视对智能审判系统、智慧执行、电子卷宗管理、类案检索、文书生成以及区块链电子存证等智慧司法的具体应用进行考核与评价。

(二)一体化的评价逻辑

所谓一体化,是指智慧法院的应用需面向全层级,贯穿全流程,覆盖全方位,打通智慧法院体系内部之间的信息孤岛以及智慧法院与外界的数据壁垒,构建集约高效、融合联动、共建共享的 4.0 版智慧法院体系。智慧法院建设一体化要求实现智慧司法体系的内外联动,形成“一站式”综合服务体系,构建全方位信息资源及服务体系。[8] 正因如此,智慧法院可依托全流程一体化的“司法诉讼平台”和“司法服务平台”涵盖司法立、审、执、结各环节,开启在线立案、缴费、证据交换、开庭、文书送达的新常态,进而实现诉讼服务“一网通办”,诉服运行“一网统管”。

在评价逻辑上,评价智慧法院的一体化成效,应主要考察各地法院智慧法院系统的数据交换、业务联动以及提供“一站式”综合司法服务的能力。从一体化的规模来看,当前的智慧法院建设还停留在相对独立的系统平台建设,欠缺一审法院、二审法院、再审法院及委托执行法院等法院之间的“一站式”对接,也尚未形成与智慧检务、智慧警务等司法系统的互联互通,距离实现全流程、一体

6 参见王禄生:《智慧法院建设的中国经验及其路径优化》,载《内蒙古社会科学》2021 年第 1 期。

7 参见《科学规划“十四五”期间人民法院信息化发展全面深化智慧法院建设》,载民主与法制网,http://www.legaldaily.com.cn/judicial/content/2020-11/23/content_8362895.html。

8 参见龙飞:《智慧法院建设的八个“关键词”》,载《人民法治》2018 年第 2 期。

化的智慧法院应用体系还有较大空间。从一体化的内容来看,其与“一站式”的概念和特征相似,只是在后者的基础上突出对法院司法业务的整体性、系统性的强调。为此,4.0版智慧法院建设的一体化评价指标需着眼于考察各地法院在智慧司法业务上的衔接性和畅通性,具体可量化为不同法院在业务的传递、受理、送达、办理、反馈等环节的时效和质效。

(三)协同化的评价逻辑

所谓协同化,是指司法业务的全链路、全流程的协作和同步,但应不限于法院系统的内部协同,而应是司法业务的全业务协同。实践中,智慧法院建设的协同化与一体化之间存在密切关联。换言之,没有一体化就没有协同化,二者相辅相成,不可偏废。随着越来越多一体化办案平台的搭建和上线,审判业务之间的协作将变得更加紧密和高效。一方面,智慧法院建设一体化的成效将间接影响其司法业务的协同化水平;另一方面,智慧法院在司法业务上的协同化水平也能侧面反映出其一体化建设的质量,二者的评价逻辑也因而可互为借鉴。

在评价逻辑上,智慧法院建设协同化评价指标可以参照一体化的相关指标,它重点考察协同化在法院建设和技术应用过程中所取得的成果。具体而言,协同化的评价应关注两个方面。一是智慧法院在内外部司法业务上的协同程度,内部业务表现为智慧法院在“诉、管、服、执”等司法业务之间的智能协同;外部协同表现为智慧法院与智慧检察、智慧公安、智慧监狱等外部司法、执法机关业务的关联协同。二是智慧法院在不同时空与地域之间的跨线协同,表现为以移动微法院为代表的线上诉讼平台与传统实体诉讼之间的双向协同。智慧法院建设协同化需妥善处理好在线司法业务与线下司法业务之间的衔接问题、电子诉讼规则与民事诉讼法的适配性问题等。为此,智慧法院建设协同化评价逻辑,应遵循内外兼修、双管齐下的评价路线,既要关注不同业务、不同线路之间的协同质效,又要使之与一体化的评价指标相适应,从而更具衔接性与合理性。

(四)泛在化的评价逻辑

所谓泛在化,是指万物互联时代的网络泛在、数据泛在及在此基础上的泛在应用,从建设进路看,智慧法院的泛在化建设需以5G通信技术作为突破口,以突破时空限制的网络系统和数据平台为基础设施,为用户提供任何时间、地点都能使用的智慧司法服务体系。智慧法院借助网络化、数字化技术,以跨越时空的方式向社会公众提供智慧诉讼服务，让司法诉讼形态从“对席”转化为“对屏”，打破时空物理限制以延伸司法服务场景。

在评价逻辑上，智慧法院建设泛在化成效评价需要关注其本质特征。泛在化的本质特征表现为新技术在司法应用中的延伸性、覆盖性以及连通性。例如，远程庭审技术的覆盖率、使用率、连通率，跨区域司法业务的受理量和办结率等，都是对泛在化成效进行评价所必不可少的内容。随着泛在化目标的逐步实现，智慧法院提供的司法业务场景、司法业务类型以及司法业务数量将不断增加，成本将不断降低，便利度将不断提升。泛在化不仅指司法业务的泛在化，还意味着司法评价的泛在化，即允许当事人、司法服务对象、新闻媒体等社会公众通过多渠道、多维度、多标准地参与智慧法院的评价，使评价机制由过去自上而下、局限于内的自我评价模式转向自下而上、内外兼顾的全方位的评价模式。人人尽享建设成果、人人都能畅所欲言，才是智慧法院建设泛在化司法服务体系的灵魂所在。评价泛在化的建设成效，还应关注智慧法院向外界提供的评价渠道、评价主体以及评价数量等多重指标，从而判断该法院是否实现了评价体系的泛在化。

（五）自主化的评价逻辑

所谓自主化，是指智慧法院建设要确保建设内容的自主研发和安全可控。为维护智慧法院的数据、算法、网络等信息系统的安全，应保证核心技术的自主研发，进而确保智慧法院的数据库（如司法数据中台）、智能系统（如智慧法院大脑）等重要软硬件应用和技术不受制于人。自主化的建设定位由此应运而生，也应纳入智慧法院的评价体系。

在评价逻辑上，智慧法院建设自主化成效的评价指标可以从三个方面进行考察和完善：一是资源评价指标，即法院技术部门是否满足自身信息化建设的技术需求，能否在不依赖外部力量的情况下实现智慧司法系统的自主研发、自主运维及自主更迭。二是安全评价指标，如果采用外包的方式进行开发，需要关注外包业务是否经过风险评估程序，其内容是否具有涉密性质，是否包含法院内部的重要数据或者当事人的个人信息等，在传输过程中是否经过数据的清洗、脱敏以及去标识化处理等必要程序。三是成果评价指标，将智慧法院在引进复合型人才、加大自主研发的投入力度、自主研发成果、与地方产学研的合作项目等方面的工作成效纳入考核与评价的范围，确保自主化评价指标符合实际的建设状况。

四、4.0版智慧法院建设评价体系的优化

如前所述,4.0版智慧法院建设以智能化、一体化、协同化、泛在化、自主化为核心展开。智慧法院建设评价逻辑也发生了相应的变化。4.0版智慧法院建设评价体系的重心也发生了转变。智慧法院建设"五化"要求对评价体系提出了更高的要求。正因如此,智慧法院建设评价体系应按照4.0版智慧法院"五化"定位进一步健全和完善评价指标及路径。

(一)构建与各地法院的资源配置相适应的评价标准

推进智慧法院的建设,不仅要依靠科学、可持续的建设目标,还需要人才、财政以及设备等物质资源的必要支撑。智慧法院建设评价指标的设计应当充分考虑到各地智慧法院的建设难度,避免采用笼统、无差别的评价标准,充分结合各智慧法院所在地的人才、技术、财政收入等资源分配情况,设置符合地方发展水平和经济人才资源配置的评价指标。实践中,各地智慧法院建设会因地区之间的发展水平不均衡而存在较大差异。相较而言,东部沿海地区智慧法院建设发展较为充分,西部内陆地区智慧法院建设发展则较为缓慢。为此,虑及各地在财政、技术、复合型人才等资源上的差异,智慧法院建设评价体系不宜采用"一刀切"的评价指标,而应以各地法院财政、人才等资源条件划分不同的评价指标体系。

(二)推进评价体系泛在化和阳光化指标

推进评估指标阳光化是智慧法院建设的内在要求。普通老百姓对智慧法院应用的效果有最直观的感受,他们参与智慧法院建设的评估能直接反映智慧法院建设成效的实际情况。法院健全自我评价体系固然重要,但它并不是检验智慧法院建设成效的唯一路径。实践中,内部自我评价体系不足以体现评价的客观性和中立性。相较而言,广泛听取和接受当事人、诉讼参与人、媒体等外界公众的评价意见则有助于弥补客观性和中立性的不足。具体而言,智慧法院建设评估体系中的阳光化指标集中体现为单独设立人民群众的评价指标。另外,实现智慧法院业务的泛在化也包含了评价主体和评价方式的泛在化,即充分利用互联网、大数据、5G通信等数字化、网络化的技术扩大评价的渠道和范围。这有利于将不同诉讼参与者的主观感受纳入智慧法院建设和应用的评价指标,是实现阳光化和泛在化的应有之义。为此,完善智慧法院建设评价体现要重视

当事人在接受智慧法院诉讼服务过程中的反馈意见和主观评价,让多方主体形成合力,打造阳光化的评价体系。另外,智慧法院建设的泛在化与阳光化还体现在智慧审判的可视化评价指标,它包括智慧审判可视性满意度、法规推送附具解释率、类案推送附具解释率、证据智能比对采用率、智慧审判公开率、智慧量刑建议采用率、智能文书撤回率等。

(三)推动智慧法院建设评价指标智能性与人民性的融合

在智慧法院建设中,评价指标要考虑智慧司法应用中的智能型技术对法官司法权的负面影响。具体而言,智慧法院建设应当避免对当事人公平受审权的威胁;避免对法庭神圣性的侵蚀;避免过度迷信和依赖人工智能审判,而忽视人类独有的复杂命题。[9] 正因如此,智慧法院建设评价指标内容要设计智慧司法应用对当事人诉讼权益影响的负面评价指标。具体而言,智慧法院在节约立案成本、送达成本等方面,必须考虑不同当事人的需求,对电子送达的选择以及具体操作必须确保当事人的知情权、其他诉讼权利不受侵犯,不能为了提高司法效率而忽视诉讼最重要的当事人这一主体。实际上,智慧法院实现司法正义是考察其科学性、可持久性的主要指标。[10] 为此,智慧法院建设评价指标应当内含智慧审判的可接近性评价指标,它包括智慧立案满意度、立案变更率、电子送达默示同意率、电子送达推定有效率、电子送达后未参与率、电子送达决定申诉率、当事人远程临场参与率等。另外,智慧法院建设评价指标的人民性还体现在智慧审判的裁判质量与裁判效率两个方面。其中,智慧审判的裁判质量指标主要包括智慧裁判质量满意度、申诉改判发回率、二审改判发回瑕疵率、执行终结率、一审陪审率、裁定再审率、调解案件申请执行率、二审改判发回率等;智慧审判的裁判效率指标主要包括智慧裁判效率满意度、智慧审判案件分流率、智慧审判改期审理率、智慧审判延期审理率等。

(四)谨防评价指标唯数字化对司法监督的矫枉过正

实践中,智慧法院已经尝试将大数据、人工智能等技术运用于司法监督领域。目前,智慧监督已经涉及案件的难易系数、法官承办案件数、法官之间任务量比较等内容,它还涉及案件上诉率、发回重审或改判率、信访率等内容。从内

9 孙笑侠:《论司法信息化的人文"止境"》,载《法学评论》2021 年第 1 期。

10 参见刘艳红:《人工智能技术在智慧法院建设中实践运用与前景展望》,载《比较法研究》2022 年第 1 期。

容来看,法院内部应用智慧审判进行司法监督的内容涉及方方面面。智慧法院在运用智能审监系统时宜采用多元、科学的考核指标,兼顾智慧监督的高效性和个案的复杂性,增进智慧司法的质量。[11] 正因如此,建立案件风险评估、审委会重点案件评价、案件评查问责等监管机制,既可以有效避免"唯数据论"以及"唯智是从"的评价弊端,也符合司法监督的客观逻辑,从而切实推动司法责任制的智慧化建设。另外,智慧法院信息化建设过程中信息内容的准确性、信息收集的合法性、信息分析的可行性、信息保存的安全性等方面都是关乎人民群众的重要问题。为此,智慧法院建设评价指标应当吸收司法监督指标。

五、结　　语

回顾人民法院信息化建设的历程,信息技术的发展和应用为人民法院确保司法公正、提升审判质效、更好维护社会公平正义提供了有力的科技支撑。4.0版智慧法院建设正朝着集智能化、一体化、协同化、泛在化和自主化于一体的智慧司法服务体系方向发展。为此,智慧法院建设评价体系应结合智慧法院"五化"建设目标重塑其评价主体、评价范式以及评价内容,进而形成科学、合理的4.0版智慧法院建设评价体系。不仅如此,智慧法院建设评价体系也应动态发展,促进智慧法院建设不断解决信息技术和司法耦合的障碍,推动人民法院的司法改革,推进国家治理体系和治理能力现代化,并为世界各国的智慧法院建设作出具有中国特色的示范。

11　参见《构建"三评三管"工作机制　完善法院内部监督体系》,载《人民法院报》2020年12月19日,第4版。

案例分析

侵害消费者个人信息权益的司法判定及责任承担

——谷某等诉深圳某文化有限公司网络侵权责任纠纷案

袁 玥 李 楚*

【裁判要旨】

消费者在经营者提供的包间内的活动具有私密性，经营者擅自公开包间内监控录像，构成对消费者隐私权的侵害，应当依法承担民事责任。

经营者因提供商品或服务获取的消费者个人微信账号属于个人信息，擅自公开消费者微信个人账号信息，构成对消费者个人信息权益的侵害，消费者请求经营者删除违法公开的个人信息并承担赔礼道歉、赔偿损失等民事责任，人民法院应依法予以支持。

【关键词】

民事 侵权 隐私权 个人信息 民事责任

【案件索引】

广州互联网法院民事判决书，(2021)粤0192民初13940号(2021年12月29日)

一审独任审判员：袁玥

* 袁玥——广州互联网法院综合审判一庭法官；李楚——广州互联网法院综合审判一庭法官助理。

【基本案情】

原告谷某等诉称,深圳某文化有限公司因原告在大众点评网就其提供的剧本杀服务发布差评,遂在其微信公众账号中发表澄清声明,披露其与原告的微信群聊记录截图、游戏包厢监控视频录像片段、微信个人账号信息,还称“可向公众提供全程监控录像”。该行为侵害了原告的隐私权、名誉权和个人信息权益,故诉请判令深圳某文化有限公司停止侵害、向原告赔礼道歉、赔偿精神损害抚慰金。

被告深圳某文化有限公司辩称,其发布澄清声明是为了交代服务过程、还原真相,以减少“差评”带来的不利影响,属于合理使用原告个人信息。监控录像用于记录店铺经营活动,且将原告露脸处打了马赛克;呈现的微信头像、微信昵称、微信个人账号等信息无法识别原告,不属于个人信息范畴,未侵害原告隐私权、个人信息权益,不应承担侵权责任。与此同时,深圳某文化有限公司认为谷某等发布差评系借机诽谤行为,故反诉请求判令谷某等承担侵权责任。

法院经审理查明:原告谷某等通过微信预约后,于2021年4月4日下午前往深圳某文化有限公司经营的实体店铺包间内进行剧本杀游戏。游戏结束后,原告谷某等通过大众点评网对被告给予低分差评。

2021年4月9日,被告深圳某文化有限公司在其微信公众账号中发布澄清声明,指责原告恶意发布差评,披露被告工作人员与原告等的微信群聊记录截图、游戏包间监控视频录像片段及原告微信个人账号昵称、头像、微信号等信息,称“可向公众提供全程监控录像”。

【裁判结果】

广州互联网法院于2021年12月29日作出(2021)粤0192民初13940号民事判决:一、被告深圳某文化有限公司于本判决发生法律效力之日起,立即停止在其微信公众号“×××演艺馆”发布的澄清声明中公开2021年4月4日拍摄的含有谷某等画面的监控录像,删除文字“如果大家对此有质疑,这边有全程监控录像可以调取”以及谷某的微信个人账号信息;二、被告深圳某文化有限公司于本判决发生法律效力之日起十日内,通过微信公众号“×××演艺馆”发布致歉声明,向原告谷某赔礼道歉,致歉内容须事先经本院审查,保留时间不少于30日;如深圳某文化有限公司拒不承担该民事责任,本院将采取在报刊、网络等媒体上发布公告或者公布生效裁判文书等方式执行,产生的费用由深圳某文化有限公司负担;三、被告深圳某文化有限公司于本判决发生法律效力之日起十日内,赔偿原告谷某精神损害抚慰金1000元;四、被告深圳某文化有限公司于本判决发生法律效力之日起十日内,赔偿原告杨某精神损害抚慰金1000元;五、驳回原告谷某的其他诉讼请求;六、驳回反诉原告深圳某娱乐文化有限公司的全部反诉请求。宣判后,双方当事人未上诉。

【裁判理由】

法院生效裁判认为:本案纠纷发生于消费者与经营者之间,对消费者隐私权、个人信息的保护,应根据《消费者权益保护法》有关消费者权益保护的规定,《民法典》有关隐私权的规定和《个人信息保护法》有关个人信息保护等规定加以评析。

一、消费者在经营场所包间内的活动具有私密性,应根据《民法典》有关隐私权的规定[1]对经营者公开包间内监控录像的行为进行认定。经营场所的包间一般独立于公共区域,消费者对其在包间内的活动不为他人知晓具有合理预期,应认定属于上述规定的"私密活动"。本案中,深圳某文化有限公司对谷某等6人在房间内的游戏活动进行拍摄,擅自截取部分监控视频于互联网上公开,该行为属于违法"公开他人私密活动"的行为,深圳某文化有限公司应当预见到案涉监控录像通过互联网公开后,他人可随意下载、传播,甚至进行不当使用,故深圳某文化有限公司的行为构成侵害隐私权。深圳某文化有限公司系监控录像的控制者,并表示可向公众提供全程监控录像,可见深圳某文化有限公司具有随时向他人提供监控录像的能力以及可能性,原告的隐私面临随时可能公开的现实危险,客观上造成原告精神困扰,影响了原告的生活安宁。因此,深圳某文化有限公司通过互联网公开案涉监控录像片段,并表示可向公众提供全

1 《民法典》第1032条:"自然人享有隐私权。任何组织或者个人不得以刺探、侵扰、泄露、公开等方式侵害他人的隐私权。隐私是自然人的私人生活安宁和不愿为他人知晓的私密空间、私密活动、私密信息。"

程监控录像,该行为亦构成对谷某隐私权的侵害。

二、根据《个人信息保护法》第4条第1款[2]之规定,个人微信账号是否属于个人信息存在相对性。经营者因提供商品或服务获取的消费者个人微信账号,对于经营者而言,因其能够识别特定消费者,故属于个人信息范畴。《个人信息保护法》第13条规定了个人信息处理者处理个人信息应当遵循的规则,除该条第1款第2项至第7项规定的情形外,个人信息处理者处理个人信息应当取得个人的同意。本案中,深圳某文化有限公司作为个人信息处理者,以"希望不会有更多的受害者"为由,公开原告微信个人账号,未事先取得原告同意,也非因履行剧本杀服务合同所必需,故不属于法定不需取得个人同意可处理个人信息的情形。因此,深圳某文化有限公司上述行为构成对原告个人信息权益的侵害。

三、根据《民法典》第1037条第2款[3]和《个人信息保护法》第47条第1款[4]之规定,本案中,深圳某文化有限公司违反法律规定处理原告个人信息,原告请求深圳某文化有限公司删除案涉微信公众号文章中原告的微信个人账号信息,于法有据,本院予以支持。

【案例注解】

"十四五"规划"营造良好数字生态"一章明确要求,要加强涉及国家利益、商业秘密、个人隐私的数据保护,加快推进数据安全、个人信息保护等领域基础性立法,强化数据资源全生命周期安全保护。本案审理依法保障了消费者隐私权、个人信息权益,充分贯彻了《个人信息保护法》的立法精神,切实回应了人民对其个人信息权益保护的司法需求。

---

2 《个人信息保护法》第4条第1款:"个人信息是以电子或者其他方式记录的与已识别或者可识别的自然人有关的各种信息,不包括匿名化处理后的信息。"

3 《民法典》第1037条第2款:"自然人发现信息处理者违反法律、行政法规的规定或者双方的约定处理其个人信息的,有权请求信息处理者及时删除。"

4 《个人信息保护法》第47条第1款:"有下列情形之一的,个人信息处理者应当主动删除个人信息;个人信息处理者未删除的,个人有权请求删除:(一)处理目的已实现、无法实现或者为实现处理目的不再必要;(二)个人信息处理者停止提供产品或者服务,或者保存期限已届满;(三)个人撤回同意;(四)个人信息处理者违反法律、行政法规或者违反约定处理个人信息;(五)法律、行政法规规定的其他情形。"

一、《个人信息保护法》关于个人信息的内涵、处理个人信息的行为类型与《民法典》的有关规定构成特别法与一般法的关系

个人信息保护纠纷主要因经营者违法处理个人信息引发。《个人信息保护法》施行前,《消费者权益保护法》《民法典》对侵害个人信息权益的民事责任承担方面均有所规定。《个人信息保护法》对信息处理者的行为提出了明确的规范要求,亦对个人信息的权利类型予以规定。本案审理面临的首要问题,即是各单行法之间如何衔接适用的问题。

关于《个人信息保护法》属公法还是私法,该法与《民法典》的关系问题,存在争论。第一种观点认为,《个人信息保护法》保护的个人信息上的人格权,故此属于民法的特别法[5]。第二种观点认为,不能将《个人信息保护法》视为民法特别法。只有违反《个人信息保护法》的行为造成权利人民事权益损害的,《民法典》才从民事责任追究方面进行衔接[6]。第三种观点认为,违反个人信息保护规则的行为未必侵害人格权,是否侵害人格权是一个需要结合个案具体情形,对冲突利益进行衡量后才能得出结论的问题;遵守个人信息保护法的个人信息处理行为也并不当然无害于他人的人格权[7]。第四种观点认为,《个人信息保护法》中的民事规范应当作为民法的特别法来看待。但是,由于《个人信息保护法》并未区分公私主体的信息处理者,公权力机关处理个人信息的规范,明显不属于平等主体之间的规范[8]。

本案裁判从三处核心论述中,明确了《个人信息保护法》关于个人信息的内涵、处理个人信息的行为类型与《民法典》的有关规定构成特别法与一般法的关系。具体为:

(1)对被公开的微信个人账号(部分打码处理)是否属于个人信息,相较于《民法典》第1034条,优先适用《个人信息保护法》第4条。《民法典》采用“识别”标准,即要求个人信息必须具有识别性。相比之下,后者对个人信息的定义不仅保留了“信息→人”的识别性标准,还增加了“人→信息”的关联性标准,将

---

5 参见王泽鉴:《人格权:法释义学、比较法、案例研究》,北京大学出版社2012年版,第215页。

6 参见周汉华:《个人信息保护的法律定位》,载《法商研究》2020年第3期。

7 杨芳:《个人信息保护法保护客体之辩——兼论个人信息保护法和民法适用上之关系》,载《比较法研究》2017年第5期。

8 王苑:《个人信息保护在民法中的表达——兼论民法与个人信息保护法之关系》,载《华东政法大学学报》2021年第2期。

信息内容本身可能不具有识别性,但已与特定自然人形成稳定关联的信息同样纳入个人信息范畴,更有利于本案原告的权益保护。

(2)对深圳某文化有限公司公开微信个人账号这一个人信息处理行为的合法性评价,相较于《民法典》第1035条规定,优先适用《个人信息保护法》第13条。后者扩大了处理个人信息的合法性基础,将履约、法定职责等其他条件纳入合法基础范围,且保留了兜底性条款,打破了《网络安全法》确立的将同意作为收集使用个人信息的唯一合法性基础的局面,呼应了《民法典》第1035条第1款[9]第1项的规定,有利于突出本案保护个人信息权益、规范个人信息处理活动、促进个人信息合理利用的三重实践意义,亦与《个人信息保护法》第1条立法宗旨相契合。

(3)对深圳某文化有限公司应如何承担侵权责任,则综合考量《民法典》第1165条[10]、《个人信息保护法》第69条[11],与另一特别法《消费者权益保护法》第50条[12]三者之间的关系与效用,最终适用《消费者权益保护法》,展示了个人信息保护领域特殊的"三重竞合"现象及分析方法。

关于侵害个人信息侵权责任的归责原则,《民法典》侵权责任编确立了过错责任为一般归责原则。而依据《个人信息保护法》第69条第1款的规定,在处理个人信息的侵权责任成立上,应当采用过错推定原则。该规则的适用与《民法典》第1165条第2款关于过错推定的条款相结合,构成了完整的侵害个人信息侵权责任的归责原则。《民法典》第1165条第2款规定:"依照法律规定推定行为人有过错,其不能证明自己没有过错的,应当承担侵权责任。"因此,《个人信息保护法》第69条第1款即构成了此处的"依照法律规定",从而可以适用《民法典》中的过错推定原则。在适用过错推定原则认定侵害个人信息的侵权

9 《民法典》第1035条第1款:"处理个人信息的,应当遵循合法、正当、必要原则,不得过度处理,并符合下列条件:(一)征得该自然人或者其监护人同意,但是法律、行政法规另有规定的除外;(二)公开处理信息的规则;(三)明示处理信息的目的、方式和范围;(四)不违反法律、行政法规的规定和双方的约定。"

10 《民法典》第1165条:"行为人因过错侵害他人民事权益造成损害的,应当承担侵权责任。依照法律规定推定行为人有过错,其不能证明自己没有过错的,应当承担侵权责任。"

11 《个人信息保护法》第69条:"处理个人信息侵害个人信息权益造成损害,个人信息处理者不能证明自己没有过错的,应当承担损害赔偿等侵权责任。前款规定的损害赔偿责任按照个人因此受到的损失或者个人信息处理者因此获得的利益确定;个人因此受到的损失和个人信息处理者因此获得的利益难以确定的,根据实际情况确定赔偿数额。"

12 《消费者权益保护法》第50条:"经营者侵害消费者的人格尊严、侵犯消费者人身自由或者侵害消费者个人信息依法得到保护的权利的,应当停止侵害、恢复名誉、消除影响、赔礼道歉,并赔偿损失。"

责任时，由于过错推定原则只是过错责任原则在证明责任分配上的特殊安排，因此，在关于其他责任成立要件的认定上，仍然需要遵循《民法典》侵权责任编的相关规定。而本案众原告作为消费者，可以借助《消费者权益保护法》的特别法属性，解决经营者与消费者之间存在的固有诉讼地位、举证能力不对等的问题，彰显法律对经营者侵害消费者个人信息行为的教育与矫正，也更有利于凸显消费者权益与个人信息权益的“双重保护”。

二、消费者在经营者提供的包间内的活动具有私密性，经营者擅自公开包间内监控录像，构成对消费者隐私权的侵害，应当依法承担民事责任

（一）个人信息保护与隐私权规则的衔接适用

经营者因提供服务需要拍摄的监控录像，是对消费者游戏活动的信息化，即通过拍摄、录制等信息化手段对游戏活动加以固定，录像中含有消费者生物识别信息，从个人信息定义的角度来看，不仅属于个人信息，还包括敏感信息。经营者拍摄录像及公开等行为，显然也属于对个人信息的处理。但因前述行为可纳入隐私权的规则范围，故优先适用隐私权的相关规则，不再就前述行为是否侵害个人信息权益进行单独评价。

（二）对公共场所内的活动是否构成隐私进行界定

根据《民法典》第 1032 条的规定，隐私是自然人的私人生活安宁和不愿为他人知晓的私密空间、私密活动、私密信息。公共场所中也可能有部分场景带有个人的私密属性，传统的“公共场所无隐私”理论日益显现出滞后性。如何界定公民在公共场所内的行为是否属于隐私，可以采用合理隐私期待标准。合理隐私期待，即当公民处在公共场所时，是否享有对隐私权的合理期待。判断是否符合合理期待的标准可以分为客观方面和主观方面，客观上是行为人所处的公共场所环境是否具有隐蔽信息的期待可能性以及该种期待可能性是否符合社会理性认知，主观上是行为人是否实际抱有隐私期待。这个评定标准看似简单，但在实际操作中往往会面对各种其他因素的介入和干扰，需要统筹分析具体案件中的主客观因素来进行综合判断。

客观方面，可以从公共场所性质、个人行为性质和披露信息属性三个维度考虑。公共场所性质方面，若行为人处在人流量很大的公共场所如商场等，应认定其隐私期待较低；如行为人处在被他人注意可能性较低的公共场所，如有物理隔断的饭店、四周无人的小路等，则可以认定其隐私期待较高。个人行为性质方面，如行为人虽然处于复杂的公共场所中，但在角落小声打电话，仍应认定其具有较高的隐私期待,反之,如行为人明知处于公共场所仍高声谈论个人信息且没有其他防范措施,则可以认定其隐私期待程度很低。披露信息属性方面,如行为人披露的信息从一般理性标准来看具有很强的私密性或敏感性,应认定其具有一定的隐私期待;如仅为大众认知中不会造成较大影响的普通信息,则应认定其隐私期待很低。

主观方面,可以从信息披露对象、信息披露范围、信息泄露风险三个维度考虑。信息披露对象和范围方面,如行为人与父母、配偶、子女等亲密性较强的对象透露相关信息,知悉范围较小且可以预见不会大范围传播,可以认定其隐私期待较高;如行为人在公共场所的集体聚会中随意谈论个人信息,知悉范围较大且能够预见可能会被传播,应认定其隐私期待较低。信息泄露风险方面,如行为人明知其身处于公共场所监控可见区域内如繁华市区的马路上、百货商场的正中心等,则其很难主张具有较高的隐私期待;如行为人处于人迹稀少的乡间小路,则可以认定其隐私期待较高。

具体到本案中,客观上,案涉监控录像拍摄于深圳某文化有限公司经营的剧本杀店铺包间内,通过物理隔离的方式独立于店铺公共区域;根据日常生活经验,消费者在房间内进行剧本杀游戏时,他人不得随意进出房间干扰游戏进行。主观上,房间内仅有谷某等6人和游戏主持人,其对在房间内的活动不为他人知晓具有合理预期;未有证据显示深圳某文化有限公司曾事先告知房间内安装了监控摄像头,谷某等人亦不愿意让不特定公众知晓其在包间内的活动。因此,虽然该空间系深圳某文化有限公司的经营场所,属于公共场所范围,但谷某等人具有较高的合理隐私期待,其在该房间内的活动具有私密性。深圳某文化有限公司在未经谷某等人同意的情况下,截取部分监控视频,通过深圳某文化有限公司注册使用的微信公众账号进行公开,该行为属于法律规定的“公开他人私密活动”的行为,构成对谷某等人隐私权的侵害。

三、经营者因提供商品或服务获取的消费者个人微信账号属于个人信息,擅自公开消费者微信个人账号信息,构成对消费者个人信息权益的侵害,消费者请求经营者删除违法公开的个人信息并承担赔礼道歉、赔偿损失等民事责任,人民法院应依法予以支持

(一)《个人信息保护法》对个人信息的定义强调个人信息的相对性,是否认定为个人信息,应当从信息主体的角度出发,而非仅关注该信息本身

微信个人账号是否属于个人信息,是本案争议的焦点问题之一。经营者认

为被公开的微信个人账号信息已进行打码处理,公众并不知晓该微信个人账号由谁使用,不能据此识别特定自然人,故不属于法律定义的自然人个人信息;消费者则主张能够通过微信个人账号"昵称""头像""性别""位置"等结合识别到消费者个人,显属个人信息。由此可见,《个人信息保护法》《民法典》虽然都对个人信息的定义予以明确,但表述有所区别,由此产生法律适用难题,需通过司法裁判对个人信息的审查标准进行明确,使得社会对个人信息的概念有较为清晰和准确的认识,以实现保护个人信息权益与促进个人信息合理利用的立法目的。

《个人信息保护法》规定,"个人信息是以电子或者其他方式记录的与已识别或者可识别的自然人有关的各种信息,不包括匿名化处理后的信息。"《民法典》规定,"个人信息是以电子或者其他方式记录的能够单独或者与其他信息结合识别特定自然人的各种信息,包括自然人的姓名、出生日期、身份证件号码、生物识别信息、住址、电话号码、电子邮箱、健康信息、行踪信息等。"由此可见,《个人信息保护法》在定义个人信息时更强调个人信息的相对性,对是否个人信息的认定,关键在于个人信息处理者是否知晓该信息即是某一特定自然人的信息,而不论该信息本身是否能够被他人直接或间接识别到特定自然人。具体而言,如果从信息本身出发,深圳某文化有限公司公布原告等人微信个人账号信息时,对部分信息进行了打码处理,如果仅从微信个人账号的"昵称""性别""头像"等单个信息来看,由于该信息可能是用户虚构的非真实信息,且公众难以通过该信息直接或间接识别到原告等人,由此得出的结论可能是该部分信息无法认定为个人信息,进而不能对该信息公开的行为进行法律上的否定性评价。如果从信息主体的角度出发,因深圳某文化有限公司公开案涉微信个人账号信息时已明确知晓该信息属于原告等人的微信个人账号,故不论公开的信息是否完整,都应当受到《个人信息保护法》有关个人信息处理规则的约束,本案才能对深圳某文化有限公司公开微信个人账号信息的行为作出否定性评价。就公开微信个人账号的行为而言,除《个人信息保护法》外,似乎难以通过《民法典》《消费者权益保护法》等予以有效规制。

对此,江苏省南京市中级人民法院在朱某诉百度公司案[13]中亦采取了同样的认定标准。对于网络关键词检索记录本身是否属于个人信息甚至隐私,法院

13 宁夏回族自治区高级人民法院民事判决书,(2014)宁民终字第5028号。

认为,网络用户在使用搜索引擎时产生的检索关键词记录,虽然能够反映其网络活动轨迹及上网偏好,具有隐私属性,但此种轨迹与偏好在与网络用户的身份分离开之后,即无法确定具体的信息归属主体,不再属于个人信息的范畴。经查,百度公司个性化推荐服务收集和推送信息的终端是浏览器,没有定向识别使用该浏览器的网络用户身份。虽然朱某因长期固定使用同一浏览器而产生了自己的网络活动轨迹和上网偏好被百度公司收集利用的感觉,但事实上百度公司在提供个性化推荐服务时没有且无必要将搜索关键词记录和朱某的个人身份信息联系起来。因此,原审法院认定百度公司收集和利用朱某的个人隐私进行商业活动侵犯了朱某隐私权,与事实不符。

(二)违法处理个人信息需承担停止侵害(删除个人信息)、赔礼道歉、赔偿损失等民事责任

1. 个人信息删除权受私法救济

个人信息删除权是个人在法定或约定的事由出现时请求信息处理者删除其个人信息的权利[14]。删除权是个人信息权益的一项权能,《个人信息保护法》第47条在《民法典》第1037条规定的基础上,对得以行使个人信息删除权的具体情形加以明确。

消费者要求经营者删除已公开的个人信息,既可适用《个人信息保护法》第47条[15]以及《民法典》第1037条第2款[16]有关个人信息删除权的规定;也可适用《民法典》第995条[17]有关人格权请求权的规定,以及《消费者权益保护法》第50条有关经营者因侵害消费者个人信息依法得到保护的权利应承担责任的规定。从承担民事责任的方式来看,停止侵害最直接的方式即是删除违法公开的消费

---

14 参见杨合庆主编:《中华人民共和国个人信息保护法释义》,法律出版社2022年版,第122页。

15 《个人信息保护法》第47条:"有下列情形之一的,个人信息处理者应当主动删除个人信息;个人信息处理者未删除的,个人有权请求删除:(一)处理目的已实现、无法实现或者为实现处理目的不再必要;(二)个人信息处理者停止提供产品或者服务,或者保存期限已届满;(三)个人撤回同意;(四)个人信息处理者违反法律、行政法规或者违反约定处理个人信息;(五)法律、行政法规规定的其他情形。法律、行政法规规定的保存期限未届满,或者删除个人信息从技术上难以实现的,个人信息处理者应当停止除存储和采取必要的安全保护措施之外的处理。"

16 《民法典》第1037条第2款:"自然人发现信息处理者违反法律、行政法规的规定或者双方的约定处理其个人信息的,有权请求信息处理者及时删除。"

17 《民法典》第995条:"人格权受到侵害的,受害人有权依照本法和其他法律的规定请求行为人承担民事责任。受害人的停止侵害、排除妨碍、消除危险、消除影响、恢复名誉、赔礼道歉请求权,不适用诉讼时效的规定。"

者个人信息。个人信息删除权这一制度安排旨在保护个人对其个人信息的控制。

本案涉及违法公开个人信息的问题,且经营者系通过互联网向不特定的对象公开原告等人的微信个人账号信息,该行为实质上产生了原告等人无法控制其微信个人账号信息的后果,由此带来的风险是,被违法公布的微信个人账号信息可能被他人非法获取,同类经营者获取后可能拒绝向原告等人提供服务,进而损害原告等人公平交易的权利;也有可能产生对原告等人实施网络暴力(人肉搜索),或被违法犯罪分子利用实施网络诈骗等严重损害原告等人人身、财产安全的后果。因此,保障权利人向信息处理者提出删除请求或提起诉讼的权利,关系删除权这一权能作用的充分发挥,也是人格权司法保护的内在要求。简言之,删除权是一种人格权请求权的具体体现,信息处理者如拒绝删除由此造成信息主体的损害,还应依法承担侵权损害赔偿责任。

2. 删除信息的方式和对象,需根据个人信息处理者处理个人信息的具体方式、信息内容、权利人的主张等进行认定

法律并未对"删除"进行明确界定,理由在于,"删除"作为处理信息的一种方式,在"删除个人信息应达至该信息不可用的效果"达成共识的情况下,无论是物理上销毁存储介质,还是技术上使信息消失(不可被检索、访问[18]等),只要能达到该种删除效果,即无须再明确具体的删除方式。此外,对删除信息方式和对象的要求,还取决于违法处理个人信息的行为类型、信息内容、权利人主张等。比如,经营者未经信息主体单独同意,将其个人信息发布于互联网,属于违法公开个人信息的行为,那么请求删除的对象应限于违法公开的该部分个人信息。在信息主体未提出删除存储于系统中的个人信息时,判决删除互联网公开的个人信息即可。具体而言,深圳某文化有限公司因提供服务需要获取了原告等人的个人信息,除微信个人账号外,微信聊天记录、支付记录等均属于深圳某文化有限公司可能处理的个人信息。因本案仅审理莱坞公司违法公开原告等人微信个人账号的问题,原告也仅诉请深圳某文化有限公司删除案涉微信公众号文章中原告的微信个人账号信息,故判决深圳某文化有限公司删除公众号文章中的个人信息即可,不再对深圳某文化有限公司其他个人信息处理行为予以

---

18 参见《信息安全技术　个人信息安全规范》(GB/T 35273—2020)第 3.10 条,其将删除界定为"在实现日常业务功能所涉及的系统中去除个人信息的行为,使其保持不可被检索、访问的状态"。

审查。

3. 侵害个人信息、隐私权的损害赔偿责任

赔偿损失属于损害赔偿责任，与上述个人信息删除权不同。就侵害个人信息而言，权利人请求删除其个人信息，只需发生了法定或约定的信息处理者应当删除而未主动删除的情形即可行使该项请求权，并不以产生损害（人身损害、财产损失、精神痛苦）为前提，也不论信息处理者主观上是否有过错。损害赔偿请求权则必须满足侵权的构成要件，且适用过错推定的归责原则。本案中，被诉侵权行为同时侵害了原告等人的个人信息权益和隐私权，虽然归责原则不同，但损害结果具有同一性，深圳某文化有限公司主观过错明显，故可依法判令深圳某文化有限公司承担赔礼道歉、赔偿损失等民事责任。

关于损害赔偿的归责原则问题。需要注意的是，侵害隐私权、名誉权，属于一般侵权，其损害赔偿适用过错责任原则；而侵害个人信息权益是特殊侵权，其损害赔偿适用过错推定责任原则，二者在举证责任分配上有所不同。在违法处理个人信息导致隐私权、名誉权受损害的情况下，因为损害后果具有同一性，带来的问题是：受害人如果主张名誉、隐私侵权，则适用过错责任，受害人要证明加害人主观上具有过错（包括过失）；主张侵害个人信息权益，适用过错推定责任，则由个人信息处理者证明其不存在过错。对此，可能需要考虑在违法处理个人信息导致侵害隐私权、名誉权等具体人格权的场景下，就侵权损害赔偿责任方面，统一适用过错推定责任原则。还应当注意的是，过错推定责任仅是对过错的推定，并不包括对因果关系的推定，因果关系的举证责任还是在受害人一方。

【相关法条】

《消费者权益保护法》第14条、第50条、第51条，《民法典》第1032条、第1033条第3项、第1037条第2款，《个人信息保护法》第4条、第13条、第47条、第69条

经营者未经同意不得使用其掌握的消费者个人信息进行商业宣传

——郑某某与某投资有限公司网络侵权责任纠纷案

刘文添　李　佳*

【裁判要旨】

消费者个人信息蕴含重要商业价值,经营者在未经消费者同意的情况下,不得使用其掌握的消费者个人信息进行宣传。经营者擅自使用消费者个人信息进行宣传,可能同时构成对消费者多种精神性人格权的侵权,需要承担赔礼道歉等侵权责任。

【关键词】

消费者　个人信息　网络侵权　肖像权　隐私权

【案件索引】

一审:广州互联网法院民事判决书,(2020)粤0192民初47009号(2021年2月1日)

二审:广东省广州市中级人民法院民事判决书,(2021)粤01民终11581号(2021年5月28日)

一审审判庭成员:冯立斌

* 刘文添——广州互联网法院立案庭法官助理;李佳——广州互联网法院综合审判一庭法官助理。

二审审判庭成员:刘庆国

【基本案情】

郑某某在某投资有限公司开设的照相馆拍摄了一组其与配偶的亲密照。订立合同时,郑某某未签名同意拍摄作品可由照相馆作商业宣传使用。2019 年 11 月 1 日,某投资有限公司在其两个经营所用微信的朋友圈,使用郑某某与其配偶的亲密照宣传业务。郑某某认为某投资有限公司侵害其肖像权、隐私权,向人民法院起诉要求某投资有限公司赔礼道歉、赔偿损失 72,000 元。

【裁判结果】

广州互联网法院于 2021 年 2 月 1 日作出(2020)粤 0192 民初 47009 号民事判决:一、某投资有限公司于判决发生法律效力之日起十日内于涉案微信朋友圈上,向郑某某发表致歉声明;二、某投资有限公司于判决发生法律效力之日起十日内,向郑某某赔偿 15,000 元;三、驳回郑某某的其他诉讼请求。一审宣判后,某投资有限公司提出上诉,广东省广州市中级人民法院于 2021 年 5 月 28 日作出(2021)粤 01 民终 11581 号民事判决:驳回上诉,维持原判。

【裁判理由】

法院生效裁判文书认为:在未有充足证据证实某投资有限公司已经郑某某同意使用其照片进行商业宣传的情况下,某投资有限公司在其经营的微信朋友圈使用了郑某某肖像用于商业宣传,且案涉照片清晰可见,构成对郑某某肖像权、隐私权的侵害。结合郑某某的维权开支、某投资有限公司的主观过错程度等因素,法院判决某投资有限公司向郑某某赔礼道歉、赔偿财产损失 15,000 元。

【案例注解】

近年来,消费者个人信息被随意收集、违规使用、非法交易等乱象屡见不鲜,严重侵害消费者合法权益。作为消费者权益的重要组成内容,消费者个人信息的安全与否直接关涉消费者的消费意愿和消费信心,并最终影响市场经济的健康发展。随着消费者个人信息保护及维权意识逐步增强,与之相关的争议与讨论亦逐渐增多。例如,消费者个人信息与隐私如何区分?经营者如何规范收集、利用消费者个人信息、侵权时应承担何种责任?

该案明确了经营者在未经消费者同意的情况下,不得使用其掌握的消费者个人信息进行宣传,指出经营者在保护消费者个人信息方面的责任与义务,有利于指引经营者规范自身经营行为,不断推动我国网络消费生态更为健康有序发展。

一、消费者个人信息与消费者隐私的区别与联系

(一)消费者个人信息之"可识别性"

《民法典》第1034条第2款规定,个人信息是以电子或者其他方式记录的能够单独或者与其他信息结合识别特定自然人的各种信息,包括自然人的姓名、出生日期、身份证件号码、生物识别信息、住址、电话号码、电子邮箱、健康信息、行踪信息等。《个人信息保护法》第4条第1款规定,个人信息是以电子或者其他方式记录的与已识别或者可识别的自然人有关的各种信息,不包括匿名化处理后的信息。该条款在一定程度上延续了《民法典》关于个人信息的定义。根据上述法律的界定,个人信息的最本质特征在于具有"可识别性",即法律所保护的个人信息是指可以识别到具体自然人的信息。作为个人信息的衍生概念,消费者个人信息的法律属性亦从属于个人信息,可以认为是消费者在购买、使用商品或者接收服务时所提供或者产生的能够指向其特定身份的信息,其核心依然在于能够指向特定的消费者。

此外,消费者个人信息还具有重要的财产价值。随着信息技术的飞速发展,这种"财产价值"越发凸显,且"可识别性"大大提升。比如,大量原本不具有可识别性的信息,在大数据及人工智能算法的深度运用下,通过算法比对、交叉验证,亦能实现信息主体的精准定位[1]。一些经营者会运用新技术,对海量的消费者数据进行收集与分类,对用户的行为进行分析,形成用户画像,以此解析用户需求、购买偏好、财产状况等,实现精准营销。当这些数据信息本身或与其他信息相结合能够精准定位到某个消费者时,则成为个人信息。就该角度而言,我们无法简单用"可识别性"清晰地界定个人信息的概念,而需结合特定时

1 参见刘迎霜:《大数据时代个人信息保护再思考》,载《社会科学》2019年第3期。

空下的使用场景进行动态判断。

(二)消费者个人隐私之“私密性”

《民法典》第1032条第2款规定,隐私是自然人的私人生活安宁和不愿为他人知晓的私密空间、私密活动、私密信息。隐私通常是指人们在社会生活中不愿被他人知悉的与其自身相关的私密信息等。该类私密信息一旦被他人所知,其生活安宁会受到他人干扰,私人秘密会受到他人刺探和公开。

隐私最重要的特征在于“私密性”,隐私因其私密性而不具有交互性或者公开性。换言之,隐私信息通常具有隐私权与个人信息的双重特征。可识别个人的信息并不一定都具有隐私利益。但私密性程度越高的个人信息,其可识别性就越高,个人信息中的高度敏感信息通常属于隐私信息。

而消费者的个人隐私与通常意义上的隐私相比,增加了经济利益的含义。一些消费者在消费活动中留下的不愿意为他人所知晓的诸如个人健康信息、行踪轨迹等均属于个人隐私。具体到本案中,郑某某与其配偶拍摄的照片本身属于可以识别到个人的信息,而其拍摄的与配偶之间的亲密照,属于其不愿为他人所知晓的私密信息,同时该私密信息与他人利益、社会公共利益无关,不属于公开信息,一般公众亦无法通过公开合法渠道获知。因此,应当属于消费者的个人隐私。

(三)消费者个人信息权益与隐私权保护的适用

消费者个人信息权益和隐私权的保护存在交叉关系,也存在一些区别。消费者隐私权的保护目的在于防止对消费者私生活的非法侵扰,比如,因个人消费数据被泄露而受到推销骚扰;个人信息的保护目的在于防止对个人信息的非法收集和利用,如大数据“杀熟”。从性质上看,消费者隐私权的保护侧重于对精神权利的保护,而个人信息权益则侧重于对经济权益的保护。

应当注意的是,作为大数据时代的重要社会资源,个人信息对企业的技术创新、商业模式创新及政府的治理方式创新亦发挥重要作用[2]。可以说,消费者个人信息不仅具有个人属性,同时还具有一定的公共属性。因此,在消费者个人信息权益的保护上,应给予个人信息主体适当、必要的保护,但同时亦应确保个人信息有序、合理流通,避免形成“信息孤岛”效应,以更加契合社会发展的主

2 参见郭春镇、马磊:《大数据时代个人信息问题的回应型治理》,载《法制与社会发展》2020年第2期。

流趋势,进而发挥数据对企业竞争和国家发展的重要推动作用。

二、消费者个人信息保护的基本原则

《个人信息保护法》的施行,将散见于《民法典》《消费者权益保护法》《网络安全法》等法律法规中关于个人信息保护的规定集合成一部专门性法规,使个人信息保护得到了更加全面、系统的落实。对于消费者个人信息的保护问题,应遵循以下几个原则。

(一)坚持告知同意原则

2012 年,全国人大常委会通过的《全国人民代表大会常务委员会关于加强网络信息保护的决定》确立了告知同意原则在个人信息处理中的重要作用[3]。此后,《民法典》及《个人信息保护法》等系列法律法规相继跟进。告知同意原则,是指任何组织或个人在处理个人信息时都应当对信息主体,即其个人信息被处理的自然人进行告知,并在取得同意后方可从事相应的个人信息处理活动,否则处理行为即属违法,除非法律另有规定[4]。具体而言,经营者在收集消费者个人信息时,需要尽到告知、说明和警示义务,以明确、易懂和恰当的方式向消费者告知收集和处理其个人信息的目的、使用范围、保护举措等信息。

该规则体现了公民对个人信息的自决权。如经营者在收集消费者的个人敏感信息时,原则上不得直接向未满 16 周岁等限制民事行为能力和无民事行为能力的消费者收集其敏感个人信息,如确有必要,应当征得其监护人同意。告知同意原则一方面能够强化消费者个人信息权益的事前保护,并为经营者处理消费者个人敏感信息提供明确预期。另外,告知同意原则还是法院认定经营者应否承担侵权责任的重要判断依据。

但实践中,由于消费者自身的文化认识水平差异、专业性术语表达存在理解难度以及平台强势等因素,消费者通常不阅读或几乎不阅读相关个人信息指引。又或者,平台提示消费者如拒绝提供个人信息,将无法使用平台等。此时,消费者"自愿"提供个人信息实属无奈之举。最终,告知同意原则亦有可能变相

3　参见《全国人民代表大会常务委员会关于加强网络信息保护的决定》第 2 条:网络服务提供者和其他企业事业单位在业务活动中收集、使用公民个人电子信息,应当遵循合法、正当、必要的原则,明示收集、使用信息的目的、方式和范围,并经被收集者同意,不得违反法律、法规的规定和双方的约定收集、使用信息。网络服务提供者和其他企业事业单位收集、使用公民个人电子信息,应当公开其收集、使用规则。

4　参见王利明、程啸、朱虎:《中华人民共和国民法典人格权编释义》,中国法制出版社 2020 年版,第 419 页。

成为经营者随意处理消费者个人信息的自由通行证。

基于此,可以通过要求经营者给予丧失博弈机会或自愿放弃博弈的消费者以经济激励,达到双方之间利益的平衡,并激发消费者的积极性。具体而言,经营者可向消费者提供不同版本的告知同意规则,分别设置“可以商讨”和“一键同意”的版本。前者可以通过区分处理场景以及信息类型为消费者提供合同条款,消费者可以根据个人情况个性化选择其可接受的信息处理行为。同时,对不愿意提供个人信息但又想使用服务的消费者,提供付费版软件,让其有机会“付费买安宁”。如此设计,避免了当下消费者完全丧失博弈机会时经营者可以随意“定价”的困境,同时避免因交易成本的大幅提高而阻碍信息流通的现象。

(二)坚持合法和必要原则

该原则要求经营者在收集消费者个人信息时,必须通过合法、正当的方式获取,同时所获取的信息对消费者造成的权益侵扰应为最小。合法和必要原则的核心在于保障信息处理目的之基础上实现对信息处理的最小化,即对信息主体权益侵扰之最轻化,防止信息处理者对个人信息的过度处理。

具体而言,一是要有特定、明确、合法的目的,并依照法律、行政法规的规定及与用户的约定,处理其收集的个人信息。如电商经营者承诺将收集到的信息用于研究分析消费发展趋势的目的,就不能将该信息用于其他目的。二是在收集和处理消费者个人信息时,按照对信息主体影响最小的方式进行,不得收集与其提供的服务无关的个人信息,如医疗机构收集的病患疾病信息、健康信息、药物过敏信息等均系其医治病人过程中必须收集的信息,但住址、财产信息等则不属于必须收集的信息。三是不得违反法律、行政法规的规定及双方的约定收集、使用个人信息。四是采用已告知的手段和方式直接向消费者收集,不得采用隐蔽手段或间接方式收集、共享消费者的个人信息。

实践中,特别是手机 App 应用服务商过度收集处理个人信息的现象较为普遍,严重损害信息主体的合法权益。该原则要求信息处理者在收集、处理个人信息过程中不得强迫用户授权,或以捆绑服务、停止服务等不正当手段变相诱导用户授权。

(三)坚持信息安全原则

在大数据背景下,个人信息处理行为既会引发数据安全风险等负外部性,也会带来分享经济价值实现等正外部性,因此需要实现大数据产业创新与个人信息安全的有机平衡[5]。

信息安全原则要求经营者对依法获取的消费者个人信息应当采取适当的、与消费者个人信息遭受损害可能性和严重性相适应的管理措施和技术手段,保护消费者的个人信息安全,防止未经消费者授权的检索、披露及丢失、泄露、损毁等情况。

一是信息处理者不得泄露或者篡改其收集、存储的个人信息。信息处理者自己主动泄露、篡改或者非法提供个人信息的行为是极为严重的违反安全保护义务的行为,也是故意侵犯个人信息权益的行为,不但要承担民事责任,造成严重后果的,还将承担刑事责任。

二是信息处理者应当采取技术措施和其他必要措施,确保其收集、存储的个人信息安全,防止信息泄露、丢失。虽然《民法典》并没有将这些具体措施作具体化的规定,但原则上要求信息处理者在合理限度内采取必要措施保证信息安全。如设置多重密码,设置防火墙以防止病毒入侵等。在确定具体采取哪些必要措施时,可以结合安全措施的成本和个人信息的性质内容来决定和判断。

三是发生或者可能发生个人信息泄露、篡改、丢失的情况的,应当及时采取补救措施。如果信息处理者没有采取措施或者采取的措施不力,导致发生或者可能发生个人信息泄露、篡改、丢失的情况的,其既有及时采取补救措施的义务,同时还有按照规定告知信息主体并向有关主管部门报告的义务,以防止个人信息进一步泄露、篡改、丢失,避免损害的进一步扩大。判断是否构成《个人信息保护法》第 18 条规定的"及时",可以结合个人信息被处理和传播的速度,是否能使损害最小化,如采取删除、断开连接、屏蔽等举措。

三、侵害消费者个人信息权益的责任承担

《民法典》及《个人信息保护法》均对处理者违规处理个人信息的民事责任作出了规定。其中,《民法典》第 1165 条、第 1166 条、第 1167 条规定,行为人因过错或其他归责事由,侵害他人民事权益造成损害或者侵害行为危及他人人身、财产安全的,应当承担损害赔偿责任或停止侵害、排除妨害、消除危险等预防型侵权责任。《个人信息保护法》则通过第 50 条、第 69 条两个条款,对处理者违法处理个人信息的民事责任作出了规定。

---

5 参见胡朝阳:《大数据背景下个人信息处理行为的法律规制——以个人信息处理行为的双重外部性为分析视角》,载《重庆大学学报(社会科学版)》2020 年第 6 期。

个人信息作为一项受保护的民事权益，消费者在面对个人信息处理者违规处理个人信息时，无论该行为是否涉及对个人信息的非法利用，均可以主张受到损害。总体可分为财产损害和精神损害。

（一）侵害消费者个人信息造成的财产损害

《个人信息保护法》第69条第2款规定[6]，直接沿用了《民法典》侵权责任编第1182条关于侵害人身权益造成财产损失的损害计算方式。需要注意的是，在承担侵权责任的各项责任方式中，只有损害赔偿责任的成立需要满足过错及损害的构成要件，即处理者实施侵害个人信息权益的个人信息处理行为；个人遭受财产和精神损害；处理者不能证明自己没有过错；处理者实施的个人信息处理行为与损害后果之间存在因果关系[7]。

另外，根据《最高人民法院关于审理利用信息网络侵害人身权益民事纠纷案件适用法律若干问题的规定》第12条之规定，被侵权人为制止侵权行为所支付的合理开支，可以认定为《侵权责任法》第20条规定的财产损失。合理开支包括被侵权人或者委托代理人对侵权行为进行调查、取证的合理费用。因此，消费者为维护其权益而支出合理费用，亦可以认定为其所遭受的财产损害，以避免如果不赔偿，将会造成被侵权人维权成本过高，侵权人违法成本较小的不平衡状态。

（二）侵害消费者个人信息造成的精神损害

消费者个人信息被违规处理所造成的精神损害，主要在于信息主体会因对搜集用途不知情而陷入恐慌之中，并在精神上遭受极大痛苦，当其信息被进一步非法利用时，其所遭受的精神痛苦会被进一步放大[8]。

对于精神损害所造成的赔偿需援引《民法典》第1183条第1款[9]。但该条

6　参见《个人信息保护法》第50条：个人信息处理者应当建立便捷的个人行使权利的申请受理和处理机制。拒绝个人行使权利的请求的，应当说明理由。个人信息处理者拒绝个人行使权利的请求的，个人可以依法向人民法院提起诉讼。第69条：处理个人信息侵害个人信息权益造成损害，个人信息处理者不能证明自己没有过错的，应当承担损害赔偿等侵权责任。前款规定的损害赔偿责任按照个人因此受到的损失或者个人信息处理者因此获得的利益确定；个人因此受到的损失和个人信息处理者因此获得的利益难以确定的，根据实际情况确定赔偿数额。

7　参见张新宝：《违法处理个人信息的民事责任》，载 https://mp. weixin. qq. com/s/Bj3YeApF1gJ7b1b37TgIMg，最后访问日期：2022年12月5日。

8　参见李昊：《个人信息侵权责任的规范构造》，载《广东社会科学》2022年第1期。

9　参见《民法典》第1183条第1款：侵害自然人人身权益造成严重精神损害的，被侵权人有权请求精神损害赔偿。

款出于防止精神损害赔偿制度被滥用的目的,规定精神损害必须具备严重性才予以赔偿。以本案为例,考虑到并未有证据充分证明涉案文章给郑某某本人带来严重的精神损害,且法院已判令某投资有限公司赔礼道歉,故法院未支持郑某某要求某投资有限公司支付精神损害赔偿金的主张。

至于精神损害严重性的认定标准,可参考《最高人民法院关于确定民事侵权精神损害赔偿责任若干问题的解释》(2020 年修正)第 5 条关于精神损害赔偿数额的确定因素,即侵权人的过错程度,侵权行为的目的、方式、场合等具体情节,侵权行为所造成的后果,侵权人的获利情况等综合认定。

消费者个人信息的有效保障,不仅关涉广大消费者的切身利益,更直接影响消费者的消费信心与消费意愿,最终将影响整个社会经济的健康发展。随着消费者权利保护意识的不断觉醒,以及《个人信息保护法》等法律规范的出台,消费者个人信息的保护与运用正迈入更为精细化管理的时代。经营者作为消费者个人信息的最直接接触者与使用者,亦需认清数据保护的新形势与新规则,努力在合规的前提下为消费者营造更加安全、放心、可持续的消费市场环境。

【相关法条】

《民法典》第 1032 条第 2 款、第 1034 条第 2 款、第 1183 条,《最高人民法院关于审理利用信息网络侵害人身权益民事纠纷案件适用法律若干问题的规定》(法释〔2014〕11 号)第 16 条、第 18 条

未以特户、封金等形式特定化的履约保证金属于破产财产

——广州某某公司诉江西某某公司与破产有关的纠纷案

赵璐璐　李嘉如*

【裁判要旨】

将履约保证金进行质押的前提是以特户、封金、保证金等形式予以特定化，仅在合同中约定该款项为履约保证金以及在转账用途注明“保证金”，并不足以将保证金特定化，不具有物的所有权判断指征。由此形成的是基于协议约定的债权关系，债权人对货币并不发生物权返还请求权或占有返还请求权，仅发生债法上的请求权。

未特定化的保证金在交付给债务人占有后，即为债务人所有，与其他资金发生混同。债务人进入破产程序之后，保证金属于破产财产，债权人无权取回保证金，债务人对个别债权人的无效清偿有损其他破产债权人的合法权益，依法应当予以返还。

【关键词】

履约保证金　货币特定化　破产财产　个别清偿

【案件索引】

一审：广东省广州市南沙区人民法院民事判决书，(2021)粤 0115 民初

* 赵璐璐——广州市中级人民法院一级法官；李嘉如——广州市越秀区人民法院五级法官助理。

17714号(2022年2月16日)

审判庭成员:崔剑

二审:广东省广州市中级人民法院民事判决书,(2022)粤01民终8327号(2022年4月25日)

审判庭成员:赵璐璐、汤瑞、蒙刚

【基本案情】

2017年9月14日,广州某某公司与江西某某公司签订《实训管理服务协议》。该协议约定:广州某某公司为江西某某公司提供实训场地,保障江西某某公司培训教学活动的正常进行;江西某某公司依约向广州某某公司支付服务费;服务期限为2017年9月15日至2021年6月29日;江西某某公司于协议签订之日起15日内应向广州某某公司支付实验室履约保证金20万元及中西厨实训场地履行保证金30万元,合计50万元;协议期满或提前解除协议,江西某某公司向广州某某公司付清款项后,广州某某公司将履约保证金返还给江西某某公司。2017年11月22日江西某某公司通过银行转账向广州某某公司支付50万元,转账用途注明"保证金"。

2019年12月21日,江西某某公司向广州某某公司发出关于《要求终止协议的函》,要求终止《实训管理服务协议》。2020年1月20日,广州某某公司回函"关于《要求终止协议的函》的复函",表示原则同意提前终止协议的要求,并请帮忙安排人员沟通协商移交清算的相关事宜。

2020年10月16日,广州某某公司与江西康展教育集团有限公司、江西某某公司签订《终止合同协议书》,约定广州某某公司、江西某某公司签订的《实训管理服务协议》终止。同时双方签署江西某某公司终止协议费用结算单,确认广州某某公司对江西某某公司应退未退押金为507,560元,应收江西某某公司服务管理费为69,186.67元,上述两费用抵扣后广州某某公司需向江西某某公司退还款项438,373.33元。2020年10月28日广州某某公司通过银行转账方式向江西某某公司支付438,373.33元,备注为"支付康诚德履约保证金"。

广州某某公司以其不能清偿到期债务且资不抵债为由,于2020年9月8日向广州市中级人民法院申请破产清算。2020年10月12日,广州市中级人民法院裁定受理申请人广州某某公司的破产清算申请。同日,广州市中级人民法院作出(2020)粤 01 破 286 号指定管理人决定书,指定广东天地正(广州)律师事务所为广州某某公司管理人。2020 年 10 月 14 日,广州某某公司签收民事裁定书。2021 年 1 月 22 日广州某某公司管理人向江西某某公司出具《关于返还款项及申报债权的通知》。

【裁判结果】

广东省广州市南沙区人民法院于 2022 年 2 月 16 日作出(2021)粤 0115 民初 17714 号判决:驳回广州某某公司的诉讼请求。

宣判后,广州某某公司不服上述判决,向广东省广州市中级人民法院提出上诉。

广东省广州市中级人民法院于 2022 年 4 月 25 日作出(2022)粤 01 民终 8327 号判决:一、撤销广东省广州市南沙区人民法院(2021)粤 0115 民初 17714 号民事判决;二、确认上诉人广州某某公司于 2020 年 10 月 28 日向被上诉人江西某某公司清偿 438,373.33 元的行为无效;三、被上诉人江西某某公司于本判决发生法律效力之日起十日内,返还上诉人广州某某公司款项 438,373.33 元;四、驳回上诉人广州某某公司的其他诉讼请求。

【裁判理由】

法院生效判决认为:第一,虽然广州某某公司于 2020 年 1 月 20 日就回函同意提前终止《实训管理服务协议》,但双方正式签署《终止合同协议书》和确认退还江西某某公司款项 438,373.33 元发生于 2020 年 10 月 16 日。此时广州某某公司已清楚知悉其已资不抵债,已于 2020 年 10 月 12 日进入破产程序并被指定了破产管理人,但仍签署了上述协议,该行为有损其他破产债权人的合法权益。

第二,江西某某公司向广州某某公司支付的 50 万元系为保证《实训管理服务协议》履行而约定的履约保证金,金钱作为种类物,在江西某某公司将款项交付广州某某公司后,即与广州某某公司的其他资金发生混同。江西某某公司没有证据证实该 50 万元款项已经以特户、封金、保证金等形式予以特定化,仅仅是在合同中约定该款项为履约保证金以及在转账用途注明"保证金",并不足以证实江西某某公司仍为该货币的所有权人。

第三,在广州某某公司进入破产前,江西某某公司可以基于协议约定形成的债权关系向广州某某公司主张返还履约保证金。《企业破产法》第 38 条规定:“人民法院受理破产申请后,债务人占有的不属于债务人的财产,该财产的权利人可以通过管理人取回。但是,本法另有规定的除外。”该规定中的取回权依据是物权关系而非债权关系,而如前所述,江西某某公司对广州某某公司享有的是债权关系,而非物权关系,其在广州某某公司进入破产程序后,无权取回履约保证金。《企业破产法》第 16 条规定:“人民法院受理破产申请后,债务人对个别债权人的债务清偿无效。”故广州某某公司对江西某某公司的债务清偿无效,江西某某公司应向广州某某公司返还 438,373.33 元。但因案涉履行保证金系广州某某公司主动向江西某某公司清偿,江西某某公司不存在过错,故其不应当承担支付利息的责任。

【案例注解】

(一)货币所有权归属认定的一般规则及例外情况

货币属于民法中的种类物,其所有权归属及流转规则与一般动产有异,通常情况下适用“占有即所有”规则,货币的占有者即为所有者。这种规则的设置主要是为了保障货币的流通价值、国家信用以及动态交易安全——货币的本质在于充当交易媒介与支付手段,货币本身即为代替物或种类物,在流通中不必识别也不可能识别其个性特征,其价值是基于国家信用的抽象价值,最基本目的是便于人们交易。因此,一般情况下,对货币并不发生物权返还请求权或占有返还请求权,仅发生债法上的请求权。

但货币的“占有即所有”规则是有例外的,在符合法律规定的情况下对货币进行特定化,使其具有可识别性且特定价值大于流通价值时,即赋予货币物权属性。“个性大于共性的特殊货币以及封金形式特定化的货币,虽有货币之名,但实已不能发挥其流通手段的机能。此类货币被他人侵占时,只要该货币未发挥其流通手段的机能,所有人得对占有人提起所有物返还请求权。”

(二)货币质押的成立条件及特定化程度之判断

《最高人民法院关于适用〈中华人民共和国担保法〉若干问题的解释》[1](以

1 现已失效。

下简称原《担保法司法解释》)第 85 条规定,“债务人或者第三人将其金钱以特户、封金、保证金等形式特定化后,移交债权人占有作为债权的担保,债务人不履行债务时,债权人可以以该金钱优先受偿。”根据该条规定,特定化的保证金属于动产质押的一种,其客体是货币,有学者称其为“货币质押”。而以金钱进行质押的前提是突破“占有即所有”的一般规则,将货币进行特定化。

有学者认为,结合实际习惯,在转账时标注款项为“保证金”且转入收款人提供的特定银行账户,就应当肯定“特定化”的成立。该账户是否是特定账户,或收款人是否对该笔资金进行封存,属于收款人的义务。有学者则认为,货币的特定化需以特户、封金等形式呈现。仅赋予“保证金”的名称是无法做到特定化的,其外观上必然也是以特户或者封金的形式存在,保证金只是凸显该笔资金的专项用途而已。最高人民法院于 2020 年 12 月 31 日颁布的《最高人民法院关于适用〈中华人民共和国民法典〉有关担保制度的解释》第 70 条规定了保证金担保这种非典型担保方式,明确了保证金担保的特定化程度需达到设立专门的保证金账户并由债权人实际控制,或者将其资金存入债权人设立的保证金账户。

笔者认为,按照文义解释,原《担保法司法解释》第 85 条将特户、封金、保证金以并列的方式进行规定,意味着保证金的特定化程度需与特户、封金相同或相似,使作为保证金的货币具有高度可识别之个性。按照体系解释,虽然本案不适用《最高人民法院关于适用〈中华人民共和国民法典〉有关担保制度的解释》,但最高人民法院在第 70 条中的观点实际上是对原《担保法司法解释》第 85 条的补充及完善。实践中,货币特定化不仅能从款项性质、合同约定来判断,而且必须开立专门账户用于存放资金,使其没有与其他财产混同,否则货币就不具有物的所有权判断指征。

本案中,由于江西某某公司并未完成对保证金的特定化,不成立货币质押,但不能否认当事人合意形成的履约保证金担保的效力。该笔履约保证金实质上为特殊种类物的货物,而非特定物,在交付给债务人占有后,即为债务人所有,债权人对货币的所有权已依约转换为相应的债权请求权。如无其他证据证明保证金已被固定和特定化进而可以与债务人的其他款项区别开来,则该保证金无法排除货币“占有即所有”一般原理的适用,故仍属于债务人财产范围,债权人无权取回保证金。

（三）破产财产的范围及破产取回权的行使

依照《企业破产法》第30条之规定，破产申请受理时属于债务人的全部财产，以及破产申请受理后至破产程序终结前债务人取得的财产，为债务人财产。本案中，广州某某公司于2020年9月8日向广州市中级人民法院提出破产申请，其在破产之后，于2020年10月28日通过银行转账方式向江西某某公司支付案涉的438,373.33元。因江西某某公司未对案涉履约保证金以特户、封金等方式进行特定化，使其与广州某某公司的其他货币资金发生混同，广州某某公司在破产申请被受理之日得对该笔履约保证金享有所有权，该保证金属于广州某某公司的破产财产。

《企业破产法》第38条规定了取回权，是指破产管理人占有不属于破产财团的他人财产，财产的权利人得不依破产程序，直接对该项财产行使权力，经破产管理人同意而取回的权利。取回权是破产法对实体法上已有的财产权利的承认与保护，是权利人基于物权等基础性权利主张有关财产不属于债务人，进而请求返还的"权能"。根据前述分析，本案中江西某某公司对该笔50万元保证金的所有权已依约转换为相应的债权请求权，因而不享有基于物权的取回权。由于广州某某公司的支付行为发生在破产申请受理之后，属于《企业破产法》第16条规定的对个别债务人的无效清偿，有损其他破产债权人的合法权益，依法应当予以返还。

【相关法条】

《最高人民法院关于适用〈中华人民共和国担保法〉若干问题的解释》第85条，《企业破产法》第16条、第30条、第38条

民事自助行为的法理透视及其与强制执行的协同

——邝某媛与刘某勇财产损害赔偿纠纷案

李　燕*

【裁判要旨】

财产损害赔偿纠纷是日常生活中最为常见的案件类型。处理此类案件必须避免单一机械化的简单裁判思维,司法资源分配的偏颇,特别是在涉及社会道德诚信建设和强化社会主义法治权威的日常且颇具典型性的案件中,针对不诚信当事人悖德违法的平庸之恶,裁判法官要善于多元利益平衡,穿透性地进行权利与义务分配,实现自由与责任边界的廓清,要以最有利于社会主义法治权威的捍卫为出发点和归宿,依法据理肯定当事人自助行为的合法性和正当性,与此同时,更要虑及案件裁判的社会效应,特别是司法权威中正当有效执行秩序的构建。执行难的解决归根结底有赖于社会的多元共治,裁判法官要在国家治理与社会治理宏观视域之下,持之不渝地做好个案微观治理,适当引入社会个体力量,并充分发挥司法公开的社会示范作用,以最大限度实现办案的法律效果与社会效果的统一。

【关键词】

自助行为　财产损害赔偿　强制执行　抗辩事由　免责

* 李燕——西南政法大学民商法学院博士研究生,上海市海华永泰(深圳)律师事务所执行主任,主要研究方向:民法、著作权法。

【案件索引】

一审：深圳市罗湖区人民法院民事判决书，(2021)粤0303民初19315号(2021年6月29日)

独任审判法官：王晓改

【基本案情】

原告邝某媛向人民法院起诉，提出诉讼请求：一、判令被告赔偿其购买原告房产时丢弃的原告财物共计133,885元；二、本案诉讼费用由被告承担。事实与理由：原告在另案中于2019年被执行了位于深圳市罗湖区的房屋，被告通过法院拍卖程序以2,808,315.92元购买了上述被执行的房产。被告在拍得该套房产之前，该房屋一直由原告及其母亲居住，房屋内家具、家电以及生活用品齐全，由于当时原告本人不在深圳，没有及时腾退，后原告母亲去世，在老家处理母亲后事，2020年年初新冠疫情暴发，原告在外地无法返回深圳，导致腾退房屋事宜一直没有落实，当原告返回深圳时，发现上述房屋被被告封死，无法进入，后原告腾退时发现很多家具、家电已经没有了，被告已经重新开始装修，原告多次尝试与被告沟通赔偿事宜，也经过法院、公安等机构沟通协调未果，被告始终不愿意赔偿原告房内丢失的财物损失，原告无奈诉至法院，望判如所请。

被告刘某勇辩称，对原告的诉讼请求和事实理由都不认可。被告从2019年10月拍到房子以后，就不断找原告沟通，原告以各种理由拒不搬迁，被告无奈就把门锁死，之后隔了半年左右在2020年4月被告开始清理房屋和装修，原告又说要要回她的东西。被告之前曾通过法院与原告沟通，也与原告本人及其律师沟通，但后面被告打原告电话，原告都是不接或接了不说话。

法院经审理查明的事实：邝某媛及其母亲黄某系受案法院一执行案件的被执行人，二人为涉案房产原所有权人。2019年5月21日，法院在涉案房产房门张贴搬迁通知书告知该房屋住(租)户，法院拟对此房产予以评估、拍卖，以清偿邝某媛与其母黄某所欠债务，责令该房产住户于2019年6月6日前自行搬离，逾期不搬离的，法院将依法强制执行，对该房产停水、停电并强制搬迁，不协助执行的，将依法采取罚款、拘留等强制措施。因法院在执行过程中依法查封案涉房产后，邝某媛与其母黄某仍未履行生效判决确定的给付义务，法院于2019年7月2日作出执行恢复裁定书，依法裁定拍卖、变卖被执行人邝某媛与其母黄某名下的上述房产，以清偿债务。2019年8月14日，邝某媛在上述房产处接受法院执行人员询问。在询问过程中，法院执行人员再次通知邝某媛应在拍卖开始前10日内自行迁出，室内动产亦应主动搬离，若不搬离，法院将采取断电、断水措施，情节严重的，还将采取罚款、拘留措施，因邝某媛在期限内不搬离导致拍卖成交价格过低，造成的损失由邝某媛承担，邝某媛回复“你已告知情况，本人已听到，我母亲不同意。”法院于2019年9月3日作出网拍事项告知书，告知黄某与邝某媛母女二人上述房产的拍卖时间为2019年10月9日上午10时00分至2019年10月10日上午10时00分。2019年10月17日，法院作出（2019）粤0303执恢525号之一执行裁定书，裁定涉案房产所有权归买受人刘某勇所有，房产所有权自法院裁定送达买受人刘某勇时起转移；买受人刘某勇可以在收到裁定书之日起30日内持据到登记机构办理相关产权过户登记手续。刘某勇确认其于2019年10月17日收到上述裁定，于2019年11月19日办理产权过户登记。

刘某勇于2019年11月28日向邝某媛发送短信：“邝某媛女士，自2019年10月17日本人收到某某区人民法院的执行裁定书，当日告知你位于深圳市某某区的房屋所有权已经转移到本人名下，并提醒你腾房。经多次沟通、同你的委托律师沟通及请求法院协商，你以找房、租房、刷墙、过几天搬等理由至今拒不搬出……本人正式通知，限你于12月2日前搬出房屋，逾期不搬，室内物品视为抛弃，并且本人将起诉报警，你非法入侵住宅罪，对此造成的损失及法律后果，由你自己承担。”刘某勇于2019年12月16日又向邝某媛发送短信，告知其，“由于你一再不腾房，本人已将房门锁死，限你于2019年12月20日前联系本人，并清空室内物品，逾期本人将清空室内物品，室内物品丢失或损坏，本人概不负责，请知悉！”然而邝某媛并不正面解决问题，却在次日回复，反而让刘某勇主动与其亲属联系。2019年11月28日至12月17日，刘某勇又主动致电邝某媛，要求其腾房，邝某媛以其尚未领到拍卖剩余款项为由拒绝并告诉刘某勇让他继续与其亲属交涉。在双方沟通过程中，邝某媛竟要求刘某勇支付安置费、装修费等。刘某勇于2019年12月19日至2020年1月3日再次通过短信要求邝某媛腾房，并告知其索要安置费、装修费等均系无理要求。刘某勇确认其于2020年4月进入案涉房屋进行清理以及装修入住，将房屋内原有的数个木质椅、一个沙发、一台电冰箱、一个铁皮架子、两张床等物品进行了清理,并将邝某媛已打包好的其他物品存放在阳台。2020年7月23日,邝某媛联系开锁公司打开案涉房屋房门,双方因此发生纠纷并由辖区街道人民调解委员会的人民调解室介入调解。当天,刘某勇将邝某媛已打包好的物品归还邝某媛。

以上事实,均有相关证据佐证,法院予以确认。

【案件焦点】

原告邝某媛要求被告刘某勇赔付原房内丢失的财物损失的诉请,是否应当得到法院的支持?被告刘某勇的行为是否构成民法上的自助行为?如何看待和评价本案中被告刘某勇自助行为对强制执行秩序的效应?

【裁判结果】

深圳市罗湖区人民法院于2021年6月29日作出(2021)粤0303民初19315号民事判决书,判决:驳回原告邝某媛的全部诉讼请求。

宣判后,双方当事人均未提出上诉,一审判决已发生效力。

【裁判理由】

受案法院经审理后认为,原告邝某媛与被告刘某勇之间的纠纷为财产损害赔偿纠纷。依照法律规定,合法权益受到侵害,情况紧迫且不能及时获得国家机关保护,不立即采取措施将使其合法权益受到难以弥补的损害的,受害人可以在保护自己合法权益的必要范围内采取扣留侵权人的财物等合理措施。本案中,邝某媛系因未主动履行生效法律文书确定的给付义务,由法院依法拍卖其名下的案涉房产以清偿债务,而刘某勇作为竞买人合法取得了案涉房产的所有权。邝某媛作为被执行人,本应配合法院的执行行为,依法主动履行腾退义务,但邝某媛却在法院多次通知其搬离房屋及刘某勇多次通过电话、短信催告其腾退房屋的情形下仍拒绝搬离,其行为已侵犯了刘某勇作为买受人对案涉房产享有的合法权益。刘某勇虽在与邝某媛协调未果、法院亦未强制腾退的情形下清理了邝某媛的部分大件物品,但其目的在于装修案涉房屋以便入住,该行为系刘某勇为实现自身居住权益而采取的自助行为,并且刘某勇亦归还了邝某媛打包好的物品,刘某勇的自助行为并未超出必要限度。因此,法院认为刘某勇的行为不构成对邝某媛财产权益的侵犯。邝某媛主张刘某勇赔偿损失133,885元,缺乏事实依据,更与被执行人应主动履行腾退义务的法律精神相悖,法院不予支持。

【案例注解】

有社会就有纠纷,而纠纷有是非之别;有权利必有救济,而救济有公私分野。相较于公力救济,私力救济有自卫行为(包括正当防卫与紧急避险)和自助行为之分。其中,自助行为是指权利人在情势急迫,且来不及请求有关国家机关救济的情形下,为了保护本人的合法权益,以自己的强力对义务人的人身自由加以拘束,或对义务人的财产施以扣押或其他措施,而为法律或社会公德所认可的行为。当然,自助行为事后应及时请求国家公力救济,法律上允许其不负责任。而民事自助行为是指行为人为实现其民事请求权所实施的自助行为。以下将结合上述案例,从多个角度对民事自助行为进行法理透视,并对案、理、法进行深层次的诠释分析。

一、民事自助行为的法律命运“轮回”:从盛行到式微再到新生

人类社会发展的历史表明,民事自助行为由来已久,与人类同生伴行。这是因为人类与其他生物物种一样,无时无刻不与外界发生着能量交换。“生而有欲,欲则必求”。而资源稀缺,求之不得,护之不成,则纠纷即起。故而,包括自助行为在内的私力救济,因其契合人性之需及和平之求,所以天然泛在且为人们司空见惯、习以为常,只是当时尚未有此说法。

承此习惯,早期古代社会发达的民族就顺势将民事自助行为转化为习惯法。譬如,享誉盛名的《十二铜表法》《汉谟拉比法典》都将争取权利作为权利人对自己的义务,且作出了类似于“债权人对不履行债务人可以视为债奴加以拘禁或出卖”“自由民侵犯他人之居者,应在此侵权处处死并掩埋之”的规定。但随着社会的演进、国家的崛起、法制的健全等,公共权力开始垄断社会纠纷的解决。例如,罗马共和国初期的《关于胁迫的优里亚法》开禁止私力救济之法律先河,该法明确规定凡以胁迫手段迫使义务人履行义务的,应受公法处罚。而我国古代自元代始,及至明清,也都废除了自助救济。

然而,公力救济有难以完全克服的被动性与滞后性,复加程序之繁杂,社会成本之高,国家不得不迁就现实,肯认私力救济之不可或缺,但又设法加以制度控制,仅使其成为必要的补充。例如,《法国民法典》没有规定民事自助行为的一般概念,只是在一定程度上承认占有人的自助行为。对自助行为持谨慎态度的《日本民法典》,则"有许多现象使人感到私人在法之实现中的作用受到来自多方的困扰"。[1]《德国民法典》则用三个复杂的条文对自助行为进行规制,特别是对错误自助行为施以损害赔偿之责。

2020年5月28日《民法典》获得通过。它是中华人民共和国成立以来第一部以"法典"形式命名的立法,开创了我国法典编纂的先河。我国《民法典》更是继19世纪初的《法国民法典》和19世纪末的《德国民法典》之后人类现代法治进程中具有标志性意义的民法典。

我国《民法典》编纂承继了原《民法通则》把侵权行为从债权中独立出来,专章规定"民事责任"的先进立法创举,同时,吸纳并完善了彰显权利保护的侵权责任法专门立法模式、内容和技术,采用了侵权责任独立成编的做法,充分发挥侵权责任法律制度的功能作用。其中,在《民法典》侵权责任编第一章一般规则中,将"自助行为"制度作为侵权责任的免责事由。《民法典》第1177条明确规定,合法权益受到侵害,情况紧迫且不能及时获得国家机关保护,不立即采取措施将使其合法权益受到难以弥补的损害的,受害人可以在保护自己合法权益的必要范围内采取扣留侵权人的财物等合理措施;但是,应当立即请求有关国家机关处理。受害人采取的措施不当造成他人损害的,应当承担侵权责任。这是我国第一次在法律中明确规定自助行为,完善了我国私力救济与公力救济相济相用、相辅相成的法律体系。

联系上述案例,可以看出,刘某勇作为法院执行邝某媛与其母被拍卖房屋的竞买人,在偿付相应价款,并依法办理不动产过户手续之后,已经成为法律意义上的涉案房屋的所有权人。众所周知,城市生活不易,居者有其屋是无数人的梦想。但是,邝某媛及其母罔顾法院的生效裁判,不积极履行执行义务进行财物清理和房屋腾退,其不诚信的违法行为,已经构成对刘某勇房屋所有权的持续侵害。《民法典》正式的实施恰好有效化解了"实际需求"与"法律缺失"之间的矛盾,使法官的裁判结果有了强有力的论据,进而为法院履行定纷止争的

1 参见[日]中田英夫:《私人在法实现中的作用》,李薇译,法律出版社2006年版,第388页。

职能提供了一种新的纠纷解决工具。

二、诠释文本之法与行动之法:自助行为的立法分析与司法解读

针对《民法典》是否应规定自助行为,社会上曾有分歧。全国人大常委会宪法和法律委员会经研究后认为,“自助行为”制度赋予了自然人在一定条件下的自我保护权利,是对国家机关保护的有益补充;明确规定“自助行为”制度,对保护自然人的人身、财产权益具有现实意义,也有利于对这种行为进行规范。

不过,规定自助行为并非意味着承认“私人执法”,否则容易使权利人的自助行为成为侵权行为乃至犯罪行为。审视《民法典》第1177条的规定,根据学术界的通说,构成自助行为须具备如下要件:

一是以不法侵害状态的存在为前提。“不法侵害”指侵害行为是为刑事法律、民事法律和其他法律规范禁止的行为。

二是主观须为保护自己的合法权利。与正当防卫、紧急避险的显著区别之一,自助行为原则上限于请求权的范畴,最后可以实施自助行为的权利主体原则上限于权利人本人或对他人权利负有保护照顾之责的人。

三是客观上须情势紧迫(权利有无法实现或实现难度显著增加之可能)且来不及申请有关国家机关的援助。

四是比例要求,即不得超过必要限度,为保全请求权之所需,采取的措施须合理,且原则上应当限定在对侵权人财物予以扣留等的范畴,在解释上应当严格依据本条规定进行,不可随意扩大。

五是方式或方法须为法律或公序良俗所许可。比如雇用他人以暴力方法讨债,将债务人囚禁等方式皆为法律或者公序良俗所禁止。

此外,从后续义务来看,除了满足上述条件,权利人还须行为之后“立即请求有关国家机关(主要是公安机关和人民法院)处理”。

结合上述案情,原告邝某媛系因未主动履行生效法律文书确定的给付义务,由法院依法拍卖其名下的案涉房产以清偿债务,而被告刘某勇作为竞买人合法取得了案涉房产的所有权,成为受法律保护的权利人。原告邝某媛作为被执行人,本应配合法院的执行行为,依法主动履行腾退义务,却在法院和权利人多次催促和警告的情形下仍拒绝搬离,以不作为的方式负隅抵抗,此时其行为已经在持续侵犯刘某勇作为买受人对案涉房产享有的合法权益。刘某勇在无奈之下,为实现自身居住权益,尽快装修案涉房屋以便入住,故对原告的部分大件物品进行清理,并且亦归还了侵权人打包好的物品,这实际是在采取为法律

所允的自助行为,不应对黄某和邝某媛母女二人承担损害赔偿责任。在现今我国法治进程行稳致远的当下,我们不会允许一个不动产的所有权人因正当行权而寸步难行,或处处被掣肘,而侵权行为人或义务人只需消极无为“躺平”或泼皮耍赖,即可坐拥经济之利或义务减免之福!

三、破解执行难题的视角互换:让司法撑腰的自助行为发挥作用

原则上,义务人必须履行具有法律效力的民事法律文书。义务人不履行生效法律文书确定义务的,会引起民事执行程序的启动,通过执行程序强制其履行义务。强制执行的使命就是运用国家的司法强制力保障生效法律文书中所确认的民事权利的最终实现,它重在“执行”而非“裁判”。

然而,结合各类媒体公开报道的事实和数据可知,现阶段面临着一个极大程度上会使司法权威和公信力受损的“执行难”的现实问题。单就执行程序而言,虽然越来越多的权利人申请执行观念增强了,超时效申请执行的案件在减少;但是,司法实践中有相当数量的债务人履行法律义务的自觉性降低,申请执行成为胜诉当事人的无奈选择。而且,多次执行案件逐年增多,法院执行的“包袱”愈加沉重。

在财产法律关系中,每个社会成员为了获得生存与发展所需的资料,都可能从事三种活动:生产活动、掠夺活动、防卫活动。其中,相较而言,物权财产权在社会日常生活中,更容易遭受来自众多复杂的不特定的义务主体的侵害,并且何人侵害其物权都几乎没有太大的分别,从而有害于社会经济秩序的稳定,伤害社会的良性运转。所以,学术界普遍认为,相较于对债权的可期待性、特定性等特点,法律强调针对债权的自助行为要“对人不对物”,而就物权的自助保护,法律更多强调要“对物不对人”,自然会允许权利人采取更为直接或积极的手段进行自我救济。

在法治国家,虽说法律必定是调整社会关系的主要手段,是居于最高地位的调整手段,但不能说“事事皆有法治”“处处皆依法治”。原因在于,法的调整是在社会的场域中进行的,它会受到社会各种因素的影响,法的实现是需要依托社会条件的。因此,我们必须要注意法治社会固有思维的局限,不能过于严格限制,甚至无视或取缔,或变相取缔私力救济的运用。特别是在事关国计民生的财产法领域,经济乃社会之基、民生之本。只有人们获得了对资源的占有权和使用权,物有其主,有权震慑他人对其财产的觊觎,且排除他人对自己财产的侵犯或夺取,财产所有者才有动力与信心投入资源,创造财富。

正如前文分析,并不是所有的自助行为都需要经过公力救济,也不是所有的公力救济都不能用自助行为来补充。关键是应当公开、公平、公正地设计好权利人实施自助行为与公力救济的转换或衔接问题,让国家、社会和个体交相互利,达成一种各美其美、美美与共的生动活泼局面。检讨我国现行立法,特别是民事诉讼法,不难发现,虽然它没有规定民事自助执行,但是有关财产保全、先予执行与执行和解等制度,无疑在一定程度上体现了鼓励并允许权利主体积极参与并辅助民事强制执行程序的主观立场和立法精神。

本案中,刘某勇在履行多次通知义务未获回应的情况下自行腾房,属于排除妨害,是自助行为,不属于侵权行为,亦无须赔偿。被执行人如果拒不执行判决书、裁定书、调解书等法律文书的义务,腾空涉案房屋,将因为拒不执行判决、裁定罪被追究刑事责任,这一举措对解决执行腾房这一法院执行工作中的重点、难点问题提供助力。今后,法院将进一步建立常态化机制,更有效适用该规定,全面推进执行工作,对拒不执行法律文书行为"零容忍"。本案邝某媛反向索赔,不仅于法无据,更颠覆了社会公众的是非观。审裁案件的法官立场鲜明地不支持"我伤我有理""我闹我有理",对拒不执行法院判决无理的索赔请求不予支持,发挥了司法裁判匡扶正义,引领诚信、友善、文明的社会新风尚的积极作用。

四、个案司法治平庸之恶,智慧司法提社会治理之效

经验表明善治须要良法,但徒法不足以自行。人们早就注意到文本之法与行动之法之间存在隔阂,于是司法审判渐次成为人们关注的焦点。人们在讨论实体法与程序法的关系时,惯以分"蛋糕"来比喻。实体法是分配正义,要明确社会成员之间权利的享有和义务的承担的内容,但是义务的履行和权利的最终兑现,又必须面对具体的行为方式、步骤、时限等程序问题,即应当给予其怎么样的程序法保障。为此,在法律体系中,实体法规范和程序法规则必须避免条文之间的矛盾,须相互协调地进行建构,至少是及时地跟进、补充、建构。我国《民法典》已确立民事自助行为制度,然而《民事诉讼法》并没有确立与实体法守望相助的自助执行制度,同时《民事强制执行法》也尚在起草酝酿之中。法官知法,是因为法官能智慧司法。正义实现,是因为法官可以能动司法,链接或填补了法制与社会的隙缝。

从某种意义上讲,法律调整社会的机制是抓大放小。在人类社会追美向善的艰难之路上,我们会自然而然地去努力遏制、遏止、惩治极端之恶,但是,"平庸之恶”也同样可怕,它同样会毁掉整个世界。为了实现对权利的救济、对自由最大限度的扩张,前述案件的裁判法官立足社会治理大局和大业,对实体法之果和程序法之效做“共享”审视,针对法律实现中常常遭遇的“平庸之恶”,穿透性地在争讼当事人之间进行权利与义务分配,让司法权威为权利人自助行为“背书”,依法据理肯定和认可当事人自助行为的合法性和正当性,实现自由与责任边界的廓清,要以最有利于社会主义法治权威的捍卫为出发点和归宿,与此同时,更要虑及案件裁判的社会效应,特别是司法权威中正当有效执行秩序的构建。执行难的解决归根结底有赖于社会的多元共治,本案中裁判法官在国家治理与社会治理宏观视域之下,适当引入社会个体力量,并充分发挥司法公开的社会示范作用,较好地做到了个案微观治理,从而最大限度实现了办案法律效果与社会效果的统一。

【相关法条】

《民法典》第1177条,《最高人民法院关于适用〈中华人民共和国民法典〉时间效力的若干规定》第3条

法谈法议

快递赔付中的法与理

龙著华*

近10年来,我国的快递业务量从57亿件迅速增长至1083亿件,已连续8年位居世界第一。如此天量交易之下,偶有快递货物丢失或毁损虽非必然,也不至于引起公众关注。然而,近期有关快递赔付的争议却频繁登上热搜,引发热议。究其缘由,是因为消费者遇快递货物丢失或毁损索赔时,有的快递企业以各种理由拒绝赔偿;有的快递企业虽愿意理赔,但赔付金额限于快递资费的3~7倍,或者限于保价金额的一定比例,而不是按货物的市场价格或者保价金额进行赔付。受害人自然难以接受这种"缺斤少两"的赔偿,指责快递企业店大欺客、不顾全消费者的权益。快递企业坚称自己是依法经营、照章理赔。笔者认为,个案的情况不尽相同,难以提供放之四海而皆准的"标准答案"。但对以下几个问题的探究与分析,将有助于让各方的声音多一些理性。

第一,法律适用问题。适用不同法律,将直接影响赔偿金额。在司法实践中,消费者通常主张双方成立合同关系,因快递公司造成物品毁损、灭失引发的纠纷,应按照双方约定或者依照《民法典》合同编的相关规定进行赔偿。快递公司则往往抗辩称,《邮政法》与《民法典》属于特别法与一般法的关系,根据特别法优于普通法的法律适用规则,双方之间的纠纷应当适用《邮政法》的规定。乍一看,快递公司的抗辩似乎颇有道理,但依据《邮政法》第45条,只有邮政普遍服务业务范围内的邮件和汇款才适用该规定;邮政普遍服务业务以外的邮件的损失赔偿,适用有关民事法律的规定。依此,消费者与快递公司之间发生的邮政普遍服务业务以外的损害赔偿纠纷,就应依照当事人的约定或者《民法典》的规定进行处理。

---

* 龙著华——广东外语外贸大学法学院教授,主要研究领域:民商法、比较民商法。

第二,赔偿金额的认定,消费者主张应按照货物的实际价值全额赔偿,快递公司则主张依据合同的约定,非保价快递货物的最高赔偿金额不超过所收资费的 3 ~7 倍,双方的主张之间有时会相去甚远。法谚云:“合同是当事人之间的法律”,相信这也是快递企业主张依约定处理的底气之所在。然而,法谚中的“合同”应为依法有效的合同。实务中,消费者与快递企业订立的合同一般是快递企业单方制作的格式合同,为了控制经营风险,限制赔偿范围,快递企业往往会设定“最高赔偿金额不超过所收资费的三至七倍”之类的免责条款。在这种情况下,对免责条款效力的认定成了纠纷解决的关键。司法实务对此有不同观点:有法院认为其属于《民法典》第 497 条和《消费者权益保护法》第 26 条所规定的不合理减轻快递公司责任、限制消费者权利的格式条款,应属无效。也有法院认为其是双方真实意思表示,且没有违反法律效力性强制性规定,应当认可其效力。还有法院认为根据《民法典》第 496 条之规定,快递公司应对这种条款尽到合理的提示及说明义务,否则该条款不成为合同的内容。笔者认为,单件包裹的快递费通常远低于货物的价值,如要求快递企业一概承担全额赔偿责任,无疑责之过苛,不利于物流服务业的健康发展。如快递企业在订立合同时对免责条款履行了合理的提示与说明义务,且不存在依法归于无效情形,宜承认免责条款的效力。司法实践中,法院也倾向于以快递企业是否尽到提示、说明义务来判定限额赔偿条款是否有效,如在郭某诉北京某货运代理等公司案中,法院认为快递公司对快递单上的赔偿规则尽到了提示说明义务,因此认可限额赔偿条款的效力。但在常某诉某快递公司案中,法院认为快递公司不能证明自已尽到了提示义务,限额赔偿条款属于无效条款。

当限额赔偿条款被认定为无效条款时,即应根据《民法典》第 832 条之规定确定赔偿金额,即当事人可以协议补充,不能达成补充协议的,按照合同相关条款或者交易习惯确定;仍不能确定的,按照交付或者应当交付时货物到达地的市场价格计算。此时,消费者能否提供诸如发票、转账凭证或记录等购物凭证以证明货物的市场价格,至关重要。

第三,个性化需求的保护问题。实务中,快递企业使用的快递单(合同)系批量印制,合同条款与内容难以体现特定消费者的个性化需求,而对免责条款效力的承认意味着消费者在寄送高价值货物时会承受较大风险。为更好满足消费者个性化快递服务的需求,快递企业推出了快递保价服务。消费者在寄送快递时,可在核算货物价值、快递资费的基础上,评估限额赔偿免责条款的效力及其适用的风险。如合同约定的最高赔偿限额无法获得充分赔偿,就可选择保价服务,即在支付快递资费之余,额外支付一笔保价费。《快递暂行条例》第27条明确规定,保价的快件应当按照保价规则确定赔偿责任。可见,当消费者额外斥资购买保价服务时,保价的特约即可排除限额赔偿条款的适用,消费者可得到更为充分的救济。需要注意的是,部分快递企业设立了"就低不就高"的保价理赔细则,即不足额保价部分或超额保价部分均无法获得赔偿。因此,消费者在选择保价服务时,应根据快递货物的实际价值确定报价金额,既不要不足额保价,也不必溢价保价。

第四,免赔情形的认定。实务中,不少消费者基于"丢失必赔、损坏必赔"的朴素观念,认为只要快递企业弄丢、损坏了交付快递货物,就必须赔偿。这种朴素的正义观,体现了部分消费者对结果责任这一归责原则的不舍,与现代民法所确立的归责原则大相径庭。事实上,《民法典》第832条早已明确,如快递企业证明货物的毁损、灭失是因不可抗力、货物本身的自然性质或者合理损耗以及托运人、收货人的过错造成的,快递企业不承担赔偿责任。

纠纷的处理不仅需要法律,还需要智慧。任何只考虑自己、不顾及他人利益的主张,不仅无助于问题的化解,甚至可能使自己陷入困境。众所周知,快递服务业的可持续发展需要消费者、快递企业、监管机构等各方参与者的协同发力。作为快递企业,应加快企业合规建设、依法合规经营。作为消费者,需进一步规范快递寄收流程、强化证据保全意识。作为市场监管机构以及行业组织,一方面,应进一步着力提升对快递企业的监管力度和实效;另一方面,协同并助力保险公司开发快件损失赔偿责任险种,激励快递企业积极投保。

失序与重塑：国产红色动画著作权的刑法保护

王德政 *

近年来，诸如《刘胡兰》《安源小子》等国产红色动画作为一种特殊形式的艺术载体，在我国广大群众尤其是少年儿童这一群体中，对弘扬红色经典和传承红色文化发挥了特殊价值和作出了特定贡献。尤其是《恰同学少年》《血与心》《上海故事》等国产红色动画如雨后春笋般的勃兴，更加引发了社会大众的期待和关注。但社会上存在一些侵害国产红色动画著作权的行为，比如，未经权利人的许可，非法复制、发行、出租、放映、通过信息网络向公众传播国产红色动画，这些行为不仅削弱了国产红色动画所具备的经典弘扬效果，还从道德层面降低了国产红色动画的教化效应，因而应加强对国产红色动画著作权的刑法保护。

就国产红色动画著作权的刑法保护而言，我国《刑法》第 217 条设立了侵犯著作权罪，第 218 条设立了销售侵权复制品罪，通过在立法上对罪刑法定原则的遵守，[1] 来惩治侵犯国产红色动画著作权的部分不法行为。有必要系统梳理国产红色动画著作权被侵害的各种具体行为方式，归纳其被侵害的原因和危害，再从立法史和现状两个维度分析我国《刑法》对国产红色动画著作权的具体保护体系，并从刑法理论和司法实践角度针对其缺陷提出具备可操作性的完善建议，以充分发挥国产红色动画的正能量效果。

---

* 王德政——中南财经政法大学刑事司法学院博士后研究人员，主要研究领域：刑法学。本文系司法部 2021 年度法治建设与法学理论研究部级科研项目“人工智能时代自动驾驶汽车涉及的刑法问题研究”（项目批准号：21SFB4036）的阶段性成果。

1 陈兴良：《罪刑法定主义的逻辑展开》，载《法制与社会发展》2013 年第 3 期。

一、被侵害的行为方式

根据我国《著作权法》第3条的规定，动画属于“类似摄制电影的方法创作的作品”这类应受保护的作品，既包括动画作品本身也包括相关衍生产品。国产红色动画受到侵害的行为方式自然无法脱离上述作品一般所受到的侵害形式，主要包括以下类别：

（一）非法复制

非法复制，是指行为人未经权利人的许可复制国产红色动画的行为。国产红色动画以信息或数据的形式附着于载体上，包括胶片、光盘、硬盘、录像带、纸质媒介等。具体而言，行为人将国产红色动画复制到胶片上并通过电影进行播放，由观看电影人数的不特定性和多数性所决定，国产红色动画将在电影院等公共场所受到较广范围的非法传播；或者行为人将国产红色动画复制到光盘上，由于光盘包括DVD、VCD等多种形式，将造成国产红色动画经由不同形式的光盘载体而受到大范围的非法传播；或者行为人将国产红色动画复制到硬盘上，众所周知，电脑的音频、视频等各种文件一般都储存在硬盘上，如果该硬盘为固定硬盘，将导致国产红色动画长期、稳定地被储存，从而为将来其被非法传播提供事实性前提。如果该硬盘为移动硬盘，将导致国产红色动画更容易通过移动硬盘本身的传播而受到大范围的非法传播；录像带虽然在当前看来较为古旧，但仍不失为一种较为小众的载体，亦不可轻视其传播力。尤其是对于某些热衷于使用放像机的“发烧友”或年纪偏大的使用者而言，将国产红色动画复制到录像带上将导致国产红色动画迅速蔓延到以小众群体为受众的观看者中，造成红色国产动画跨越新旧载体和不同受众而被非法传播；纸质媒介（如书籍等）是较为传统并且制作成本较高的载体，但其属于各种阶层皆能接受（只要能识字）、阅读成本较低的便捷性载体，同时具备保存期较长、不受电子设备影响等特征，因此，该媒介的传播优势易被低估甚至忽略。国产红色动画如果被复制到纸质媒体，其非法传播效果不可小觑。

由此可知，非法复制行为犹如病毒般蔓延，致使国产红色动画以“加速度”转化为各种电子拷贝件，为国产红色动画的非法传播行为提供了事实性前提。因此，非法复制行为应首当其冲地受到刑法规制。

（二）非法发行

非法发行，是指行为人未经权利人的许可公开发行国产红色动画的行为。权利人对国产红色动画享受专属、排他的著作权，该权利受我国《知识产权法》保护，任何人未经许可不得擅自发行国产红色动画，否则，权利人的著作权将受到侵害，相关的经济损失亦随之而来，这将导致权利人对国产红色动画的创作动力受到抑制，[2]最终受到损害的是国产红色动画在我国的创作基础。

国家新闻出版广电总局曾在2005年发出通知，建立了国产动画的发行许可制度。就司法实践中的具体情况而言，发行国产红色动画的主体在我国一般是专业的发行企业，比如八一电影制片厂、湖南立羽文化发展有限公司（以下简称湖南立羽）等，但近年来一些新兴视频网站也参与到国产红色动画的发行中。比如，湖南立羽和bilibili网站（以下简称B站）曾于2020年联合发行国产红色动画《恰同学少年》，讲述了毛泽东同志在青年时代的事迹，起到了良好的社会教育效果。以此为例，假如行为人未取得B站的发行授权而擅自发行该动画，损害的是以下各方的利益：第一，损害了该动画的原作者和改编者的利益，抑制了其继续创作国产红色动画的动力和信心。第二，损害了湖南立羽的经济利益，削弱了其发行国产红色动画的经济基础。第三，损害了联合发行企业B站的利益，导致该动画的观众分散化，从而致使B站的经济利益和继续联合发行国产红色动画的愿望受到损害。因此，发行作为国产红色动画从创作到收看的中介尤其值得在刑法上进行保护。

（三）非法出租

非法出租，是指行为人未经权利人的许可出租国产红色动画以获取租金的行为。20世纪90年代，伴随着盗版光碟盛行，光碟出租店遍布大街小巷，出租店管理者将光碟出租给顾客以获取租金的现象屡见不鲜。但当前随着电脑多媒体的普及和互联网技术的飞速发展，非法出租光碟的现象有所减少。尽管如此，我们不能以这种现象的减少而径行论定非法出租行为已彻底消失，否则将不利于周延地保护权利人的著作权。尤其是针对国产红色动画，面对一定的购买价格，行为人完全可能为了节省费用，未经权利人授权而擅自将国产红色动画以实体店经营、网店经营（常见的如淘宝等）等方式出租给他人，这就损害了

2　卓柳俊：《我国动画形象著作权归属存在问题及对策探讨》，载《北京政法职业学院学报》2019年第2期。

权利人的利益。

此外，应考虑当前新媒体在我国社会开始崛起，诸如微商（微信、微博等）、抖音、快手等新兴自媒体上的营销层出不穷，行为人完全可能利用上述深受年轻人青睐的新媒体，摆脱传统光碟载体的出租形式，采取转让视频文件的方法非法出售国产红色动画。从表面上看这是出售行为，在语词上并不等同于出租，但出售国产红色动画的视频文件与出租国产红色动画的光碟在本质上完全等同，都侵害了权利人的著作权。因此，在新形势下行为人侵害国产红色动画著作权的方式可能超越物质载体的束缚，呈现出直接侵害其内核的“金蝉脱壳”现象。可采取目的解释这一刑法解释方法，[3]将出售扩大解释为出租，将行为人的这种行为入罪。如果不进行扩大解释，可将该行为认定为销售侵权复制品罪，以免造成法益保护的漏洞。

（四）非法放映

非法放映，是指行为人未经权利人的许可向公众非法放映国产红色动画的行为。该行为在广义层面上包括电影、电视、广播、网络视频和音频等多种播放方式。由于“通过网络向公众传播”在侵害著作权罪的构成要件中属于独立的行为方式，应将放映限制解释为“通过传统媒体向公众放映”。

具体来讲，电影对国产红色动画而言属于经久不衰的传播方式，国产红色动画《红海行动》即采取由电影院公开放映的方式，在社会上引起了强烈的反响。这是因为，电影在视听上的强烈效果不同于电视，尤其是当前盛行的3D效果提升了观众去电影院观看影片的兴趣，并且电影院宽阔的空间和观众的相当数量性营造了一定程度上的观看氛围，这决定了通过电影对国产红色动画著作权造成的侵害不可轻视。

电视属于较为传统的反映方式，我国的电视台均为国家主办，其在管理规定上较为严格和正规，一般不会发生非法放映国产红色动画的现象，但如果发生这种现象，也应追究直接责任人的刑事责任。[4] 在此应注意的是，电视台的管理、经营者众多，追究刑事责任时应严格限定只追究非法放映行为的直接责任人，不能随意扩大追究范围，以避免违反刑法的最后手段原则。[5]

---

3 魏东：《刑法解释方法体系化及其确证功能》，载《法制与社会发展》2021年第6期。

4 王颖吉：《试析我国网络动画中的侵权现象》，载《新闻窗》2008年第5期。

5 杨春然：《论法教义学视角下的最后手段原则的规范构成及适用——兼论宪法对犯罪论体系的选择》，载《中国刑事法杂志》2017年第5期。

广播亦属于较为传统的传播方式，尤其是在电视普及以前，我国广大群众一般通过广播获取外界的新闻，但在当前，广播仍有不小的听众市场，尤其是对于老年人，视觉障碍者，难以使用电视、电脑等媒体的人和驾驶员等特殊行业从业者而言，广播的作用仍不可取代。行为人通过广播非法播放国产红色动画音频的可能性仍然存在。虽然从形式和表面上来看，播放音频行为的危害性不同于播放具备视听完整性的视频，但国产红色动画的著作权还是受到了侵害，即使这仅体现为一种部分而非完整的侵害。对于非法广播国产红色动画音频的行为人而言，应认定其行为属于非法放映而追究其刑事责任。

（五）非法通过信息网络向公众传播

非法通过信息网络向公众传播，是指行为人未经权利人的同意通过互联网向公众传播国产红色动画的行为。前文所描述的均为传统传播方式，但不容忽视的是当前深受广大群众尤其是年轻人使用和推崇的新型媒体——互联网。大约在 20 世纪 90 年代末，互联网开始在我国兴起，并率先进入以腾讯公司开发的 QQ 社交软件和网易聊天室为明显标志的网络社交领域，随后进入以阿里巴巴集团开发的淘宝为标志的商业领域，此后，移动支付、网约车等依托互联网的商业手段迅速勃兴。在传播领域，诸如微信、微博、抖音、快手等新型网络媒介迅速抢占了新兴市场，深受年轻人的喜爱。但这衍生出一个新问题：由网民的广泛性和信息复制的便捷性所决定，这些新型网络媒介对于动画的非法传播是快速而广泛的。[6] 这对国产红色动画著作权的保护提出了严峻的挑战。尤其需要警惕的是，由于使用网络的主体包括手机、电脑、平板电脑等多种方式，国产红色动画著作权受到侵害的方式显得多元化。可以说，在当前所有形式的非法传播行为中，非法通过信息网络向公众传播对国产红色动画造成的危害一般是最为严重的，但我国《刑法》并未对该行为设定更重的法定刑。解决方案在于，行为人的行为一旦构成侵犯著作权罪，法官应充分考虑犯罪行为的情节和危害，对行为人从重处罚，以充分实现刑罚的一般和特殊预防效果，[7] 借此充分保障国产红色动画著作权不被该行为侵害，而不应忽略该行为的特殊危害性，机械地适用侵犯著作权罪的法定刑，以致违反罪刑相当原则。[8]

6　孙玉蕊：《国产动画抄袭行为引发的版权侵权问题研究》，载《河南科技》2020 年第 27 期。

7　陈金林：《刑罚的正当化危机与积极的一般预防》，载《法学评论》2014 年第 4 期。

8　张丽卿：《刑法总则理论与运用》，台北，五南图书出版股份有限公司 2016 年版，第 516 页。

（六）其他行为

除了上述侵犯国产红色动画著作权的行为外，还有非法署名、非法修改、非法汇编、非法展览等行为。非法署名，是指行为人未经权利人的许可冒用国产红色动画的创作人、发行人名义的行为；非法修改，是指行为人未经权利人的许可改变国产红色动画原始形式和内容的行为；非法汇编，是指行为人未经权利人的许可将国产红色动画单独或共同与其他作品汇编成集的行为；非法展览，是指行为人未经权利人许可将国产红色动画制品及其角色形象等相关信息用于商业、娱乐等场所的行为。[9] 上述行为属于对国产红色动画著作权的衍生性侵害，应一并纳入我国《刑法》中侵犯著作权罪的构成要件，方可全面保护国产红色动画著作权不受非法侵害。

二、被侵害的原因和危害

国产红色动画受到侵害有特定的原因，也必将带来一定的危害，确定其被侵害的原因并梳理伴随而来的危害，可为我国立法者和司法实践工作者修改和适用我国《刑法》相关条款提供必要的事实性基础和规范性参考，以全面、充分地从法治角度保护国产红色动画的著作权。

（一）原因

国产红色动画著作权之所以遭到侵害，主要在于两方面原因：

一方面是法制原因，可具体分为立法疏漏、司法适用灵活性的缺失、守法意识淡薄、知识产权保护意识较弱等方面。首先，我国《刑法》中的侵犯著作权罪对于侵害国产红色动画著作权的行为方式在归纳上欠缺完整性，仅将复制发行、通过信息网络向公众传播这两种行为方式入罪，将其他侵犯国产红色动画著作权的行为排除在外。虽然《刑法》具备最后手段性，但这不能成为忽视法益保护的借口，否则将纵容不法分子肆无忌惮地侵害国产红色动画著作权。其次，由于侵犯著作权罪仅将复制发行和通过信息网络向公众传播这两种行为方式入罪，可能导致司法实践工作者机械地解释和适用该罪，而不采取扩大解释的方法规制其他侵害行为，从而对侵犯国产动画著作权的多种行为不当出罪。例如，行为人通过网络对特定购买者出售国产红色动画的视频复制件，由于特

9 杨淑霞：《动画作品中角色的著作权保护》，载《信阳农业高等专科学校学报》2009年第3期。

定购买者既不属于“公众”,出售行为也无法被界定为“发行”,该行为就无法被定性为侵犯著作权罪。司法实践工作者必须灵活地解释刑法条文,可将“发行”扩大解释为“传播”,或将“公众”扩大解释为“他人”,该行为则可被认定为侵犯著作权罪。再次,由当前我国经济社会发展和公民受教育水平的不平衡性等因素所决定,一般人可能认为违反刑法的行为仅限于故意杀人罪、故意伤害罪、抢劫罪、强奸罪等自然犯,而忽略了侵犯知识产权犯罪这类法定犯,这意味着,侵犯国产红色动画著作权的行为在很多人眼中并未上升到刑罚制裁的高度,这些人就不可能以高度自律的态度避免实施不法行为。最后,我国古代法制中并无知识产权保护的意识,导致知识产权保护在我国并不具备深刻的思想基因和社会土壤,最终造成侵犯知识产权行为的随意和泛滥,具体到国产红色动画领域也不例外。

另一方面是观念原因,即对红色经典欠缺尊重。当前,随着我国经济的飞跃发展和对外交往的扩大化,社会上各种思潮较为多元,尽管社会主流意识是尊重和传承红色经典,但极少数人利欲熏心,被物欲支配,忽视国产红色动画相对于其他作品的特殊性,对红色经典和爱国文化缺乏尊重,侵犯国产红色动画著作权的思想动机自然不可能受到遏制。因此,应通过各种方式加大对红色经典的宣传,这样才能在思想根源上让不法分子放弃侵害国产红色动画著作权。

(二)危害

首先,危害了国产红色动画所具备的经典弘扬效果和道德教化效应。国产红色动画一旦受到非法复制或放映等侵害,其正版作品所具备的良好质量,亦即在包装、载体、视频、音频、字幕等各方面的质量都无法保证,这导致其红色经典弘扬效果无法得到保证,伴随而来的是国产红色动画的道德教化效果——教导社会大众学习伟人和先烈们吃苦、舍己和爱国精神的效果也会随之遭到损害。

其次,侵害了侵犯著作权罪的保护法益。刑法的任务是保护法益,[10]而任何犯罪都侵害了法益。[11] 侵犯著作权罪的保护法益是著作权人对其作品的专属性著作权利及其许可权。[12] 侵害国产红色动画著作权的行为显然侵害了权利人对

10 牛忠志:《德日“法益说”适应中国的“四维”改良》,载《政治与法律》2022年第9期。

11 高永明:《刑法法益自由主义意义的检视》,载《法律科学》2022年第6期。

12 周光权:《刑法各论》,中国人民大学出版社2011年版,第273页。

其作品的专属性权利以及许可他人实施相关行为的权利。

最后，削弱了国产红色动画作者、发行者的创作和发行动力。国产红色动画的著作权一旦遭到侵害，原作者、改编者、发行者、出版者等一系列权利人的权利都将受到侵害，其创作和发行动力很可能受到抑制，这将导致恶性循环，最终影响甚至损害国产红色动画产业。

三、刑法保护的现状和完善

我国《刑法》第 217 条规定了侵犯著作权罪，第 218 条规定了销售侵权复制品罪，对侵害国产红色动画著作权的行为进行了立法上的规制。有必要系统梳理上述罪名的立法史，剖析其在适用上的缺陷并提出完善方案。

（一）立法史

侵犯著作权罪在 1979 年《刑法》中并未设立，这是由当时我国社会的经济状况决定的。如同立法者在立法理由中指出："20 世纪 90 年代初，我国的文化事业发展迅猛，图书音像市场非常繁荣，出版活动异常活跃。同时，一些犯罪分子为谋取暴利，实施侵犯他人著作权的行为也越发猖獗。"[13]这表明了当时立法者设立该罪的社会背景。1994 年全国人大常委会出台了《关于惩治侵犯他人著作权的决定》（以下简称《决定》），以单行刑法的形式设立了该罪。1997 年《刑法》草案经 3 次微调后确认了该罪，[14]将该罪的构成要件分为 4 类。2004 年、2007 年、2020 年，最高人民法院、最高人民检察院分别出台了《关于办理侵犯知识产权刑事案件具体应用法律若干问题的解释》，2011 年最高人民法院、最高人民检察院、公安部出台了《关于办理侵犯知识产权刑事案件适用法律若干问题的意见》，均对该罪进行了修改。此外，2020 年全国人大常委会通过了《刑法修正案（十一）》，对侵犯著作权罪进行了以下修正：第一，将法定刑的上限从 3～7 年有期徒刑提升到 3～10 年；第二，将构成要件在原本 4 类的基础上增加 2 类：侵犯表演者权利、破坏权利保护技术措施；第三，在复制发行的行为方式中增加"通过信息网络向公众传播"；第四，在作品的种类中增加"美术"，将"电影、电

---

13 全国人大常委会法制工作委员会编：《中华人民共和国刑法条文说明、立法理由及相关规定》，北京大学出版社 2009 年版，第 435 页。

14 高铭暄：《中华人民共和国刑法的孕育诞生和发展完善》，北京大学出版社 2012 年版，第 431 页。

视、录像作品”合称为“视听作品”,对“他人作品”进行“法律、行政法规规定”的限定,由此而成当前的罪名。

销售侵权复制品罪同样在1979年《刑法》中未规定,而在《决定》中被设立,后来被1997年《刑法》确认。2020年《刑法修正案(十一)》对该罪进行了以下修改:第一,将法定刑的上限从3年有期徒刑提升到5年;第二,将客观处罚条件在单一的数额基础上增加情节,即在“违法所得数额巨大”以外新增“情节恶劣”,由此而成当前的罪名。

从上述立法史中可看出,随着我国社会状况的不断变迁,包括经济形势的变化、行为模式的多样、科学技术的进步、传播工具的更新等,我国《刑法》对国产红色动画著作权的保护经历了一个从无到有、从稚嫩到完善的历程,并且该保护体系涉及单行刑法、刑法典、刑法修正案、司法解释、其他规范性文件等多种法律渊源,当前已形成以侵犯著作权罪和销售侵权复制品罪为核心的“双子型”罪名体系。

(二)适用缺陷

经过最新的立法修改后,我国《刑法》第217条对侵犯著作权罪规定了6类构成要件,分别为:1. 未取得著作权人许可,复制发行和通过信息网络向公众传播文字作品、音乐、美术、视听作品、电脑软件和法律、行政法规所规定的其他作品;2. 出版他人有专有出版权的图书;3. 未取得录音录像制作者的许可,复制发行、经信息网络向公众传播其录音录像;4. 未取得表演者许可,复制发行其录音录像制品,或经信息网络向公众传播其表演;5. 制作和出售假冒他人署名的美术作品;6. 未取得著作权人许可,故意避开或破坏权利人为其作品、录音录像制品采取的保护著作权的技术措施。

上述构成要件并非都适用于国产红色动画,理由如下:第一,从国产红色动画的作品种类来看,其属于视听作品而不属于图书,这意味着第2类构成要件无法适用。第二,国产红色动画是利用计算机技术制作而成,不是由表演者经表演后形成的录音录像制品,这意味着第4类构成要件无法适用。第三,国产红色动画属于电子作品,不属于一般以纸质为载体的美术作品,这意味着第5类构成要件无法适用。由此可知,适用于国产红色动画的仅有第1类和第6类构成要件。由于在司法实践中,侵害国产红色动画著作权的行为很少表现为避开或破坏权利人对国产红色动画采取的旨在保护著作权的技术措施,第6类构成要件适用的概率极小,因而主要适用于国产红色动画的是第1类构成要件,即复制发行和通过信息网络向公众传播国产红色动画。

上述得以适用的构成要件中的核心要素是对“复制发行”的界定。对此，我国刑法学界有以下理论：第一，复制说。该说认为复制发行的本质是复制。第二，发行说。该说认为复制发行的本质是发行。第三，并列说。该说认为复制发行是复制并且发行。第四，择一说。该说认为复制发行是复制或者发行。不少学者支持择一说，认为行为人只要实施复制或发行国产红色动画中任何一种行为，其行为都构成侵犯著作权罪。但有学者认为应将发行缩小解释为“批量销售”，并将销售复制品罪中的销售限制解释为“零售”，以实现刑法条文的协调性。[15] 但另有学者认为应对发行进行平义解释，将其理解为包含出售、出租等多种向公众提供作品复制件的方式。[16] 可见，在复制发行已成法条既定用语的前提下，上述理论的差异性会造成司法实践工作者在适用该罪时无所适从。因此，法条用语的模糊性成为罪名体系的缺陷之一。

此外，前文已论证，非法出租、非法放映、非法署名、非法修改、非法汇编、非法展览等行为均属于侵害国产红色动画著作权的行为，但侵犯著作权罪的构成要件并不包含这些行为，造成其无法受到刑法规制。这是罪名体系的缺陷之二。

最后，我国《刑法》第 218 条规定的销售侵权复制品罪并无单独设立的必要。销售侵权复制品罪的本质是未取得权利人的许可销售作品及其复制品的行为，该行为完全可以内化于侵犯著作权罪的构成要件中，无须单独成罪，否则将造成多余的立法，导致刑法条文的简洁性和谦抑性受到损害。这是罪名体系的缺陷之三。

（三）完善路径

上述缺陷对国产红色动画著作权形成了保护不力的弊端，有必要从以下方面进行完善：

首先，运用刑法解释方法中的补正解释，将复制发行解释为“复制或发行”，理由在于：如果将复制发行解释为复制，将导致发行行为无法被规制，相反，如果将复制发行解释为发行，将导致复制行为无法被规制，都会造成法益保护的漏洞；如果将复制发行解释为复制且发行，将造成复制但未发行和发行但未复

---

15 张明楷：《刑法学》，法律出版社 2016 年版，第 824 页。

16 黎宏：《刑法学》，法律出版社 2012 年版，第 607 页。

制的行为都无法被规制,还会导致无法充分保护国产红色动画的著作权。结论只能是将复制发行解释为择一的关系:只要行为人实施发行或复制国产红色动画中任何一种行为,其行为都构成侵犯著作权罪。以此方式,可充分实现对国产红色动画著作权的刑法保护。此外,应注意侵犯著作权罪和销售侵权复制品罪的犯罪竞合问题。比如,行为人以营利为目的销售国产红色动画的盗版光碟,违法所得数额较大,该行为当然构成销售侵权复制品罪,但该行为同时属于"未取得著作权人许可,复制发行视听作品",从而构成侵犯著作权罪,这就发生了犯罪竞合,并且属于法条竞合而非想象竞合。根据法条竞合中特殊法优先于普通法的适用规则,[17]应将行为人的行为认定为销售侵权复制品罪。

其次,通过立法修正,将非法出租、非法放映、非法署名、非法修改、非法汇编、非法展览等一切侵犯国产红色动画著作权的行为都纳入侵犯著作权罪的构成要件范围。将来全国人大常委会通过新的刑法修正案时,可重视上述行为的危害性,将侵犯著作权罪与我国《著作权法》相衔接,对该法规定的所有侵犯著作权的行为进行筛选,但凡在事实上能侵犯国产红色动画著作权的行为都应被纳入侵犯著作权罪的构成要件,对侵犯国产红色动画著作权的行为"一网打尽",以免形成立法漏洞而削弱对国产红色动画著作权的刑法保护。

最后,在司法实践中停止适用销售侵权复制品罪,将该行为纳入侵犯著作权罪的轨道处理。前文已述,侵犯著作权罪的第1类构成要件与销售侵权复制品罪属于法条竞合中的特别关系,前者属于普通法条,后者属于特殊法条,但从立法论的角度来看,销售侵权复制品罪并不具备成为特殊法条和独立成罪的充分理由。立法者将一个行为通过特殊法条独立成罪的理由是该行为某种具备特殊不法内涵。[18] 但非法销售国产红色动画复制品的行为相较于其他侵害国产红色动画著作权的行为并无任何特殊不法内涵可言,二者在不法内涵上完全等同。根据这种不法内涵上的等同性,将非法销售国产红色动画复制品的行为纳入侵犯著作权罪的构成要件即可。此外,这种处理方式在法定刑上更能充分实现对国产红色动画著作权的刑法保护。比如,行为人以营利为目的销售国产红色动画的盗版光碟,违法所得数额巨大,如果对该行为定非法销售侵权复制品罪,行为人将被判5年以下有期徒刑,但如果定侵犯著作权罪,行为人将被判

---

17 张明楷:《法条竞合与想象竞合的区分》,载《法学研究》2016年第1期。

18 魏东、王德政:《论法条竞合特别关系的界定》,载《人民检察》2014年第23期。

3～10 年有期徒刑。对行为人判更重的法定刑自然将增强对国产红色动画著作权的刑法保护效果。

四、结　　语

国产红色动画明显不同于以娱乐性为主要目的的其他动画作品，其在红色经典传承和伦理道德教化方面的作用是巨大和不可取代的，这种作用值得全社会重视，由此值得在刑法上予以特殊保护。可系统梳理侵犯国产红色动画著作权的各类行为，从立法史和现状的角度分析我国《刑法》中保护国产红色动画著作权的罪名体系，剖析其对国产红色动画著作权保护不力的弊端，再从立法修正、刑法解释和司法适用三个维度进行完善：第一，运用补正解释，将侵犯著作权罪中的“复制发行”解释为“复制或发行”。第二，通过立法修正，将非法出租等一切侵犯国产红色动画著作权的行为纳入侵犯著作权罪的构成要件。第三，在司法实践中停止适用销售侵权复制品罪，将该行为纳入侵犯著作权罪的轨道处理，以提升针对行为人的法定刑。以此方式，可充分增强我国《刑法》对国产红色动画著作权的保护作用，为国产红色动画在我国的创作和发行保驾护航。

人格权禁令的困境与对策

——以《民法典》第997条为中心

赵景顺*

自2020年《民法典》第997条增设人格权禁令制度以来,由于立法粗疏、人格权禁令司法解释迟迟未出台,加之2021年12月《民事诉讼法》修正案未对《民法典》第997条增设的人格权禁令制度在程序立法上作出应有的回应,致使实践中人格权禁令制度的司法适用面临诸多难题,亟待破解。为了尽快妥善解决这些难题,笔者对其进行全面梳理和总结,并有针对性地提出完善建议,以对人格权禁令司法解释的制定以及未来我国人格权禁令程序的构建有所助益。

一、人格权禁令制度的现实困境

(一)人格权禁令的程序规则缺位

关于人格权禁令程序是否需要增设的问题,学界存在较大的分歧。有研究者认为,我国应当在程序法中增设人格权禁令程序;[1] 也有研究者认为,《民法典》第997条规定的人格权禁令的程序可以参照适用《民事诉讼法》上的诉前行为保全程序,没有必要再行构建新的程序。[2] 对此,笔者较为支持第一种观点,即人格权禁令的程序规则在我国是缺位的,理应予以尽快填补。具体而言,理由有三:其一,从《民法典》第997条的具体内容来看,该法条仅从实体法层面简

---

* 赵景顺——山东财经大学法学院讲师、法学博士,主要研究领域:民事诉讼法、民法。

1 参见郭小冬:《人格权禁令的基本原理与程序法落实》,载《法律科学》2021年第2期;朱虎:《人格权侵害禁令的程序实现》,载《现代法学》2022年第1期;吴英姿:《人格权禁令程序研究》,载《法律科学》2021年第2期。

2 参见严仁群:《人格权禁令之程序法路径》,载《法学评论》2021年第6期;邵明、康健:《论行为保全法理在人格权侵害禁令中的适用——基于解释论的视角》,载《齐鲁学刊》2021年第6期。

要规定了人格权禁令的申请要件,未规定人格权禁令的程序类型、效力期间等程序事项。其二,2021 年 12 月颁布的《民事诉讼法》修正案对 2020 年《民法典》第 997 条设定的人格权禁令制度亦未作出回应,而是选择了"忘记",造成我国人格权禁令制度的程序规则在未来很长一段时间内都将处于立法缺位状态。毫无疑问,此种诡异的立法状态的继续存在不仅有违实体—程序对称立法的基本法理,而且与《民法典》第 997 条设定人格权禁令制度的立法初衷不相协调,还延缓了《民法典》与《民事诉讼法》早日实现无缝对接的立法愿望的实现。如果立法者、司法者不早点解决好人格权禁令程序规则立法缺位的现实问题,那么《民法典》第 997 条所设定的人格权禁令制度很有可能仅停留于纸面之上,成为空中楼阁。对于个案中人格权禁令的申请人而言,其正在遭受侵害或者即将遭受侵害的人格权及相关利益很难得到法院及时、有效的司法保护。其三,人格权禁令程序独立于人格权诉讼,与附随于当事人后续起诉行为的诉前行为保全在性质上存在本质的区别,不可相互参照适用。

(二)人格权禁令的申请人范围过于狭窄

文义上,《民法典》第 997 条所规定的人格权禁令的申请人原则上只能是人格权人本人。[3] 如果人格权人是无民事行为能力人或者限制民事行为能力人,人格权禁令的申请人可以扩展到人格权人的监护人,比如未成年人的父母。除此之外,我们不能再根据《民法典》第 997 条的规定作更进一步的扩大解释。这就意味着人格权人的监护人以外的其他近亲属及负有保护人格权职责的机关、社会组织无权以人格权人的名义代为向法院申请人格权禁令。循此以观,当人格权人及其监护人的人身自由、精神意志受到外在、非法强制、胁迫等情形时,人格权人的人格权及相关利益将无法得到及时、有效的司法保护。据此,我们可以得出以下较为肯定的结论,即在《民法典》第 997 条的范畴内,人格权禁令的申请人范围过于狭窄,难以有效、全面满足人格权的保护诉求。

(三)人格权禁令的效力期间不明确

从条文内容看,《民法典》第 997 条未明确规定人格权禁令的效力期间。由此在实务中很有可能会引发一系列的连锁问题。首当其冲的便是,法官根据《民法典》第 997 条签发的人格权禁令是临时禁令还是永久禁令?法官可否自

---

3 参见毋爱斌、范响:《〈民法典〉人格权侵害禁令溯源、性质及其制度构建》,载《重庆大学学报(社会科学版)》(录用定稿),2022 年 1 月 10 日中国知网网络首发。

由裁量人格权禁令的效力期间？法官可以在多大幅度范围内裁量人格权禁令的效力期间？如果人格权禁令是一种临时禁令，其有效期可否参照适用《反家庭暴力法》第30条有关人身安全保护令有效期小于或等于6个月的规定？当申请人向法院提起人格权诉讼时，到期的人格权禁令的效力期间可否顺延至人格权诉讼判决生效之日？如果人格权禁令是一种永久禁令，申请人通过极简程序获得人格权禁令是否合乎民法原理？在此过程中，被申请人的程序保障问题如何得到妥善、有效的解决？如何平衡过重的惩处结果与最低限度的程序保障之间的价值追求？如果立法将人格权禁令的效力期间交由承办法官自由裁量，那么有关的裁判标准又当如何设定？大体的裁决范围是什么？笔者坚信，除了上述已经发现的诸多问题以外，实践中大概率还会有其他的待解、待发现之问题有待厘清。由此可见，《民法典》第997条未规定人格权禁令的效力期间并非一个明智的立法行为，哪怕规定参照适用《反家庭暴力法》第30条的规定也好，并且立法忽略了《民法典》与《反家庭暴力法》《民事诉讼法》等法律的衔接问题，值得审思。

（四）未区分紧急人格权禁令与通常人格权禁令

理论上，人格权禁令可以划分为紧急人格权禁令与通常人格权禁令。[4] 对于紧急人格权禁令，法官应当在48小时内经书面审理直接签发，以及时保护申请人的紧迫利益诉求；对于通常人格权禁令，法官无须在48小时内签发，而应当以书面形式通知被申请人参加对审，查明案件基本事实，而后签发人格权禁令。然而，我国《民法典》第997条规定的人格权禁令未区分紧急人格权禁令与通常人格权禁令，与之有关的审理、裁决程序亦未加以区分，而是统一适用于所有的人格权禁令申请案件。不难发现，申请人权利保护的紧迫程度并未被立法者纳入人格权禁令签发的考量范围。从现行《民法典》第997条所产生的法律效果来看，上述立法行为要求法院原则上在48小时内不区分案件类型、不区分轻重缓急而签发所有的人格权禁令，无疑额外增加了中、基层法院一线法官的办案工作量。据此，我们可以推断出以下结论：在《民法典》第997条所设定的法律框架下，我国人格权禁令的运行程序类型应当属于紧急人格权禁令的范畴，对法官签发人格权禁令的时效要求比较高。毫无疑问，此种类型的人格权

4　参见刘学在、赵贝贝：《人格权侵害禁令：立法背景、定位及程序构建》，载《广西社会科学》2022年第3期；毕潇潇：《人格权侵害禁令研究——实体与程序的双重视角》，载《东方法学》2022年第3期。

禁令降低甚至直接减损了被申请人最低限度的程序保障，尤其是在不涉及公共利益的侵害名誉权、隐私权等精神性人格权禁令申请案件中。

（五）签发人格权禁令的考量因素过少

从《民法典》第997条的条文内容看，法官签发人格权禁令的考量因素包括申请人胜诉的可能性、被申请人的行为属于违法行为与不颁布人格权禁令是否会导致无法弥补的损害三种。对此，笔者认为，法官签发人格权禁令的考量因素过少，未将申请人权利保护的紧迫程度、不签发人格权禁令给申请人造成的损失是否会大于被申请人因人格权禁令遭受的损失、签发人格权禁令是否会危及公共安全等重要因素纳入考量范围，值得商榷。对于法官签发人格权禁令是否会危及公共安全，我们姑且可以认为，此一考量因素是《民法典》第997条的题中之义，是法官签发人格权禁令时应当自觉考量的因素，无须法律予以明确规定；而对于《民法典》第997条未明确将申请人权利保护的紧迫程度、不签发人格权禁令给申请人造成的损失是否会大于被申请人因人格权禁令遭受的损失纳入考量范围，笔者持保留态度。笔者认为，申请人权利保护的紧迫程度、不签发人格权禁令给申请人造成的损失大于被申请人因人格权禁令遭受的损失是法官签发人格权禁令的重要考量因素，否则，法官所签发的人格权禁令便失去了其所存在的社会价值追求。从功能上来讲，前者可以协助法官区分紧急人格权禁令与通常人格权禁令，后者可以帮助法官有效约束申请人滥用人格权禁令实施不正当市场竞争行为，保护被申请人的正当、合法权益。

（六）侵害人格权的判断标准不明

关于侵害人格权的判断标准，《民法典》第997条仅使用了“民事主体有证据证明”的简单表述，并未明确具体的证明标准。由此引发了一系列的实践难题。具体而言，主要包括以下几个方面：其一，在人格权禁令申请案件中，申请人所提供的证据需要达到什么程度才能够证明自己的人格权受到了被申请人的不法侵害？相应地，法官应当依据何种证明标准对申请人所提供的证据进行司法审查？是高度盖然性证明标准（超过75%）还是一般可能性证明标准（超过50%）？均未可知。其二，对于不同类型的人格权禁令申请案件，法官是适用统一的证明标准还是根据具体的案件类型选用不同的证明标准？其三，如果申请人提供相应的担保，法官是否有权采用较低的证明标准对申请人所提供的证据进行司法审查？如果上述几个问题不能得到立法或者司法解释的正面回应，那么法官于个案中认定申请人的人格权受到侵害就非常困难。倘若遇到即将实施的侵害情形,法官认定被申请人侵权的难度系数将会呈指数级增长。

(七)被申请人的程序保障规则缺位

《民法典》第 997 条仅从申请人权利保护视角规定了人格权禁令的申请条件,未规定被申请人的程序保障规则。加之 2021 年 12 月《民事诉讼法》修正案未涉及人格权禁令程序,致使人格权禁令被申请人的程序保障规则在实体法、程序法双层层面上均处于缺位状态。这也就意味着被申请人在人格权禁令程序中所应当享有的最基础、最基本的受通知权、意见陈述权、听证请求权以及禁令复议申请权、异议权等程序性权利于法无据,实践中很难得到最低限度的程序保障。考虑到人格权禁令程序具有非常强的非讼属性,大多数情况下奉行职权探知主义、书面审理、简易高效等非讼法理,在具体的人格权禁令申请案件中,被申请人所面临的程序保障问题更加突出和严峻,尤其是在当前被申请人的权利救济渠道不明的情况下。具体而言,当法院所作出的人格权禁令对被申请人的惩处过重抑或损害被申请人的合法权益时,被申请人能否向作出人格权禁令的法院申请复议或者提出异议?在多长时间内可以向法院申请复议或提出异议?如果被申请人向作出人格权禁令的法院提出的异议理由成立,法院应当在多长时间内撤销人格权禁令?在此过程中,被申请人可否要求申请人提供相应的担保?能否向恶意申请人主张损害赔偿责任?诸如此类问题,现行立法及司法解释暂未给出明确的回应,值得审思。

二、完善人格权禁令制度的对策

为了解决前述诸问题,立法者、司法者应当着力做好以下几个方面的工作。

(一)明确人格权禁令程序的非讼属性,分步建构我国的人格权禁令程序

根据实体—程序对称立法的基本原理,《民法典》第 997 条所规定的人格权禁令制度需要《民事诉讼法》等程序法尽快建立起与其相配套的程序规则。在此过程中,立法者、司法者首先需要解决好两个问题。具体而言,第一,要明确人格权禁令程序的基本属性,即人格权禁令程序是诉讼程序还是非讼程序?抑或独立于诉讼程序与非讼程序之外的第三种程序?第二,在哪一部法律抑或司法解释中设定人格权禁令程序?对于第一个问题,学界的争议比较大,代表性的观点主要有三种;其一,郭小冬教授认为,人格权禁令程序具有较强的争讼性,且比较法上的禁令程序是诉讼程序,其基本属性应是诉讼性质的,有关程序

应以准司法程序来构建。[5] 其二,朱虎教授主张,以非讼程序为基础,构建人格权禁令的程序规则。[6] 其三,吴英姿教授认为,人格权禁令程序是一种介于诉讼程序与非讼程序之间的独立程序。[7] 笔者较为赞同朱虎教授的观点,即人格权禁令程序的基本属性应当是非讼程序的。值得关注的是,《民法典》第 997 条将民事主体请求法院核发人格权禁令的方式设定为"申请";最高人民法院《民事案件案由规定》(2020 年)将"申请人格权侵害禁令案件"规定于"非讼程序案件案由"部分。不难发现,立法者、司法者的上述两点做法均向我们展现了人格权禁令程序具有较强的非讼属性。此外,不容忽视的是,第三种立法构想的立法成本较高、周期较长。对于第二个问题,考虑到 2021 年 12 月《民事诉讼法》修正案刚刚通过、短期内再次修订的可能性不太大,笔者认为,人格权禁令程序规则的设定应当遵循先司法解释后立法、先实体法后程序法的规制路径。具体而言,可以分为三步:首先,由《民法典》人格权编司法解释对人格权禁令程序规则进行规定;其次,待《民事诉讼法》再次修订时,于《民事诉讼法》第十五章特别程序部分设"禁令程序"专节对包括人格权禁令程序在内的所有禁令程序进行规范;最后,待我国制定"非讼案件审判法"时,将人格权禁令程序等统一纳入其中予以系统规范。

（二）扩大人格权禁令申请人的主体范围,构建人格权公益救济机制

为了更为全面、及时地保护人格权人的人格权及相关利益,《民法典》第 997 条有关申请人的理解应当作扩大化解释,不仅应当包括人格权人本人及其监护人,还应当包括人格权人的监护人以外的其他近亲属以及对人格权人负有保护职责的机关、社会组织,其中,人格权人及其监护人作为人格权禁令的申请人原则上无特别的要求,而人格权人的监护人以外的其他近亲属或者对人格权人负有保护职责的机关、社会组织要想成为人格权禁令的申请人,须向法院提供必要的能够证明人格权人及其监护人受到外在、非法强制、胁迫的证据,否则,不得代为申请人格权禁令。由此可见,人格权禁令的申请人应当是多元的,且有一定的顺位要求。具体而言,人格权禁令的第一顺位申请人是人格权人本人及其监护人;人格权禁令的第二顺位申请人是人格权人的监护人以外的其他

5 参见郭小冬:《人格权禁令的基本原理与程序法落实》,载《法律科学》2021 年第 2 期。
6 参见朱虎:《人格权侵害禁令的程序实现》,载《现代法学》2022 年第 1 期。
7 参见吴英姿:《人格权禁令程序研究》,载《法律科学》2021 年第 2 期。

近亲属或者对人格权人负有保护职责的机关、社会组织。当人格权禁令的第一顺位申请人存在且未受到强制、胁迫时,人格权禁令的第二顺位申请人无权向法院代为申请人格权禁令。需要特别强调的是,人格权禁令的第二顺位申请人向法院提供的用以证明人格权人及其监护人受到强制、胁迫的证据须达到较高的可信度。从权利救济机制公益、私益二元划分的视角看,第一顺位的申请人向法院申请人格权禁令属于私益救济机制,第二顺位的申请人向法院申请人格权禁令属于公益救济机制。具体到运行逻辑上,人格权公益救济机制是人格权私益救济机制的重要补充,二者相辅相成,共同构成人格权人人格权保护的完整机制。

(三)明确设定人格权禁令的效力期间

对于《民法典》第997条未明确人格权禁令的有效期所引发的诸多问题,不同学者针对不同问题给出了自己的答案。其中,郭小冬教授认为,人格权禁令是一种临时禁令,其有效期参照适用《反家庭暴力法》第30条有关人身安全保护令有效期小于或等于6个月的规定,如此,还可以保证《民法典》《反家庭暴力法》有关期间的规定协调与统一;[8]严仁群教授认为,通过极简程序获得的禁令应当是临时禁令,不应是长期或永久的终局禁令,否则,对被申请人不公平;[9]吴英姿教授认为,禁令的期限以实现人格权保护的必要性为限,法院可以根据当事人申请和案件具体情况进行裁量。[10] 笔者较为支持严仁群教授的观点,同时建议将人格权禁令、人身安全保护令的有效期均设定为3个月。根本原因在于,人格权禁令程序对于被申请人的惩处过于严厉,且有关的程序保障不够充分。申请人若需要更长的期限,可在禁令到期前申请延长,或直接提起诉讼,以终局性地解决问题。[11]

(四)区分紧急人格权禁令与通常人格权禁令

实践中,人格权禁令申请案件的类型多样、繁简不一,立法不区分紧急人格权禁令与通常人格权禁令而一体适用,难以有效平衡维护公共利益、及时保护申请人人格权与给予被申请人最低限度的程序保障三者之间的价值冲突。故而,立法者、司法者在人格权禁令种类的选择和适用上应当以案件类型化为基

8 参见郭小冬:《人格权禁令的基本原理与程序法落实》,载《法律科学》2021年第2期。

9 参见严仁群:《人格权禁令之程序法路径》,载《法学评论》2021年第6期。

10 参见吴英姿:《人格权禁令程序研究》,载《法律科学》2021年第2期。

11 徐伟:《〈民法典〉人格权侵害禁令的法律适用》,载《法制与社会发展》2021年第6期。

础而有所差异，以有效应对复杂多变的实践困局。具体而言，对于生命权、健康权等物质性人格权禁令申请案件及其他涉及公共利益保护的人格权禁令申请案件，法官应当循书面审理程序从速作出有效期为15日的紧急人格权禁令，紧急人格权禁令期限届满前，申请人可以向法院申请延期一次（15日）或者直接申请将紧急人格权禁令转换为通常人格权禁令（15～90日）；对于不涉及公共利益保护的侵犯隐私权等精神性人格权禁令申请案件，法官应当书面通知被申请人参加对审，经言词辩论程序后作出通常人格权禁令（15～90日）。需要特别补充说明的是，如果被申请人通过网络途径侵害申请人的人格权，无论何种类型的人格权禁令申请案件，申请人均有权向法院申请紧急人格权禁令。根本原因在于，被申请人通过网络途径侵犯申请人的人格权的传播速度极快、不良影响的范围极为不确定、给申请人造成的实际损害也十分难以认定且通常具有不可逆性。

（五）适度增加法官签发人格权禁令的考量因素

为了更加全面、公正、高效地签发人格权禁令，法官在核发人格权禁令时应当超越《民法典》第997条所设定的3项考量因素，适度扩大签发人格权禁令的考量因素范围，并从整体上予以综合评判。具体而言，法官在核发人格权禁令的过程中应当将申请人权利保护的紧迫程度、不签发人格权禁令给申请人造成的损失是否会大于被申请人因人格权禁令遭受的损失、签发人格权禁令是否会危及公共安全等因素纳入考量范围。在具体设计人格权禁令司法解释时，最高人民法院应当采用“列举＋兜底条款”的方式规制法官签发人格权禁令的考量因素，为法官于个案中灵活、能动、综合评判诸考量因素的价值冲突预留足够的司法裁量空间。需要特别强调的是，在具体签发人格权禁令的个案中，法官首先应当根据申请人权利保护的紧迫程度区分是适用紧急人格权禁令程序还是适用通常人格权禁令程序，在此基础上，优先考量签发人格权禁令是否会危及公共安全这一重要考量因素；其次再着重考量不签发人格权禁令给申请人造成的损失是否会大于被申请人因人格权禁令遭受的损失；最后再根据案情需要综合评判其他考量因素。

（六）分类、附条件建构多元化的证明标准

对于侵害人格权的证明标准，有学者认为，申请者所提供的证据只需达到一般可能性即可,而无须达到高度盖然性标准。[12] 对此,笔者持保留意见。笔者认为,侵害人格权的证明标准应当包括一般可能性证明标准与高度盖然性证明标准两种,且须立基于人格权禁令申请案件类型化的界分之上。否则,法官无法正确、妥当适用有关的证明标准。具体而言,根据人格权所要保护的具体内容的属性不同,可将人格权禁令申请案件划分为物质性人格权禁令申请案件与精神性人格权禁令申请案件,前者主要包括生命权、身体权等人格权禁令申请案件,后者主要包括隐私权、肖像权等人格权禁令申请案件。[13] 对于物质性人格权禁令申请案件,由于其受保护的迫切程度较高,法官可以援引一般可能性证明标准对申请人提交的证据进行司法审查;而对于受保护的迫切程度不是那么高的精神性人格权禁令申请案件,法官原则上应当援引高度盖然性证明标准对申请人提交的证据进行司法审查。在处理人格权禁令申请案件的过程中,如果申请人愿意主动提供担保或者补充提供担保,法官在审查申请人提交的证据时可以适当降低证明标准,尤其是在精神性人格权禁令申请案件中,法官可以直接援引一般可能性证明标准审查申请人提交的证据,即用一般可能性证明标准替代高度盖然性证明标准。此时,即便法官核发的人格权禁令出现错误,被申请人的损失也可以从申请人提供的担保金中获得相应的赔偿。

(七)细化被申请人的程序保障规则

为了切实保障并维护被申请人的合法权益,针对申请人的人格权禁令申请,法院应当在 3 日内将有关的申请材料寄送给被申请人(限于不涉及公共利益保护的精神性人格权禁令申请案件,且不属于网络侵权类案件),听取其意见陈述,被申请人要求法院组织听证或者开庭审理的,法院应当准许。听证或庭审结束后 2 日内,符合核发条件的,法院应当作出人格权禁令。对于法院作出的人格权禁令,被申请人有权在收到人格权禁令的次日起 5 日内向作出人格权禁令的法院申请复议或者提出异议。复议期间,不停止人格权禁令的执行;异议期间,人格权禁令暂缓执行,异议理由成立的,法院应当立即撤销原人格权禁令,异议理由不成立的,法院应当驳回被申请人的异议申请,已作出的人格权禁令立即生效并交付执行。当善意申请人申请人格权禁令出现错误时,善意申请人原则上无须承担民事法律责任,被申请人一般无权要求善意申请人赔偿损

---

12 张素华:《论人格权禁令的性质及司法适用》,载《比较法研究》2021 年第 6 期。

13 参见程啸:《论我国民法典中的人格权禁令制度》,载《比较法研究》2021 年第 3 期。

失，除非被申请人能够举证证明因申请人申请人格权禁令给其造成了较大的实际损失。对于申请人恶意申请人格权禁令的情形，如果造成严重后果或重大损失，被申请人有权向申请人主张损害赔偿责任。为了保证有关损害赔偿责任能够得到切实有效的履行，笔者主张，在不涉及公共利益的侵害名誉权等精神性人格权禁令申请案件中，申请人应当提供担保，具体的担保金数额由法官根据具体案情需要自由裁量；对于涉及公共利益或者危及申请人生命权、身体权、健康权等物质性人格权禁令申请案件，申请人可以不提供担保，但禁令申请错误时，申请人应当在过错范围内承担相应的赔偿责任。[14] 有观点认为，人格权禁令程序不与诉讼程序相关联，申请人不需要提供担保。[15] 对此，笔者持反对态度。根本原因在于，此种观点未区分人格权禁令申请案件的具体类型，且忽视了人格权禁令程序对被申请人的较低的程序保障。此外，为了进一步强化对被申请人的程序保障，笔者主张，法院对于人格权禁令申请案件的审理原则上应当采用合议制。[16]

14 徐伟：《〈民法典〉人格权侵害禁令的法律适用》，载《法制与社会发展》2021 年第 6 期。

15 程啸：《论我国民法典中的人格权禁令制度》，载《比较法研究》2021 年第 3 期。

16 参见吴英姿：《民事禁令程序构建原理》，载《中国法学》2022 年第 2 期。

企业刑事合规从宽制度的构建

刘舒婷*

司法实践中涉案企业合规不起诉制度的运用需要从规范化视角对其进一步完善。单位责任理论、积极刑法观中一般预防原理、宽严相济与少捕慎诉慎押的刑事司法政策、需罚性理论为企业合规从宽处理铺垫了理论基础。企业刑事合规从宽制度在开展过程中面临适用对象及案件范围模糊、监管人考察作用受限、有效性标准不清、行刑衔接不畅、重大案件分案处理制度及配套制度缺失等问题。为进一步保障与完善企业刑事合规制度的规范化运行,应当明确合规适用对象、案件范围,实质性发挥合规监管人考察作用,统筹建立有效性企业合规标准,健全合规行刑衔接机制,建立多维度重大犯罪案件分案处理机制以及完善合规相关配套制度。

自 2020 年 3 月,最高人民检察院启动涉案企业合规试点以来,研究重心一直是在现行法律框架下,探索将合规引入刑事司法的途径和程序。为了保障改革在法治的轨道上运行,最高人民检察院联合全国工商联、司法部等八个部委制定了《关于建立涉案企业合规第三方评估机制的指导意见》《涉案企业合规建设、评估和审查办法》等规范性文件,试点改革在全国范围内铺开。经过两期改革试点,截至 2022 年 5 月底,全国检察机关共办理企业合规案件 1777 件,10 个试点省份检察机关共办理企业合规案件 766 件。其中,333 家企业、1106 人经合规整改后免于起诉,改革成效明显。[1] 为了优化法治化营商环境,服务保障经济社会高质量发展,全国各地检察机关积极稳妥推进企业合规改革试点工作,

---

* 刘舒婷——广东省阳春市人民检察院第五检察部五级检察官助理。本文系广东省人民检察院 2022 年度检察理论研究课题“涉案企业合规不起诉制度研究”的阶段性成果。

1 参见《一张来自最高检的企业刑事合规整改流程图》,载微信公众号“经济犯罪法律评论”2022 年 7 月 19 日,https://mp.weixin.qq.com/s/qgtX-3mQaMOpJtIhd739Ag。

形成了第三方监管机制、“范式”与“简式”的企业合规模式、侦查阶段启动合规监管、治理与治罪并重等实践做法。

一、我国刑事合规试点实践的难点问题

目前我国刑事合规开展过程中出现了适用对象及案件范围模糊、监管人考察作用受限、有效性标准不清、行刑衔接不畅、重大案件分案处理制度及配套制度缺失等实践难题,亟待实务破解。

(一)合规适用对象、案件范围模糊

探索合规制度离不开对企业刑事合规案件适用范围的正确把握,识别合规案件来源、把好合规案件入口筛查关成为检察机关办理好合规案件的“敲门砖”。合规作为舶来品,在引入过程中形成了中国特色的企业合规经验。就合规适用对象而言,一方面,从企业规模角度看,域外的企业合规主要针对大型上市公司,存在成本高昂和耗时长久的弊端。而在我国对中小微企业推行合规计划,既有现实基础,也有实践需要。另一方面,从单位犯罪与企业犯罪界分角度看,域外的企业合规主要适用于单位犯罪,我国的企业合规既适用于单位犯罪,也适用于个人犯罪,更好地发挥刑事激励政策的功效。[2] 就合规适用案件范围而言,罪名类型是鉴别是否适用合规程序的重要维度。据统计,单位犯罪高发罪名依次为:虚开增值税发票犯罪,环境资源犯罪,侵犯知识产权类犯罪,生产经营类犯罪(非法经营、串通投标),安全生产类犯罪案件。因此检察机关在办理案件中,要根据企业所涉罪名,着眼于企业目前的经营定位及未来发展潜能,从合规案件来源上进行筛查过滤。

(二)合规监管人考察作用受限

第三方监管人的职责是在设定的考察期内对涉罪企业合规建设、制度整改和执行情况进行监督和评估。但第三方机制在企业合规考察中的作用问题并未明确,由第三方机制管委会负责选任第三方组织后,由其进行具体的计划筹备、进驻企业调查、监督和考察,检察机关则不参与具体的评估活动,主要通过

2　参见《关于建立涉案企业合规第三方监督评估机制的指导意见(试行)》第3条:第三方机制适用于公司、企业等市场主体在生产经营活动中涉及的经济犯罪、职务犯罪等案件,既包括公司、企业等实施的单位犯罪案件,也包括公司、企业实际控制人、经营管理人员、关键技术人员等实施的与生产经营活动密切相关的犯罪案件。

审查合规计划、定期报告和考察报告等进行审查,必要时展开调查核实。但第三方机制管委会由多部门组成,工商联承担管委会日常工作,第三方组织建立后,如何组织、管理和协调人员的问题都有待解决。如何确保其客观、中立性,还需要进一步探讨。在检察机关主导下,管委会应如何发挥有效的监管作用,避免因多层机构的关系叠加与重合,影响检察机关对企业合规信息获取的真实性、全面性,以及如何发挥好、协调好检察机关作用与第三方监管机构之间的配合关系,将是研究的重要议题。

(三)合规有效性标准不清

实践中合规制度在很大程度上是一种表象化方式,对企业违法行为并没有产生实质性影响。并且,实践中存在利用合规管理来掩饰管理层参与故意违法行为的现象,纸面上的合规体系甚至可能成为掩盖公司犯罪或违规的工具。此外,企业合规计划的有效执行没有操作标准和考量依据。在企业合规不起诉制度中,评估企业合规整改后符合有效性标准,是检察机关依法作出不起诉决定的关键依据之一。而涉罪企业合规不起诉制度的难点在于有效性标准,即检察机关如何确定涉罪企业推行的合规计划得到有效实施并达成预期目标。有效性评价的具体标准也应当围绕与企业涉嫌犯罪有密切联系的企业内部治理结构、规章制度、人员管理等方面存在的问题制定刑事合规计划和组织体系。

(四)合规行刑衔接不畅

刑事合规从宽制度以检察机关为主导,不可忽视行政机关的行业监管作用。实践中,有一个小微企业合规整改,检察机关作出不起诉决定后,行政机关作出 400 万元的行政处罚决定,企业主宁愿被判处一年有期徒刑,缴纳罚金 30 万元,该案例充分凸显了合规行刑衔接的重要性。[3] 因此,加强与行政机关的协调配合,有效促进行刑衔接,合规建设方能行稳致远。2021 年 10 月,最高人民检察院发布了《关于推进行政执法与刑事司法衔接工作的规定》,为刑事司法机关与行政执法机关双方搭建了行刑桥梁。行刑衔接的问题讲究衔接配合,牵一发而动全身。检察机关在作出刑事处罚决定的同时,对行政主管机关提出行政处罚的检察建议,其中涉及处罚畸轻或者畸重问题。建立行刑衔接机制显得尤为重要。运用“协同处理观”建设行刑衔接机制是未来发展的趋势。美国的商

---

3 参见《企业合规改革如何深化/学者建议立法专章模式避免“条文打架”》,载《法治日报》2022 年 8 月 10 日,第 9 版。

务部、司法部联合办案模式为我国探索合规领域的行刑衔接机制提供了有益参考。检察机关邀请行政机关共同参与办理合规案件,可以发挥行刑一体化机制功效,实现良好的执法和司法办案效果。行刑程序驱动、行刑处理结果及源头治理等方面存在衔接机制缺失,亟待规范。

(五)重大犯罪案件分案处理机制欠缺

我国单位犯罪中,刑法确立了双罚制的刑事归责原则,即单位构成犯罪,对单位判处罚金,同时对单位责任人判处刑罚;刑事诉讼法确立了单位与责任人并案处理的管辖原则,即对涉案单位和责任人适用同一诉讼程序。[4] 单位犯罪案件的并案处理在轻罪案件中无适用障碍,但对于单位责任人可能判处 3 年以上有期徒刑的重罪案件存在适用困境。第一,对单位不起诉,追究单位负责人的责任,有悖“双罚制”的归责原则;第二,对单位及其负责人均不起诉,难免有放纵犯罪之嫌。因此,重大犯罪案件分案处理机制呼之欲出。顾名思义,分案处理意味着对企业和责任人员进行区隔,对企业启动合规考察后予以不起诉处理,对责任人单独提起公诉,并视责任人在合规整改中的参与贡献予以量刑从宽。目前司法实践中已有分案处理的案例,亟须将经验进行总结推广,并予以制度化。

(六)合规配套制度缺乏

合规不起诉改革实践两年以来,来自学者和社会层面的质疑声不绝于耳,相关改革也暴露出“司法引领立法”的现象,许多做法缺乏理论上和法律规范上的支撑,有关合规不起诉改革的制度建构还远没有得到系统的分析和完善,实践中产生大量待解问题,有待实务界及时总结、理论界及时跟进。尤其是,当前我国还没有成体系的合规配套制度,合规从宽激励手段适用时的条件、程序、行政与司法的衔接、合规有效性判断等问题均缺乏统一的裁判标准,进而影响司法机关的公信力。完善的合规配套机制对于合规改革的推进有如虎添翼之效。刑法的学习讲究体系性思考,合规改革亦需从本体向外扩展,寻求相关制度的配套支持,以最大限度释放企业合规改革红利,激发市场主体活力。合规配套制度主要包含审查评估机制、备案审查制度及公示公开制度三个方面。

---

4 参见陈瑞华:《涉案企业合规整改的分案处理模式》,载《法治时代》2022 年第 1 期。

二、刑事合规从宽的责任论依据

所谓“企业合规不起诉制度”，是指检察机关对于涉嫌犯罪的企业，发现其具有建立合规体系意愿的，可以责令其针对违法犯罪事实，提出专项合规计划，督促其推进企业合规管理体系的建设，然后作出相对不起诉决定的制度。[5] 该制度的责任论依据，大致可从以下四个方面逐一进行展开：首先，企业刑事合规本质上也是对其单位责任的一种追究，故应当受单位责任理论的规制；其次，企业刑事合规本质上是通过内部专项整改化解风险，也应当受积极刑法观中的一般预防原理调整；再次，对企业的合规与从宽与当前宽严相济与少捕慎诉慎押的刑事司法政策高度契合；最后，企业刑事合规的对象是涉及刑事犯罪的企业（涉案企业），若没有合规价值以及合规可能性，亦应当用需罚性理论来兜底处理案件。

（一）单位责任理论

法人犯罪始终面临着可谴责性的正当根据问题，传统刑法理论认为法人既没有可以谴责的灵魂和肉体，也无受刑能力，法人犯罪的归责问题一直是刑法理论的争议焦点。美国传统理论采取的是代位责任（Vicarious Criminal Liability），即上级对其员工的行为所承担的责任。[6] 这是一种具有严格责任色彩的做法，背离了责任主义的要求，笔者认为不可取。我国单位犯罪的认定，司法实践采取“企业决策责任论”，强调“以单位名义”“集体研究决定或者有关负责人员代表单位决定”“为单位谋取利益”，导致单位犯罪成立范围较为狭窄。单位犯罪对社会危害较大，我国对单位犯罪，一般采取双罚制的原则，即单位犯罪的，对单位判处罚金，同时对单位直接负责的主管人员和其他直接责任人员判处刑罚。这也为涉案企业责任的追究以及对其的从宽处理奠定了基本的责任理论。

（二）积极刑法观中的一般预防原理

积极的一般预防刑法观力主通过不断增设刑事立法以实现规制社会风险的有效性，具体而言，主张扩大犯罪圈，通过进一步增设轻罪立法来完善当前的

5 参见陈瑞华：《企业合规不起诉制度研究》，载《中国刑事法杂志》2021 年第 1 期。

6 参见李勇：《企业附条件不起诉的立法建议》，载《中国刑事法杂志》2021 年第 2 期。

刑事制裁体系。例如,《刑法修正案(十一)》中新增设的高空抛物罪,便是为了应对与化解城市化进程中“悬在市民头顶上的潜在风险”而增设的轻罪。而积极刑法观中的一般预防原理中所强调的增设轻罪仅是一种手段,其目的是通过增设各种轻罪以满足化解风险社会中各种新增风险种类的需求,从而使刑法由“消极被动”变得“积极主动”,以期起到提前预防犯罪的效果。企业合规制度的本质亦是通过提出专项合规计划以及企业内部的合规管理体系建设,以期达到企业从内到外的提前预防犯罪的效果。其治理逻辑与积极刑法观中的一般预防原理具有一脉相承的本质联系。因此,在风险社会中,刑法逐渐在传统的一般预防和特殊预防理论的基础上发展出积极一般预防理论,并成为企业刑事合规的最主要的理论基础。

(三)宽严相济刑事政策与少捕慎诉慎押刑事司法政策

如果说在刑事实体法领域指导企业合规的刑事政策是宽严相济的刑事政策,那么在刑事程序法领域指导企业合规的刑事政策则为少捕慎诉慎押的刑事政策。现最高人民法院院长、原最高人民检察院检察长张军曾说:“随着社会的发展尤其是科技的进步,扩大非羁押手段适用完全可行而且势在必行。要进一步降低逮捕率、审前羁押率。能不捕的不捕,能不羁押的不羁押,就能有效减少社会对立面”。[7] 涉案企业若接受合规转项计划并积极按照要求进行合规整改,消除了原有的违法、违规乃至犯罪因素,完成“去犯罪化”改造,此时对企业判处刑罚的正当性也就不复存在了。此时结合宽严相济与少捕慎诉慎押的刑事司法政策,就没有必要再对该涉案企业提起公诉,追究其刑事责任。相反,若是在企业进行合规整改之后,仍过度追究其刑事责任,便会产生企业因定罪而无法上市、因定罪而被取消特许经营资格以及因定罪而被吊销营业执照等情况,最终导致企业走向宣告破产的结局。此类情况逐渐累积,无疑会对营商环境的优化以及社会经济的发展造成影响。

(四)需罚性理论

企业刑事合规制度的建立,并不是完全否定对企业进行刑事处罚的可能性。相反,涉案企业本质上是涉及犯罪的,该企业进行合规整理之前的行为本质上是具有一定社会危害性的。企业刑事合规制度只是一种“刑事处罚的代替

7　参见《最高检检察长张军表示:降低审前羁押率、扩大非羁押手段适用势在必行》,载新京报时事频道2020年1月18日,https://www.bjnews.com.cn/detail/157933678814546.html。

方式”,若企业未达到合规的相关指标以及要求,依旧可以对涉案企业按照正常刑事诉讼程序追究其刑事责任。根据法益修复理论,企业通过合规整改建立合规体系的过程,完成了对犯罪所造成法益损害的补救和修复,因此对企业予以出罪处理。如主动认罪、配合执法部门的调查执法活动、积极开展合规内部调查、披露直接责任人员、严惩负有责任的关联人员,并采取了赔偿被害人、补缴税款、缴纳违法所得、恢复原状等措施。[8] 但若涉案企业并未积极采取上述措施或者说虽然采取了措施但就结果上而言远未达到法益修复效果,依旧可以按照一般刑事诉讼程序追究其刑事责任,本质上依旧存在值得刑罚处罚的基础。

三、刑事合规从宽试点的完善建议

为进一步保障与完善企业刑事合规制度的规范化运行,应当明确合规适用对象、案件范围、实质性发挥合规监管人考察作用、统筹建立有效性企业合规标准、健全合规行刑衔接机制、建立多维度重大犯罪案件分案处理机制以及完善合规相关配套制度。

(一)明确合规适用对象、案件范围

企业刑事合规案件适用范围是适用合规程序的入口和前提,检察机关在办理涉企犯罪案件时,应当准确把握合规案件范围,促进检察机关保护各类涉案经济主体的合法权利,将服务保障民营经济发展落实于具体的司法行动,让法治成为最大的营商环境。一方面,明确适用对象范围。我国企业合规的对象范围既包括大型企业,也包括中小微企业。涉案企业合规从宽适用于所有企业,适用的企业范围,无论是民营企业还是国有企业,无论是中小微企业还是上市公司,只要涉案企业认罪认罚,能够正常生产经营、承诺建立或者完善企业合规制度、具备启动第三方机制的基本条件,均能适用合规程序。[9] 需要特别强调的是,个人为进行违法犯罪活动而设立公司、企业,公司、企业设立后以实施犯罪为主要活动,以及涉嫌危害国家安全犯罪、恐怖活动犯罪等情况的,不能适用合

8　参见陈瑞华:《企业合规基本理论》,法律出版社2021年版,第464页。

9　参见《关于建立涉案企业合规第三方监督评估机制的指导意见(试行)》第3条:“第三方机制适用于公司、企业等市场主体在生产经营活动中涉及的经济犯罪、职务犯罪等案件,既包括公司、企业等实施的单位犯罪案件,也包括公司、企业实际控制人、经营管理人员、关键技术人员等实施的与生产经营活动密切相关的犯罪案件。”

规程序。另一方面,明确适用案件范围。合规涉案企业合规改革适用的案件类型,包括公司、企业等市场主体在生产经营活动涉及的经济犯罪、职务犯罪案件以及其他与生产经营活动密切相关的犯罪案件。案件类型主要包括扰乱市场秩序类犯罪、商业贿赂类犯罪、侵犯知识权类犯罪等。犯罪主体既包括公司、企业等实施的单位犯罪案件,也包括公司、企业实际控制人、经营管理人员、关键技术人员等实施的与生产经营活动密切相关的犯罪案件。[10]

(二)实质性发挥合规监管人考察作用

合规监管人有意义地参与合规监管,充分发挥合规监管人在合规计划审查监管方面的作用是当前企业合规改革的关键一环。首先,应厘清合规监管人的功能定位,合规监管人的首要任务便是协同企业制定完备的合规计划,有效预防企业犯罪。其次,通过明确调查方式、审查合规计划、出具考察报告等明确合规监管人的具体职责。最后,强化合规监管委员会的监管,合理处置第三方机制组织运行过程中出现的监管人资格审查、组织分工等问题。

(三)统筹建立有效性企业合规标准

合规的生命在于有效实施。合规计划制定出来若被束之高阁,那么合规改革将形同虚设。因此,建立层次性企业合规标准是保障合规机制有效运行的一大法宝。针对涉案企业行业有别、规模不同等个性特征,合规标准不应过于具体。对有效合规计划的判断标准进行统一规定,可能会对企业自主经营权造成干扰。因此,合规计划的设定标准必须兼具指导性与灵活性。有效的合规计划应当包含以下方面。第一,围绕风险点展开调查评估,识别具体风险点。第二,建立信息流通机制,保证企业内部横向各部门及纵向上下属间信息传达的畅通无阻,使员工举报机制落到实处。第三,建立反馈制裁机制,发现违法犯罪行为及时启动内部调查机制,让违法行为及时得到惩处。

(四)健全合规行刑衔接机制

合规行刑衔接机制是合规改革中的重要一环,应当从程序驱动、结果衔接、源头治理三方面进行全盘考虑。首先,健全行刑程序驱动的衔接,一方面,探索建立检察机关侦查阶段提前介入的行刑联合办案模式。另一方面,探索合规适用的公开听证机制。其次,健全行刑处理结果的衔接机制,通过检察建议、合规

10 参见《一张来自最高检的企业刑事合规整改流程图》,载微信公众号“经济犯罪法律评论”2022年7月19日,https://mp.weixin.qq.com/s/qgtX-3mQaMOpJtIhd739Ag。

互认制度、持续跟踪回访等确保合规整改成效。最后,实现源头治理,将企业开展合规自查作为适用合规程序的重要考量,督促企业自觉合规。

(五)建立多维度重大犯罪案件分案处理机制

唯有廓清对企业作出不起诉决定,对责任人提起公诉的正当性迷思,才能正确适用合规不起诉制度。“双罚制”是单位犯罪的归责原则,但司法实践中也存在不起诉企业,单独追究企业负责人的“单罚制”现象。根据“程序出罪”、报应与预防的刑罚目的论、相对不起诉的限制条件,分案处理成为可选之举。分案处理可以破解企业合规整改成功,责任人被从宽处理的质疑追问。其适用对象应包括责任人自身具备法定从轻、减轻量刑情节的,责任人对合规整改作出贡献的两种类型。

(六)完善合规相关配套制度

合规制度的成功推进离不开相关配套制度的助力供给。首先,建立检察机关主导的审查评估机制。有学者将我国刑事诉讼检察主导的三大根基归纳如下:一是权力本位的诉讼理念,是量刑协商检察主导的必然选择;二是法定主义的职权行使,是量刑协商检察主导的必然趋势;三是检察机关的角色定位,是量刑协商检察主导的必然逻辑。[11] 在企业刑事合规的审查评估环节,也应当建立检察机关主导的审查评估机制。其次,建立合规从宽的备案审查制度。全国人大常委会法工委关于2021年备案审查工作情况的报告提请第十三届全国人大常委会第三十二次会议审议,全国人大常委会法工委主任沈春耀作报告时说:“2021年,法工委扎实开展备案审查工作,‘有件必备、有备必审、有错必纠’,备案审查制度建设取得新进展。”[12]备案审查制度无论是在立法还是在管理环节都是一种重要的事后监督制度,其有助于对上一阶段的成果、决定、过程等方面进行合法性以及合理性上的“再次把关”。最后,建立合规从宽的公示公开制度。一方面,承办该合规案件的检察机关应当在自己的职权范围内,定期通过官方媒体或者检察公示栏向社会公布该涉案企业合规整理进度以及情况;另一方面,该涉案企业自身应当自律,自己主动向社会公开合规整理的情况、主动接受社会大众的监督,检察机关甚至可以考虑将该涉案企业主动向社会公开、接

---

11 参见李奋飞:《量刑协商的检察主导评析》,载《苏州大学学报(哲学社会科学版)》2020年第3期。

12 参见朱宁宁:《落实有件必备推进有备必审坚持有错必纠》,载《法治日报》2021年12月22日,第2版。

受社会监督的表现作为最终合规整改考察并决定起诉与不起诉的参考依据因素之一。在完善的企业合规刑事从宽制度之上,再建立此种与之相配套的完善制度,无疑会进一步保障与提高合规案件的办理质量。

四、结　语

企业合规制度从域外启蒙到国内实践经历了从合规不起诉到合规从宽的阶段性跨越,也完全符合社会治理现代化的改革趋势,与我国“少捕慎诉慎押”“认罪认罚从宽”“轻罪治理与矫正”等刑事司法改革相契合,在自上而下推动的合规实践中,推动由对抗性司法向协商性司法的重大转变,是法治文明的生动写照。尽管在司法实践中出现了适用对象及案件范围模糊、监管人考察作用受限、有效性标准不清、行刑衔接不畅、重大案件分案处理制度及配套制度缺失等问题,但也有效激发了合规地方实践的积极性,形成了国家指引与各地探索的途径,逐步形成了较为成熟的经验,特别是推动单位犯罪责任理论等重大理论问题和法律制度配套改革等重大实务问题的广泛讨论。通过明确合规适用对象和案件范围、实质性发挥合规监管人考察作用、统筹建立有效性企业合规标准、健全合规行刑衔接机制、建立多维度重大犯罪案件分案处理机制以及完善合规相关配套制度,为刑事合规的中国化制度建立、理论体系完善和司法运行规范奠定了扎实的基础,具有较大的现实意义。

户内成员变动下土地承包经营权的归属问题

梁远高*

土地家庭承包制的产权基础是承包地集体所有和农户承包经营，三权分置是对这一产权结构的再发展。由于农户承包经营独特的生产方式，以及土地承包经营权本身难以消解的多功能性，集体经济组织成员与农户的主体关系问题一直困扰着学界和实务界。2018年修正后的《农村土地承包法》的多个条文涉及土地承包经营权的主体问题，都作了不同程度的实质性修改；《民法典》物权编保留了原《物权法》中"土地承包经营权人"的提法，对土地承包经营权主体未作明确表达，相关问题仍需从《农村土地承包法》的解释中寻求突破。虽然现行法对涉及土地承包经营权主体的条文作出修改，但是农户说与集体经济组织成员说依旧各行其是，[1]未达成共识。在司法实践中，由于现行法并未采用土地承包经营权归谁所有的明确措辞，导致法官因对条文的差异化理解而存在不同认识，如有判决认定土地承包经营权的主体是农户；[2]也有判决认定是农民个人。[3] 由于户口迁移、婚嫁以及死亡等原因，农户内部成员有进有出、有增有减，由此引发的土地承包经营权纠纷日益增多，亟待解决。

---

* 梁远高——深圳大学法学院助理教授，主要研究领域：民法学。

1 持农户说者，参见祝之舟：《农村土地承包经营权的功能转向、体系定位与法律保障》，载《农业经济问题》2020年第3期；申惠文：《集体土地用益物权农户主体问题研究》，载《河北法学》2020年第2期；姜红利、宋宗宇：《"三权分置"政策下土地承包权的再确认——基于〈民法典物权编（二次审议稿）〉的展开》，载《重庆大学学报（社会科学版）》2020年第4期。持集体经济组织成员说者，参见范朝霞：《稳定土地承包关系视域下土地承包经营权继承的法理阐释与规范路径》，载《财经理论与实践》2020年第2期；王洪平：《权益主体视角下农户家庭成员土地承包权益研究》，载《现代法学》2020年第3期。

2 参见重庆市第四中级人民法院民事判决书，(2012)渝四中法民终字第756号；安徽省淮北市中级人民法院民事判决书，(2019)皖06民终950号；山东省济南市中级人民法院民事判决书，(2019)鲁01民终2669号。

3 参见河南省新乡市中级人民法院民事判决书，(2010)新中民四终字第252号。

一、土地承包经营权主体为户内成员

首先,以农民行动单位为分析框架,家庭虽然是农民行动的主体单位,但农民行动经历了从农户到成员这一过程。[4] 农户的人合性渐弱,户内成员的主体性得以彰显。这是因为经济落后的农村,以户为单位的生产结构相对稳定;而经济改善时,户内成员的权利则需要彰显和保护。第二轮土地承包采取续包制,在效率优先理念指导下,并非以人口多少作为调整标准,而是以户为单位,至于户内成员增减则由其自行调整,《农村土地承包法》以农户作为承包方更多是基于效率的选择。[5] 在城镇化过程中,大量农民进城务工、落户,人口流动不断加快。而农村体制机制的深化改革中,个人逐渐独立于家庭的关键在于经济条件、生产的社会化及劳动力的社会化。在此背景下,从农民动机、需求层面考量,农户成员具有自身利益最大化的客观要求。此外,与传统农业社会不同,现代工业社会和经济活动不断超越血缘、地缘关系,推动着社会分工的深化。分工带来的差异性与经济活动的利己主义一样,都在削弱一个社会团体整合所必不可少的共同基础。[6] 土地承包经营权上承载的利益主体多元化和利益关系复杂化,都是引起"结构紧张"的重要因素。[7] 然而,城市化引发的人口流动和土地增值,使得模糊的主体设定不仅不能实现抑制农户内部冲突的作用,反而限制了明晰权利归属的法律路径。[8]

其次,从法体系视角观察,《民法典》第 55 条是对农村承包经营户的定义性规范,成员取得土地承包经营权是家庭承包经营方式,但家庭承包的形式不应掩盖成员享有权利的实质。《农村土地承包法》第 5 条是集体经济组织成员承包权的规范权源,这也就意味着,创设土地承包经营权的目的在于满足农民个

4　参见陈小锋:《农民行动研究的两种范式之争——焦点、反思与重构》,载《湖北社会科学》2021 年第 4 期。

5　参见范朝霞:《稳定土地承包关系视域下土地承包经营权继承的法理阐释与规范路径》,载《财经理论与实践》2020 年第 2 期。

6　参见陈凌剑:《涂尔干视角下的法人团体与社会重建》,载《社会科学论坛》2020 年第 5 期。

7　赵万一、王青松:《土地承包经营权的功能转型及权能实现——基于农村社会管理创新的视角》,载《法学研究》2014 年第 1 期。

8　张晓滨、叶艳妹、靳相木:《土地家庭承包经营权主体及农户内部关系研究》,载《中国土地科学》2017 年第 3 期。

人的承包需求,即生存发展需求,权利的最终归属应当落到农民个体身上。依据《农村土地承包法》第 17 条规定,承包方是农户,承包人是户内成员,前者是后者的联合。承包经营权的真正主体应是各承包人,承包方权益只是承包人权益外在表现形式。[9] 正如学者所指出:“一个共同体的利益可以还原为成员的共同利益。共同体由其成员所组成,没有共同体的成员,它就什么都不是。”[10] 因此,农户作为一个共同体,其利益应当同于其成员的共有利益,利益的最终享有者是成员个人。

最后,从我国农村地方实践来看,将土地承包经营权的主体认定为户内成员,符合我国农民利益保护的需求。农地分配以家庭承包方式开展,虽然是以户为单位签订合同,但是土地分配是以人口数量为标准的。此外,司法实践中的土地承包补偿纠纷,通常是以家庭内成员所享有的承包地面积为基础认定补偿款的。《农村土地承包法》第 31 条的立法精神也反映了户内成员的主体地位。以农村妇女婚嫁为例,非同一集体经济组织的成员结婚,妇女外嫁时,其承包地面临着“两头空”的风险。截至 2022 年,全国农民工总量 29,562 万人,比上年增加 311 万人,增长了 1.1%,[11]。农民进城务工日渐增多,留守的妇女实际上承担着主要的农业活动,若出现婚变,妇女存在“净身出户”的风险。这说明以农户为对象的团体主义治理思维,是大量妇女的承包经营权难以得到保护的重要原因。因此,若要严格保护妇女的土地承包经营权,就必须尊重农民土地承包经营权的主体地位。

二、农民进城落户后土地承包经营权的退出

(一)《农村土地承包法》中的处理方案及存在的问题

《农村土地承包法》第 27 条摒弃了“以土地权换市民权”的农民市民化逻辑,体现了使广大农民感受到土地承包经营权具有切实保障的精神。依据该

9 参见王洪平:《权益主体视角下农户家庭成员土地承包权益研究》,载《现代法学》2020 年第 3 期。

10 参见[英]A. J. M. 米尔恩:《人的权利与人的多样性——人权哲学》,夏勇、张志铭译,中国大百科全书出版社 1995 年版,第 48 页。

11 参见国家统计局:《2022 年国民经济顶住压力再上新台阶》,载国家统计局网 2023 年 1 月 17 日,http://www.stats.gov.cn/sj/zxfb/202302/t20230203_1901709.html。

条,农民有三种方式处置土地承包经营权:一是在集体经济组织内部转让;[12]二是将承包地交回发包方;三是流转其土地经营权。三种方式中,承包方转让土地承包经营权收益最高,但同时丧失承包资格;流转经营权次之,仍可保留土地承包经营权;交回土地承包经营权获益最低,理性经济人不会轻易选择。[13] 依照《农村土地承包法》第27条第3款,农民进城落户后,自愿决定是否退出土地承包经营权,这为农民进城落户以及城乡融合发展留下了退路,减轻了社会转型的震荡。[14] 但是,《农村土地承包法》第21条规定的"耕地承包期届满后再延长三十年",难免会让人联想到农民进城落户后将永久拥有土地承包经营权。那么,农民进城落户后,能否在较长一段时间内不丧失土地承包经营权?这一问题《农村土地承包法》第27条并未涉及,随着农民进城就业和落户日渐增多,如何处理这一部分承包地已成为亟待解决的问题。

(二)农民进城落户后退出土地承包经营权的条件及方案

首先,户内成员农转非,一定条件下丧失集体经济组织成员资格,进而丧失土地承包经营权。理由在于:一是成员全部或部分迁出,都伴随着土地承包经营权主体的灭失或部分成员的剥离,若允许其继续保有土地承包经营权,则变相地将土地承包经营权"私有化"。二是在承包期内,如果允许实现农转非的成员继续承包,则不可避免地发生大量农地弃耕抛荒现象。在农村社会中似乎存在一种误认,农民身份与土地具有天然耦合性,其拥有农村土地是自然而然的事情,即便进入城市,退不退出也是其主导的事项。这并不符合地尽其利、物尽其用的原则。有学者力推将"物尽其用原则"作为物权的基本原则,虽然《民法典》并未采纳,但是这种精神应当着力贯彻,在涉及农村土地问题上尤应如此。三是从社会公平来看,虽然城乡一体化在不断推进,但农村及城市推行的是不同的社会保障体系,若允许进城落户农民依然享有土地承包经营权,难谓公平。随着农村三权分置改革的深入,农村承包地、宅基地的财产属性逐渐得到释放,但承包地仍发挥着社会保障的功能,若为集体经济组织成员外的人员(进城落

12 《农村土地承包法》第34条:"经发包方同意,承包方可以将全部或者部分的土地承包经营权转让给本集体经济组织的其他农户,由该农户同发包方确立新的承包关系,原承包方与发包方在该土地上的承包关系即行终止。"

13 参见陈小君、孙聪聪:《现行〈农村土地承包法〉体系解读与规范评注》,载《广西大学学报(哲学社会科学版)》2019年第1期。

14 参见叶兴庆、李荣耀:《进城落户农民"三权"转让的总体思路》,载《农业经济问题》2017年第2期。

户的农民)提供此等社会保障资源的服务,有悖其本旨。实践中,部分农民落户城镇后没有及时享受城镇居民社会保障,但也不能由农村集体经济组织为其提供社会保障,合理的方案是以完善的城镇居民社会保障制度解决该问题。

其次,农民退出土地承包经营权的条件应为"已纳入城镇住房和社会保障体系并且具有长期稳定的收入来源"。[15] 有学者以时间为轴,构想了进城落户农民的土地承包经营权自愿及有偿退出的线路图,[16]其主张以第三轮土地延包政策创新为契机,通过立法明确,第二轮土地承包期内进城落户且已经融入城市生活、生产的农民,丧失成员权与第三轮土地延包资格。本文同意进城落户农民有序、自愿与强制结合的退出思路,但《农村土地承包法》明确"耕地到期后再延长三十年",立法引入强制有偿方式存在较大不确定性。但其主张的"融入城市生活、生产"这一标准,与本文提出的"已纳入城镇住房和社会保障体系"并且"具有长期稳定的收入来源"具有一致性。一方面,进城落户农民是否保有土地承包经营权,事关农业规模经营和农业现代化的进程;另一方面,土地承包经营权对进城农民的保障作用大幅下降,地租收入在进城农民总收入中占比较低,可以实行大尺度的转让改革。[17] 因此,若农民已纳入城市住房和社会保障体系并且具有长期稳定的生活来源,应当退出土地承包经营权。

最后,就退出方案而言,可以类推《农村土地承包法》第20条确定。有学者认为:"成员权退出与集体土地所有权收益权能的实现超出了现行法的规范领域,故《农村土地承包法》修正于此留下了制度空白。"[18]本文认为,《农村土地承包法》第20条"土地承包的程序"对农民退出土地承包经营权具有类推适用的空间。土地承包经营权的取得与退出属于同类的事物,二者本质上均为权利的得丧,只不过是同一事物的正反两面,类推土地承包经营权的取得程序,既满足类推条件,也能够节约制度成本。简言之,退出方案可由村民会议选举产生"承包地退出工作小组"制定。其中,退出标准为前述的"已纳入城镇住房和社会保障体系并且具有长期稳定的收入来源",据此判定某成员是否丧失集体成员资

---

15 参见高海:《论农民进城落户后集体土地"三权"退出》,载《中国法学》2020年第2期。

16 参见靳相木、王永梅:《新时代进城落户农民"三权"问题的战略解构及其线路图》,载《浙江大学学报(人文社会科学版)》2019年第6期。

17 参见叶兴庆、李荣耀:《进城落户农民"三权"转让的总体思路》,载《农业经济问题》2017年第2期。

18 高飞:《进城落户农户承包地处理之困境与出路》,载《法学论坛》2019年第5期。

格。同时,应赋予丧失集体成员资格的农民异议权,充分保障公平公正。

三、妇女外嫁和离婚后土地承包经营权的调整

作为集体经济组织成员,妇女当然享有土地承包经营权,由于农户主体地位的遮蔽,妇女的承包经营权益保护不尽如人意,这在妇女外嫁时表现最为突出。有学者指出:“家户成为妇女土地承包经营权保护的症结之一,因此首先要打破家户,废除农村承包经营户作为一类独立的主体,以彰显妇女的独立主体地位。”[19]但在《民法典》以农村承包经营户为独立主体的规范背景下,取消家户这一主体制度短期内不太现实。同时,农村传统乡土社会的家庭体系中所沿用的是父权制度,男子主导的家庭是最基本的社会单元。[20] 在上述背景下,《农村土地承包法》第 24 条新增了“土地承包经营权证应当将具有土地承包经营权的全部家庭成员列入”,明确了妇女的承包经营权能够得到确权登记的保障。除此之外,《农村土地承包法》第 6 条对妇女土地承包经营权保护作了原则性规定;第 31 条细化了妇女出嫁、离婚时的土地承包经营权变动规范,该条看似对外嫁女在新居住地“取得”或“未取得”承包地给予了双重保障,但是仍存在两个难题:其一,依照该条前半段“承包期内,妇女结婚,在新居住地未取得承包地的,发包方不得收回其原承包地”,反面解释即若承包期内,妇女在新居住地取得承包地的,发包方可以收回其原承包地。这将会陷妇女的土地承包经营权保护于不利。一方面,嫁入地的发包方可能认为妇女即便在本地未取得承包地,原承包地也能维持,故拒绝为其分配承包地;另一方面,妇女的原居住地可能认为妇女在新居住地会取得承包地,因而收回其承包地。其二,原居住地发包方能否收回承包地,取决于外嫁女在新居住地能否获得承包地。实践中可以简单分为三种情况讨论。第一种情况,出嫁前在娘家并未分得承包地,但在嫁入地分得了承包地;第二种情况,出嫁前在娘家户内分得了承包地,但在嫁入地未分得承包地;第三种情况,在娘家和婆家均未分得承包地。第一种情况,外嫁女承包土地的合法权益已经得到了保障,自无争议。有疑问的是第二、第三种情况如何处理。

19　参见耿卓:《家户视角下的妇女土地权利保护》,载《法学》2016 年第 1 期。

20　参见洪莽:《人权视阈下的农村妇女土地权益保护》,载《人权》2016 年第 3 期。

有学者主张,承包农户不因嫁出妇女而影响土地承包经营权的行使,“减人不减地”,只需在土地承包经营权登记簿上删去出嫁女即可,集体经济组织不得收回嫁出妇女的承包份额。按照“增人不增地”的原则,外嫁女在嫁入地只需列入土地承包经营权登记簿,与其他成员共同共有土地承包经营权。[21] 这种处理方案看似简单可行,但若承包期内妇女离婚,其土地承包经营权应当如何处理尚有疑问。承包期内离婚,则意味着其可能丧失在婆家的土地承包经营权,而在娘家的权利可能又因出嫁而被收回或转给娘家人,其直接后果就是妇女丧失承包地。况且,实行“增人不增地,减人不减地”政策将人地关系固化,违反公平价值,饱受争议,许多地方出台“土政策”加以变通、消极执行或积极抵制。[22]

针对上述问题,本文认为,若外嫁女在嫁入地未分得承包地,则按照《农村土地承包法》第 31 条,在娘家的土地承包经营权仍应当得以维持,发包方并无权收回。此一规定具有特殊性,相较于若集体经济组织成员丧失了集体成员资格,其自然应当丧失土地承包经营权的法理,其为例外。从实际效果来看,这一方案虽说对外嫁女土地承包经营权具有保障作用,但并非最优方案——留在娘家户内的承包地及其权益较难享有。当外嫁女在娘家及其婆家均未分得土地时,可以按照两步来解决。第一步,应当通过对《农村土地承包法》第 31 条的解释,或者通过指导性案例来明确以下两点:一是外嫁女在新居住地的土地流转中享有优先承包土地的权利;二是外嫁女在新居住地享有参与分配集体土地收益的权利和参与重大事项决定的权利。[23] 第二步,应明确在妇女离婚时,其承包地可以按照家庭财产处理,进而实现外嫁女成员权与承包地权益的一体化,防止“权”与“益”之间的出现落差。试想,若外嫁女在新居住地并未分得承包地,其承包地利益虽然在娘家户内得以维持,但是按照农村风俗及通行做法,外嫁女的承包地(利益)份额很难主张。退一步而言,即使得以维持,但是并不方便耕种和管理,不符合经济原则。所以,应当从嫁入地对其承包地权益进行保障。

---

21 参见高圣平、王天雁、吴昭军:《〈中华人民共和国农村土地承包法〉条文理解与适用》,人民法院出版社 2019 年版,第 161 页。

22 参见耿卓:《农地三权分置改革中土地经营权的法理反思与制度回应》,载《法学家》2017 年第 5 期。

23 参见王小映、王得坤:《婚嫁妇女土地承包经营权的“权户分离”与权益保护》,载《农村经济》2018 年第 11 期。

四、户内成员死亡时土地承包经营权的继承

现行法并未对土地承包经营权的继承问题明确规定，主要是考虑到土地承包经营权的继承问题是一个综合法政策目标、法体系逻辑以及立法规范于一身的问题，并非单纯的三权分置政策所要实现的目标问题，或者土地制度逻辑体系上的整合问题。其中涉及的利益也是多元的，以国家、集体、农民个体为主。土地承包经营权的产权基础是集体所有，其制度设计应当与集体所有制的功能、目标相契合，而集体所有权承载着社会管理的功能，对承包经营权的继承与否是从公法管制的角度考虑的。从私法角度来看，土地承包经营权作为一项用益物权，允许继承并不存在法理障碍。但正因为土地承包经营权之上承载着“权力”和“权利”双重预设，在“非增不可”的立法指导思想之下，现行法均未规定其可继承性，这也是现阶段比较谨慎的选择。

有学者认为，可以将农户与集体经济组织成员合二为一地解释为主体，这样有利于理解《农村土地承包法》为何照搬了旧法中的相关内容，而未对土地承包经营权的继承问题进行规定。这主要是考虑到集体成员死亡自动退出实质主体，土地承包经营权不能够成为其遗产；新增集体经济组织成员当然成为实质主体，并平等地享有户内承包地的权益。[24] 当然，这也是目前司法裁判中较为常用的一种不支持继承土地承包经营权的理由。这种解释路径，虽然与肯定继承说在效果上并无质的差异，但就其逻辑及体系上仍有几点值得商榷：第一，否定土地承包经营权的遗产属性，缺乏强有力的依据。土地承包经营权虽然具有身份属性，但是其遗产属性不容掩盖，具体理由容后叙明。第二，前述观点与林地承包经营权的可继承性在体系上并不协调。土地承包经营权与林地承包经营权同属于用益物权，其中，林地承包经营权可以作为遗产，《农村土地承包法》第 32 条明确了“其继承人可以在承包期内继续承包”。若适用“成员死亡时自动退出”的理论，则林地承包经营权就不能够成为遗产，就不会发生继承的效果。显然，立法上对土地承包经营权与林地承包经营权的继承分别采取了“不予明确”与“可继承”两种思路，且对林地承包经营权设定为一项遗产并可继承

24　参见高海：《“三权分置”的法构造——以 2019 年〈农村土地承包法〉为分析对象》，载《南京农业大学报（社会科学版）》2019 年第 1 期。

加以规定。《农村土地承包法》第 32 条的立法精神,应当在体系解释土地承包经营权的继承问题时予以遵循。因此,本文认为,土地承包经营权是可以继承的,主要理由如下:

第一,土地承包经营权本质上是一项财产权,其身份属性并不会限制其用益物权属性,不能成为阻碍其继承的理由。土地承包经营权的身份性限制,最主要体现在该权利的取得条件上,即只有本集体经济组织成员才具有承包资格,从而排除了非本集体经济组织成员取得的可能性。此外,《民法典》第 332 条对土地承包期规定:"前款规定的承包期限届满,由土地承包经营权人依照农村土地承包的法律规定继续承包",而《农村土地承包法》第 21 条相较于旧法,明显的变化是新增了"前款规定的耕地承包期届满后再延长三十年"。《民法典》第 336 条、第 337 条分别对承包地的调整和收回作出了较为严格的限定条件,第 338 条对承包地征收应及时、足额支付补偿费用。凡此种种,都体现了对土地承包经营权财产权属性的保护,以及对"稳定土地承包关系长久不变"精神的贯彻。现行规范对土地承包经营权的取得、调整、丧失等都作了保护性规定,进而该权利在流转阶段并无受限必要,这既符合私法上财产权保护的要求,也是平衡现行规范与客观实践需要的自然结果。

第二,土地承包经营权作为一项遗产,进而可以继承。原《农村土地承包法》第 31 条并未规定土地承包经营权的可继承性,很大原因是土地承包经营权是物权还是债权,当时仍然存在很大争议。[25]《物权法》出台后,将土地承包经营权规定为用益物权,并未就其继承问题作出特别规定,由此,土地承包经营权的继承应适用《民法典》有关继承的一般规定。《民法典》第 1122 条关于遗产范围的规定,一改《继承法》第 3 条定义和列举式立法技术,采用开放式兜底条款,并未否定土地承包经营权的可继承性,自然应属于遗产类型之一。并且,土地承包经营权的可继承性也是土地承包经营权期限长久化的客观要求。土地承包经营权长久不变,很大程度上依赖于通过权利期限的继承来延续。通常情况下,如果一个家庭成员去世后,剩余的家庭成员会维持原有的使用状态不变,直至出现较大的家庭变动,需要全面的分家析产。[26] 此外,农民朴素的观念也倾向于认为土地承包经营权是可以继承的。

---

25 参见王利明:《物权法研究》(下卷),中国人民大学出版社 2007 年版,第 50 ~ 52 页。

26 参见袁震:《论户的主体构造及相关土地承包经营权益冲突》,载《河北法学》2013 年第 9 期。

关于土地承包经营权的继承主体,应当限定为本集体经济组织成员。《农村土地承包法》具有强化身份属性的意味,尤其是对土地承包经营权转让的受让方限于“本集体经济组织的其他农户”,土地承包经营权的继承与转让均属于流转,为了保持体系上的连贯,落实“稳定土地承包关系”的精神,以本集体经济组织成员作为继承者较为稳妥。另外,将继承主体限定为本集体经济组织成员,并未绝对限制了土地承包经营权人对其作为财产权的土地承包经营权的“处分”,其可以通过转让的方式,将土地承包经营权变现交由继承人继承。这会给土地承包经营权人采取转让方式或者继承方式以选择权,但是两种方案在“受让主体”予以了限定,均能够达到稳定地权的目的。

由于继承主体并非当然是单一主体,可能会涉及多个集体经济组织成员,因而可以采取一子女继承制。有学者认为:“由于目前我国农村多子女的现象较为普遍,加之民间有诸子女平分遗产的传统,如果各个继承人都按继承的规定继承土地承包经营权,可能会引发严重的农地分割‘零碎化’现象,与农业生产规模化、现代化背道而驰,不利于提高农业效率。”[27]本文同意该学者的观点。考察域外国家的做法,不少国家为了保持农地的规模化经营,往往对因继承所发生的土地分割设置了特殊的规则,以防止农地经营的碎片化。[28] 德国为了保持农庄的规模化经营,还专门制定了《农庄单独承包法》,其中核心思想是要求农庄为继承人之一人继承,而对其他继承人进行补偿。[29] 我国未来土地承包经营权继承制度的发展方向可以考虑由一人继承,对其他人应得的财产份额通过折价形式补偿给其他继承人。

---

27 汪洋:《土地承包经营权继承问题研究——对现行规范的法构造阐释与法政策考量》,载《清华法学》2014 年第 4 期。

28 例如,《意大利民法典》第 846 条、《葡萄牙民法典》第 1376 条第 1 款皆规定了“最小耕种单位”,不允许向下分割。

29 参见[德]鲍尔、施蒂尔纳:《德国物权法》,张双根译,法律出版社 2014 年版,第 589 ~ 592 页。

《法治论坛》更改格式规范启事

《法治论坛》自 2023 年起出版方由中国法制出版社变更为法律出版社,文章格式规范有所变化,作者投稿时请留意使用新的格式规范。

一、稿件要求

1. 本出版物坚持正确的政治导向,秉承实用为先、学术为导的基本理念,坚持学术为实践服务,具有原创性、前沿性、创新性、实用性、独特性的突出风格,文章要求未在公开发行的刊物发表。一经采用,将向作者支付稿费。

2. 以学术质量过硬为采用标准,恪守法律专业规范,来稿须侧重应用型、问题导向型研究,以法律实践中的热点难点问题为切入点进行理论探讨,具有较高的决策参考价值。

3. 文章要求观点鲜明、逻辑缜密、论据充分、格式规范。字数不超过 15,000 字。非必要不使用图表,如使用图表,须为可在 word 文档中编辑的格式。

4. 文章质量过硬的前提下优先选用独署文章。署名作者最多两位,超过 3 位一律不采用。

5. 投稿请用小程序,所有来稿请在正文末尾附上作者简介(包括法律职称、研究领域)、手机号码、通讯地址、邮政编码、电子邮箱,以便编辑及时联系作者退改稿件。

6. 提倡文责自负,反对抄袭剽窃。本出版物已获中国知网授权使用"学术不端文献检测系统",重合率超过 20% 一律不予采用。

二、格式规范

1. 正文要有内容提要和关键词。内容提要言简意赅,字数 300 字以内,无需附英文摘要、关键词。

2. 注解采用脚注形式,并用横线与正文隔开;序号左顶格,以数字 1、2、3……标示,全文连续编排。引用的专著、杂志的文章和网络文章均用书名号。例：

范愉：《纠纷解决的理论与实践》，清华大学出版社 2007 年版，第 565 页。

姜大伟：《离婚冷静期：由经验到逻辑——〈民法典〉第 1077 条评析》，载《华侨大学学报（哲学社会科学版）》2020 年第 4 期。

引用期刊文章不需注明页码。援引自学位论文集的文章用书名号，学位论文集无需书名号，要有具体页码。引用学位论文集应当标明作者毕业的学术单位、年份和学位层级，例如：李小明：《准政府组织的行政法定位及其权利规制》，吉林大学 2016 年博士学位论文。

3. 法条使用阿拉伯数字表述，脚注法条也使用阿拉伯数字。

例：参见《中华人民共和国民法典》第 1207 条。

4. 不使用参考文献。如有参考文献，请转化为脚注再投稿。

5. 引用网站内容，请参照以下格式。

（1）引用网络文献脚注格式

将上传时间标注在网址之前，例：《将广州打造成为全球互联网仲裁首选地》，载法治网 2022 年 3 月 3 日，http://www.legaldaily.com.cn/Arbitration/content/content_8681827.htm。

若链接中已有具体时间，则网址前无需标注上传时间，例：新华社：《中国第 38 次南极科学考察圆满收官》，载中华人民共和国中央人民政府官网，http://www.gov.cn/xinwen/2022-04/26/content_5687388.htm#1。

（2）引用微信公众号文章同（1）

例：刘松山：《失信惩戒立法的三大问题》，载微信公众号"中国法律评论" 2019 年 11 月 19 日，http://mp.weixin.qq.com/s/wA3Jj923WNctVATeSKIhCw。

6. 引用报纸要注明版面。例：胡云腾：《聚焦〈刑法修正案（十一）〉草案》，载《法制日报》2020 年 7 月 22 日，第 9 版。

7. 英文译著、期刊文献格式：

M. Polo, *The Travels of Marco Polo*, trans. by William Marsde, Hertfordshire, Cumberland House, 1997, p. 56-57.（译者姓名放在文献名之前）

Charles A. Reich, *The New Property*, 73 Vale Law Journal 733 (1964).（文章名用斜体，期刊名用正体，不缩写，期刊卷数和文章首页页码分别标注在期刊名前后，出版年份括注于后）

8. 裁判文书格式:

审判法院用全名,标明文书性质,法院数字代码开头的“0”不能省略。例:北京市海淀区人民法院民事判决书,(2018)京0108号民初142号。

《法治论坛》自2017年1月起入选南京大学CSSCI集刊目录,2023年被中国社会科学评价研究院评定为“中国人文社会科学集刊AMI综合评价”入库集刊。文章刊出同步被中国知网(www. cnki. net)署名转载,如不同意转载,请在投稿时作出声明。

编辑部地址:广州市越秀区小北路113号8楼广州市法学会。邮编:510046。

投稿方式:微信小程序搜索“广州市法学会”,进入后点击“我的”,选择“微信登陆”。进入主页点击《法治论坛》—我的文章—我要投稿。审核进度将以短信告知。

特别提醒:本出版物不收版面费及其他任何费用。任何个人或机构向作者索要版面费或其他费用的行为均为诈骗。